LA
GUYANE FRANÇAISE
EN 1865

APERÇU GÉOGRAPHIQUE, HISTORIQUE, LÉGISLATIF, AGRICOLE,

INDUSTRIEL ET COMMERCIAL,

Par M. Léon RIVIÈRE,

Directeur de la Banque de la Guyane française.

Publié dans la Feuille officielle de la Guyane.

CAYENNE,

Imprimerie du Gouvernement.

1866.

LA GUYANE FRANÇAISE

EN 1865

PAR M. LÉON RIVIÈRE,

Directeur de la Banque de la Guyane française.

ERRATA.

Chapitre II. — Description de la Guyane française, et Chapitre XI. — Transportation.

Pages 19 et 198. « L'île Royale, de 4 à 5 milles de longueur, l'île de Saint-Joseph d'environ 3 milles de superficie et l'île du Diable un peu plus petite. »

Ces données, puisées dans un article publié par la *Revue coloniale* et intitulé : *Les colonies françaises, Guyane* (tome XIIe, page 716), et reproduites d'après les « notices statistiques sur les colonies françaises, » ne sont pas exactes. Je dois à l'obligeance de M. le chef de bataillon d'infanterie de la marine Delisle, chevalier de la Légion d'honneur, et de M. le capitaine de frégate Bréart, commandant supérieur de la marine à Cayenne, officier de la Légion d'honneur, la rectification de la dimension de ces îles d'après le plan des îles du Salut levé en 1834 par M. Romain-Desfossés et corrigé au dépôt général de la marine en 1865 :

L'île Royale a 875 mètres dans sa plus grande longueur sur une largeur qui varie entre 200 et 475 mètres ; sa superficie est d'environ 30 hectares.

L'île de Saint-Joseph n'a que 575 mètres dans sa plus grande longueur sur une largeur de 100 à 450 mètres ; sa superficie n'est que de 15 hectares.

L'île du Diable a 880 mètres dans sa longueur maximum ; sa largeur est comprise entre 75 et 280 mètres, et sa superficie est de 15 hectares environ.

Chapitre V. — Règne animal.

Page 57. Le coati roux (*viverra nasua*) et la loutre (*lutra lataxina*) ont été rangés à tort par Cuvier dans les carnassiers cheiroptères ; ils doivent être classés parmi les plantigrades, page 60, à la suite du coati (*nasua*).

Page 58. J'ai omis de citer parmi les rongeurs un charmant petit animal appelé à la Guyane *guélingué*. C'est une variété de l'écureuil (*sciurus palmarum*) ou rat palmiste dont il a l'odeur.

Page 61. 3° Le fourmillier à deux doigts (*myrmeocphaga didactyla*) ; lisez : *myrmecophaga*.

Page 65. Le pit-pit (*cassicus daenis* de Cuvier); lisez : *dacnis*.

Page 66. Le canard sauvage (*anas sylvestris*) doit être rangé dans les palmipèdes, page 68.

Page 67. Le plongeon (*mergus aquaticus*) appartient également aux palmipèdes.

Page 70. L'iguane (*iguana americana*) de deux à trois mètres de longueur; lisez : *de deux à trois pieds de longueur*.

Chapitre VI. — Règne végétal.

Page 80. Le bache (*mauricia*); lisez : *maurilia*.

Page 89. Le Balata dit de montagne ou balata rouge (*achras sapota*) produit des fruits ronds de la forme d'un citron vert et d'un goût très-agréable. Ces fruits sont très-laiteux. Ce lait est employé par les Portugais et les Brésiliens contre les maladies de poitrine. On m'a cité à Cayenne des cures fort remarquables opérées, dit-on, par la vertu des fruits ou plutôt du lait des fruits du balata rouge.

Page 89. Barlou (*urania guyanensis* Richard), espèce de palmier appelée dans le pays *balourou*; lisez : *barlourou*, excellent textile.

Page 99. Piment (*capricum frutescens*); lisez : *capsicum frutescens*.

Chapitre VII. — Circonscriptions territoriales.

Page 109. L'habitation *l'Union*; lisez : *le Bon-Père*.

PRÉFACE.

Notre établissement à la Guyane française date de plus de trois siècles, et c'est se tromper que de croire que tout y est encore à créer. Les germes de prospérité qu'elle renferme dans son sein ont été déjà fécondés, et, en 1836, les cultures de la colonie avaient atteint un très-grand développement. A partir de cette époque, il est vrai, la cessation de la traite des noirs, l'avilissement du prix des denrées ont amené une crise qu'a précipitée, en 1848, l'émancipation générale des esclaves. Cependant, l'établissement de la transportation, l'introduction d'immigrants indiens et chinois, l'institution d'une banque locale, la fondation de la compagnie agricole et aurifère des mines d'or de l'Approuague et de nombreuses entreprises aurifères particulières, l'exploitation de vastes chantiers de bois, soit par des particuliers, soit par le service pénitentiaire, ont rendu à la colonie une partie de l'activité qu'elle avait avant 1848, et lui ont donné une impulsion qui, dirigée avec énergie et persévérance, la conduira, sans incertitude, au but que s'est assigné le Gouvernement.

Notre aptitude à coloniser est vivement contestée. Pour être vrai, on doit dire que l'exécution n'a pas toujours répondu à la pensée. La France a fondé Saint-Domingue, la Louisiane, le Canada, des établissements dans l'Inde; bien qu'elle ait perdu la plupart de ces possessions, elle n'en a pas moins réussi dans son œuvre de colonisation : ce sont des preuves indiscutables. Elle a fait, il est vrai, d'infructueux tâtonnements à la Guyane, elle y a essuyé des échecs, éprouvé des désastres; mais la malheureuse expédition, tentée en 1763, ne doit être considérée que comme un accident; la fatale issue en pouvait être prévue. Que devait-on attendre d'une immigration qui, avant d'aller au bal ou à la comédie, se promenait sur la plage de Kourou, comme aux Tuileries, en grande toilette et l'épée au côté? Que devait-on espérer de la déportation de thermidor et de fructidor, qui périt, en grande partie, de chagrin, de dénûment et de maladie dans les déserts de Sinnamary et de Conamama. Quelques-uns survécurent et revinrent dans leur patrie ; mais leurs sombres récits ne firent que confirmer l'opinion fâcheuse qu'avait déjà établie l'expédition de Kourou. Le nom de Cayenne, sous lequel on désignait alors généralement l'ancienne France équinoxiale, Cayenne, une des localités les plus saines de la colonie, devint, sous leur plume, le synonyme d'exil, d'insalubrité et de mort.

Cayenne a tué la Guyane française.

Personne n'ignore cependant que le climat de la Guyane n'a pas été la cause de la mort de ces nombreuses victimes et que leur perte doit être attribuée, comme nous le verrons plus tard, à l'imprévoyance, aux privations, à la nostalgie. Non, le climat de la Guyane française n'est pas malsain et sa réputation d'insalubrité tombera avec les causes qui la lui ont faite. On a beaucoup, en général, exagéré à cet égard le bien et le mal. On a dit que son climat était le plus beau de la terre ; on a dit qu'il en était le plus meurtrier : ces deux assertions me paraissent également inexactes.

Quand les défrichements et les desséchements auront reculé la limite des forêts ou l'étendue des plaines noyées, la Guyane française pourra devenir un séjour aussi habitable que les provinces méridionales de la France. La chaleur, tempérée par une douce brise, qui a traversé l'océan dans un espace de mille lieues, y est à peu près uniforme en toute saison ; la végétation y est exubérante ; les arbres sont constamment chargés de feuilles, de fleurs ou de fruits. Les pluies y sont très-fortes pendant six à sept mois, mais elles ne sont pas continues ; les maladies ne sont pas plus fréquentes qu'en Europe et leur invasion et leur marche n'y sont pas plus rapides. Des trois Guyanes, elle est la plus favorisée de la nature ; sa position au vent des deux autres, ses grands fleuves qui remontent leur cours jusqu'à vingt lieues dans l'intérieur pour le redescendre jusqu'à la mer, ses forêts vierges peuplées d'arbres de toutes espèces, ses terres basses qui peuvent produire toutes les denrées coloniales, ses terres hautes que lui envient les colonies voisines, ses savanes sèches propres à l'alimentation des bestiaux, l'abondance des poissons qui se trouvent sur ses côtes, ses gisements aurifères qui couvrent la presque totalité de son sol, offrent tous les éléments d'un commerce étendu qui n'attendent, pour se développer, que des capitaux et des bras.

La colonisation m'a toujours paru une des plus belles applications de l'esprit humain, et la Guyane française un des champs les plus féconds ouverts au génie entreprenant des Français.

L'empereur Napoléon 1er, alors premier consul, avait jeté les yeux sur la Guyane, et en voulait confier la colonisation au général Pichegru : « Il y a longtemps, disait-il à M. Réal, que je « songe à Cayenne : c'est le plus beau pays de la terre pour y « fonder une colonie. Pichegru y a été proscrit, il le connaît, il « est de tous nos généraux le plus capable d'y créer un vaste « établissement. Allez le trouver dans sa prison, demandez-lui « combien il lui faut d'hommes et de millions pour fonder une « colonie à Cayenne, je les lui donnerai. »

Le suicide du vainqueur de la Hollande ne permit pas au Premier Consul de réaliser ses généreuses intentions.

Un nouvel essai de colonisation, tenté sur une grande échelle, en dehors de la transportation, appuyant ses opérations sur les travaux déjà exécutés dans le pays et tendant à rapprocher les habitations existantes trop disséminées à la Guyane, pourrait utiliser cet immense territoire dont, en quelques années, le revenu rembourserait le capital employé à son acquisition et procurerait des moyens d'existence à un million d'individus qui végètent, en Europe, dans la misère et l'oisiveté.

En livrant à la publicité cet aperçu sur la situation de la Guyane en 1863, je n'ai eu d'autre but que d'appeler l'attention sur les ressources naturelles de cette vaste contrée et sur le parti qu'on en peut tirer.

Ce travail se divisera en vingt chapitres :

I. Essai historique.

II. Description de la Guyane française.

III. Climat de la Guyane ; Fertilité de son sol.

IV. Géologie ; Règne minéral : *Exploitation de l'or, Compagnie de l'Approuague.*

V. Règne animal : *Animaux, Reptiles, Oiseaux, Insectes, Poissons.*

VI. Règne végétal : *Productions naturelles.*

VII. Circonscriptions territoriales : *Habitations existantes, leurs cultures ; Bestiaux ;* Comparaison de la situation agricole entre les années 1836 et 1865.

VIII. Population : *Mœurs, Caractère, Usages des différentes classes.*

IX. Tribus indigènes : *Voyages dans l'intérieur.*

X. Immigration.

XI. Transportation.

XII. Forces militaires.

XIII. Finances.

XIV. Industrie.

XV. Commerce et navigation.

XVI. Monnaies, Poids et mesures.

XVII. Banque locale. — Du crédit à la Guyane.

XVIII. Établissements publics : *Culte, Congrégations religieuses, Instruction publique, Hôpitaux.*

XIX. Pouvoir législatif ; Législation générale ; Gouvernement et Administration ; Administration de la justice et organisation judiciaire.

XX. Plans de colonisation. — Conclusion.

LA GUYANE FRANÇAISE

EN 1865.

CHAPITRE Ier.

ESSAI HISTORIQUE SUR LA COLONISATION DE LA GUYANE FRANÇAISE.

La partie de l'Amérique méridionale comprise entre l'Amazone et l'Orénoque fut reconnue par Christophe Colomb en 1498 ; Alphonse d'Ojéda, Jean de la Costa et Améric Vespuce la visitèrent aussi en 1499. Vincent Pinçon est le premier qui ait parcouru ces côtes dans toute leur étendue : il a laissé son nom à la rivière dont la position a donné naissance au débat encore pendant sur les vraies limites des Guyanes française et brésilienne.

Il paraît établi que des navigateurs normands et bretons avaient fréquenté la côte de l'Amérique du sud bien avant Christophe Colomb, et des auteurs espagnols, notamment Gomara (*Histoire des Indes,* tome Ier, page 10), ont dit que l'existence du Nouveau-Monde fut révélée par un pilote français à ce grand navigateur.

Washington Irving affirme qu'à son troisième voyage en Amérique, en 1498, Colomb visita toute cette partie du nouveau continent, descendit plusieurs fois à terre et échangea avec ses habitants des jouets d'Europe contre des perles fines, et son bonnet de velours cramoisi contre une couronne d'or massif.

Les Français tentèrent, dès le commencement du XVIe siècle, de fonder plusieurs établissements au Brésil. Chassés du sud, on les voit s'élever successivement vers le nord. Sous la conduite de Villegagnon, chevalier de Malte et vice-amiral de Bretagne, ils construisent d'abord, en mai 1555, dans la baie de Rio-Janeiro, un petit fort, qui est détruit en 1560 par les Portugais. Ils essaient d'en fonder un autre à Parahiba ; ils en sont également expulsés. Sur la fin du règne de Henri IV, Jean Riffaut tente en vain de s'établir dans l'île de Maragnan ; la discorde s'étant mise parmi ses compagnons, il est forcé d'abandonner son entreprise. MM. de Revardière et de Razilly la reprennent l'année suivante, et voulant s'assurer la possession du pays, font choix, pour y bâtir un fort, d'un rocher escarpé où ils montent vingt pièces de canon : ils en sont encore chassés par les Portugais. A cette époque, un prisonnier français fait par les indiens Tapouyes parla d'une province de Ouyana (d'où est venu le nom de Guyane), comme d'un pays très-riche ; le bruit se répandit en même temps qu'il existait au centre de la Guyane et sur les bords du lac Parima une ville du nom de Manoa d'Eldorado, dans laquelle s'étaient réfugiés les débris de la famille des Incas, et dont les murs et les toits étaient couverts de plaques d'or. Ces récits enflammèrent toutes les têtes ; l'esprit aventureux des Français se mit en quête de ce pays, les Anglais le cherchèrent également : l'Eldorado demeura introuvable. Toutefois, les voyages de sir Walter Raleigh en 1595 et 1617, ceux de Laurent Keymis et de Borrie en 1596, de Charles Leigh en 1604, de Robert Harcourt en 1608, eurent pour résultat, non de découvrir la ville fabuleuse, mais de faire mieux connaître la Guyane et ses véritables richesses. Cependant, sir Robert Dudley, qui avait exploré en 1595 le pays situé entre l'Orénoque et la rivière de Mana, assura dans la relation de son voyage que quatorze marins de son équipage qu'il avait envoyés à la découverte avaient trouvé un pays où l'or et l'argent se trouvaient en abondance.

Le premier établissement permanent fut formé par des marchands de Rouen, qui avaient obtenu le privilége du commerce et de la navigation des pays situés entre l'Amazone et l'Orénoque ; ils envoyèrent, en 1626, une colonie de vingt-six agriculteurs français, qui vint se fixer, sous les ordres des sieurs de Chantail et Chambaut, son lieutenant, sur les bords de la rivière de Sinnamary. En 1630 et 1633, cent trente nouveaux colons, sous la conduite des capitaines Hautépine, Legrand et Grégoire, s'établirent sur la rivière de Conamama, d'où ils passèrent, en 1634, sur la côte de Rémire, qu'ils commencèrent à cultiver après avoir construit à trois lieues de ce point, à l'extrémité occidentale de l'île de Cayenne, un fort sur un monticule qu'ils appelèrent Cépérou, du nom d'un fameux chef indien, et un village qu'ils nommèrent Cayenne.

Cet essai n'ayant pas réussi, dix ans plus tard il se forma, dans la même ville de Rouen, une nouvelle société sous le nom de *Compagnie du cap Nord*, avec les mêmes priviléges que ceux concédés à la précédente. Une expédition de trois cents hommes fut dirigée sur Cayenne dans le but de former de nouveaux établissements au cap Nord et sur le Maroni. La compagnie donna le commandement de cette expédition à Charles Poncet de Bretigny, avec le titre de gouverneur et lieutenant général pour le roi. Bretigny débarqua à Cayenne le 4 mars 1644, rassembla les débris épars des premiers établissements, malheureux français qui parlaient la langue des Indiens Galibis et en avaient pris les habitudes. Il s'établit assez fortement dans l'île de Cayenne. Mais les trois cents hommes qu'il avait amenés n'étaient, à l'exception de quelques officiers, qu'un ramas de vagabonds et de gens sans aveu : pas d'artisans, pas d'agriculteurs, qui seuls eussent pu faire réussir la colonie. Bientôt, M. de Bretigny se conduisit comme s'il eût été en possession d'un royaume organisé : il eut un capitaine des gardes, un écuyer, un chancelier ; son despotisme bizarre et cruel devint intolérable : il avait fait faire une estampille de fer à son nom pour marquer au front les colons qui lui désobéiraient. Il fit rompre vifs huit soldats sous les plus frivoles prétextes ; un autre reçut l'estrapade pour avoir cueilli un brin de piment. Les indigènes, qui n'étaient pas mieux traités que les colons, ne tardèrent pas à se soulever. Une de leurs femmes dénonça le complot à Bretigny, qui en fit arrêter quelques-uns ; mais ils parvinrent à s'échapper et à gagner la terre ferme à la nage. Bretigny fait armer un canot et se met à leur poursuite ; la nuit l'ayant surpris, il la passe dans une cabane de feuillage ; mais, le lendemain, il se voit cerné par une multitude d'Indiens qui l'assaillent de flèches. Sans essayer de faire la moindre résistance, Bretigny s'enveloppe dans son manteau et tombe sous les coups des Indiens avec un grand nombre des siens. Les indigènes se répandent ensuite dans l'île de Cayenne, brûlant les moissons et massacrant les habitants. Quelques missionnaires et quarante français parvinrent seuls à se sauver.

En novembre de la même année, les associés de Rouen envoyèrent au secours de la colonie quarante hommes conduits par le sieur Laforêt, qui, non moins malheureux que son prédécesseur, fut assassiné le mois suivant par les indigènes ; un seul homme, nommé Le Vendangeur, échappé au massacre, se réfugia à Surinam, d'où il passa en France.

De 1645 à 1652 la colonisation fut complètement abandonnée.

A la fin de 1651, on vit se former à Paris, sous le nom de *Compagnie de la France équinoxiale*, nom qu'on donnait alors à la Guyane française, une nouvelle société composée de douze associés qui se qualifièrent du titre de seigneurs de la Guyane.

La *Compagnie du cap Nord*, voyant que son privilége allait lui échapper faute de n'avoir pas rempli les conditions de sa concession, envoya, sous la conduite du sieur de Navare, soixante hommes, qui arrivèrent à Cayenne le 1er mars 1652, et s'y maintinrent jusqu'au 30 septembre suivant.

Mais la nouvelle Compagnie, ayant obtenu du roi des lettres patentes qui révoquaient le privilége accordé à la Compagnie du cap Nord, parvint à lever sept à huit cents volontaires, qui s'embarquèrent au Havre vers le milieu de 1652, sous le commandement d'un gentilhomme nommé de Royville. Cette expédition n'avait aucun élément de réussite ; malgré les leçons de l'expérience, on avait commis la faute de l'organiser sur un pied entièrement militaire, et il n'y avait pas cinquante hommes sur lesquels on pût compter pour travailler aux défrichements. Les douze seigneurs étaient loin d'être d'accord avec M. de Royville, et entendaient jouir chacun d'une autorité indépendante. Ces dissensions s'augmentèrent pendant un séjour d'une semaine à Madère. Prétextant que, pour assurer son pouvoir, M. de Royville avait conçu le dessein de les faire massacrer par des soldats qui lui étaient dévoués, les douze seigneurs le poignardèrent, jetèrent son corps à la mer et élurent pour leur chef le sire de Bragelone, l'un d'eux. Arrivés dans la colonie, ils s'établirent autour du mont Cépérou et fondèrent sur la côte de Rémire, le long de la mer et du Mahury, la plupart des habitations qu'on y remarque aujourd'hui. L'administration de la colonie fut confiée à trois des principaux associés, qui prirent le titre de directeurs ; mais quatre des seigneurs, jaloux de leur pouvoir, ne tardèrent pas à conspirer contre eux. Les conjurés furent découverts, arrêtés : le chef du complot, nommé Isambert, fut condamné à avoir la tête tranchée et ses trois complices à être dégradés et relégués dans une île déserte : la sentence fut exécutée le même jour.

La guerre avec les indiens Galibis et une horrible famine décimèrent bientôt la colonie, dont les malheureux habitants furent forcés d'abandonner Cayenne pour se réfugier à Surinam, d'où ils gagnèrent les Antilles.

Voyant la colonie abandonnée par ses possesseurs, quelques Hollandais, conduits par un chef nommé Spranger, s'y établirent vers la fin de 1652 et y fondèrent des établissements qui paraissaient devoir être durables. Par leurs soins furent formées des sucreries, des plantations de coton, de rocou et d'indigo. Mais, douze ans plus tard, *la Compagnie de la France équinoxiale* tenta une seconde campagne et reprit possession de Cayenne le 21 mai

1664, sous la direction de M. Lefebvre de La Barre, maître des requêtes et intendant du Bourbonnais. Pendant ce temps, le roi Louis XIV, conseillé par Colbert, révoquait toutes les concessions précédemment faites en faveur des sociétés formées pour la colonisation de la Guyane et autorisait, par un édit, la formation, sous le nom de *Compagnie des Indes occidentales*, d'une association beaucoup plus vaste à laquelle fut donnée la propriété de toutes les îles et terres habitées par des Français dans l'Amérique méridionale, avec le pouvoir d'y faire seule le commerce pendant quarante ans.

M. de La Barre fut nommé gouverneur de la colonie, qui commença dès lors à prospérer sous sa sage administration. Les colons français, au nombre de mille environ, travaillèrent paisiblement à défricher les terres. Ce fut sous le gouvernement de M. de La Barre que les Jésuites s'établirent dans la Guyane en qualité de missionnaires.

A ce moment aussi, la ville de Cayenne acquit une véritable importance et devint le débouché des produits agricoles de toutes les plantations de l'île. Malheureusement, la guerre vint arrêter les progrès de la colonie, et, en 1667, des Anglais, sous les ordres du chevalier Harman, s'en emparèrent, dévastèrent les plantations et se retirèrent, au bout d'un mois, laissant l'île de Cayenne à moitié détruite.

Le père Morellet, curé de Cayenne, sortit des forêts où il s'était réfugié avec un grand nombre de colons pendant l'occupation des Anglais, releva les constructions et rétablit la colonie qu'il remit, en 1667, entre les mains de M. de Lézy, gouverneur par intérim, pendant l'absence de M. de La Barre, parti pour la France. La colonie reprit ses travaux agricoles et vit ses pertes se réparer. Tout alors s'y faisait encore au nom de *la Compagnie des Indes occidentales*.

Vers le milieu de 1668, M. de La Barre revint prendre le Gouvernement de la Guyane, qu'il garda jusqu'en 1670. M. de Lézy lui succéda avec le titre de commandant pour le roi et la *Compagnie des Indes occidentales*.

En 1674, la Guyane française cesse d'être exploitée au profit d'une compagnie exclusive : *la Compagnie des Indes occidentales* est supprimée et la colonie rentre, comme les autres possessions de la France, sous la domination immédiate du roi. M. de Lézy prend alors exclusivement le titre de gouverneur pour le roi, et les colons, qui avaient continué de vivre en paix avec les Indiens, recommencèrent à s'adonner avec activité à la culture de l'indigo, du coton et de la canne à sucre.

L'esprit de rivalité des Hollandais de Surinam et l'espoir qu'ils avaient conçu de trouver sur le territoire français des mines d'or et d'argent les portèrent à attaquer Cayenne. Ils se présentèrent devant cette ville, le 5 mai 1676, avec onze navires de guerre commandés par l'amiral Binks, et s'en emparèrent par surprise et presque sans coup férir. Vivement désireux de conserver leur conquête, ils augmentèrent les fortifications de la colonie et accrurent les moyens de défense. Mais la France n'abandonna pas un pays qui lui avait déjà coûté tant de sacrifices. Le 20 décembre 1676, le vice-amiral comte d'Estrées parut devant Cayenne avec une flotte d'une vingtaine de voiles et huit cents hommes de débarquement, et força les Hollandais à se rendre à discrétion au bout d'une heure de combat. Il s'empara également des forts qu'ils avaient construits à l'embouchure des rivières d'Oyapock et d'Approuague. Depuis cette époque jusqu'en 1808 la colonie n'a pas été troublée par la guerre, bien que d'autres obstacles, comme nous le verrons tout à l'heure, se soient opposés à son développement.

En 1686, elle reçut un accroissement de population. Des flibustiers, qui revenaient chargés des dépouilles de la mer du sud, se fixèrent dans l'île de Cayenne et s'adonnèrent à l'agriculture. La colonisation de la Guyane pouvait sembler assurée, lorsqu'en 1688, un marin, nommé Ducasse, réveillant le ressentiment des habitants de Cayenne contre les Hollandais, proposa aux nouveaux colons le pillage de Surinam, à titre de représailles. Se ressouvenant de leur ancien état de flibustiers, ceux-ci se laissent tenter par la cupidité : leur exemple entraîne tous les habitants, ils partent ; mais les Hollandais, qu'ils espèrent surprendre, leur opposent une résistance inattendue. La plupart des agresseurs sont faits prisonniers, conduits aux Antilles, et la Guyane française, en perdant la partie la plus active et la plus laborieuse de sa population, voit retarder de nouveau les progrès qu'elle commençait à faire.

De 1686 à 1763, l'exploitation des terres reste concentrée dans l'île de Cayenne : durant ce long espace de temps, aucun accroissement ne se manifeste, soit dans les cultures, soit dans la population, soit dans le commerce ; aucun fait important ne s'accomplit sous l'administration des gouverneurs titulaires ou intérimaires : Sainte-Marthe, 1687 ; de La Barre, revenu en 1688 jusqu'à 1691 ; de Férolles, 1700 à 1705 ; d'Orvilliers, 1706 à 1713 ;

Grandville, intérimaire, 1716; Claude d'Orvilliers, 1720 à 1729; de Charanville, intérimaire, 1730; de Lamirande, 1730 à 1736; de Crenay et Gilbert d'Orvilliers, intérimaires, de 1736 à 1738; de Châteaugué, 1738 à 1743; Gilbert d'Orvilliers, qui, reconnu gouverneur le 27 novembre 1749, s'absente en juin 1751; Dunezat, intérimaire, 1752; Gilbert d'Orvilliers, qui, de retour vers la fin de cette dernière année, s'absente encore en juillet 1753 et est encore remplacé par le major Dunezat jusqu'en 1757, époque du retour du gouverneur titulaire, qui dirige la colonie jusqu'en mai 1763; de Béhague, intérimaire jusqu'au 2 janvier 1764; de Fiedmond, commandant en chef par intérim, avec de Préfontaine, comme commandant particulier de la partie nord de la colonie, jusqu'au 22 décembre 1764; enfin, de Turgot, nommé gouverneur depuis le commencement de 1763, qui arrive à Cayenne le 22 décembre 1764 pour en partir en avril 1765, après avoir assisté à la déplorable issue de l'expédition de Kourou, qu'il faut placer à la fin de 1763.

Le gouvernement français, voulant réparer la perte du Canada qui venait d'être cédé à l'Angleterre, avait conçu le dessein de donner un grand développement à la colonisation de la Guyane française. Il dirigea, dans ce but, sur cette colonie, une expédition de 12,000 colons volontaires de toutes classes, en général la lie de la société, sortis pour la plupart de l'Alsace et de la Lorraine. Les îles du Salut et les bords du Kourou reçurent ces émigrants; mais les aménagements nécessaires n'ayant pas été faits pour les recevoir, une imprévoyance inconcevable ayant présidé à toutes les mesures, la mortalité décima bientôt les nouveaux colons; ils périssaient par centaines: c'était à peine si l'on pouvait fournir aux survivants la quantité de vivres strictement nécessaire; 3,000 nouveaux colons vinrent encore augmenter la confusion. Pendant ce temps, l'intendant général de la colonie, M. de Chanvalon, qui s'était transporté sur les lieux, croyant sans doute relever les courages, donnait des fêtes et faisait construire un théâtre au lieu de s'occuper à établir les émigrants les plus industrieux qui auraient cultivé des vivres. L'intendant fut arrêté et renvoyé en France, où il fut mis en accusation. Après son départ, les colons furent entièrement livrés à eux-mêmes : il n'y eut plus d'hôpital, plus de distribution de vivres ou de médicaments. Quelques mois après, il ne restait plus de cette émigration de 15,000 hommes que 2,000 individus qui revinrent en Europe, et une soixantaine de familles françaises, allemandes et acadiennes, qui allèrent se fixer entre les rivières de Kourou et de Sinnamary, où elles se livrèrent à l'élève du bétail. Telle fut la fatale issue d'une entreprise qui coûta la vie à 12,000 personnes et 30 millions à l'État. Elle eut un résultat plus fâcheux encore peut-être, celui de jeter sur la Guyane un discrédit qui pèse encore sur elle.

Trois années après cette malheureuse expédition, il se forma, sous l'administration de M. de Béhague, gouverneur jusqu'en 1766, et, après lui, de M. de Fiedmond, devenu titulaire, une nouvelle compagnie sur les plans du baron de Bessner. Son projet, dont l'exécution devait, disait-il, assurer aux actionnaires 40,000 livres de rentes, moyennant 12,000 livres une fois payées, était de réunir les Indiens et de les employer à peu de frais. Vingt mille nègres marrons de Surinam, dont l'introduction et l'emploi seraient aisément négociés avec la Hollande, devaient former un personnel suffisant pour cultiver les arbres à épices; le produit de la vente de ces denrées devait être partagé entre les actionnaires. Quoique combattu par M. Malouet, ce projet fut adopté, mais il échoua complétement, et les rêves extravagants du baron de Bessner se soldèrent, pour la Compagnie, par une dépense de 800,000 francs, et, pour le Gouvernement, par la perte de toutes les avances qu'il lui avait faites.

On sentit enfin la nécessité d'envoyer sur les lieux un homme éclairé, capable de conduire à bonne fin une entreprise sérieuse de colonisation, et l'on fit choix de M. Malouet, commissaire général de la marine, ordonnateur.

Avant de se mettre à l'œuvre, M. Malouet visita les différents quartiers de la colonie afin d'acquérir les connaissances locales suffisantes pour tirer parti des ressources naturelles de la Guyane. Puis, il se rendit à Surinam pour y étudier les rouages de l'administration des Hollandais et leur système d'agriculture. Malouet avait, en effet, reconnu avec M. de Fiedmond, que les terres hautes, d'une exploitation plus facile, perdaient au bout de quelque temps toute leur fertilité. N'ignorant pas que la Guyane hollandaise et la Guyane anglaise, dépourvues de terres hautes, cultivaient les terres basses, il conçut le projet de dessécher les terres noyées de la Guyane française et d'y cultiver aussi toutes les denrées coloniales.

Il ramena de Surinam à Cayenne un ingénieur suisse nommé Guisan, qu'il avait obtenu la permission d'attacher au service de la France. Sous la direction de cet homme habile, on traça des chemins et des canaux; on entreprit de vastes desséchements, tant dans l'île de Cayenne que dans l'Approuague. Malheureusement, en 1778, M. Malouet fut forcé, par le mauvais état de sa santé, de quitter la Guyane, et la colonie se vit privée de l'utile direction qu'il avait imprimée à ses travaux agricoles.

Après son départ, ses vues furent abandonnées. Le baron de Bessner, après le départ de M. de Fiedmond en 1781, parvint à se faire nommer gouverneur de la Guyane. Une nouvelle exploitation agricole, qu'il établit sur la rive droite du Tonnégrande, à dix lieues de Cayenne, eut le même insuccès que sa grande entreprise. Des soixante-dix soldats acclimatés qui y furent envoyés comme agriculteurs, plusieurs périrent, et ceux qui restèrent, isolés, affaiblis par la maladie, ne tardèrent pas à se disperser. La mort du baron de Bessner, survenue quelque temps après (1785), acheva de faire évanouir toutes les espérances que ses actionnaires avaient encore conservées.

Les colonels Lavallière et Fitz Maurice, gouverneurs intérimaires, de juillet 1785 au 17 mai 1787, ne font aucune tentative d'établissement; mais le comte de Villeboi, maréchal de camp, fait, en 1788, un nouvel essai de colonisation sur la rive droite de l'Approuague, et meurt, le 22 octobre de la même année, au milieu de tous les embarras d'un insuccès.

Sous le major d'Allais, gouverneur intérimaire, *la Compagnie guyanaise du Sénégal* tente, de son côté, de former une colonie sur les bords du Ouanari. Cet essai n'ayant pas réussi, cette Compagnie fut supprimée par un décret de l'Assemblée constituante de janvier 1791.

Pendant ce temps, en effet, avait éclaté la révolution de 1789, et le contre-coup ne tarda pas à s'en faire sentir à Cayenne.

L'esprit d'insubordination se répandit avec rapidité. M. d'Allais part pour France en laissant l'intérim au colonel Bourgon, et revient dans la colonie, en 1792, comme gouverneur général, avec M. Guillot, comme commissaire civil, délégué de l'Assemblée nationale. Ce dernier était porteur du décret qui accordait à la classe de couleur l'égalité des droits politiques avec les blancs. Le 11 avril 1793, la Convention nationale envoya, en qualité de commissaire civil, seul chargé du gouvernement, Jeannet-Oudin, neveu de Danton, qui commença l'application des mesures révolutionnaires, en créant, à l'instar des assignats, pour remédier au vide des caisses du trésor, des bons de caisse auxquels il donna cours forcé. Le 26 prairial an II (14 juin 1794), Jeannet fait publier le décret qui abolit l'esclavage dans les colonies françaises, en recommandant aux noirs, dans une proclamation, de ne pas abandonner la grande culture.

Les ateliers furent bientôt déserts : la récolte devint impossible. La famine était imminente ; il fallut alors avoir recours à des mesures coercitives. Tous les *ouvriers cultivateurs* furent mis en réquisition : personne ne se présenta. La Convention, informée des désordres qui se produisaient à Cayenne, rendit alors le décret du 6 prairial an III (11 mai 1795), dont l'article 2 portait : « Tout refus de travail sera poursuivi et puni comme crime de contre-révolution. » C'était prescrire le travail sous peine de mort.

La plupart des noirs parvinrent à se soustraire à l'application de ce décret en se rendant locataires d'une petite pièce de terre ou en se prétendant domestiques ou ouvriers. La disette des vivres augmentait de jour en jour.

C'est dans ces tristes circonstances (1796) que la Guyane française vit débarquer sur ses rivages les déportés de thermidor, Collot-d'Herbois, qui mourut à l'hôpital de Cayenne, à la suite de convulsions terribles, et Billaud-Varennes, qui, souillé des mêmes crimes, vécut et mourut libre à Saint-Domingue. En 1797, arrivèrent les seize déportés de fructidor : Barthélemy, l'un des cinq membres du Directoire; Laffon-Ladébat, Barbé-Marbois, le général Murinais, Rovère et Tronçon-Ducoudray, membres du conseil des anciens; les généraux Aubry, Pichegru et Villot, MM. Bourdon (de l'Oise) et de La Rue, tous cinq membres du conseil des Cinq-Cents; de la Villeheurnois, l'abbé Brotier, Ramel, adjudant général, commandant des grenadiers du Corps législatif; d'Ossonville, inspecteur de police, enfin, Letellier, valet de chambre de Barthélemy. L'année suivante, plus de cinq cents nouvelles victimes de nos troubles civils furent jetées dans les déserts de Sinnamary et de Conamama, et périrent, pour la plupart, de maladie, de dénûment et de chagrin.

La Guyane française eut à supporter, comme nos autres colonies occidentales, tous les maux qu'entraîna après elle la guerre maritime de la fin du XVIIIe siècle et du commencement du XIXe. Après le départ de Jeannet, Burnel reste chargé de l'administration, avec le titre d'agent particulier du Directoire, jusqu'en novembre 1799; Franconie, après lui, gouverne la colonie sous le titre d'agent provisoire jusqu'en janvier 1800. Victor Hugues, agent des consuls à son arrivée, prend, en 1804, le titre de commissaire de l'Empereur, commandant en chef. Il enrichit d'abord la colonie par les prises des corsaires, qu'il arma à Cayenne; mais cette richesse dura peu et nuisit même à la prospérité du pays en détournant les habitants de la culture des terres.

Le Gouvernement impérial n'eut pas le temps de s'occuper des avantages que le commerce français pouvait retirer de la possession de la Guyane. Les Portugais tentaient incessamment des coups de main, tantôt sur l'île de Cayenne, tantôt sur l'Oyapock. En 1805, une de leurs flottilles pénétra dans l'Approuague et ne se retira qu'en apprenant la paix d'Amiens. Vers la fin de 1808, les Anglais se réunirent à eux pour s'emparer de la colonie; ils débarquèrent pendant la nuit au fort du Diamant, à l'embouchure du Mahury; Victor Hugues capitula le 12 janvier 1809, en stipulant que la colonie serait remise, non aux troupes britanniques, mais à celles de leurs alliés. Durant les huit années de la domination portugaise, la colonie fut administrée d'abord par Pinto de Souza, puis par Maciel de la Costa. Le code civil y demeura en vigueur; le pays fut traité avec ménagement, et le séquestre des biens des absents fut la seule mesure rigoureuse prise par le gouverneur Marquès, qui succéda à de la Costa.

La Guyane nous fut rendue par les traités de 1814-1815; mais ce ne fut qu'en novembre 1817 que le général Carra Saint-Cyr vint en prendre possession. Le gouvernement métropolitain résolut alors de demander à l'immigration les travailleurs qui manquaient à la colonie. On y introduisit, en 1820, vingt-sept agriculteurs chinois et cinq malais; mais le mauvais choix de ces immigrants, l'ennui, la paresse, le découragement et les maladies ne tardèrent pas à les disperser ou à les faire périr. En 1819, le baron de Laussat succéda à Carra Saint-Cyr. Le nouveau gouverneur voulut tenter s'il ne serait pas possible de suppléer aux travailleurs noirs par des cultivateurs blancs. Sept familles de *settlers* des États-Unis d'Amérique, formant un total de vingt personnes, furent établies, en 1821, sur la Passoura, un des affluents du Kourou. M. de Laussat en avait formé une petite colonie, à laquelle il avait donné le nom de Laussadelphie. Cette entreprise échoua complétement.

Le Département, sur l'avis favorable émis par une commission envoyée de France en 1820, avait décidé que l'on ferait une nouvelle tentative de colonisation à la Mana; il en chargea le baron Milius, qui venait d'être choisi pour remplacer M. de Laussat. Une expédition préparatoire, composée d'une compagnie d'ouvriers militaires, d'un détachement de sapeurs et de cinquante apprentis orphelins, formant un total de cent soixante-quatre individus, y fut envoyée en 1823. Le nouvel établissement, fondé à une quinzaine de lieues de l'embouchure de la Mana, prit le nom fastueux de Nouvelle-Angoulême. Les excès et les désordres de cette petite colonie forcèrent bientôt le gouverneur à renvoyer en France toute la Nouvelle-Angoulême, qui disparut comme Laussadelphie.

À deux lieues de l'embouchure de la même rivière existait un autre emplacement qui parut plus propre à recevoir un établissement. Trois familles du Jura, composées de vingt-sept personnes, y furent installées vers la fin de 1824, aux frais de l'État, qui les pourvut de toutes les choses qui pouvaient leur être nécessaires. Le début fut heureux : le bétail ne tarda pas à se multiplier, et une abondante récolte de maïs et de blé récompensa les travaux des nouveaux colons. Mais la cupidité les poussa bientôt à abandonner cette culture, qui les faisait vivre dans l'aisance, pour entreprendre celle des denrées coloniales, dont ils espéraient une fortune plus rapide. Le travail fut d'abord si largement récompensé que les émigrants s'empressèrent d'écrire à leurs parents et à leurs amis pour les engager à venir les rejoindre. Bientôt, sans aucune cause connue, les travaux cessèrent, l'activité fit place à l'inertie ; après avoir végété jusqu'en 1828, ces familles furent autorisées par M. le contre-amiral gouverneur Desaulces de Freycinet, qui avait succédé à M. de Muyssard, commissaire de la marine (1826), et à M. le capitaine de frégate Burgues de Missiessy, intérimaire (1827), à revenir en France.

Les résultats de cet essai de colonisation n'ont pas été satisfaisants ; mais ses heureux débuts peuvent, toutefois, passer pour un succès : ils me paraissent démontrer que le blanc peut vivre et travailler à la Guyane, sous les deux conditions du travail et de la sobriété.

Dans cet état de choses, Mme Javouhey, fondatrice et supérieure générale de la congrégation des sœurs de Saint-Joseph de Cluny, offrit de continuer l'entreprise et fonda, en 1828, sur les bords de la Mana, un établissement destiné à servir d'asile aux enfants trouvés. Elle s'occupa principalement de l'élève du bétail et de l'exploitation des bois de charpente et d'ébénisterie, que lui fournissaient en abondance les belles forêts du voisinage ; et elle borna la culture des vivres à ce qu'exigeait l'alimentation de sa petite colonie.

En 1835, l'établissement de Mme Javouhey changea complétement de nature : sur sa demande, le Gouvernement décida que les noirs de traite capturés, libérés en vertu de la loi du 4 mars 1831, seraient successivement envoyés sur les bords de la Mana pour y être préparés par le travail à la liberté ; cinq cent cinquante noirs y furent ainsi réunis, et, depuis, le bourg de Mana a prospéré. Cet établissement a fait retour au Gouvernement, en 1847, et a formé, depuis lors, un nouveau quartier de la colonie.

En 1836, le Gouvernement résolut d'occuper un point du territoire contesté, entre l'Oyapock et la rivière Vincent-Pinçon ; M. Jubelin, commissaire général de la marine, alors gouverneur, fut chargé de réaliser ces intentions. Il choisit le lac Mapa, situé à 50 kilomètres environ de l'Amazone et à une courte distance de la rivière Araouari, pour y établir un poste militaire, qui fut installé dans le courant de juin 1836, mais abandonné quatre ans plus tard.

Sous le gouvernement de M. Laurens de Choisy, capitaine de vaisseau (1837), la Guyane commença à ressentir quelques symptômes de défaillance par suite de la cessation de la traite des noirs et de l'avilissement du prix des principales denrées d'exportation. Il en fut de même sous le gouvernement de ses successeurs : de Nourquer du Camper, capitaine de vaisseau (1839) ; Gourbeyre, capitaine de vaisseau (1841) ; Charmasson, capitaine de vaisseau (1843) ; Layrle, capitaine de vaisseau (1844 et 1845) ; Cadeot, commissaire de la marine, intérimaire (1846). Les sages mesures prises par M. Pariset, contrôleur en chef de la marine (1846), ne purent arrêter cette décadence.

L'émancipation des esclaves, en 1848, vint porter le dernier coup à la colonie. Les habitations furent abandonnées et quelques sucreries survécurent seules.

Cet état de dépérissement s'aggrava encore par l'invasion de la fièvre jaune qui éclata le 22 novembre 1850 et ne cessa complétement qu'en février 1851, après avoir décimé la population blanche et pris pour l'une de ses dernières victimes le capitaine de vaisseau Maissin, gouverneur intérimaire (1850 et 1851), auquel succéda le procureur général Vidal de Lingendes, intérimaire (1851).

La Guyane semblait rayée de la liste de nos possessions d'outre-mer, lorsque, cette même année, un décret du 8 décembre la désigna pour recevoir les repris de justice en rupture de ban et les affiliés aux sociétés secrètes.

Cet acte fut le point de départ d'une série de mesures administratives qui inaugurèrent à la Guyane l'œuvre toute nouvelle de la colonisation par la transportation. M. de Chabannes-Curton, capitaine de vaisseau (1852), en prépara l'exécution. M. Sarda-Garriga, commissaire général de la république (1853), et M. le contre-amiral Fourichon, gouverneur (1854), en commencèrent l'application avec autant de prudence que d'habileté. Ce dernier gouverneur quitte la colonie à la fin de janvier 1854; il est remplacé, en 1855, par M. le capitaine de vaisseau Bonard, qui part en congé en octobre de la même année, en laissant M. le lieutenant-colonel Masset comme gouverneur intérimaire. M. le contre-amiral Baudin, nommé en 1856, fonde la plupart des pénitenciers, et notamment celui du Maroni. Cependant l'œuvre de la transportation avait rencontré, en 1855 et 1856, dans une nouvelle invasion de la fièvre jaune, un obstacle terrible qui, un moment, parut devoir en compromettre la continuation.

L'état sanitaire s'étant amélioré, l'abandon de la Guyane, comme colonie pénale, annoncé dans le discours prononcé par l'Empereur à l'ouverture de la session du Corps législatif, le 18 février 1857, ne fut point consommé, et le Gouvernement continua d'expédier de nouveaux convois de transportés. M. le capitaine de vaisseau Tardy de Montravel remplace M. Baudin, le 15 mai 1859, et imprime à l'œuvre de la transportation une impulsion énergique; nommé contre-amiral le 27 janvier 1864, il part en congé le 1er mai de la même année, et meurt en France le 4 octobre suivant. M. le colonel Favre, commandant militaire, gouverneur par intérim, remet, le 10 janvier 1865, le gouvernement entre les mains de M. le général de brigade d'infanterie de la marine Hennique, nommé gouverneur le 20 octobre 1864.

Depuis quelques années, la Guyane semble enfin sortir de sa longue défaillance.

D'un côté, des essais de culture, entrepris avec succès au Maroni et sur quelques autres points par les bras de la transportation, font espérer une application plus pratique de la colonisation pénale.

D'un autre côté, l'introduction d'immigrants indiens et chinois, la reprise de la grande culture sur plusieurs habitations, l'heureux fonctionnement de la Banque locale, l'exploitation des mines d'or par une grande Compagnie et par des particuliers, la création de vastes chantiers de bois, semblent autant d'éléments d'une régénération prochaine. Cette situation, relativement prospère, autorise donc à penser que la double colonisation, par l'immigration et la transportation, dont les courants réguliers finiront par se réunir et se creuser un lit dans les savanes et les forêts de la Guyane française, formera, avant cent ans d'ici, la base d'une population qui peut faire de cette vaste contrée la première colonie du monde.

CHAPITRE II.

DESCRIPTION DE LA GUYANE FRANÇAISE.

La Guyane française, telle qu'elle a été délimitée par l'article 107 du traité de Vienne (9 juin 1815) et par une convention provisoire passée à Paris, le 28 août 1817, comprend une immense étendue de pays qui s'étend entre le Maroni et l'Oyapock. Ces deux fleuves décrivent autour de la colonie un grand arc de cercle dont la corde, d'une embouchure à l'autre, mesure environ 300 kilomètres.

Les limites de la Guyane française sont: au nord, l'océan atlantique; au nord-ouest, le Maroni, qui la sépare de la Guyane hollandaise; à l'ouest, les régions intérieures, encore peu connues, situées au delà du Rio-Branco; au sud, enfin, le territoire que nous conteste l'empire du Brésil, et qui s'étend de l'Oyapock à la rivière Vincent-Pinçon. (Traité d'Utrecht du 11 avril 1713.) Le Brésil a successivement proposé de reconnaître pour limites la rive droite de l'Oyapock, la rive gauche du Cassipoure, le Conani, et enfin le Calsoène, par 2° 30′ environ.

La France rejette encore aujourd'hui ces propositions et offre comme gage de ses intentions conciliantes d'adopter pour limites la branche nord de l'Arouari ou, si cette rivière est obstruée, le cours d'eau le plus voisin en remontant vers le nord. (*Revue coloniale*, t. XIX, 2ᵉ série, p. 396.)

Ce territoire, qui ajoute à la Guyane française 200 kilomètres de côtes, en porte le développement total à 500 kilomètres sur une profondeur de 1,200, ce qui donne une superficie triangulaire de plus de 18,000 lieues carrées. La seule partie comprise entre le Maroni et l'Oyapock est évaluée à environ 1,310,000 hectares, dont 5,480 sont aujourd'hui en culture; le reste est savanes, montagnes ou forêts.

Les savanes couvrent les terres basses et comprennent les immenses terrains découverts qui s'étendent du littoral jusqu'aux premiers sauts des rivières. Leur base est le roc ou le granit: elles forment une chaîne d'ondulations plus ou moins longues recouvertes d'une couche de terre végétale, détritus de plantes qui, entraînés par les pluies, se sont solidifiés, fixés au continent et graduellement élevés au-dessus des eaux; les dépôts résultant des marées et dans lesquels ont poussé les graines de palétuviers qu'elles y ont apportées ont aussi contribué à l'exhaussement du sol. Ces terres basses sont éminemment fertiles et propres à recevoir toute espèce de cultures ; cependant, à peine une partie en est-elle cultivée, une autre est en savanes sèches ou noyées ; le reste est couvert d'épaisses forêts de mangliers et de palétuviers. Les savanes qu'on nomme *tremblantes* présentent une couche de terreau d'environ deux pieds d'épaisseur, reposant sur une vase molle, épaisse de cinq à six pieds et recouverte de touffes d'herbes aquatiques très-verdoyantes. Dans les terres basses se trouvent aussi de vastes marais qui prennent le nom de *pripris*, quand ils sont inondés, ou de *pinotières* quand, desséchés par diverses circonstances, ils ont formé d'immenses prairies où les palmiers pinots ont à la longue remplacé les mangliers. Que de riches pâturages pourraient être créés dans ces pinotières, complétement desséchées, soit par le temps, soit par la main des hommes.

Au delà des premiers sauts, s'étendent les terres hautes s'élevant progressivement du nord au sud, coupées d'une chaîne de montagnes granitiques, de 5 à 600 mètres de hauteur, à peu près parallèles entre elles, courant de l'est à l'ouest et se dirigeant vers la chaîne principale des monts Tumuc-Humac, qui occupent toute la partie sud de la Guyane française, sur une largeur de 10 à 12 kilomètres, et dont les pitons les plus élevés atteignent une hauteur de 1,000 à 1,200 mètres.

Les forêts commencent à quinze ou vingt lieues des côtes et se prolongent à l'intérieur jusqu'à des profondeurs inconnues. Elles contiennent toutes les espèces de bois, non pas groupées par familles, mais disséminées, soit sur des terrains marécageux, soit le long des fleuves ou sur les montagnes : ici, des arbres gigantesques propres aux constructions civiles ou navales, s'élevant au milieu de cette nature vierge et sauvage qui offre l'image du globe après la création ; là, une multitude prodigieuse d'arbres ou d'arbustes de moindre dimension qui produisent les résines, les baumes, les gommes et les huiles ; enfin, une troisième végétation, plus humble, pressée dans les parties humides en touffes impénétrables : au milieu de ces trois végétations distinctes, des lianes d'une prodigieuse grandeur s'attachent aux arbres, dépassent souvent les cimes de ceux de la plus grande espèce, arrivent à ceux de moyenne grandeur, redescendent à terre, y prennent de nouveau racine et donnent à certaines parties de ces forêts l'aspect de grands navires avec leurs mâts et leurs cordages. On respire, en parcourant ces bois, sous une ombre épaisse où les rayons du soleil n'ont jamais pénétré, un air embaumé qui révèle l'existence de plantes aromatiques, partout même où elles ne sont pas apparentes.

Dans les vastes solitudes de ces forêts, de ces savanes, de ces marais, bruissent et voltigent une variété infinie d'oiseaux aux couleurs métalliques étincelantes, de papillons aux formes et aux nuances les plus variées : on y voit errer une multitude d'animaux, ramper de monstrueux reptiles ; dans les terrains bas et boisés fourmillent des myriades d'insectes et d'innombrables légions ailées de maringouins et de moustiques.

La Guyane est arrosée par vingt-deux fleuves ou rivières qui débouchent dans la mer, et dont les nombreux affluents traversent le pays dans toutes les directions : les principaux coulent du nord au sud, perpendiculairement aux chaînes de montagnes où elles prennent leur source. Leur embouchure, d'une étendue considérable, est obstruée de bancs de vase ou de sable qui en rendent l'accès difficile : à vingt lieues, elles cessent d'être navigables ; là, de nombreuses cataractes en barrent le cours ; quelques-uns de ces sauts ont une grande hauteur et se prolongent sur une longueur de plusieurs centaines de mètres, quelquefois même de plusieurs lieues. Leur cours a peu de pente, peu de rapidité, et leurs rives, bordées d'un rideau d'arbres toujours verts qui jettent des racines du bout de leurs branches à terre pour former d'autres arbres sans se séparer de la souche, n'ont presque pas d'élévation, surtout près de leur embouchure : la mer y remonte jusqu'à quinze ou vingt lieues. Les eaux baissent tellement dans la saison sèche que l'émersion des bancs et des roches permet parfois de les passer à gué dans les parties supérieure et moyenne de leur cours ; mais, dans la saison des pluies, les eaux grossies s'élèvent à une telle hauteur qu'elles débordent et inondent la contrée. Alors, les embarcations, pour se rendre aux habitations, peuvent naviguer à travers les bois et presque sur leurs cimes.

Les fleuves de la Guyane française sont le Maroni et l'Oyapock, dont il y a lieu de croire que les sources sont très-rapprochées. Les principaux cours d'eau sont : la Mana, l'Organabo, l'Iracoubo, le Conamama, le Sinnamary, le Kourou, le Macouria, les rivières de Cayenne, de Montsinéry et de Kaw, le Mahury, l'Approuague et le Ouanari.

Dans ces fleuves et rivières viennent se déverser de petits embranchements creusés par les pluies torrentielles dans les parties les plus déclives du terrain, alimentés par les eaux de la marée haute, à sec à marée basse, et devenus célèbres par leurs gisements aurifères qu'on exploite en détournant leur cours. Toutes ces rivières et leurs affluents, toutes ces criques et leurs ramifications établissent de nombreuses communications entre toutes les parties de la colonie. Aussi, le transport des denrées se fait-il presque exclusivement par eau.

A ces communications dues à la nature, il faut ajouter les canaux creusés par la main de l'homme; les principaux sont : la Crique-Fouillée, de 8,000 mètres de longueur et de 12 mètres de largeur en moyenne, qui sépare le quartier de l'Ile-de-Cayenne de celui du Tour-de-l'Ile, et établit une communication entre la rade de Cayenne et le Mahury; le canal Torcy, creusé dans les savanes de la rive droite du Mahury, de 6,600 mètres de longueur sur une largeur moyenne de 14 mètres ; un canal d'embranchement tracé parallèlement au canal Torcy et désigné sous le nom de l'ingénieur Soleau, protége contre les eaux des savanes les cultures comprises entre ces deux canaux, et, par une écluse, déverse son trop-plein dans le Mahury; le canal Laussat, qui borde la ville de Cayenne du côté du sud et aboutit à la mer par ses deux extrémités : il a 13 mètres de largeur moyenne dans le lit du canal et 26 entre ses digues ; comme le canal Torcy, il sert, à marée basse, à l'écoulement des eaux des terres voisines et, à marée haute, à la navigation.

Quant aux routes terrestres, il n'y en a que deux : l'une, qui traverse l'Ile-de-Cayenne dans la direction du sud-est, aboutit par deux embranchements au dégrad des Cannes, par le Mahury; l'autre, qui part de la pointe de Macouria, traverse les quartiers de Macouria, de Kourou, de Sinnamary, d'Iracoubo et d'Organabo, et aboutit à Mana ; la plupart des autres chemins ne sont que de simples tracés pratiqués à travers les bois et les savanes, et que peuvent seuls parcourir les piétons et les bêtes de somme.

Il existe, à la Guyane, une dizaine de lacs dont les plus étendus sont le Mépécucu, le Macari et le Mapa ; mais ils sont situés tous trois dans le voisinage du cap nord, et compris, par conséquent, dans la partie du territoire contesté.

On compte seize ponts et ponceaux dans la colonie : un sur la rivière de Macouria, trois sur le canal Laussat, un sur la Crique-Fouillée et onze autres sur diverses routes ou criques.

Si, de l'intérieur des terres, on reporte ses regards vers les côtes, partout on voit des terres plates formant des glacis de terre molle. Dans la seule partie de l'Ile-de-Cayenne, qu'on nomme *la Côte*, les terres sont élevées sur une longueur d'environ 24 kilomètres.

Deux des saillants de ces côtes sont remarquables : le cap d'Orange et le cap Cachipour, qui servent de points de reconnaissance aux bâtiments qui viennent à Cayenne.

Le long de ces côtes sont situées plusieurs îles qui paraissent avoir fait autrefois partie du continent : sous le vent, à 7 milles de la côte de Kourou et à 27 milles au N.-N.-O. de Cayenne, *les îles du Salut* qui comprennent : 1° l'île Royale, de 4 à 5 milles de longueur, où vont mouiller les bâtiments qui calent plus de 15 pieds d'eau ; 2° l'île de Saint-Joseph, et 3° l'île du Diable, ces deux dernières de 3 milles de longueur. Ce groupe d'îles, autrefois boisées, sert de dépôt aux convois de transportés arrivant d'Europe : un chenal étroit les sépare. Au vent, au nord de l'embouchure de l'Approuague, à 8 kilomètres en mer, se trouvent deux rochers arides nommés *le grand et le petit Connétable*, asile des oiseaux de mer, peut-être couvert de guano déposé depuis des siècles ; sur la côte de Rémire, *l'îlet le Père*, où se trouve la station des pilotes ; *l'îlet la Mère*, aujourd'hui affecté aux convalescents des établissements pénitentiaires ; *les deux Mamelles* et le *Malingre*, masses rocheuses, où il n'est possible de former aucun établissement ; enfin, *l'Enfant-Perdu*, où est établi un phare, à environ 6 milles marins de Cayenne (1).

L'aspect de cette partie des côtes de la Guyane est admirable. Du haut des montagnes élevées qui les bordent et les dominent, on aperçoit les îlets semés çà et là comme des bouquets de verdure, et la mer qui déploie au loin sa magnifique étendue.

La Guyane française est divisée en quatorze communes, dont treize rurales désignées sous le nom de quartiers et la quatorzième formée par la ville de Cayenne.

Voici les noms de ces différents quartiers en prenant pour

---

(1) Tous les documents que j'ai consultés portent que la distance de Cayenne à l'Enfant-Perdu est de 8 kilomètres. Je dois à l'obligeance de M. le capitaine de frégate Bréart, commandant supérieur de la marine à Cayenne, la rectification de cette mesure un peu trop approximative. La lieue terrestre de 25 au degré vaut en mesures métriques 4^k444^m ; la lieue marine de 20 au degré vaut 5^k555^m. La lieue marine vaut 3 milles ; donc 1 mille $= \frac{5.555}{3} = 1^k850^m$ environ. La distance marine du fort Cépérou à l'Enfant-Perdu, donnée par la carte hydrographique levée dans la campagne de *la Bayadère*, par M. le capitaine de vaisseau baron Roussin, étant de 6 milles 4 dixièmes, la distance en mètres est égale à $1850 \times 6.4 = 11^k840^m$.

point de départ celui de Mana, le plus étendu de la colonie, jusqu'à celui d'Oyapock, qui a pour limite au sud le vaste territoire en litige entre la France et l'empire du Brésil : Mana, Iracoubo, Sinnamary, Kourou, Macouria, Montsinéry, ville de Cayenne, Ile-de-Cayenne, Tour-de-l'Ile, Tonnégrande, Roura, Kaw, Approuague, Oyapock.

Mana. — Le quartier de Mana est borné au N.-O. par le Maroni, au S.-E. par l'Organabo, au N.-E. par la mer et au S.-O. par les grands bois.

Il mesure une superficie de 387,100 hectares et présente une étendue de côtes de 79 kilomètres.

Ce n'est pas le Maroni, le plus grand fleuve de la Guyane, qui a donné son nom au plus vaste quartier de la colonie ; c'est la rivière de Mana, qui, le traversant du Sud au Nord sur une étendue de près de 300 kilomètres, va se jeter dans la baie du Maroni. Obstruée par des vases et des sables durs, l'entrée de la Mana offre des difficultés, mais à peine a-t-on franchi ces bancs que l'on trouve une profondeur de 4 à 5 mètres.

Ses principaux affluents sont : sur la rive gauche, la rivière de l'Acarouani, où se trouvait une léproserie qui vient d'être transférée à la Montagne-d'Argent, et les criques Portal et Araouni ; sur la rive droite, les criques Laussat, Alimichiri et Trompeuse. Les premiers sauts commencent un peu en amont des criques Laussat et Portal.

Le chef-lieu du quartier de Mana est situé sur la rive gauche de la rivière, à 4 kilomètres de son embouchure.

Nous ne parlerons pas du Maroni que l'analyse d'un intéressant rapport de M. Vidal nous fera connaître plus tard, quand nous traiterons des voyages exécutés dans l'intérieur.

Un ilet du Maroni, désigné sous le nom d'ilet Portal, a été concédé à un habitant qui y a créé des plantations de caféiers.

Le sol du quartier de Mana, depuis la mer jusqu'à l'Acarouani, est plat et formé d'alluvions, de bancs de sables boisés et de savanes noyées ; c'est à l'Acarouani seulement que commencent les grands bois qui s'étendent dans l'intérieur.

Iracoubo. — Le quartier d'Iracoubo s'étend depuis la rivière Organabo jusqu'à la crique Corossony.

Il mesure une superficie de 62,000 hectares et son étendue du N.-O. au S.-E. est de 55 kilomètres.

Un chemin frayé plutôt qu'une route suit le littoral jusqu'à Organabo et aboutit à un sentier qui conduit à Mana.

Trois petites rivières arrosent ce quartier : l'Iracoubo, qui parcourt de l'O. au N. sans aucune ramification un espace de 30 kilomètres; l'Organabo et le Conamama qui, à 6 kilomètres de son embouchure, se divise en deux branches : l'une, prenant la direction du Sud, nommée Jony, l'autre, se dirigeant à l'Ouest, appelée *Branche du Maroni*.

Le territoire de ce quartier est plat et sablonneux.

Le bourg d'Iracoubo, situé à l'embouchure de la rivière du même nom, est la résidence du commissaire-commandant, du secrétaire de mairie, des agents ruraux, d'une brigade de gendarmerie, ainsi que du curé chargé de desservir la paroisse.

Sinnamary. — Le quartier de Sinnamary, compris entre la crique Corossony et la rivière Malmanoury, peut être parcouru dans toute sa longueur, qui est de 33,500 mètres et de 20,500 mètres de profondeur, sur un chemin bien entretenu. Il mesure une superficie de 68,675 hectares de terres de toute nature et est traversé du N. au S. par la rivière qui lui donne son nom et qui, navigable seulement pendant l'espace de 52 kilomètres, pour des embarcations de 40 tonneaux, fournit un parcours de 176 kilomètres. Les affluents les plus remarquables de la rivière de Sinnamary sont : 1° la rivière de Couroïbo ou Couriége; 2° la rivière du Péril, à 30 kilomètres d'une branche du Galibi; 3° la rivière des Rubis, et 4° le Comonabo.

Un grand nombre de criques plus ou moins importantes se jettent dans ces affluents ou leurs ramifications.

Au-dessus de sa partie navigable, la rivière est encombrée de sauts et de rapides qui en rendent la navigation lente et difficile. A cette distance les montagnes sont très-nombreuses. La plus remarquable, nommé Amaïbo, s'aperçoit de fort loin en mer et sert de point de reconnaissance aux caboteurs qui longent la côte.

A 2 kilomètres de la côte, entre les rivières de Sinnamary et de Malmanoury, est située *l'île Verte*, inhabitée et sans culture.

Le bourg de Sinnamary, placé à 7 kilomètres de l'embouchure de la rivière, est la résidence du commissaire-commandant remplissant les fonctions de juge de paix, du curé, d'une brigade de gendarmerie et de divers agents ruraux : on y compte environ 40 maisons. Il y existe une école laïque, où les enfants de la localité reçoivent l'instruction primaire.

Le sol de Sinnamary est en tout semblable à celui du quartier d'Iracoubo.

Kourou. — Le quartier de Kourou, auquel la malheureuse expédition de 1763 a fait une réputation si fatale, est borné au N.-E. par la mer, au S.-E. par le quartier de Macouria, au N.-O. par la rivière de Malmanoury, et au S.-O. par les grands bois.

Il présente une superficie de 80,000 hectares.

Il est arrosé : 1° par la rivière de Kourou, qui est navigable sur un parcours de 30 kilomètres pour des embarcations de 40 à 50 tonneaux, et à laquelle trois affluents viennent apporter le tribut de leurs eaux ; la crique Passoura, où l'administration pénitentiaire a créé une ménagerie qui prend une grande extension, la rivière des Pères et la crique Coupii ; 2° par la grande crique Karouabo, dont le cours du S.-O. au N. est de 20 kilomètres et sur laquelle existe un pont qui facilite les communications entre les deux rives.

A 2 kilomètres de l'embouchure du Kourou, sur la rive gauche, s'élève un bourg possédant une jolie église, un presbytère et une école primaire. Il y existait un pénitencier qui a été transporté depuis 1862 à l'embouchure du fleuve ; mais un chantier d'exploitation de bois a été en même temps créé à 50 kilomètres du littoral, et ses produits sont d'une grande utilité pour les besoins de la transportation.

Ce quartier n'est pas aussi insalubre qu'on l'a cru longtemps ; il faut dire, toutefois, que de ses savanes sèches ou noyées et du rideau épais de palétuviers qui longe toute la côte se dégagent des miasmes délétères que les brises du large n'emportent pas toujours avec elles. En arrière de ce rideau de palétuviers, sur toute la longueur du quartier, se trouve un banc de terre sablonneuse très-fertile ; viennent ensuite les savanes où sont établies des ménageries importantes ; au delà, sont les grands bois.

A 7 milles en mer, à la hauteur de l'embouchure du Kourou, se trouvent les îles du Salut, dont nous avons déjà parlé.

Macouria. — Le quartier de Macouria est borné au N.-E. par la mer, au S.-E. par le quartier de Montsinéry, au S.-O. par les savanes naturelles et les grands bois, et au N.-O. par le quartier de Kourou. Sa longueur, du N.-O. au S.-E., est de 32 kilomètres et sa contenance de 42,310 hectares.

Les terres de ce quartier sont plates et peuvent être divisées en quatre espèces :

1° Les terres alluvionnaires qui bordent la mer, ayant une étendue moyenne, en longueur et en largeur, de 3 kilomètres environ, les meilleures de la colonie pour la culture du cotonnier;

2° Un banc de sable très-fertile, ayant la même longueur que les alluvions, sur une largeur moyenne de 2 kilomètres;

3° Les savanes sèches, formées d'une terre argilo-siliceuse, n'ayant aucune fertilité, et qui occupent une zone longitudinale aussi étendue que le quartier lui-même et large de 3 kilomètres environ;

4° Les grands bois situés au S.-O. de ces savanes.

A 5,500 mètres au S.-O. du littoral se trouvent deux petites montagnes qu'on appelle *les Mornes*.

Le quartier n'est arrosé que par une grande crique qui porte le nom de rivière de Macouria : sur cette crique est construit un pont en bois à 2,500 mètres de son embouchure; à partir de ce pont, s'étend un chemin carrossable, qui conduit de Cayenne à Mana.

Un commissaire-commandant est chargé de l'administration de ce quartier, qui possède un bourg où sont édifiés une église et un presbytère, et où réside une brigade de gendarmerie.

Montsinéry. — Le quartier de Montsinéry est borné au N.-E. par la pointe *dite* Palicour, située au confluent des rivières de Cayenne et de Montsinéry; au S.-E. par la rivière de Cayenne et le quartier de Tonnégrande, au S.-O. par les grands bois, et au N.-O. par le quartier de Macouria.

Sa contenance est de 21,470 hectares.

Ses terres, d'une qualité inférieure, se composent :

1° De terres alluvionnaires qui bordent la rivière et ses affluents;

2° De terrains élevés qui ne deviennent fertiles que quelques années après leur défrichement;

3° De terrains marécageux dans lesquels certaines cultures réussissent parfaitement;

4° De savanes naturelles d'un sol argilo-siliceux, comme celles de Macouria.

La rivière de Montsinéry parcourt ce quartier du S.-O. au N.-E. sur une étendue de 26 kilomètres; elle n'est navigable que jusqu'aux premiers sauts pour les grandes embarcations; au delà de ce point, elle ne forme plus qu'un ruisseau. Ses affluents sont le grand et le petit Mapéribo, le Thimoutou et la crique Coco, dans laquelle se jette celle *dite* Sibre.

Toutes ces rivières et criques sont très-poissonneuses : on y trouve des huîtres estimées.

Le quartier possède un bourg non loin duquel est une habitation dont deux bâtiments, convenablement disposés, servent d'église et de presbytère.

Ville de Cayenne. — Sur la rive droite de la *rivière de Cayenne*, à l'extrémité occidentale de l'*île de Cayenne*, par 4° 56' de latitude N. et 54° 35' de longitude O., se trouve le chef-lieu, le siége du gouvernement, Cayenne, qui, avec sa banlieue, forme une commune d'environ 8,000 habitants, d'une superficie de 234 hectares, et qui, placée dans la position la plus favorable pour communiquer, soit par terre, soit par eau, avec toutes les parties de la colonie, présente un des points de vue les plus pittoresques et les plus variés.

Sa rade, située à l'embouchure de la rivière de Cayenne, entre la partie ouest de la ville et la côte de Macouria, offre elle-même l'aspect le plus agréable; elle peut recevoir des navires de 500 tonneaux d'un tirant d'eau de 4 à 5 mètres. Le mont Cépérou, de 35 mètres d'élévation, où se trouvent le fort Saint-Michel, le phare, le sémaphore et la caserne d'infanterie de la marine, domine d'un côté la rade, qui a 4 milles de tour, et la ville, dont la partie construite et habitée présente une superficie d'environ 70 hectares. Une jetée, située au pied du fort, rend le débarquement facile à toute époque de l'année. Un vaste quai, le long duquel se prolongent le Magasin général et les bâtiments de la douane, d'un côté, la direction du port; de l'autre, se termine à la Place du marché appelée *Dégrad*; une rue étroite, qui est le centre du haut commerce, traverse l'ancienne ville et vient déboucher sur la Place d'Armes, plantée de manguiers, où sont situés l'hôtel du Gouvernement, la Direction de l'intérieur et celles de l'artillerie et des pénitenciers. Plus loin, se trouve la Place de l'Esplanade, plantée de belles avenues de palmiers au tronc élancé et disposé par assises comme une colonne; sur cette place se trouvent les hôtels du commandant militaire et du chef du service judiciaire ainsi que l'hôpital et la gendarmerie.

La ville s'étend de l'est à l'ouest: elle est percée de rues perpendiculaires, larges, droites, alignées, qui aboutissent, les unes à la mer et à la crique Laussat, les autres à la rade et aux routes qui conduisent dans l'intérieur. De chaque côté de ces rues sont ménagés, pour l'écoulement des eaux, des fossés bien entretenus au bord desquels croît l'herbe, symétriquement coupée.

Dans la partie qu'occupait l'ancienne ville se trouvent l'intendance, le contrôle, le trésor, la banque, l'imprimerie; au centre de la nouvelle, appelée *la Savane*, l'église, entourée de palmiers; le palais de justice, la mairie, l'hôtel du préfet apostolique, le collége et l'établissement des sœurs de Saint-Joseph; dans les principales rues, des maisons en pierre, le plus ordinairement en bois, d'une construction élégante et commode, avec de vastes galeries à travers lesquelles entre et circule l'air par des fenêtres à jalousie; derrière presque toutes les maisons, des cours, des jardins, où se mêlent le citronnier, l'oranger, le goyavier, le manguier, le bananier et autres arbres ou arbustes des tropiques, que dominent çà et là quelques bouquets de palmiers et de cocotiers; à l'extrémité de la ville se prolonge, du nord au sud, un boulevard planté de manguiers, qui sépare Cayenne de sa banlieue et aboutit à l'anse Nadau et au jardin militaire, vaste enclos qui réunit l'utile à l'agréable, des fruits, des légumes et des fleurs, et dont, tout récemment, une construction de style mauresque et un jet d'eau ont complété ou compléteront l'embellissement.

Dans la banlieue se trouvent l'hospice civil du camp Saint-Denis et quelques maisons éparses avec des jardins potagers dont les produits viennent alimenter le marché de la ville.

Ile-de-Cayenne. — Le quartier de l'Ile-de-Cayenne est borné à l'O. par la crique Montabo, au N. par la mer jusqu'à la rivière Mahury, qu'il traverse, pour comprendre dans sa circonscription toute la rive droite de ce fleuve, dont il remonte le cours jusqu'à la Montagne-Anglaise, située à 15 kilomètres de son embouchure. Il est borné au S. par la Crique-Fouillée, qui le sépare du quartier du Tour-de-l'Ile, en établissant la communication dont nous avons déjà parlé entre la rade de Cayenne et le Mahury.

Ce quartier mesure une superficie de 42,400 hectares.

Le sol, formé d'une terre légèrement argileuse, facilement pénétrée par les eaux pluviales, présente une grande fertilité.

Un lac d'une certaine étendue alimente en toute saison un grand nombre de ruisseaux qui vont arroser les habitations situées sur les versants nord et sud de la chaîne de collines désignée autrefois sous le nom de *Table-de-Rémire*. Un de ces ruisseaux, le Rorota, détourné de son cours, va bientôt, par des conduits souterrains placés sur la route rectifiée de la côte, conduire ses eaux salubres dans toutes les parties de la ville et dans les vastes réservoirs du mont Cépérou, d'où elles descendront pour jaillir en jet d'eau dans un bassin creusé sur la place du Gouvernement.

Dans la partie S.-O. du quartier, au pied de la montagne de Rémire, le terrain est fort accidenté. Il forme en grande partie, jusqu'à la Criqué-Fouillée, une plaine entrecoupée de marécages et de terres élevées qui présentent un sol argilo-siliceux d'une fertilité inférieure à celle de la côte de Rémire.

Dans la partie du quartier de l'Ile-de-Cayenne qui vient d'être décrite, existe une route que de grands travaux récemment entrepris vont rendre aussi belle que les routes impériales de France. Elle part de la banlieue E. de la ville et se divise, ainsi que nous l'avons déjà dit, en deux embranchements : l'un traverse le canal Laussat et conduit sur l'habitation domaniale de Baduel, où a été créée une ferme-pépinière destinée à fournir des plants aux établissements agricoles de la colonie. De ce point, cette route continue jusqu'à sa jonction avec l'autre embranchement et aboutit, après avoir parcouru un espace de 14 kilomètres, au dégrad des Cannes, où est établi un agent chargé de l'entretien du bac de passage entre cette partie du quartier et le canal Torcy, situé sur la rive droite du Mahury.

Une église et un presbytère ont été établis sur cette route, à l'endroit appelé Rémire. Avant d'y arriver, on rencontre l'établissement agricole de Montjoly, converti, en 1858, en lieu d'internement pour les libérés astreints à la résidence et pour ceux qui attendent leur repatriement, mais qui vient d'être abandonné depuis peu.

Au delà de ce dernier point, à l'extrémité d'un nouvel embranchement de la même route, appelé chemin de la Côte, on trouve, à l'embouchure du Mahury, le fort du Diamant, destiné à défendre l'entrée du fleuve. Ce chemin contourne ce point et se prolonge, en remontant le bord du Mahury, jusqu'à sa jonction avec la route du dégrad des Cannes, à 1,500 mètres environ de cet endroit.

Une deuxième route, destinée à mettre la ville en communication avec le quartier du Tour-de-l'Ile, se dirige vers le S. de l'Ile-de-Cayenne jusqu'à la Crique-Fouillée, qu'elle traverse pour se continuer sur la commune voisine.

Si, maintenant, on traverse le Mahury pour se rendre dans la partie dépendant de l'Ile-de-Cayenne, on se trouve dans une zone entièrement différente. La rivière du Mahury arrose, en effet, sur sa rive droite, depuis son embouchure jusqu'à la montagne Anglaise, la vaste plaine de terres alluvionnaires qui s'étend jusqu'à la rivière de Kaw. Le canal Torcy pénétrait autrefois à 4 kilomètres dans l'intérieur de cette vaste plaine de terres noyées et en facilitait le desséchement. De grandes habitations avaient été créées sur cette rive du fleuve et ont été, pendant longtemps, très-prospères. Plusieurs d'entre elles sont aujourd'hui couvertes par la mer: les autres ne font plus que des vivres; le Pactole, la Marie et le Quartier-Général sont les seules qui produisent encore du sucre.

Le commissaire-commandant de l'Ile-de-Cayenne, le secrétaire de mairie et les agents ruraux résident à Montjoly, le lieutenant-commissaire-commandant sur l'habitation la Marie, au canal Torcy, où une église a été édifiée non loin de son embouchure, et la brigade de gendarmerie est établie au Diamant.

Tour-de-l'Ile. — Le quartier du Tour-de-l'Ile est borné au N.-E. par la Crique-Fouillée, au S.-O. par la rivière du Tour-de-l'Ile, au N.-O. par la rivière de Cayenne, et au S.-E. par celle du Mahury.

Il présente une superficie de 28,300 hectares.

Cette localité ne possède pas de bourg, mais, il y a deux ans, elle a été dotée d'une église.

Le sol y est varié et présente différentes natures de terrains d'une qualité inférieure. Ils peuvent se diviser en quatre espèces:

1° Les terres alluvionnaires, sur les bords du Mahury et de la rivière de Cayenne, propres à la culture du cotonnier;

2° Les terres hautes boisées, qui longent la rivière de Cayenne jusqu'à son confluent avec celle du Tour-de-l'Ile;

3° Les savanes sèches argilo-siliceuses, au centre du quartier, qui ne sont propres à aucun genre de culture;

4° Les savanes noyées.

Le commissaire-commandant réside à l'habitation Tigamy avec les agents placés sous ses ordres.

Tonnégrande. — Le quartier de Tonnégrande est borné au N.-E. par la rivière du Tour-de-l'Ile, au S.-O. par les grands bois, au N.-O. par le quartier de Montsinéry, et au S.-E. par la crique Cayenne ou rivière du Galion, qui le sépare du quartier de Roura.

Sa contenance est de 42,000 hectares qui se divisent en terres hautes, en terres basses, généralement de mauvaise qualité, et en grands bois.

Ce quartier est arrosé:

1° Par la rivière de Cayenne;

2° Par celle de Tonnégrande qui n'est que la continuation de la précédente ;
3° Par la rivière des Cascades ;
4° Par la rivière du Tour-de-l'Ile.

On y trouve plusieurs criques importantes, parmi lesquelles on cite les criques Saint-Pierre et Cavalet.

Les rivières de Tonnégrande et des Cascades sont barrées, à une distance de 15 kilomètres environ de leur point de jonction, par un banc de roches granitiques qui en interrompt la navigation.

Quelques chantiers d'exploitations de bois assez importantes y sont établis.

Roura. — Le quartier de Roura, de la contenance de 90,400 hectares, est borné au N.-O. par la rivière du Tour-de-l'Ile, au N.-E. par la crique Racamont et les savanes *dites* de Kaw, au S.-E. par le quartier de Kaw et ses grands bois, et au S.-O. par la rivière du Galion et le quartier de Tonnégrande.

Les rivières qui l'arrosent sont : le Counana, l'Orapu, la Comté, qui, à leur point de jonction, prennent le nom de rivière d'Oyac pour le perdre un peu plus loin et prendre celui de Mahury, après avoir reçu la rivière du Tour-de-l'Ile. Le Counana, l'Orapu et la Comté sont navigables, sur un parcours de 20 à 30 kilomètres, pour des embarcations d'un très-fort tirant d'eau dans beaucoup d'endroits. L'Oyac est toujours navigable pour des bâtiments tirant jusqu'à 4 mètres d'eau.

Il existe dans ce quartier plusieurs chaînes de collines d'une élévation de 200 mètres environ, qui suivent le cours des rivières. On a constaté, dans toutes les criques qui descendent de ces montagnes, l'existence de gisements d'or et de fer. Les premiers sont en ce moment en exploitation et donnent des résultats très-satisfaisants : on y compte 22 placers.

Le bourg de Roura, où résident les autorités, le curé et une brigade de gendarmerie, possède une église et un presbytère.

C'est dans ce quartier que se trouve l'habitation domaniale *la Gabrielle*, où l'Administration a placé des travailleurs immigrants et des condamnés disciplinaires, qui y entretiennent de belles plantations de cafiers et de girofliers. Cette habitation, qui employait autrefois 200 noirs et rapportait de 15 à 18,000 francs, était tombée après l'émancipation comme toutes les habitations de la colonie. En 1864, elle a pu déjà équilibrer ses recettes et ses dépenses : l'année qui vient de se clore laissera un excédant de bénéfice.

Kaw. — Le quartier de Kaw est borné au N.-E. et à l'E. par la mer, au S.-E. par le quartier d'Approuague, au S.-O. par celui de Roura, et au N.-O. par la crique Angélique.

Son étendue, du S.-E. au N.-O., est de 13 kilomètres, et sa contenance de 58,900 hectares.

La rivière de Kaw est navigable, pour de petites embarcations, sur une étendue de 35 kilomètres ; elle prend sa source sur le versant S.-O. des montagnes de Roura. Un canal de 8 kilomètres de longueur à été ouvert sur la rive droite de cette rivière, à 10 kilomètres de son embouchure, pour communiquer avec la rivière d'Approuague.

Les terres élevées des versants des montagnes de Roura sont très-fertiles.

Cette localité possède un petit bourg avec une église.

Approuague. — Le quartier d'Approuague est borné au N.-E. par la mer, au S.-E. par les grands bois, au N.-O. par le quartier de Kaw, et au S.-O. par une ligne imaginaire courant S. 24° O. qui le sépare de celui d'Oyapock. Il est arrosé par la rivière d'Approuague, qui coule du S.-O. au N. dans un parcours de 190 kilomètres environ. Sa largeur, jusqu'à 20 kilomètres de son embouchure, est de 4 kilomètres. On rencontre dans cette partie de nombreuses îles boisées qui conviendraient à la culture du cotonnier.

L'Approuague reçoit un grand nombre d'affluents : à droite, la rivière de Courouaie, les criques Mataroni, Aïcoupaie, Ékéni et Koura ; à gauche, les criques Inéry, Counamaré, Ipoucin et Arataie. L'Approuague prend sa source sur le versant oriental d'une chaîne de montagnes, dont le versant occidental donne, à peu près au même endroit, naissance à la Mana.

A 18 kilomètres de son embouchure est bâti Guizambourg, résidence des autorités de la commune.

La contenance de ce quartier est de 262,200 hectares. La compagnie aurifère et agricole de l'Approuague, dont nous parlerons plus tard en détail, a obtenu la concession de 200,000 hectares par le décret impérial du 20 mai 1857.

Oyapock. — Le quartier d'Oyapock est ainsi désigné du nom du fleuve où s'arrête l'étendue de notre territoire actuel. Il est borné au N.-E. et à l'E. par la mer, au S.-E. par le fleuve Oyapock, au N.-O. par le quartier de l'Approuague, et au S.-O. par les grands bois.

Il présente une superficie de 163,350 hectares.

Le fleuve Oyapock prend sa source dans la chaîne des montagnes Tumuc-Humac et coule, du S.-O. au N., dans un parcours de 320 kilomètres environ, pour venir se jeter dans le milieu d'une baie, de 16 kilomètres de largeur, qui reçoit également les eaux de l'Ouassa du côté de l'E. et de l'Ouanari du côté de l'O. La pointe que forme l'entrée de la baie à l'E. s'appelle le cap d'Orange.

Cette baie est reconnaissable par une chaîne de montagnes qui s'élèvent dans un terrain plat et noyé et qui s'avancent vers la mer sur la côte O. On nomme ces montagnes le petit et le grand Coumarouma et la Montagne-d'Argent. On avait créé sur cette dernière un établissement pénitentiaire qu'on abandonne aujourd'hui, on n'y laisse qu'une soixantaine de condamnés pour se livrer à la culture du cafier. C'est sur ce point que vient d'être transférée la léproserie de l'Acarouani.

La rivière Ouanari est au S. de ces montagnes et n'est séparée de l'Oyapock que par une langue de terre dont la pointe N. s'élève en forme de colline ; on a donné à cette colline, que l'on aperçoit de loin en mer, le nom de Montagne-Lucas. Les terres des deux bords de cette rivière sont basses et fertiles et l'on y trouve, non loin de son embouchure, une belle sucrerie, la seule qui existe dans le quartier d'Oyapock.

Les principaux affluents de l'Oyapock sont : sur la rive gauche, le Gabaret, sur lequel se trouvait le pénitencier abandonné de Saint-Georges ; les criques Armontabo, Sancacangue, Carari, Tamari et Sickny, la rivière Camopi, qui donne souvent passage aux nègres Bonis et aux indiens Rocouyennes pour descendre dans le bas Oyapock ; sur la rive droite, les petites rivières Prétanary, Kérikourt, Anotaye, Yaré et Samacou, la grande rivière Miripi, et un grand nombre de criques.

Le cours de l'Oyapock est fréquemment interrompu par des sauts très-élevés et des rapides très-dangereux.

Un commissaire-commandant est chargé de l'administration de cette localité et y remplit les fonctions de juge de paix.

Nous avons terminé la description topographique des quatorze communes dans lesquelles la France a divisé la vaste portion de l'Amérique méridionale qu'elle possède entre l'Oyapock et le Maroni, et dans une superficie de 1,310,000 hectares, nous n'avons rencontré qu'une seule ville, Cayenne !

Les autres localités méritent à peine le nom de bourgs. Récapitulons, cependant, ces centres de population, si faibles qu'ils soient aujourd'hui; qui sait si dans cent ans ils ne seront pas des villes populeuses et florissantes.

Sur la rive droite de l'Approuague est bâti Guisambourg, du nom de l'ingénieur Guisan, qui fut amené dans la colonie en 1777 par le commissaire ordonnateur Malouet; le bourg de Kaw se compose de quelques cases et d'une église; le bourg de Roura, qui possède une église et un presbytère, paraît destiné à prendre de l'extension en raison des nombreuses exploitations aurifères qui ont été fondées depuis quelques années dans les rivières de l'Orapu et de la Comté; le bourg de Tonnégrande, récemment créé, n'a que quelques cases et une église; viennent enfin le petit bourg de Montsinéry, non loin duquel se trouve une habitation où sont établis une église et un presbytère; le bourg de Kourou, dont l'importance est augmentée par le voisinage du pénitencier qui y a été fondé tout nouvellement; le bourg d'Iracoubo, et le bourg de Mana, sur un banc de sable que l'on croit être la continuation du banc des bourgs de Kourou et de Sinnamary.

Nous croyons utile, pour terminer ce chapitre, de donner ici le relevé exact des distances de Cayenne aux principaux points habités de la colonie :

	Kilomètres.
De Cayenne à Tonnégrande, par eau	20
De Tonnégrande à Roura, par eau	26
De Cayenne à Roura, par terre	28
De Roura à Saint-Augustin, par terre	34
Retour de Saint-Augustin à Cayenne, par terre	62
De Cayenne à Bourda, par terre	3
De Bourda à Montjoly, par terre	4
De Montjoly au Diamant, par terre	7
De Cayenne à la pointe Macouria, par eau	4
De la pointe Macouria au bourg du même nom, par terre	19
De Macouria à Kourou, par terre	29
De Kourou à Malmanoury, par terre	30
De Malmanoury à Sinnamary, par terre	21
De Cayenne à Sinnamary, par terre	103
De Sinnamary à Iracoubo, par terre	34
D'Iracoubo à Organabo, par terre	37
D'Organabo à Mana, par terre	32

De Mana à l'embouchure du Maroni (Pointe-Française), par mer.................................. 19
De l'embouchure du Maroni au pénitencier Saint-Laurent, par eau................................. 25
De Saint-Laurent à Saint-Louis, par eau............ 4
De Cayenne aux îles du Salut, par mer............ 46
Des îles du Salut à Kourou, par mer.............. 15
De Cayenne à Kaw, par eau ou par terre.......... 79
De Cayenne à Guizambourg (Approuague) en passant par Kaw, par terre................................. 108
De Guizambourg à l'Arataye, par eau............. 115
De Guizambourg au placer d'Aïcoupaïe, par eau... 97
De Guizambourg au placer Counamaré, par eau.... 52
De Guizambourg au placer Saint-Rémy, par eau.... 40
De Cayenne à l'îlet la Mère, par mer.............. 26
De Cayenne à la Montagne-d'Argent, par mer..... 121
De Cayenne à Saint-Georges (Oyapock), par mer... 194

CHAPITRE III.

CLIMAT DE LA GUYANE. — FERTILITÉ DE SON SOL.

Le caractère essentiel du climat de la Guyane est la chaleur unie à l'humidité.

Bien qu'elle soit comprise entre les 2° et 6° de latitude N., c'est-à-dire très-près de l'équateur, la Guyane française jouit d'une température peu élevée, si on la compare à celle des autres contrées placées dans les mêmes conditions topographiques. Le thermomètre y descend rarement au-dessous de 20° centigrades, et ne s'abaisse jamais au-dessous de 18° dans les nuits les plus fraîches. Il monte quelquefois à 36° et 38°, mais son élévation habituelle est entre 27° et 30°.

Les variations barométriques y sont à peu près nulles : elles flottent entre $0^m 758$ et $0^m 763$.

L'état hygrométrique de l'air est en moyenne pour l'année de 90° 8. L'humidité atteint souvent à 95° et 97° et ne descend pas au-dessous de 74°. La tension de la vapeur est toujours très-prononcée.

La quantité d'eau qui tombe par année, à Cayenne, varie entre 2 et $4^m 50$. Les relevés météorologiques établissent que cette moyenne, pour certaines périodes décennales, est ressortie invariablement à 3 mètres. On ne peut guère déterminer les quantités d'eau qui tombent dans l'intérieur ; les renseignements à cet égard ne sont pas bien précis : elles doivent être beaucoup plus abondantes que sur le littoral, puisqu'elles occasionnent le débordement des rivières et donnent naissance à ces marécages, si profondément inondés, qu'on désigne sous le nom de pripris.

Au solstice d'été, le soleil se lève, à Cayenne, à $5^h 51^m$ et se couche à $6^h 9^m$.

Au solstice d'hiver, le lever du soleil a lieu, au contraire, à $6^h 9^m$ et son coucher à $5^h 51^m$.

Les jours les plus longs sont donc de $12^h 18^m$ et les plus courts de $11^h 42^m$.

La hauteur moyenne de la marée est de $2^m 67$, le maximum de son élévation de $3^m 17$, et le minimum de $2^m 17$.

Les vents qui dominent sur les côtes de la Guyane française sont ceux du N.-N.-E. et du S.-E. ; les plus forts sont ceux de la partie du N.-E. Pendant la saison sèche, les vents soufflent de l'E. au S. Aux approches et vers la fin de cette saison et de la saison pluvieuse, ils tendent à rallier la partie de l'E. Pendant cette dernière saison, ils soufflent de l'E. au N. Dans le petit été de mars, c'est-à-dire vers l'équinoxe du printemps, les vents rallient le N. et le N.-N.-O.

Les ouragans, ce fléau des Antilles, sont inconnus à la Guyane. Les orages y sont rares, les ras de marée assez fréquents, mais peu dangereux; les tremblements de terre ne s'y produisent que par des secousses insensibles qui durent à peine quelques secondes, sans jamais causer de dommage.

On ne connaît que deux saisons à la Guyane : la saison sèche ou été, et la saison des pluies ou hivernage.

La saison sèche dure environ cinq mois, de juin à novembre, et se prolonge souvent, avec des alternatives de pluies, jusqu'à la fin de décembre. En général, dans cette partie de l'année, la sécheresse est extrême et des mois entiers se passent sans pluie : mais n'en est-il pas de même en France et dans tout le midi de l'Europe. A la Guyane, de 8 heures du matin à 5 heures du soir, règne une brise de mer qui tempère la chaleur du jour, et, de 9 heures du soir à 4 heures du matin, se lève un vent de terre qui rafraîchit les nuits. L'époque de la transition d'une saison à l'autre est toujours la partie la moins saine de l'année et donne naissance à des fièvres intermittentes et pernicieuses.

La saison des pluies dure, en général, de 6 à 7 mois, quelquefois 8. Elle commence vers le mois de novembre pour ne finir qu'en juin, avec des intervalles de beau temps de plusieurs jours, et, vers la fin de février, de plusieurs semaines. Ce moment d'interruption de l'hivernage se nomme le petit été de mars. On ne souffre pas alors des ardeurs caniculaires du soleil : l'air est doux, humide, mais sain. Cette saison a beaucoup d'analogie, excepté dans le moment des plus grandes pluies, avec la fin du printemps et le commencement de l'été en France. Pendant les mois de mai et de juin, il tombe une pluie fine comme de la poussière d'eau : c'est ce qu'on nomme dans le pays *la Poussinière*.

On ne saurait dire que l'été et l'hivernage aient une température spéciale, excepté quand souffle le vent du nord de janvier à avril : les créoles et les Européens acclimatés en sont affectés de la manière la plus sensible.

Malgré la constante élévation de la température, malgré la grande humidité produite par l'immense évaporation résultant de l'action du soleil sur un sol qu'enserre l'Océan, que détrempent les pluies, qu'arrosent d'innombrables cours d'eau, l'air est pur à Cayenne ainsi que sur tous les terrains anciennement défrichés; mais il est insalubre, mortel même, dans les lieux situés sous le vent des plaines marécageuses.

Que les défrichements, que les desséchements, nous l'avons dit, continuent à s'exercer, et, les causes d'insalubrité s'amoindrissant, avec elles disparaîtront les fièvres intermittentes et pernicieuses que produisent, non pas seulement à la Guyane, mais en tout pays, les émanations paludéennes.

Jamais les épidémies n'ont sévi dans la colonie qu'elles n'y aient été apportées. Du 22 novembre 1850 à la fin de février 1851, la fièvre jaune, qui n'y avait pas paru depuis 1802, exerça de grands ravages et atteignit la presque totalité de la population. Le gouverneur, trois conseillers à la Cour et beaucoup d'autres fonctionnaires furent ses victimes. Ce fléau fut apporté par une goëlette venant du Brésil. Il éclata encore avec violence en 1855 et 1856 : mais où fit-il d'abord son apparition? Au sein même de l'œuvre de la transportation, au milieu des condamnés, à l'agglomération desquels cette invasion a été et paraît devoir être attribuée.

Les Européens nouvellement débarqués ne sont pas soumis à des maladies d'acclimatement.

On a dit qu'à la longue l'action énervante de la température de la Guyane épuise la constitution des Européens, que les ressorts de la vie intellectuelle s'y fatiguent avec ceux de la vie physique, que l'affaiblissement du corps y est suivi de l'affaissement de la pensée, et que la race créole finit même par s'abstenir de tout travail. Chardin et Montesquieu avaient déjà dit que la chaleur du climat épuise le corps, énerve l'esprit, dissipe le feu de l'imagination et éteint même tout sentiment généreux. Qu'y a-t-il de fondé dans tout cela? Peut-être, et seulement, l'affaiblissement de la constitution, et, encore, n'est-ce qu'à la suite d'un séjour assez prolongé à la Guyane que l'Européen éprouve le besoin d'aller jouir des bienfaits du climat plus tempéré de son pays natal. Que d'Européens nous entourent, qui sont dans la colonie depuis trente et quarante ans et dont le tempérament n'est point débilité ni le sang appauvri. Ils ont vécu la grande vie des habitations; ils ont parcouru les bois, exploré les fleuves, les rivières et les criques; il faut se hâter de dire que jamais ces natures d'élite n'ont connu l'intempérance ni fait d'excès d'aucune sorte.

Au lieu de dissiper le feu de l'imagination, le climat me paraît, au contraire, l'activer, et je reprocherais plutôt aux créoles de la Guyane de l'avoir un peu trop vive.

L'indolence des créoles est passée en proverbe ; mais on a pris plaisir à l'exagérer. Chez la plupart, il faut l'avouer, l'émancipation de 1848 a amené l'inertie du découragement ; chez d'autres, au contraire, elle a développé un fond d'énergie qui leur a fait supporter les épreuves les plus pénibles et les plus rudes travaux de l'intelligence et du corps.

Considérons maintenant la question à son point de vue le plus général.

La pensée de Chardin et de Montesquieu me paraît ne leur avoir été suggérée que par le spectacle que leur offraient, de leur temps, les mœurs lâches et efféminées des peuples asiatiques ; elle revient à dire que les nations des pays chauds sont moins bien organisées que les nations des pays froids.

Je ne pense pas que le froid ou le chaud puissent développer les facultés de l'intelligence, pas plus qu'ils ne peuvent donner du courage ou du bon sens.

Les voyageurs et les naturalistes qui ont décrit les hommes de tous les climats n'ont pas observé que les habitants des pays froids eussent la tête mieux formée que les hommes de même espèce qui habitent les pays chauds.

La civilisation, dont le berceau est dans la partie méridionale de l'Asie, s'est avancée successivement d'Orient en Occident, en passant par l'Égypte, la Grèce, l'Italie, le midi de la France et l'Espagne.

On ne peut prétendre que les Grecs et les Italiens aient été inférieurs à aucun peuple du Nord et que de nos jours la tête des Espagnols et des Portugais soit moins bien organisée que celle des Russes : le plus grand homme des temps anciens et modernes, l'Empereur Napoléon Ier, est né dans un pays relativement méridional.

La chaleur des régions équinoxiales n'a pas été en Amérique un obstacle au développement des facultés intellectuelles des peuples qui l'habitent. Les Mexicains, les Péruviens, les Brésiliens ont donné des preuves d'une grande énergie morale et des exemples des sentiments les plus généreux. C'est sous leur climat, c'est-à-dire entre les tropiques, sous la zone torride, que s'est formé le premier centre des lumières en Amérique. La civilisation n'est pas plus venue des pays froids dans le Nouveau-Monde que dans l'Ancien, et l'on ne trouve, dans la partie la plus septentrionale de l'Amérique, aucun monument qui témoigne d'une ancienne civilisation.

De ce que la chaleur produit l'affaiblissement progressif du corps humain, on a conclu que le blanc ne peut travailler à la Guyane; que l'humidité du climat et les brusques changements de température lui réservent une fin prématurée.

Le tempérament s'use partout où l'on ne sait pas se garder de l'usage immodéré des liqueurs fortes et de l'abus des plaisirs sensuels. La mauvaise nourriture, les boissons pernicieuses, les excès, les veilles, l'absence de précautions hygiéniques et l'oisiveté même contribuent, plus que l'humidité et la chaleur, à affaiblir la constitution des Européens. Travail, sobriété, alimentation substantielle sont, sous les tropiques, les conditions de la santé. On ne doit pas faire des fruits un abus qui peut produire les dyssenteries, se coucher les fenêtres ouvertes, s'endormir sur l'herbe ou se découvrir quand on a chaud. Il est hors de doute que les Européens pourraient se livrer à l'élève du bétail et à tous les travaux qui se font à couvert, et, en terres hautes, s'adonner à la culture des plantes vivrières et à tout ce que comporte la petite culture en général; cela ne fait plus question : eh bien, je suis fermement convaincu que, en outre, de 6 heures du matin à 10 heures, et de 2 heures de relevée à 6 heures, c'est-à-dire en dehors des heures les plus chaudes du jour, ils pourraient travailler à la grande culture, mais en s'y livrant graduellement et en prenant certaines précautions hygiéniques contre l'humidité et la chaleur concentrées des terres basses. Aidés de la charrue, de la houe attelée, de la herse et des autres instruments qui ménagent les forces de l'homme, ils supporteraient, même facilement, les pénibles travaux des desséchements et des défrichements. Beaucoup d'entre les colons qui se sont fixés à la Guyane ont commencé par être ouvriers avant d'être maîtres, et ont dû se livrer à un travail opiniâtre pour triompher des difficultés de toutes sortes qu'ils rencontraient pour fonder leurs habitations. Nous savons que la plupart d'entre eux sont allés en France jouir de la fortune considérable qu'ils avaient acquise. A qui, ayant vécu longtemps à Cayenne, persuadera-t-on jamais que nos paysans de France, habitués aux rudes labeurs des champs ou aux fatigues des professions mécaniques, ne pourront pas se livrer aux travaux de l'agriculture à la Guyane et se porter aussi bien que dans leur pays natal, s'ils ont soin, d'ailleurs, de ne pas s'exposer aux influences pernicieuses du soleil de midi et de ne faire d'excès d'aucune sorte. Ne voyons-nous pas tous les jours les soldats de l'artillerie, du génie et de l'infanterie de la marine, des ouvriers civils même, entreprendre avec énergie et terminer avec courage les travaux de l'état qu'ils exerçaient en Europe. Une nouvelle émigration de vaillants travailleurs européens, d'abord juxtaposée, puis, mêlée, dans l'avenir, à l'œuvre immense de la colonisation pénitentiaire, protégée, surveillée par l'administration énergique et sage qui dirige le pays, réussirait aujourd'hui, je n'en fais aucun doute, et aurait l'avantage de remplacer, à la Guyane, les bras des Africains, dont on est privé, aussi bien que ceux des Indiens et des Chinois qu'on cherche à utiliser pour l'agriculture, mais dont le recrutement est entouré de nombreuses difficultés.

Ces cultivateurs blancs qui viendraient à la Guyane y seraient, à mon avis, plus heureux qu'en France : qui ne sait, pour l'avoir vu, que les paysans de certains de nos départements travaillent au printemps, en été et en automne, de 4 heures du matin à 8 heures du soir, et en hiver, de 6 heures du matin à 5 heures du soir, souffrant du froid et souvent de la faim, pour gagner un faible salaire de 1 fr. 50 cent. à 2 francs au plus par jour. Le blanc ferait facilement à la Guyane la tâche que l'on donne à l'Africain, et j'ai la persuasion que l'Africain ne résisterait pas aux rudes travaux et à la chétive nourriture des habitants de nos campagnes.

On dira : « Mais un grand nombre d'Européens, à peine arrivés à la Guyane, y sont morts, non pour s'être livrés à des excès, mais par suite de l'insalubrité du climat, comme les malheureuses victimes de l'expédition de 1763, comme les déportés de thermidor et de fructidor, comme le jeune de Torcy, élève distingué de l'école polytechnique, envoyé en 1805 à Cayenne pour y faire le nivellement du canal auquel il a laissé son nom. »

Les infortunés colons jetés sur la plage de Kourou n'ont succombé que parce que, déposés dans des endroits nouvellement découverts et entourés de marécages, exposés aux injures de l'air, entassés les uns sur les autres dans de mauvaises cases, ils ne furent nourris pendant six mois qu'avec des conserves fermentées, et n'eurent, pour satisfaire leur soif, qu'une eau fangeuse et corrompue.

Les déportés n'étaient pas dans les dispositions physiques et morales qu'on doit s'attendre à trouver dans les hommes destinés à la colonisation. Le regret amer de la patrie absente, l'espoir de retourner un jour achever, sur la scène révolutionnaire, un grand rôle interrompu, les détournaient des travaux de la culture. De là les scènes horribles dont Sinnamary et Conamama ont été le théâtre. Mais, en dernière analyse, un grand nombre d'entr'eux revinrent en France pleins de santé. Barbé-Marbois était presque centenaire quand il publia son *Journal d'un déporté non jugé,* et son livre, bien qu'empreint d'une profonde amertume, ne laisse paraître aucune idée défavorable à l'établissement des travailleurs européens à la Guyane.

L'intéressant de Torcy est mort d'un excès de travail; car un travail excessif peut tuer à la Guyane comme tout autre excès. A peine arrivé, le noble jeune homme s'enfonce dans les vases infectes des terres basses du quartier d'Oyac, au milieu des palétuviers, et là, dévoré par les insectes, exposé aux rayons d'un soleil équinoxial, il passe des journées entières, se livre à ses opérations avec une ardeur telle qu'il oublie même les heures des repas. Aussi, périt-il deux mois après son débarquement, victime de son zèle et de son amour pour sa profession. N'eut-il pas subi le même sort en tout autre pays?

Nous ne saurions trop le répéter, le climat de la Guyane est sain; seulement, il y faut prendre les précautions qu'on ne néglige pas impunément ailleurs. Ce n'est pas être équitable que d'imputer au climat des malheurs qu'ont occasionnés des imprudences ou des écarts d'imagination. On conserve sur soi des vêtements mouillés, on contracte un refroidissement, l'on meurt; gorgé de liqueurs, on se couche les fenêtres ouvertes, on est pris du tétanos, l'on meurt; après un déjeuner confortable, on se jette à la nage pour regagner son bord, on est pris d'une crampe, on se noie : est-ce la faute du climat? Ces accidents et beaucoup d'autres demeurés dans la mémoire de tout le monde auraient eu partout ailleurs les mêmes conséquences.

Après trois, quatre ou cinq ans de séjour à la Guyane, on rentre en France, et, pour faire valoir des services, sans doute réels, on dit dans le monde officiel, dans les cercles particuliers, que le climat de la Guyane est meurtrier. Mais si celui qui tient ce langage est revenu en France, c'est qu'il a été modéré, retenu, réglé dans sa conduite. Il oublie que ceux qui ont succombé autour de lui seraient, comme lui, sortis de ce pays bien portants, vivants du moins, s'ils avaient été aussi sobres, aussi réservés, aussi continents.

On a dit encore que l'intérieur de la colonie serait difficilement habitable parce que la brise de mer, arrêtée par les forêts et les montagnes, n'y peut arriver et que l'atmosphère, épaisse et lourde, y est viciée : c'est une erreur. Tous nos exploiteurs de bois ou d'or sont unanimes à affirmer que l'intérieur est plus sain que le littoral; que les grandes brises, chargées d'un principe salin, y pénètrent facilement et paraissent d'autant plus douces que leur violence est amortie par l'espace parcouru et par les obstacles qu'elles ont rencontrés; qu'il y a certaines localités où il fait tellement frais et même froid pendant la nuit qu'on est obligé de recourir aux couvertures de laine. Il ne faut pas croire que les grands bois se composent d'un *fouillis* impénétrable d'arbustes épineux. Un dôme épais de verdure, qui ne permet pas d'apercevoir le ciel, intercepte les rayons du soleil et rend ainsi moins touffue la végétation rampante. Sous ce dôme épais et sombre, entre des arbres gigantesques aux troncs droits et élancés, on circule comme dans les allées d'un parc et l'on ne rencontre d'autres obstacles que des roches granitiques, de grandes lianes ou des arbres renversés. C'est dans les parties avoisinant le littoral, derrière le rideau de palétuviers qui dessine les contours des côtes ou des fleuves de la Guyane, que se trouve un réseau inextricable de troncs, de lianes et de ronces où l'on ne peut pénétrer qu'un sabre d'abatis à la main.

A part ces difficultés, dont d'intrépides chasseurs se font un jeu, la Guyane ne laisse donc pas que d'être un pays très-habitable et même un séjour agréable. L'air des matinées et des soirées, très-sec dans l'été, un peu humide dans l'hivernage, est tiède et doux : le matin, dans les parties montagneuses, il y a de la brume, des brouillards ; mais ils sont bientôt dissipés par les premiers rayons du soleil. Il me paraît incontestable que, si elle était défrichée, notre colonie serait la plus saine des trois Guyanes. La moyenne des décès (1 sur 28), y est seulement un peu supérieure à celle de France (1 sur 31). La durée de la vie est, en général, à peine inférieure à celle des autres pays. On peut même citer de nombreux exemples de longévité. En 1824, existait une femme de cent dix ans. Aujourd'hui, vivent à nos côtés un grand nombre d'octogénaires et plusieurs centenaires. A ces exemples, on peut joindre celui du vieux soldat de Louis XV, Jacques Blaisonneau, qui résidait à Oyapock, y fut visité par Malouet, en 1778, et mourut à l'âge de cent douze ans, sans autre infirmité qu'une cécité récente.

La fertilité des terres à la Guyane est loin d'être en rapport avec la puissance de sa végétation forestière. La nature cultivée n'y a pas la richesse et la vigueur de la nature sauvage. Dans les profondeurs d'immenses forêts vierges et inexplorées, le sol, nous l'avons dit, abonde en grands végétaux de toutes sortes, en essences de bois les plus estimées ; les plantes les plus recherchées en médecine et en pharmacie y croissent spontanément et comme à l'envi. Dans les vastes savanes noyées, la chaleur et l'humidité, agissant sur une couche épaisse de détritus de végétaux et de matières animales, y développent une végétation aussi forte, aussi active, mais moins féconde en arbres de haute taille : à peine en aperçoit-on quelques-uns de distance en distance.

Les terres hautes cultivées ont bien d'abord la même exubérance de fertilité ; mais elles s'épuisent rapidement, par suite des pluies torrentielles qui en entraînent l'humus. On les voit fournir deux, trois récoltes par an ; mais, après la troisième, elles ne produisent plus. Elles ont besoin de repos comme en Europe ; on laisse alors repousser les bois, qu'on défriche quand ils ont atteint une certaine hauteur, et on ensemence de nouveau.

Les terres basses d'alluvion, couvertes d'un terreau noirâtre de près d'un mètre d'épaisseur, sont plus favorisées ; elles produiraient indéfiniment sans jamais s'épuiser, si elles n'avaient à lutter contre les eaux qui les envahissent souvent et dont on ne se préserve qu'au moyen des digues et des écluses.

Les savanes noyées qui participent des terres hautes par leur composition et des terres basses par leur déclivité ne produisent que des herbes pour la nourriture du bétail. Pacagées et fauchées, elles s'amélioreraient rapidement et pourraient recevoir et nourrir d'innombrables troupeaux. Telles sont les terres qui se trouvent dans les quartiers sous le vent, entre Kourou et Organabo.

On ne fait pas usage d'engrais à la Guyane ; on se contente d'abandonner les terres épuisées et d'aller défricher un peu plus loin. Si les habitants s'appliquaient à les engraisser sans se reposer uniquement sur la nature, elles leur rendraient au centuple ce qui leur serait confié.

Ils pourraient, d'ailleurs, sans délaisser leurs terrains fatigués, arriver à leur conserver leur productibilité au moyen d'assolements sagement combinés.

Comment ne pas bien augurer de l'avenir d'un pays où il a été constaté et reconnu qu'un seul homme, en cultivant deux hectares plantés en vivres, peut, sans peine, nourrir une famille de vingt personnes, et préluder ainsi à la culture des denrées d'exportation qui doivent lui assurer l'aisance et peut-être la fortune.

CHAPITRE IV.

GÉOLOGIE. — RÈGNE MINÉRAL.

Exploitation de l'or. — Compagnie de l'Approuague.

Les observations suivantes sur la constitution géologique de la Guyane française résument ce qui a été écrit jusqu'à ce jour sur cette matière. Les notes statistiques de M. Jules Itier nous ont fourni, notamment, de précieux renseignements que nous avons complétés par les informations écrites ou orales des hommes spéciaux qui se sont livrés dans ces derniers temps à l'exploitation de l'or.

Deux systèmes de couches, le plus ancien composé de roches cristallines stratifiées qui, dans leur superposition, présentent de bas en haut du gneiss, de la leptinite et de la diorite schistoïde, le plus récent composé de schistes micacés, talqueux ou argileux et quartziques, semblent avoir été soumis, à l'époque où les éléments qui composent notre globe, étaient animés de mouvements d'une violence extrême, à l'action de forces internes et avoir donné son relief actuel à la Guyane française.

La plus ancienne révolution qui ait affecté le sol de cette partie du continent américain paraît remonter à une époque géologique très-reculée et se rattacher au soulèvement du système des Andes et à l'apparition d'une roche granitoïde connue sous le nom de pegmatite. Les différentes couches de terrains ont été soulevées, disloquées et traversées par cette roche primitive qui, en s'injectant dans les fissures et en s'épanchant à la surface, a donné lieu à des filons de toutes dimensions et à des masses considérables en recouvrement sur les diverses couches traversées.

La pegmatite a percé non-seulement le gneiss et la leptinite, mais encore la diorite schistoïde, qui fait partie du même système. Les éléments de la roche dioritique sont confusément associés, mais présentent toujours la couleur vert-sombre. Dans certaines variétés, le feldspath devient presque indiscernable et la roche prend l'aspect du trapp ou roche brisée en forme d'escalier; d'autres espèces de roches amphiboliques accompagnent accidentellement la diorite, telles que la syénite passant au granite, quelques gneiss amphiboliques et la pyrite disséminée et très-divisée. Le fort et la caserne de Cayenne sont assis sur un massif dioritique. Les filons y sont fort nombreux : on en observe plusieurs très-puissants et où la pegmatite est à gros grains, soit derrière le hangar de la douane, soit près d'une carrière d'où l'on a extrait les matériaux de la jetée. La décomposition du feldspath y est très-avancée ; au N.-E. du même massif, la diorite est traversée de filons de pegmatite rose qui se dirigent à l'O.-S.-O.

La direction de l'E.-N.-E. à l'O.-S.-O. des filons de pegmatite a imprimé, dans ce même sens, au sol de la Guyane un premier relief dont les pentes ont été en partie effacées par une seconde dislocation plus considérable, à laquelle doivent leur origine les monts Tumuc-Humac, grande chaîne centrale qui est composée de feldspath compact, de fer oxydulé et de pyroxène intimement unis et formant une roche cristalline de couleur grisâtre qu'on peut confondre avec la diorite et que dans le pays on désigne, comme cette dernière, sous le nom de *pierre de grison*.

Toute la série des formations sédimentaires comprises entre le terrain de transition et l'époque tertiaire, paraît manquer dans la Guyane et sa place être occupée par une roche ferrugineuse qui, en recouvrant le terrain ancien sur une vaste étendue, a formé, soit de puissantes collines et des mornes dont la hauteur atteint jusqu'à 1,250 mètres, soit des vallées et des terres hautes constituant autour des terres basses, depuis Oyapock jusqu'à Mana, une espèce de ceinture qui comprend les montagnes de la crique Ratamina, d'Approuague, de Kaw, de la Gabrielle, du cours moyen de l'Oyac et de l'Ile-de-Cayenne.

Cette roche, connue sous le nom de limonite, est composée de fer peroxydé hydraté, mêlé d'argile et de sable. Elle offre plusieurs variétés d'aspect et de composition : tantôt, elle a une contexture spongieuse et est parsemée de petites alvéoles ; tendre au moment de son extraction, elle se durcit à l'air ; elle contient des lits de kaolin coloré en rouge : on la désigne dans le pays sous le nom de *roche à ravet* ; tantôt, ses alvéoles se rétrécissent ; elle devient plus compacte, contracte un aspect métallique et sa richesse en fer est telle qu'elle constitue un véritable minerai dont il existe des masses considérables, mêlées de kaolin, sur les rives de l'Approuague et de l'Oyac, ainsi que dans les montagnes de la Gabrielle et de Baduel.

Dans les collines ou mornes de fer oxydé, on rencontre quelquefois des pierres d'aimant. M. Noyer, ingénieur-géographe, ex-député de la Guyane en 1824, père de l'Ordonnateur actuel de cette colonie, énonce dans son excellent mémoire sur la Guyane française que le naturaliste Leblond avait une de ces pierres du poids de 8 à 9 kilogrammes, et que M. Mentelle lui avait fait présent d'une autre qu'il avait rapportée de son voyage dans la rivière d'Oyapock. (Mémoires sur la Guyane française, page 37.)

Des échantillons de fer limoneux ont été recueillis à Baduel où la roche de cette nature perce, à divers endroits, l'écorce de terre sous laquelle elle constitue un massif compact. L'extraction de cette roche est facile; on s'en sert aujourd'hui pour macadamiser les routes.

Une mine de fer oxydé, d'un brun rougeâtre, allant du N. au S., de 5 mètres de largeur environ, de 4 mètres de hauteur et d'une profondeur inconnue, est traversée par la rivière de Mana.

Dans une localité très-montagneuse, située à 70 kilomètres de Cayenne et appelée *Grand'-Marée*, on trouve à un mètre de profondeur trois espèces de minerai de fer répandues sur 12 kilomètres environ de longueur et de profondeur. Ces minerais forment des blocs plus ou moins durs où l'on observe très-distinctement les rayons de l'hématite.

Pourrait-on tirer un parti avantageux de ces richesses minérales en réduisant le minerai en fonte brute?

La plupart des auteurs qui ont écrit sur la Guyane prétendent qu'exploitées sur une grande échelle, ces mines rendraient de 50 à 80 p. 0/0; que le moyen d'arriver à ce résultat serait d'établir des centres d'exploitation sur les lieux mêmes où se trouvent les minerais; que les montagnes ferrugineuses fourniraient l'argile nécessaire pour construire les hauts-fourneaux et le bois pour les chauffer; qu'il serait ensuite facile, par les criques qui débouchent dans les fleuves, de transporter jusqu'à la mer et charger sur des navires les produits qu'on aurait obtenus. Mais M. Jules Itier, dans son excellente notice sur la Guyane, exprime des doutes sur la qualité du minerai qui serait ainsi obtenu. Il ajoute qu'il est très-réfractaire et que le pays étant absolument dépourvu de castine (*calcaire*), l'obligation où l'on serait de la tirer des Antilles transformerait peut-être en pertes les bénéfices attendus.

M. Charrière, directeur de la compagnie d'Approuague, ne pense pas qu'une entreprise de cette nature puisse réussir à la

Guyane. L'établissement de hauts-fourneaux sur les montagnes et les autres dépenses de matériel, de personnel, de transport en crique et en rivière, et, en outre de fret, exigeraient un capital considérable. La fonte commune en France se vend 15 francs les 100 kilogrammes ; ou l'exploiteur vendra ses produits 15 francs les 100 kilogrammes, et alors le prix ne sera pas rémunérateur, ou il voudra en tirer un prix supérieur, et il ne les placera pas. Il y a autre chose : on n'obtiendrait, avec le combustible que fourniraient les bois à fibre lâche, à texture poreuse qui prédominent sur les montagnes de cette partie de la Guyane, qu'une fonte pâteuse impossible à couler.

Une grande compagnie pourrait seule se risquer, avec quelques chances de succès, à entreprendre une pareille exploitation ; mais, dans l'estimation des dépenses, elle devrait surtout faire état de l'achat de la castine, et s'assurer que les bois peuvent produire le calorique indispensable à la fonte du minerai de fer.

L'âge des terrains où l'on rencontre la roche ferrugineuse paraît fort récent ; des couches fossilifères qu'ils renferment, on peut induire que les limonites ne remontent guère qu'à la fin de l'époque tertiaire, et que, conséquemment, la roche ferrugineuse appartiendrait à la partie supérieure des terrains tertiaires. Mais quelle est la cause qui a mis fin à ce dépôt ? Il serait difficile de la déterminer *à priori* ; elle a fait place assez brusquement aux causes actuelles auxquelles sont dues les dépôts alluvionnaires qui bordent la côte de la Guyane dans un rayon de quatre myriamètres de profondeur et qui ont reçu le nom de terres basses, dépôts anciens sur lesquels s'est superposé un terrain de transport plus récent composé de vases argileuses arrachées, sans doute, par le grand courant équatorial qui longe la côte de la Guyane du S. au N., aux anciens dépôts alluvionnaires de la rive droite de l'Amazone, qu'il emporte dans son cours et qu'il dépose sur nos côtes à la faveur du remous occasionné par sa rencontre à angle droit avec le courant des nombreuses rivières de la Guyane, qui viennent aussi ajouter quelques matériaux aux dépôts détachés de la rive du grand fleuve.

Nous allons essayer de déterminer maintenant le rôle de l'ornatif dans le grand soulèvement qui a imprimé à la Guyane française son relief actuel.

Les terrains dioritiques ne contenant ni filons quartzeux, ni gneiss, ni schistes amphiboliques, c'est dans les terrains de transport qui, apportés de régions éloignées, se sont superposés sur la formation dioritique, qu'ont dû se former, par l'effet de convulsions souterraines ayant provoqué un brusque soulèvement, les filons de quartz aurifères et les roches qui les accompagnent. Des phénomènes diluviens, postérieurs à la formation des montagnes centrales de la région guyanaise, paraissent donc, en déchirant et ravinant les contreforts de ces montagnes, avoir entraîné l'or soulevé, arraché de l'intérieur du globe et l'avoir immergé au fond des vallées avec le quartz et le sable noir rompus et pulvérisés. Un lavage naturel et gigantesque a dû alors s'opérer. Les parties les plus légères ont été transportées au loin, et les matières les plus pesantes, parmi lesquelles l'or figure au premier rang, ont été concentrées dans le lit des ravins et des vallées. Ces alluvions aurifères ont donc, en réalité, emprunté leurs richesses aux flancs des montagnes adjacentes, et l'on peut, dès lors, en induire que plus les ravins ou criques qui ont servi de lit aux torrents diluviens sont encaissés dans de hautes montagnes, plus ils doivent être riches en éléments aurifères.

Le sol de ces criques se compose à la surface d'une couche de terre végétale humide sur laquelle s'est développée une végétation luxuriante. Cette couche a, en général, une épaisseur de 0^{m}30 à 1 mètre. Elle repose sur une autre couche formée de débris de quartz plus ou moins roulés, de sables quartzeux, de titanate de fer, de fer oxydulé, de coryndon et autres matières qui enveloppent ordinairement l'or. C'est dans cette couche, rendue compacte par une argile, tantôt rouge, tantôt bleue, qu'au milieu d'un sable noir presque invisible à l'œil nu, se trouve disséminé l'or natif, presque toujours dégagé du quartz, sa gangue naturelle.

La couche aurifère présente à peu près la même épaisseur que la couche végétale. Le métal se rencontre en grains assez lourds pour pouvoir être recueillis par un seul lavage et en pépites variant de 50 centigrammes à 355 grammes. (Cette dernière a été envoyée comme spécimen à l'*Exposition permanente des colonies*.)

L'or natif, récolté sur les placers de la Comté par des exploitations particulières, a constamment présenté, après sa fonte en France, un titre très-élevé qui varie entre 960 et 976 millièmes de fin : celui de la *Compagnie agricole et aurifère de l'Approuague* n'est ressorti, fondu par les soins de l'agence centrale des banques coloniales, à Paris, qu'à un titre moyen de 935 millièmes de fin, titre bien inférieur à celui de l'or de la Comté et de l'Australie, mais supérieur à celui de la Californie, qui ne représente guère que 850 à 860 millièmes de fin.

Le longtom et le slows sont les instruments dont on se sert pour laver et récolter l'or natif; mais l'opération se fait encore d'une manière très-imparfaite. On peut affirmer que l'on perd plus des 5/10es de l'or contenu dans les terres aurifères lavées à la Guyane.

Il ne sera pas sans intérêt, je pense, de retracer ici l'historique de la découverte et de l'exploitation de l'or à la Guyane française.

Nous avons vu que les premiers navigateurs qui visitèrent les côtes de l'Amérique avaient tous cru à l'existence de riches mines d'or dans l'intérieur de la Guyane française, et qu'ils y avaient même placé une ville dont le nom fabuleux d'El-Dorado est devenu proverbial.

En 1766, Patris, médecin-botaniste du roi, remontant l'Oyapock pour redescendre par le Maroni, avait trouvé au bord de quelques criques des paillettes d'or et des calcédoines.

Nous avons raconté les plans hasardeux et les insuccès du baron de Bessner (1779 à 1785). L'audacieux colonisateur avait indiqué sur ses cartes de la Guyane les endroits où se trouvent certains produits spontanés du sol : il y avait négligemment jeté, ici, les mines de fer et d'or, là, les pierres précieuses et le diamant. Malouet avait souri, Sartines doutait, Maurepas plaisantait. Le temps a cependant donné raison au fou contre les sages; on a trouvé le fer et l'or : peut-être un jour trouvera-t-on le diamant.

Buffon, et après lui Alexandre de Humboldt sont arrivés, par des inductions raisonnées, l'un à supposer, l'autre à affirmer la présence de l'or à la Guyane française.

La tradition de son existence s'était conservée à Approuague, à la Comté, à Kourou, à Mana, au Maroni, dans les récits fondés, mais vagues, des Indiens Oyampis, Aramichaux, Emérillons, du vieux chef indien Valentin, de son descendant Pétou et d'un autre indien de Mana, nommé Augustin.

Ce n'est qu'au mois de juillet 1855 que M. Félix Couy, alors commissaire-commandant du quartier d'Approuague, guidé par un indien du Brésil, nommé Paoline, recueillit sur les bords de l'Approuague, près d'Aïcoupaïe, de l'or natif et une forte pépite qui fut envoyée en France par l'Administration locale.

Quelque temps après, il fut chargé par le Gouvernement d'explorer ces parages. Les résultats obtenus amenèrent la création d'une société provisoire, qui fut constituée, avec l'autorisation de l'Administration locale, par un acte authentique, en date du 24 mai 1856, au capital de 1,689,400 francs, divisé en 16,894 actions de 100 francs, libérables du quart. Un décret impérial du 20 mai 1857 approuva la formation de cette société anonyme sous la dénomination de *Compagnie de l'Approuague*, et l'investit du droit de recherche et d'exploitation des gisements aurifères à la Guyane française sur une étendue de 200,000 hectares.

Un autre décret impérial du 28 mai 1858, constitutif de la Société, formula ses statuts et éleva à 2 millions son capital divisé en 20,000 actions de 100 francs, également libérables du quart.

De 1856 à 1858, une production de 2 à 3 kilogrammes d'or par mois enflamma toutes les imaginations et fit concevoir des espérances insensées : les actions de 100 francs, seulement libérées du quart, se vendaient 250, 300 et 400 francs.

Mais bientôt cet enthousiasme tomba ; le rêve s'évanouit devant la réalité. Des frais généraux exorbitants, des dépenses peu en rapport avec le développement de l'entreprise et le nombre des travailleurs, réduisirent de jour en jour et menacèrent d'absorber un capital déjà entamé par une opération d'immigration africaine dont l'issue avait été désastreuse, et par les sacrifices que la Compagnie avait été forcée de faire pour s'adjoindre une petite société qui l'avait précédée.

Les espérances se ravivèrent, toutefois, lorsqu'arriva dans la colonie, en août 1858, M. le chef de bataillon d'infanterie de la marine, Charrière, chargé d'une mission spéciale se rapportant à la question des terrains aurifères de la Guyane.

Dans l'assemblée générale des actionnaires tenue à Cayenne, le 19 septembre 1858, cet officier supérieur, que recommandaient une aptitude spéciale et la confiance du Département, fut nommé, à l'unanimité, directeur de la *Compagnie de l'Approuague*. Il se rendit immédiatement sur les placers, y réorganisa complétement le travail, créa de nouveaux établissements et imprima une impulsion vigoureuse à la grande entreprise qu'il était appelé à diriger désormais.

Mais cette même année la Compagnie eut à regretter la coopération active et sage de M. Franconie aîné, qui se démit des fonctions de président du conseil d'administration qu'il avait exercées, depuis 1857, avec autant de dévouement que d'intelligence. Il conserva, toutefois, le titre de président honoraire du conseil et continua à prêter à la Compagnie le concours le plus éclairé.

La production, qui, dans les deux années 1857 et 1858 réunies, n'avait été que de 52 kilogr. 467 gr., c'est-à-dire une moyenne mensuelle de 2 kilogr. 914 gr., s'éleva, pour l'année 1859, à 54 kilogr. 495 gr., donnant ainsi une moyenne par mois de 4 kilogr. 544 gr.

A la fin de cet exercice, le capital de la Compagnie de l'Approuague se reconstitue; son actif général est de 316,325 fr. 27 cent., et son actif disponible de 132,248 fr. 51 cent.

Cependant, cette même année, se trouve grevée des frais qu'avait occasionnés la mission d'un ingénieur des mines que le Gouvernement avait jugé utile d'envoyer dans la colonie, au compte de la Compagnie. M. Hardouin accomplit sa mission et conclut, dans un rapport très-bien fait et très-détaillé, que l'or existe à la Guyane, mais qu'il y est très-disséminé, en très-petite quantité et d'une extraction si difficile et si coûteuse que son rendement ne pourrait jamais couvrir les dépenses.

C'est ici le lieu de reconnaître que toutes les exploitations particulières se sont inscrites en faux contre cette conclusion, qu'elles obtiennent toutes en produit net la moitié du produit brut, et que la production des placers de la Compagnie de l'Approuague elle-même a toujours payé et au delà les frais de son exploitation aurifère; les frais généraux et les dépenses faites pour développer l'entreprise agricole ont seuls absorbé les bénéfices.

En avril 1859 intervient, en effet, un acte important de l'administration de M. le commandant Charrière, l'acquisition de l'habitation *la Jamaïque*. Cet acte a donné à la grande entreprise fondée à la Guyane le caractère agricole qui lui a mérité et doit lui assurer par continuation la sollicitude et la bienveillance du Gouvernement.

Cependant, malgré cette acquisition, en raison même des nouvelles perspectives qu'elle lui ouvrait, le commandant Charrière voyait son application, son activité, son intelligence complétement paralysées faute de capitaux, faute de bras; il entrevoyait qu'on ne ferait que se traîner péniblement dans l'ornière tracée et qu'on ne réaliserait jamais ainsi les grands bénéfices qui sont le privilége exclusif des grandes associations.

Alors commença à germer dans les esprits l'idée de recourir aux capitaux métropolitains dans le but de procurer à la Compagnie les bras et les instruments qui lui manquaient.

Ses délégués, à Paris, reçoivent la mission d'ouvrir des négociations à ce sujet : le 16 juin 1860, M. le directeur Charrière part pour aller joindre ses efforts aux leurs.

Pendant son absence, M. Vernier, ingénieur des ponts et chaussées, et Alexandre Rivierre, directeurs intérimaires, recueillent le fruit du travail préparé par M. le commandant Charrière. La production, en 1860, s'élève à 72 kilogr. 247 gr., en moyenne par mois, 6 kilogr. 20 gr., et, en 1861, à 80 kilogr. 338 gr. obtenus sur quatre placers différents : Aïcoupaïe, Counamaré, Sans-Rémission, Chicdagam.

Dans le premier semestre de 1862, la production baisse subitement, et, malgré les efforts d'un conseil d'administration envers lequel l'opinion ne s'est pas toujours montrée juste, malgré la sagesse et la capacité de son président, M. George Emler, la désorganisation se met sur les placers. Mais, le 1er juin 1862, M. Alexandre Couy accepte la direction intérimaire, signale son activité en faisant une tournée d'inspection sur l'habitation *la Jamaïque* et sur les placers, abandonne l'exploitation de Sans-Rémission, ses produits n'étant plus rémunérateurs, concentre toutes les forces à Counamaré, et, dans son intérim de dix mois, s'il ne peut entièrement réparer le mal, en arrête du moins les progrès. Après lui, M. Ursleur père soutient assez le travail et la production pour donner le temps au directeur titulaire Charrière de conclure, avec le concours actif de M. Adolphe Franconie, un traité qui, après avoir passé par des phases multiples et laborieuses, aboutit, par l'intermédiaire de la maison F. Martin et Cie, à la transformation de la *Compagnie de l'Approuague* et aux décrets impériaux des 5 juillet et 12 août 1863, qui la consacrent. Le vœu émis par l'assemblée générale des actionnaires de s'adjoindre des capitalistes métropolitains est enfin réalisé, et une nouvelle société, sous la dénomination de *Compagnie aurifère et agricole de l'Approuague*, est constituée pour une durée de vingt-cinq ans, à partir du 1er janvier 1858, au capital de 4 millions, représenté par 40,000 actions de 100 francs, dont 20,000 actions anciennes libérées du quart, et 20,000 soumises aux versements déterminés par de nouveaux statuts.

Dirigée en France par un conseil d'administration qui a pour président M. Le Pelletier de Saint-Rémy, agent central des banques coloniales, officier de la Légion d'honneur, dont le nom a acquis une certaine notoriété coloniale ; à Cayenne, par M. Charrière, officier de la Légion d'honneur, retraité comme lieutenant-colonel, et par un comité consultatif, dont la mission est de l'éclairer et de le guider au besoin, la nouvelle Compagnie, fortement organisée, fonctionne depuis le 1er juin 1864. Elle n'a pu parvenir encore à équilibrer ses recettes avec ses dépenses mais il ne faut pas perdre de vue qu'elle a dû faire de grands sacrifices pour constituer son personnel dirigeant, pour s'approvisionner de l'outillage et du matériel nécessaires, pour introduire des travailleurs indiens qui, réunis à l'ancien atelier, formeraient un contingent capable d'exploiter fructueusement *la Jamaïque* et les placers, si les maladies et la mortalité ne le maintenaient presque constamment au chiffre d'à peine 150 travailleurs valides.

Aujourd'hui, les dépenses sont toutes à peu près faites; des convois de Chinois vont se succéder rapidement ; un riche placer vient d'être découvert près d'Aïcoupaïe ; *la Jamaïque* va produire du sucre, du tafia, du café, du tabac, des vivres; à cette production viendront s'ajouter bientôt celle de la nouvelle habitation, créée par M. le directeur Charrière, à Mataroni, et les produits de l'exploitation des bois et de l'élève du bétail, qu'un homme spécial s'attache à développer; la scierie est terminée et peut fournir quarante planches par jour, qui pourront être ou vendues à Cayenne ou livrées à l'exportation. La Compagnie ne peut donc manquer d'entrer l'année prochaine dans la phase de la production et des bénéfices, et de réaliser enfin les vœux du département de la marine et des actionnaires au double point de vue de l'exploitation agricole et aurifère.

Il y a lieu d'espérer que ce véritable essai de colonisation ne viendra pas grossir le nombre des infructueuses tentatives que nous avons énumérées dans notre aperçu historique. Mais, dans l'hypothèse d'un insuccès, constatons, dès à présent, que les grandes compagnies, même lorqu'elles n'ont pas réussi à la Guyane, lui ont toujours été utiles, et que l'établissement définitif de cette colonie ne date, à proprement parler, que de la formation de la compagnie organisée en 1663 par le gouverneur Lefebvre de la Barre.

Sans disposer de ressources aussi puissantes, avec un personnel dirigeant très restreint, un capital ne consistant guère que dans leur crédit à la Banque, un nombre de travailleurs relativement faible, nos exploiteurs d'or particuliers, la plupart artisans modestes, ont complétement réussi et obtenu les produits les plus largement rémunérateurs.

Assouplissant leur caractère aux exigences d'une situation que viennent compliquer les éléments si divers de l'immigration et des employés du pays, veillant avec soin à la ration quotidienne des nouveaux immigrants qui n'ont pas, comme les travailleurs créoles, des aliments en dehors de la quantité réglementaire, réalisant des économies, partout où elles sont possibles, et évitant le gaspillage, dominant l'ensemble de leur opération qui ne s'étend pas hors de la portée de leur vue, les propriétaires de ces petites exploitations dirigent leur personnel avec les soins d'un bon père de famille. Leurs dépenses sont toujours réglées proportionnellement à la production, et, en général, tout compte fait, il leur reste pour bénéfice net la moitié du produit brut.

L'or, déclaré en douane du 1ᵉʳ janvier 1856 au 1ᵉʳ janvier 1866, s'élève, pour le poids, à 1,135 kilogr. 973 gr., et, pour la valeur, à 3,407,919 francs; l'or de la Compagnie de l'Approuague entre dans ce total pour un chiffre de 488 kilogr. 928 gr., représentant 1,466,784 francs; les petites exploitations aurifères ont donc produit 647 kilogr. 45 gr., représentant une valeur de 1,941,135 francs.

Ces derniers résultats sont très-satisfaisants; mais, en les constatant, nous devons exprimer le regret que ces exploitations particulières aient été dispensées, jusqu'à présent, de l'obligation imposée à la grande Compagnie de créer des propriétés agricoles : quand tous nos exploiteurs d'or ont extrait du sol les richesses cachées qu'il leur livre, que laissent-ils, d'après leur propre aveu, à la Guyane? Des terrains bouleversés, image du chaos, que toute colonisation doit avoir pour but et pour mission de dissiper.

On peut alléguer, toutefois, et non sans raison, que ces entreprises particulières profitent au pays en ce qu'elles payent une double redevance, dont bénéficie le budget local, 1/2 p. 0/0 par hectare concédé et 2 p. 0/0 sur la valeur des produits exportés, et qu'en outre, un jour peut-être, le plus grand nombre d'entre ces chercheurs d'or se fixeront définitivement dans la colonie et n'iront pas jouir ailleurs de la fortune qu'ils auront acquise à la Guyane.

CHAPITRE V.

RÈGNE ANIMAL.

Quadrupèdes. — Oiseaux. — Reptiles. — Insectes. — Poissons.

Barrère, médecin botaniste du roi en 1741, est le seul auteur qui ait donné, dans son *Histoire naturelle de la France équinoxiale*, une nomenclature à peu près complète, mais aride, des animaux de la Guyane française; il se borne, en général, à citer chaque espèce sous un nom latin que la plupart du temps, selon Cuvier, il forge lui-même. De Préfontaine, commandant de la partie Nord de la Guyane en 1764, et Bajon, chirurgien-major, à Cayenne, de 1765 à 1776, n'ont décrit, avec quelque détail, le premier, dans ses *Mémoires*, le second, dans sa *Maison rustique*, que quelques espèces d'animaux qui paraissent seuls avoir fixé leur attention. Buffon et Cuvier ont fait rentrer dans les grandes divisions du cadre de leur *Histoire naturelle* certaines espèces particulières au continent méridional américain; mais il faut une grande expérience pour appliquer à chaque individu du règne animal, connu à la Guyane sous un nom particulier, le nom qu'il doit porter dans la classification générale. M. Leprieur, pharmacien de 1re classe de la marine, en retraite, a bien voulu me prêter son aide pour la partie relative aux quadrupèdes et aux reptiles. Toutefois, malgré nos soins, malgré mes recherches, malgré les renseignements que j'ai pu recueillir auprès de personnes ayant passé presque toute leur vie dans les grands bois, je suis loin de penser que cette partie de mon travail soit complète. C'est à un homme spécial seul qu'il appartiendra de combler les lacunes qu'on y pourra reconnaître.

Je divise ce chapitre en cinq parties, en suivant la classification établie par Cuvier : 1° mammifères; 2° oiseaux; 3° reptiles; 4° insectes; 5° poissons.

§ Ier. — MAMMIFÈRES.

Les forêts de la Guyane française abondent en singes de toutes sortes, depuis le tamarin et le sapajou, gros comme des rats, jusqu'au singe hurleur ou singe rouge, grand comme un orang-outang.

Les plus communs sont :

1° Le macaque, dont quatre espèces : le caparou (*lagothrix humboldtii*), le grison (*lagothrix canus*), tous deux d'une gourmandise singulière, le macaque ordinaire ou sajou (*lagothrix appella*) et le sajou cornu (*lagothrix fatrullus*), qui s'apprivoisent facilement ;

2° Le tamarin (*simia midas*), le plus petit de tous, noir, avec quatre mains jaunes ;

3° Le quouata (*ateles paniscus*), de couleur noir-foncé, à grands poils, aux extrémités disproportionnées, très-longues et très-décharnées, à face rouge et repoussante ;

4° Le singe rouge ou hurleur, dont deux espèces : 1° le hurleur noir (*stentor ursinus*) ; 2° le singe rouge ou hurleur (*stentor seniculus*).

On trouve également le nocthore de Cuvier, bouroucouli de Humboldt, singe de nuit ou maman-guinan de la Guyane. Tous ces singes sont à peu près de la même taille, et tous, à l'exception du singe rouge, sont bons à manger.

Le plus remarquable est le singe rouge : son poil est très-long ; celui de la tête se dresse et entoure, en forme de rayons, un visage hideux, long, large du haut, étroit du bas ; il a un collier de barbe très-long et très-fourni, se terminant en pointe ; son nez est écrasé, son œil rouge, sa prunelle noire ; un cou noir et allongé, presque sans poils, est placé sur des épaules étroites : son corps mince se termine brusquement par un ventre énorme. A l'extrémité des bras et des jambes de ce quadrumane sont des mains ou pieds décharnés dont chaque doigt est aussi long que la moitié de la jambe. J'en ai vu plusieurs au Maroni : l'un d'eux avait au moins un mètre et demi de haut. Leurs cris, semblables à un râle, sont effroyables et s'entendent de Saint-Laurent.

Parmi les carnassiers cheiroptères se trouvent, à la Guyane :

De nombreuses espèces de chauves-souris parmi lesquelles on remarque le vampire (*vespertilio spectrum*), qui suce le sang des hommes et des animaux dont il prolonge le sommeil en agitant ses ailes longues de dix-huit à vingt pouces ; son corps, couvert d'un long poil roussâtre, est de la grosseur d'un rat. La forme de son nez est singulière : il ressemble à un fer de lance qui a deux branches à sa base. Son museau est fort large ; ses oreilles sont très-grandes, et il a, sur leur côté externe, une assez longue échancrure qui commence à leur extrémité. Il a, en outre, un petit oreillon pointu : ses yeux sont enfoncés dans leurs orbites ;

Le coati roux (*viverra nasua*), fauve, roussâtre, avec des anneaux bruns à la queue ;

La loutre (*lutra lataxina*), qui se trouve en grandes bandes très-avant dans l'intérieur.

A la tête du genre chat, on doit placer les tigres de la Guyane, que Buffon considère comme des espèces différentes du vrai tigre. On en connaît cinq espèces :

1° Le tigre à peau tigrée (*léopard, felis leopardus*) à taches rondes, mais plus grandes que celles du léopard ;

2° Le tigre rouge (*couguar, felis discolor*) à taches horizontales, et de plus petite espèce ;

3° Le tigre noir ;

4° Le petit tigre margai (*ocelot, felis pardalis* de Linné) ;

5° Le chat-tigre (*felis jaguarondi*), qui ne fait la guerre qu'aux petits animaux et aux oiseaux.

Il ne faut pas croire que leur rencontre offre, pour l'homme, un péril inévitable. Tous ceux qui ont parcouru les forêts de la Guyane s'accordent à dire que le tigre est timide et lâche vis-à-vis de l'homme et qu'il fuit à son approche. Un nègre, imprudemment endormi dans un lieu écarté, peut être surpris et dévoré ; mais, si l'on est sur ses gardes, si l'on fait quelques mouvements, le tigre passe ou se tient à distance. Je n'ai entendu dire par personne qu'un blanc ait jamais été attaqué par un tigre ; mais, affamé, il se jette sur les gros animaux et les emporte dans les bois pour en faire sa pâture.

Après les tigres, vient l'espèce, très-nombreuse, à la Guyane, des jaguars (*panthère femelle* de Buffon, *grande panthère des fourreurs* de Cuvier, *felis onça* de Linné). La longueur du jaguar de la Guyane ou, comme on l'appelle plus communément, du *tigre d'Amérique* est d'un peu plus d'un mètre, et sa hauteur de huit décimètres. Son pelage, d'un fauve vif en dessus, est marbré, à la tête, au cou et le long des flancs, de taches noires et irrégulières ; aussi cette magnifique robe mouchetée est-elle très-recherchée pour les tapis. Il fait une guerre acharnée aux chevaux, aux génisses, aux taureaux ; on le voit aussi courir après le gibier, se lancer dans l'eau pour saisir certains poissons dont il est friand, et se mesurer, dit-on, avec l'adversaire le plus redoutable de ces régions, le caïman. L'agilité du jaguar lui permet de monter, à l'aide de ses griffes, jusqu'à la cime des arbres les plus élevés. Il s'y tient en embuscade, et au moment où la proie qu'il guette passe à sa portée, il tombe sur elle et ne lâche prise que lorsqu'il s'est repu de chair et de sang.

Parmi les rongeurs, il faut citer :

L'écureuil (*sciurus palmarum*), appelé dans le pays *rat palmiste*.

Le couendou (*hystrix prehensilis* de Linné), espèce de porc-épic à piquants noirs et blancs, à poils brun-noir, à queue prenante ; ses oreilles sont fort petites et presque cachées sous les piquants ; ses yeux sont grands et brillants ; sa longueur est d'environ deux pieds et demi ; ses jambes sont fort courtes, et ses pieds ressemblent à ceux du singe. Ses narines sont environnées de longs poils qui forment une barbe semblable à celle du chat ; sa queue n'est couverte de piquants que jusqu'à la moitié, et l'autre a des poils semblables aux soies du cochon. Il semble que la peau de cet animal soit mobile, tant il a de vivacité à faire mouvoir les dards dont elle est garnie. Il ne mord pas, excepté lorsqu'on l'irrite : alors il dresse ses piquants.

Le hérisson (*erinaceus*) ne doit pas être confondu avec le précédent. Il n'a guère que huit pouces de long ; ses piquants sont courts, gros, durs et d'un jaune pâle.

On trouve aussi dans les bois de la Guyane un rongeur qui rappelle le cochon d'Europe ; mais, en l'examinant avec attention, on s'aperçoit bientôt qu'il est d'une espèce tout à fait différente. On en connaît trois espèces : le cochon marron, le cochon de bois (*sus tajassou*) et le patira, que Buffon décrit sous le nom de pécari à collier (*dicotylis torquatus*).

Ces trois espèces de pachydermes ne diffèrent que par la taille et les habitudes : la structure de toutes les parties de leur corps est absolument identique. Les soies de ces suilliens d'Amérique sont plus grosses, plus longues, plus dures et plus rares que celles des cochons d'Europe. La couleur n'est pas exactement la même dans les trois espèces : celle du cochon marron est brun-foncé ; celle du cochon de bois, brun-rougeâtre ; celle des patiras, gris-brun avec un collier blanc : ils ont tous les trois sur les lombes une glande large et ronde à côté de laquelle est une ouverture qui laisse échapper une humeur fort épaisse et de très-mauvaise odeur. Si l'on n'a pas soin d'enlever cette glande, elle communique à la chair un goût d'ail si prononcé qu'il devient impossible de la manger.

Ces animaux n'ont pour queue qu'un petit tronçon qui n'a pas plus d'un pouce de long.

Les cochons de bois sont très-dangereux. Le tonnerre les met en mouvement dans les forêts qui leur servent de retraites et les en fait sortir. Ils passent souvent par bandes auprès des habitations et on les tue alors par centaines avec des bâtons, des haches, des couteaux même; jamais ils ne se dérangent de leur route, et, aussi méchants qu'opiniâtres, ils mordent les chiens qui les poursuivent et même les hommes, quand ceux-ci les attaquent en petit nombre. On a observé que lorsqu'on leur tire un seul coup de fusil, ils accourent tous vers celui qui a tiré; ils ne s'épouvantent et ne prennent la fuite que si on leur fait une décharge générale. Si un homme seul en rencontrait une bande au milieu des bois, le meilleur parti qu'il aurait à prendre serait de monter sur un arbre et de les laisser passer tranquillement; car s'il s'avisait de les attaquer ou de prendre la fuite, ils se rueraient tous sur lui et le mettraient en pièces. Plusieurs habitants des quartiers m'ont dit, d'ailleurs, que l'on est toujours prévenu à temps de leur présence : ils font entendre, en effet, un grognement si fort qu'on les entend de très-loin.

De 1826 à 1847, ces animaux ont disparu des forêts de la Guyane, non par suite d'une épizootie, mais d'une migration dont la cause est inconnue.

La chair de tous ces pachydermes est très-bonne, surtout celle des patiras qui est tendre et d'un goût exquis.

L'agouti (*cavia acuti*), sorte de lièvre très-commune à la Guyane, est un des gibiers les plus estimés. Il n'y a guère que le pack qui puisse lui être préféré. L'agouti, qu'on trouve dans l'Ile-de-Cayenne est plus petit et de qualité inférieure à celui qu'on chasse dans les grands bois. Il se nourrit de fruits et de graines et est, surtout, très-friand du fruit de l'aouara et de racine de manioc.

A côté de l'agouti, on peut placer l'acouchi (*cavia acuchi*) qui a avec lui une ressemblance générale : il en diffère en ce qu'il n'a guère que le quart de sa taille et qu'il a une petite queue de deux pouces et demi, tandis que l'agouti n'en a point. On ne le trouve qu'à quelque distance de la mer. Sa chair est plus tendre, plus délicate que celle de l'agouti.

Le pack (*cœlogenys, joue creuse*) est sans conteste le meilleur gibier de la Guyane : sa chair est blanche et succulente. Ce petit rongeur, beaucoup plus gros que l'agouti, lui ressemble par son organisation générale. Il est difficile à prendre parce qu'il plonge dans l'eau et peut y rester un temps considérable sans respirer. Il faut des chiens dressés pour le chasser. Il se cache dans la terre à trente ou quarante centimètres. Il ménage trois issues en triangle dans la retraite où il se blottit; il les recouvre de feuilles sèches pour donner le change au chasseur qui peut croire que c'est un ancien terrier abandonné. Quand on veut le prendre en vie, on bouche deux issues et on fouille la troisième.

Le cabiai (*hydrochœrus*), appelé dans le pays *capiaye*, est un bon gibier : ce rongeur pèse souvent trente et même quarante kilogrammes. Il peut rester longtemps sous l'eau et passe pour être amphibie. Sa tête a près de huit pouces de longueur, son museau est gros et obtus, sa mâchoire inférieure plus courte que la supérieure; ses yeux sont grands et noirs; ses oreilles petites et pointues; il a des moustaches comme celles du chat et n'a presque point de queue. Tout son corps est couvert d'un poil noirâtre, rude et fort court.

Le coati (*nasua*) est une espèce de renard; il en a la forme, mais il est plus petit. On en compte deux espèces : le roux et le brun. Il appartient au groupe des plantigrades, qui est voisin des ours. Les coatis se réunissent en troupes pour chasser.

On remarque encore à la Guyane un animal assez remarquable, le chien sauvage. On en connaît deux espèces (et non trois, le chien crabier étant un sarigue) qui paraissent n'être que des variétés, car elles ne diffèrent entre elles que par quelques habitudes et quelques légers caractères extérieurs. Ces deux espèces sont : le chien sauvage ou chien bois (*koupara* de Barrère) et l'ayra.

Le premier, de couleur grisâtre, est celui des trois qui a le plus de rapport avec le chien d'Europe. Il est excellent pour la chasse, dont il a l'instinct. Cette espèce s'est beaucoup multipliée sur les habitations et s'est mêlée, par son accouplement, avec nos chiens européens.

Le chien qu'on appelle ayra est d'un noir-grisâtre et semble s'éloigner davantage des espèces connues en Europe : plus grand que le chien sauvage, il en a la tête, le museau, la gueule et les dents; mais ses oreilles sont plus courtes, les doigts des pattes plus longs et les ongles plus crochus. Il ne poursuit pas, comme le chien sauvage, son gibier à la piste; il se cache dans les endroits où ce gibier a coutume de passer, le guette et se jette sur lui par surprise. Ce groupe peut prendre place entre les loups et les chacals voisins des renards.

On trouve aussi à la Guyane le sarigue (*didelphus*), dont on connaît quatre espèces :

1° Le crabier ou grand sarigue de Cayenne, appelé *pian* dans le pays (*didelphus cancrivora* de Linné);

2° Le raton-crabier, appelé *chien-crabier* à la Guyane (*ursus cancrivorus*);

3° Le quatre-œils (*didelphus opossum*);

4° Le cayopolin (*didelphus dorsigera*) ou rat de bois.

Le premier est le plus grand : on le trouve partout ; son nom de pian ou puant lui vient de son odeur très-désagréable.

Le second, appelé ainsi des crabes dont il fait sa nourriture, et qu'il tire de leur trou avec ses pattes et ses ongles, a le poil fauve et les oreilles un peu longues. Cette espèce ne se mêle pas avec les chiens sauvages, comme on l'a dit : elle est carnivore.

Le troisième est plus petit ; son nom lui vient de ce qu'il a au-dessus de chaque œil une tâche blanche qui semble en représenter un second.

Enfin, la quatrième espèce ne se trouve que dans les grands bois : c'est la plus petite.

Les quatre espèces ont sous le ventre cette poche, si connue, dans laquelle se trouvent les mamelles où les petits se suspendent et se réfugient ; les deux plus grandes espèces ont l'ouverture de la poche transversale ; les deux autres, longitudinale.

On trouve encore à la Guyane le fourmillier, dont le nom dérive de l'habitude qu'a ce mammifère de ne se nourrir que de fourmis. Il y en a trois espèces :

1° Le tamanoir (*myrmecophaga jubata*) qui a une crinière et une queue garnies de crins très-épais et très-gros. Attaqué par un tigre, il ne fuit pas, lui enfonce ses ongles, de douze à quatorze centimètres de longueur, dans les flancs, et ne lâche prise que lorsque la vie l'abandonne. Il habite les forêts, mais ne grimpe pas sur les arbres ;

2° Le tamandua (*myrmecophaga tamandua*), que Barrère nomme *ouatiriouaou*;

3° Le fourmillier à deux doigts (*myrmeocphaga didactyla*), à la peau pâle, gros comme un rat.

Il y a aussi deux espèces de moutons paresseux :

1° L'unau (*bradypus didactylus*) qui vit sur les arbres et, si l'on en croit Buffon, ne les abandonne que lorsqu'ils sont complétement dépouillés ; mais le fait est, dit-on, fort douteux. Cet animal n'a que deux doigts. J'en ai vu un à bord du *Casabianca* : c'était une femelle qui avait un petit. Son poil était entièrement gris; sa tête avait quelque chose de celle du singe; sa gueule était assez grande et armée de longues dents; ses yeux étaient tristes et abattus; elle étendait ses jambes de devant en forme de bras, plus longues que celles de derrière, avec une nonchalance singulière; ses pieds étaient plats, armés de trois ongles longs et pointus : je ne lui ai point vu de queue. Lorsqu'on lui donnait quelque chose à prendre avec ses griffes, elle ne lâchait prise que difficilement. Un accident lui enleva son petit; elle le chercha par tout le bâtiment et, enfin, malgré l'extrême lenteur de ses mouvements, elle parvint au pied de l'échelle de commandement, se laissa tomber à l'eau dans la rivière de Surinam et gagna la rive à la nage;

2° L'aï (*bradypus tridactylus*) à trois doigts; c'est le plus lent des deux.

Viennent ensuite le tatou (*dasypus sexcinctus*) dont la chair est très-délicate, animal et reptile qui porte une cuirasse d'écailles pliante se prêtant à tous ses mouvements, et sa variété le cabassou (*dasypus unicinctus*), plus gros que le tatou, terrant sur les mornes, et dont la chair fétide sent le musc.

La biche (*cervus*) est le plus grand quadrupède de la Guyane après le tigre. On en trouve cinq espèces distinctes :

1° La biche de palétuviers ou biche blanche n'a pas encore été décrite, je crois : elle n'est pas dans Cuvier. C'est la plus grande espèce; son pelage est très-pâle. Elle fait sa demeure ordinaire dans tous les terrains couverts de mangliers (nom collectif de divers genres de palétuviers), sur le bord de la mer. Cette espèce de biche est très-commune tout le long de la côte où on la voit souvent par troupes. Lorsque la mer monte, les biches se mettent sur les racines élevées de ces arbres, et elles y restent jusqu'à ce que la marée, en baissant, laisse les terres vaseuses à découvert;

2° La biche barlou (*cervus paludosus?*), qui se rapproche des daims, a des andouillers avec des empaumures;

3° La biche rouge (*cervus rufus*) a des cornes simples; cette espèce ne se trouve que dans les terrains secs, élevés et couverts de forêts épaisses; elle est presque aussi grande que celle d'Europe, mais sa chair est inférieure à celle des autres biches;

4° Le kariacou à couleur fauve cannelle (*cervus nemoricagus?*), à cornes simples, très-svelte;

5° Le kariacou à pelage gris de souris (*cervus simplicicornis*), plus trapu, plus rare.

Ces deux derniers quadrupèdes sont des espèces de chevreuils dont la chair est blanche et très-délicate ; ils n'ont guère que la moitié de la taille des deux autres espèces et atteignent à peine à la grosseur d'un très-petit mouton. Ils ne se trouvent qu'à une certaine distance de la mer, dans l'intérieur, et, en général, sur les montagnes.

On peut citer, comme le plus grand mammifère des régions équatoriales, le maïpouri (*tapir americanus* de Linné) remarquable par une espèce de trompe, placée à l'extrémité de son museau et formée de l'assemblage de plusieurs muscles très-forts qui servent à la mouvoir dans tous les sens.

La chair des jeunes maïpouris est bonne, nutritive, et ressemble à celle du veau. Salée, elle se conserve et est d'une grande ressource pour les habitants de l'intérieur. On peut se servir de la peau des plus vieux pour faire des semelles de souliers : elle est supérieure, pour cet usage, à celle du bœuf.

Il y a dans les forêts une variété, sinon une autre espèce, de maïpouri beaucoup plus grande que celle qu'on trouve sur la côte. Son pelage, au lieu d'être noir, est d'un gris-isabelle.

On trouve enfin, en abondance, dans tous les lacs situés sur le littoral de la Guyane, le lamentin ou vache de mer (*manatus americanus*), le marsouin (*delphinus phocœna*), et le souffleur (*delphinus tursio*). Ces amphibies séchés et salés pourraient devenir l'objet d'un commerce considérable avec les Antilles.

§ 2. — OISEAUX.

Quand on parcourt les vastes savanes et les immenses forêts de la Guyane on est frappé de la multiplicité des oiseaux qui les peuplent. On trouve en abondance beaucoup d'espèces semblables à celles de l'ancien continent et d'autres qui sont particulières au nouveau ; on y voit ces admirables oiseaux de couleur dont les plumes, préparées avec art, fournissent des fleurs à l'exportation ou qui, montées en buissons, font l'ornement de nos salons ; on rencontre, enfin partout, à Cayenne même et dans ses environs, ces merveilleux petits oiseaux, étincelants de reflets métalliques, qui ont emprunté leur nom aux perles précieuses dont ils offrent une image aérienne.

Nous continuerons à suivre, dans l'énumération des principales espèces d'oiseaux de la Guyane, la division établie par Cuvier, fondée, comme la distribution des mammifères, sur les organes de la manducation ou le bec et sur ceux de la préhension, c'est-à-dire, encore le bec et surtout les pieds.

Parmi les oiseaux de proie il faut citer : le grand-aigle (*falco harpya*) au bec et aux serres duquel n'échappent pas les plus gros animaux ; le roi des vautours (*vultur papa* de Linné), décrit longuement par Buffon (*Oiseaux*, t. XX, pages 168 à 173). Ce qu'il a de plus remarquable, c'est, au-dessous de la partie nue du cou, une espèce de collier formé par des plumes douces, assez longues et d'un cendré foncé ; ce collier, qui entoure le cou entier et descend sur la poitrine, est assez ample pour que l'oiseau puisse y rentrer et y cacher son cou et une partie de sa tête comme dans un capuchon, ce qui lui a fait donner, par quelques naturalistes, le nom de *moine*. « Ce bel oiseau, dit Buffon, n'est ni propre, ni noble, ni généreux ; il n'attaque que les animaux les plus faibles et ne se nourrit que de rats, de lézards, de serpents et même des excréments des animaux et des hommes ; aussi a-t-il une très-mauvaise odeur et les sauvages mêmes ne peuvent manger de sa chair. » Nous devons nommer encore l'urubu (*vultur jota*), appelé *ouroua* ou *aura* par les Indiens de la Guyane, et le petit vautour de Cayenne ou couroumou (*falco cayennensis*), se jetant en troupes sur les cadavres et débarrassant de leurs immondices les localités habitées.

Parmi les oiseaux de proie nocturnes, tels que les grands hiboux, les ducs, les chats-huants, les chouettes et les effraies, on remarque le grand-duc (*stryx bubo*), dont le plumage est entièrement blanc et la tête noire, et la chevêche fauve, chat-huant de Cayenne (*stryx cayennensis*), qui est irrégulièrement et finement rayée en travers de brun sur un fond fauve.

Le second ordre des oiseaux, qui comprend la famille des passereaux, a de nombreux représentants à la Guyane : les pies-grièches (*lanius excubitor*) et une espèce de bécarde (*lanius cayanus*), cendrée, à tête, ailes et queue noires ; les gobe-mouches (*muscicapa*), les moucherolles (*muscipeta*) et les tyrans (*tyrannus*), en tête desquels figure le moucherolle à huppe transverse ou roi des gobe-mouches (*todius regius*), remarquable par l'éventail de plumes mobiles, ornées de brillantes couleurs, qu'il porte longitudinalement sur la tête, et le gymnocéphale ou choucas-chauve (*corvus calvus*), que les nègres appellent à Cayenne *oiseau mon père*, la seule espèce connue, grande comme une corneille et de couleur de tabac d'Espagne ; les pics, parmi lesquels on distingue le grand pic rayé de Cayenne (*picus melanochloros*), le petit pic rayé de Cayenne (*picus cayen-*

nensis de Gmel), le pic jaune de Cayenne (*picus flavicans* lath), le très-petit pic de Cayenne (*yunx minutissima* de Cuvier), l'ouantou ou pic noir huppé de Cayenne (*picus lineatus*) ; les cotingas (*ampelis* de Linné), au plumage pourpré et azuré, parmi lesquels se font remarquer le cotinga rouge (*coracias militaris*), le grivert ou rolle de Cayenne (*coracias cayennensis*), l'ouette (*ampelis carnifex*), le pompadour (*ampelis pompadora*), le cordon bleu (*ampelis cotinga*) et la litorne (*ampelis carunculata*) à plumage entièrement blanc, à tête ornée d'une longue caroncule molle, et dont la voix, sonore comme le son d'une cloche, se fait entendre à plus d'une demi-lieue ; les tangaras (*tanagra* de Linné), qui se font remarquer dans les collections par des couleurs vives et au nombre desquels est le petit-louis (*pipra musica*), qui module des sons très-variés et très-agréables ; les manakins (*pipra*), dont le plus grand, le coq de roche (*pipra rupicola*), porte sur la tête une double crête de plumes disposées en éventail ; les merles, parmi lesquels on distingue le merle roux (*tardus rufifrons* de Gmel) et le petit merle brun à gorge rousse ; le grisin de Cayenne (*motacilla grisea* Gmel), décrit par Buffon ; les hirondelles (*hirundo americana*) ; l'engoulevent (*caprimulgus cayennensis*), qui pousse des cris si forts qu'on l'a confondu avec l'espèce *vociferus* : son cri lui a fait donner le nom de *montvoyau*, syllabes qu'il prononce distinctement ; les ortolans (*emberiza hortulana*), les cardinaux (*tanagra guyanensis*), les septicolores (*tanagra septicolor*), le petit cul-jaune de Cayenne (*oriolus xanthornus* de Gmel), le troupiale tacheté (*oriolus melancolicus*) et le troupiale olive de Cayenne (*oriolus olivaceus*) ; les cassiques, au bec conique, gros à la base, aiguisé en pointe, parmi lesquels on compte le cassique vert de Cayenne (*oriolus cristatus* de Gmel), le cassique huppé, le pit-pit (*cassicus daenis* de Cuvier), petit oiseau bleu et noir ; les picucules (*gracula cayennensis* de Buffon) ; les oiseaux-mouches dont la tête est garnie d'une huppe en forme d'étoiles et parmi lesquels figurent les rubis-topaze (*trochilus pella*), l'arlequin (*trochilus multicolor*), la queue-fourchue (*trochilus furcatus*), et les martins-pêcheurs (*todus* de Lacépède).

Dans le troisième ordre des oiseaux ou des grimpeurs on remarque, à la Guyane : les toucans ou gros-becs (*ramphastos* de Linné), remarquables par la grosseur démesurée de leur bec et la variété des nuances de leur livrée ; leur langue est une plume ; les perroquets (*psittacus* de Linné), nombreuses espèces à la tête grande, au bec et au crâne durs, aux ongles crochus, au plumage éclatant. Ils ont quatre doigts aux pieds, deux devant et deux derrière. Ils se servent en grimpant de leur bec comme d'un crochet pour soulever leur corps. Leur langue est large et ronde par le bout. Parmi eux on distingue les aras (*ara*), dont les joues sont dénuées de plumes, les ailes mêlées de bleu, de rouge et de jaune, la queue rouge et la tête, le col et le ventre couleur de feu. Enfin, viennent les perruches, dont plusieurs espèces, entre autres les perruches-aras (*psittacus guyanensis*), qui ont le tour de l'œil nu. Elles sont presque toutes vertes ; leur petitesse fait leur beauté : on leur apprend facilement à parler.

Parmi les grimpeurs doit être rangé le charpentier jaune (*picus citrinus?*), qui se distingue des autres espèces par une fort belle huppe rouge sur la tête ; les plumes de ses ailes sont bleuâtres, celles du cou, de la poitrine et du ventre de couleur citron. Il donne, dans les branches d'arbre, de grands coups de bec qui s'entendent de fort loin.

Les gallinacés de la Guyane française tiennent une place importante dans le quatrième ordre des oiseaux : le hocco (*crax globicera*), espèce de dindon sauvage dont la tête est surmontée d'une huppe blanche et noire qu'il baisse et relève à volonté ; le canard sauvage (*anas sylvestris*), d'un manger délicieux ; la marail (*penelope leucolophos*), espèce de faisan dont le plumage a des reflets bleuâtres ; le yacou (*penelope* de Merrem), sorte de marail très-facile à élever ; le parrakoua ou catraca de Buffon (*ortalida* de Merrem), le faisan de la Guyane : sa voix est très-forte et articule le mot de *pa-ra-quoi*; la pintade (*numida meleagris* de Linné); la grande poule d'eau de Cayenne (*fulica cayennensis*), très-commune dans les marais de la Guyane et même dans les environs de Cayenne ; la perdrix rouge (*tetrao rufus*), la perdrix grand bois (*tetrao montanus*), la caille où tocro de Buffon (*tetrao guyanensis*); les tinamous (*tinamus*), le ramier (*columba palumbus*), la tourterelle (*columba turtur*) dont deux espèces : l'une rouge et l'autre à collier d'or. On prétend que le mâle, modèle de fidélité conjugale, ne s'attache qu'à une femelle. La chair de tous ces gallinacés est délicate et d'un goût exquis.

Dans le cinquième ordre des oiseaux, qui comprend les échassiers ou oiseaux de rivage, on trouve, à la Guyane française : les pluviers (*charadrius* de Linné), petite espèce d'outarde : il y en a plusieurs espèces, parmi lesquelles le pluvier armé de Cayenne (*charadrius cayanus* de Linné); les ralles, parmi lesquels se trouve le petit ralle de Cayenne (*rallus minimus* de Linné), et le ralle tacheté de Cayenne (*rallus variegatus* de Linné); le cariama (*mi-*

crodactylus cristatus), qui surpasse le héron par la taille et se nourrit de lézards et d'insectes qu'il poursuit dans les lieux élevés et sur les lisières des forêts ; l'agami ou caracara de Buffon (*psophia crepitans*) : il s'attache comme un chien et se laisse apprivoiser au point de garder les volailles laissées libres, de les défendre au besoin et de veiller le soir à leur rentrée au poulailler. Le surnom d'oiseau-trompette lui vient de la faculté qu'il a de faire entendre un son sourd et profond qui ne semble pas sortir de son gosier ; le caurale, petit paon des roses ou oiseau du soleil (*ardea helias*) : son plumage, nuancé par bandes et par lignes de brun, de fauve, de roux, de gris et de noir, rappelle les plus beaux papillons de nuit ; le sawacou (*cancroma cochlearia*) ; le crabier (*ardea minor*) ; l'onoré (*ardea minuta*), aux plumes émaillées de gris et de blanc, qui ne chante que la nuit et fait entendre un chant reproduisant ces quatre notes *ut, mi, sol, ut* ; le plongeon (*mergus aquaticus*), dont deux espèces : le plongeon de mer au bec noir et aigu, au col mince, à la tête brunâtre surmontée d'une crête, au plumage cotonneux et mou, à la poitrine argentée, aux ailes noirâtres à pointes blanches ; ses jambes semblent plutôt faites pour nager que pour marcher : à peine a-t-il plongé qu'il hausse sa tête au-dessus de l'eau, regarde autour de lui et replonge avec une vitesse surprenante ; la seconde espèce, le plongeon des savanes, est plus petite : tout son corps est couvert de plumes cotonneuses et blanches ; son bec est petit et jaune, et ses jambes sont très-courtes ; la grande aigrette blanche (*ardea alba*) ; la petite aigrette blanche (*ardea garzetta*), dont les plumes effilées ne dépassent pas la queue ; la petite aigrette blanc-gris (*ardea egretta*), dont les belles plumes effilées dépassent de beaucoup la queue ; le jabiru (*mycteria americana*) : cette espèce est très-grande, blanche, à tête et cou sans plumes, revêtus d'une peau noire, rouge vers le bas : l'occiput seulement a quelques plumes blanches ; le bec et les pieds sont noirs. Cet échassier se nomme, à la Guyane, *touyouyou* : c'est à tort que Buffon, d'après Barrère, a appliqué à l'autruche d'Amérique le nom qui appartient au jabiru.

Citons encore comme appartenant à cet ordre le tantale d'Amérique (*tantalus loculator*), qui arrive à la saison des pluies et fréquente les eaux vaseuses ; la spatule rose (*platalea aiaia*), qui a le visage nu et des teintes rose-vif de diverses nuances sur le plumage ; l'ibis rouge (*scolopax rubra* de Linné, *tantalus ruber* de Gmel) ; la bécasse (*scolopax rusticola*), la bécassine (*scolopax gallinago*), l'allouette de mer (*pelidna*), la grande hirondelle de mer de Cayenne (*sterna cayennensis* de Linné); le kamichi ou camouche de Cayenne (*palamedea cornuta*), qui porte un aiguillon ou ergot à l'extrémité de chacune de ses ailes et sur le sommet de la tête une corne de plus de deux pouces de longueur; les diverses espèces de talèves ou poules sultanes (*porphyrio*); le flammant (*phœnicopterus ruber*), appelé dans le pays *tococo*, le plus grand des échassiers aquatiques.

On trouve, enfin, parmi les palmipèdes, sixième ordre de la division de Cuvier : le bec-en-ciseaux (*rhynchops nigra*) ou coupeur d'eau, le cormoran (*phalacrocorax*), les frégates (*pelecanus aquilus*), qui vont par bandes à deux cents lieues en mer; les anhingas (*plotus*), les paille-en-queue (*phaeton œthereus* Linné) ou oiseaux des tropiques; diverses espèces de sarcelles et de canards (*anas*), parmi lesquels le soucrourou (*anas discors*).

La plupart de tous les oiseaux de l'Amérique méridionale ont une livrée éclatante de couleurs les plus riches et les plus variées : la nature semble n'avoir rien épargné pour leur forme et pour leur parure; mais il s'en faut de beaucoup qu'elle les ait aussi bien partagés sous le rapport de la voix. On ne trouve nulle part, dans les forêts de la Guyane, des oiseaux dont le ramage soit doux et mélodieux comme celui de nos oiseaux d'Europe. Au contraire, la voix de presque tous est stridente, forte, irrégulière et, partant, désagréable : il y en a de très-petits dont la voix a un tel éclat qu'on est tenté de croire qu'elle appartient à un grand quadrupède.

Outre le petit-louis, dont nous avons parlé, on trouve un petit oiseau appelé *arada*, qui, quoique revêtu d'une livrée plus que modeste, est un très-agréable chanteur. M. Philibert Voisin, régisseur du jardin de Baduel et naturaliste distingué, le considère comme l'égal de notre rossignol d'Europe. Sa voix, selon lui, est aussi pure, aussi sonore, aussi nette que le son du cristal de roche.

On ferait un gros volume plein de science et d'intérêt si l'on voulait citer tous les oiseaux qui peuplent les bords des rivières, les savanes, les montagnes et les forêts de la Guyane française. Tout le monde a vu les nombreuses espèces d'oiseaux-mouches resplendir au soleil en voltigeant de fleur en fleur : on voit des agamis, des pintades, des marails à Cayenne; on a remarqué les nids que les toucans suspendent à la branche même où se sont établies des abeilles sauvages ou des guêpes avec lesquelles ils semblent avoir fait alliance : on voit tous les jours des bandes de frégates et de flammants traverser les airs pour aller chercher un abri au grand et au petit Connétable ; mais, pour la plupart des grandes espèces, il faut pénétrer profondément dans les savanes ou dans les forêts pour les rencontrer. C'est à nos jeunes et intelligents officiers de marine, appelés à faire le relevé hydrographique de nos rivières, aux officiers du commissariat de la marine, cette pépinière d'hommes distingués, ayant toutes les aptitudes et pouvant être utilisés dans les services mêmes les plus éloignés de leurs fonctions habituelles, aux chirurgiens et pharmaciens de la marine, dont le domaine embrasse non-seulement les sciences médicales, mais encore les sciences physiques et naturelles, qu'il appartient, pendant les loisirs que leur laisse leur service dans les quartiers, de rectifier et compléter mon travail et de marcher ainsi sur les traces de ceux de leurs devanciers qui ont enrichi de tant d'excellents articles la *Revue maritime et coloniale* publiée par le département de la marine.

§ 3. — Reptiles.

Cuvier a rangé les reptiles dans la troisième classe de sa première grande division du règne animal et il divise cette classe en quatre ordres : les chéloniens, les sauriens, les ophidiens et les batraciens.

Dans l'ordre des chéloniens, particuliers à la Guyane française, se présentent d'abord les tortues.

Il y a à la Guyane deux espèces de tortues de mer : 1° la tortue franche (*testudo midas*), seule bonne à manger ; 2° le caret (*testudo imbricata*), celle qui fournit l'écaille, appelée tortue caouane dans le pays.

Il y a trois espèces de tortues d'eau douce :

1° Les émides (*emys*), dont trois variétés : la première appelée thouarou par les Indiens, habite les grands lacs de tout le littoral ; la deuxième, à tête plus grosse, ne se rencontre que dans le haut des rivières ; la troisième est le matamata, d'une configuration horrible, à tête aplatie et triangulaire, terminée par une espèce de trompe semblable à un petit tuyau de plume ; le dessus de son écaille est comme sillonné et garni de grosses pointes ; elle vit dans les savanes noyées.

2° La tortue à boîte, dont le plastron est divisé en deux battants, par une articulation mobile et qui peut fermer hermétiquement sa carapace quand sa tête et ses membres y sont retirés.

Il y a, en outre, un grand nombre de tortues de terre, c'est la véritable espèce *testudo*, très-bonne à manger.

Il n'est pas rare de trouver à la Guyane des tortues pesant 50 ou 60 kilogrammes. Amphibies, elles vivent dans l'eau et viennent sur le sable déposer leurs œufs. On saisit ce moment pour les prendre en les renversant tout simplement sur le dos.

On compte à la Guyane deux espèces de sauriens, caïmans à lunettes ou alligators (*sclerops*) : l'une, très-grande, de quatre mètres de long et un mètre cinquante centimètres de circonférence ; l'autre, plus petite, de trois mètres de longueur et un mètre de circonférence. Ces sauriens marchent assez vite en droite ligne, ne se tournent qu'avec peine, mais nagent avec une effrayante rapidité. Les Indiens les poursuivent pour s'emparer de leurs dents et de leur graisse. Ils tannent aussi leur peau, qui donne un cuir d'assez bonne qualité. Ils estiment beaucoup sa chair, celle de la queue surtout, qu'ils font rôtir et qui est, dit-on, un mets délicieux. Il y en a de si vieux dans la rivière d'Approuague, que de véritables îlets, surmontés d'une végétation assez forte, se sont formés sur leur dos.

L'iguane (*iguana americana*) est un énorme lézard de trente à quarante centimètres de circonférence et de deux à trois mètres de longueur ; bien apprêté, sa chair est semblable à celle du poulet.

Les ophidiens ou serpents sont très-communs dans les forêts de la Guyane. Il ne faut pas croire, cependant, qu'on en rencontre à chaque pas. Ceux qui ont parcouru les bois affirment qu'ils n'ont jamais été mordus par un de ces reptiles qu'ils n'aient marché dessus ou ne l'aient irrité.

Les espèces de serpents sont très-multipliées :

1° Le serpent à sonnettes (*crotalus durissus*), ne se trouve que sur les côtes ou dans les endroits humides et un peu marécageux ; rare dans l'intérieur. Son venin est si actif et si violent qu'il tue en quelques instants de très-gros animaux. Chassés ou poursuivis, le premier soin de ces animaux est de fuir : ils avertissent toujours d'ailleurs de leur présence ; pour peu qu'ils marchent, en effet, leur queue, terminée par de petites vertèbres appelées grelots ou sonnettes, produit un bruit qui ressemble à celui du parchemin froissé. Suivant Marcgrave, cette queue est composée d'autant de pièces que ces serpents ont d'années. Barrère dit que, dès que ce serpent a exprimé son venin par une piqûre, il s'engourdit et reste sur la place.

2° Le serpent grage (*trygonocephalus*), dont trois espèces

le grage ordinaire, la plus grande espèce, commune dans les bois : on en trouve d'une longueur de sept pieds; le grage brun ou ayeaye, moins grand que le précédent et plus rare; le grage vert, qui vit toujours sur les arbres.

Ces serpents aux Antilles s'appellent *fer de lance*. Les couleuvres *fer de lance* n'existent pas à la Guyane : ce sont des grages; ils sont très-venimeux, mais ne piquent que si on les touche.

Un très-petit serpent, mais très-venimeux, est le serpent corail (*anguis scytale*).

La plupart de ces reptiles montent sur les arbres et donnent la chasse aux oiseaux. Ils les charment par leurs regards : on a voulu dire qu'ils les effraient. Cet effet de la peur est d'ailleurs hors de doute; la peur paralyse les jambes de l'homme, pourquoi ne frapperait-elle pas d'inertie les ailes de l'oiseau?

Il y a, en outre, des serpents non venimeux, les boas : on en connaît deux espèces, dont la plus grande, le laboma (*boa cenchris*), mesure onze mètres de long sur soixante-dix centimètres de circonférence; il porte une suite de grands anneaux bruns le long du dos et des taches variables sur les flancs; sa longueur prodigieuse et sa grosseur, la puissance de dilatation dont il est doué, une odeur nauséabonde qui annonce sa présence, en font un des individus les plus hideux et les plus effrayants du genre animal.

Viennent ensuite les serpents nus (*cœcilia*), qui ont la forme des serpents corails, et vivent dans l'eau (Cuvier : *Règne animal*, tome II, page 98), puis, une variété infinie de couleuvres : les unes d'une grandeur prodigieuse, de onze et douze mètres de long sur soixante centimètres de circonférence, parmi lesquelles il faut ranger le serpent chasseur, le serpent agouti ou couleur rouge; les autres, très-petites, parmi lesquelles figurent le capairu et le serpent liane, gros comme une tige de fleur, souvent long d'un mètre cinquante centimètres, mais non venimeuses.

Contre la piqûre des reptiles venimeux, grands et petits, les remèdes ne manquent pas; mais il faut les appliquer promptement. Le défaut de soins, pendant une heure ou deux, peut occasionner la mort. Sucer la plaie, avec des précautions toutefois, brûler ou couper la chair, tels paraissent être les moyens les plus sûrs; certaines plantes arrêtent l'effet du venin : ce sont les tayoves, les pois à serpent, la liane à serpent et le basilic odorant. Un remède efficace est encore le sucre brut : celui que l'on emploie le plus ordinairement est l'alcali volatil ou le jus de racine de coton.

Le genre batracien offre à la Guyane une très-grande variété :

La Jakie (*rana paradoxa*), verdâtre, tachetée de brun ; la perte d'une énorme queue et des enveloppes du corps a fait croire qu'elle se métamorphosait en poisson ;

Les rainettes : 1° (*rana arborea*), verte dessus, pâle dessous ; 2° (*rana bicolor*), bleue et jaune : ces deux espèces grimpent sur les arbres pour chasser les insectes.

On trouve encore à la Guyane, sur les montagnes et dans les grands bois, la *grenouille à tapirer*, très-petite, aux couleurs bleu d'azur, blanc et jaune : c'est une variété de *rana bicolor* (Noyer, *Mémoires*, page 39).

Parmi les crapauds, dont les espèces sont très-nombreuses, on trouve les pipa (*rana pipa*) : le mâle porte les œufs sur le dos de la femelle et les y féconde de sa laite.

On trouve aussi, au bord de la mer, des rivières et des criques, d'innombrables crustacés qu'il serait aussi long qu'inutile d'énumérer. Je citerai les principaux : l'écrevisse (*astacus*), la crevette (*cancer uroptera*), le homard (*cancer gammarus*), le crabe de mer (*cancer aculeatus*), la langouste (*locusta*), les crabes, dont il y a plusieurs espèces : le crabe de palétuviers (*telphusa serrata*), le tourlourou ou crabe peint (*cancer uca*) et le ragabeumba (*cancer grapsus*), d'autres non classés, tels que les crabes blancs et les acalichats. On trouve, enfin, de nombreux mollusques acéphales parmi lesquels l'huître de palétuviers (*ostrea parasitica*) et l'huître de roches (*ostrea vulgaris*).

Parmi les arachnides, famille des fileuses, on trouve l'araignée-crabe (*aranea avicularia*), dont la morsure passe pour être très-dangereuse ; l'araignée noire (*aranea mactans*), très-venimeuse ; l'araignée argentée (*myrmecia fulva*), l'araignée à six piquants (*tarantula*), le scorpion (*occitanus scorpio*), dont la piqûre peut produire des accidents très-graves : à la famille des arachnides se rattachent les faux scorpions ou pince-crabes (*phalangium cancroïdes*), qui sont le fléau des bibliothèques.

Les coquillages qui, comme on le sait, contiennent des mollusques testacés, sont très-rares sur les côtes vaseuses de la Guyane ; ceux qu'on trouve dans quelques parties sablonneuses de ses rivages sont roulés. Dans l'intérieur, on rencontre d'assez belles coquilles de terre, entre autres des ampullaires et des mélanies.

§ 4. — Insectes.

La nature a déployé dans l'Amérique méridionale un luxe merveilleux d'insectes ailés ou sans ailes, papillons aux formes et aux nuances les plus variées, coléoptères monstrueux et bizarres, parmi lesquels on remarque les scarabées à trompes, les mouches-éléphants, les scieurs de long : ces derniers d'une structure si singulière qu'on ne rencontre pas leurs semblables dans les autres régions équatoriales du globe.

Les principaux insectes qu'on trouve à la Guyane sont : le mille-pieds, cent-pieds ou myriapode (*scolopendrum* de Linné), dont le corps est divisé en segments auxquels sont attachés des pieds au nombre de vingt. Il y a des cent-pieds de près de sept pouces de long.

La chique (*pulex penetrans*), qui s'introduit particulièrement sous les ongles des pieds et sous la peau du talon, et y acquiert bientôt le volume d'un petit pois par le prompt accroissement des œufs qu'elle porte dans un sac membraneux sous le ventre. Le meilleur préservatif contre cette incommodité fâcheuse est la propreté. Quand il y a plaie, on peut se guérir facilement en y versant du laudanum ou de la cendre de tabac. Les nègres savent extraire avec adresse l'animal de la partie du corps où il s'est établi.

La mouche lumineuse, cucuyos ou coyouyou (*elater noctilucus*), dont les taches répandent pendant la nuit une lumière très-forte et qui permet de lire l'écriture la plus fine, surtout si on réunit plusieurs de ces insectes sous un verre. Les dames pourraient les placer comme ornement dans leur coiffure pour leurs promenades du soir. Les Indiens les attachent à leurs chaussures, afin de s'éclairer dans leurs voyages nocturnes. Brown prétend que toutes les parties intérieures de l'insecte sont lumineuses et qu'il peut suspendre à volonté sa propriété phosphorique. Cuvier rapporte qu'un insecte de cette espèce, transporté à Paris dans du bois, à l'état de larve ou de nymphe, s'y est métamorphosé et a excité, par la lumière qu'il jetait, la surprise de plusieurs habitants du faubourg Saint-Antoine, témoins de ce phénomène inconnu pour eux.

La mouche à feu (*lampyris nocticula* de Linné, *omalisus suturalis* de Geoffroy), phosphorescente comme le coyouyou ; le clairon rougeâtre (*eurypus rubens*) ; le bouclier ou nécrode (*silpha* de Linné), nombreuses espèces ; les pranées (*scarabœus pra-*

nœus de Linné) ont des proéminences eu forme de cornes, à la tête et au corselet.

La Guyane française possède plusieurs grandes et belles espèces de ces bousiers, dont les plus extraordinaires sont : la mouche-éléphant (*scarabæus elephastomus*), le scarabée hercule ou mouche cornue (*scarabæus hercules*) et le goliath (*cetonia* de Fabricius), connu sous le nom générique d'*inca* ; le passale (*passalus* de Fabricius), se nourrit de racines de patates : assez commun dans les sucreries ; le ténébrion géant (*tenebrio grandis*) ; la cantharide (*melæ vesicatorius*) ; le charançon impérial (*curculio imperialis*) ; le leptosome (*curculio acuminatus*) ; le ver palmiste (*curculio palmarum* de Linné) : les habitants de la Guyane mangent sa larve comme un mets délicieux ; l'arlequin de Cayenne ou acrocine longimane (*cerambyx longimanus* de Linné) ; la sauterelle (*gryllus tettigonia* de Linné), verte, sans taches, appelée dans le pays *cheval bon Dieu* ; le criquet (*acrydium proscopia*), destructeur des jardins ; l'hétéroscèle (*pentanoma guyanensis*) ou pantanome de Cayenne, à tête cylindrique, et dont les jambes antérieures forment une palette demi-ovalaire ; la demoiselle (*libella aut mordella*), dont la tête, fort grosse, ne tient à la poitrine que par un petit filet très-mince ; la cigale grand diable (*cicada aurita* de Linné) ; la cochenille (*coccus*) : on trouve dans les forêts de la Guyane l'arbre dont elle se nourrit (Leblond) ; les mites (*blattea*), insectes presque imperceptibles, qui rongent les habits, les livres et la fleur de farine ; les poux de bois (*hemerobius*), réunis en société comme les fourmis, font d'horribles dégâts dans les bibliothèques ; les lingeries, se creusent des galeries dans les bois des meubles qui, ne conservant que leur écorce, tombent bientôt en poussière : si des obstacles les forcent d'en sortir, ils construisent en dehors, avec les matières qu'ils rongent, des tuyaux ou des chemins qui les dérobent à la vue ; la mouche-à-dague (*chrysis aculeata* de Linné), dont la piqûre est très-cuisante ; la fourmi biépineuse ou de Cayenne (*formica bispinosa*), noire, a deux épines en avant du corselet ; l'écaille de l'abdomen est terminée en une pointe longue et aiguë. Elle compose son nid d'une grande quantité de duvet qu'elle tire des graines du fromager ; la fourmi rouge (*formica sanguinea* de Latreille) ; la fourmi flamande et la fourmi Oyapock (*formica ponera*), armées d'un aiguillon ; les abeilles osmies (*apis osmia*), qui s'établissent dans les galbes des arbres ; les abeilles anthidies (*apis anthidia*), qui arrachent le duvet cotonneux de quelques plantes pour former leur nid ; les espèces d'abeilles centris, épicharis, euglosses et mélipones se trouvent aussi à la Guyane : le miel de la *mélipone amalthée* fournit aux Indiens une liqueur spiritueuse qu'ils aiment beaucoup.

Les papillons et leurs larves, c'est-à-dire les chenilles, sont très-variés. Nous avons déjà parlé des chenilles. Nous citerons parmi les innombrables espèces de papillons : le porte-queue (*papilio machaon*) ; le morpho (*papilio morpho*) ; l'érycine (*papilio erycina*) ; le papillon impérial (*papilio alexis*) ou argus bleu ; le grand paon (*bombyx pavonia major*), qui a sur la queue deux yeux semblables à ceux qui sont sur celle du paon ; le bourdon (*sphinx* de Linné) ; de nombreux phalènes ou papillons de nuit, parmi lesquels les cossies, les stygies, les zeuzères, les saturnies et les lichenées, qui sont très-communes ; le ver à soie (*bombyx mori*), blanchâtre, avec deux ou trois raies obscures et transverses ; le ver à soie indigène (*bombyx guyanensis*), dont nous parlerons en détail dans le chapitre consacré à l'industrie.

Parmi les insectes dyptères : le maringouin (*culex*) ; le moustique (*culex atractocera*) : ces deux espèces fréquentent les bois humides et sont très-incommodes par leurs piqûres. Les moustiques pénètrent quelquefois dans les parties de la génération des bestiaux et leur donnent la mort ; la tique (*tabanus* de Linné), la maque (*œstrus* de Linné), font périr par leurs piqûres de gros animaux.

On doit remarquer que dans cette longue et très-incomplète nomenclature des insectes particuliers à la Guyane, il n'y en a que fort peu qui soient venimeux : on se guérit aisément de leurs piqûres en y appliquant une compresse d'alcali volatil ou tout simplement du sucre brut. D'autres ne sont qu'incommodes. On a, pour se préserver des uns, l'arsenic et le citron ; pour se garantir des autres, on a les rideaux en gaze ou la mousseline des moustiquaires. Mais la plupart des individus sont précieux pour les collections, autant par leur originalité que par leur rareté. Enfin, un très-grand nombre sont utiles, produisent le miel, la poudre épispastique, la laque et la cochenille, et peuvent servir à des usages médicaux ou pharmaceutiques.

§ 5. — Poissons.

La mer qui baigne les rivages de la Guyane française, les fleuves, les rivières et les criques qui la sillonnent en tous sens, abondent en poissons inconnus en Europe et dont la variété de forme, la grosseur et la qualité égalent, et souvent surpassent toutes les espèces connues en Europe.

Nous avons déjà parlé du lamantin, du marsouin et du souffleur, que l'on place ordinairement parmi les poissons, mais que Cuvier a rangés, avec raison, dans l'ordre des mammifères.

Nous citerons d'abord les poissons de la Guyane qui vivent dans la mer, dans les grands lacs ou à l'embouchure des fleuves et rivières : le marsouin (*tursio*), qu'on trouve sur les côtes quand il y est jeté par de gros temps : sa chair est, dit-on, délicate ; la carangue (*scomber carangus*), dont la chair est tendre et savoureuse ; la vieille (*labrus*) ; la dorade (*aurata marina*), très-beau poisson de mer, large, plat et couvert de grandes écailles dorées : on le trouve fréquemment sur la côte ; le machoiran (*silurus mystus*) ; il y en a deux espèces : les machoirans jaune et blanc. Leur vessie natatoire fournit une ichthyocolle qui peut remplacer, dans tous ses usages, la colle de Russie ou d'esturgeon. Leur chair salée peut rivaliser avec la morue ; l'odontognathe aiguillonné (*gnatobolus*), à peu près de la forme d'une petite sardine. « C'est la seule espèce connue et elle est de Cayenne (Cuvier: *Règne animal*, page 321). » Le hareng (*clupea harengus*) ; la sardine (*clupea sardina*) ; le piraroco ou piraroucou, ostéoglosse de Cuvier, nom qu'il lui a donné à cause de sa langue qui sert de râpe (*sudis gigas*), famille des clupes, espèce vastrès, de très-grande taille, à museau oblong, à grandes écailles osseuses et à tête singulièrement rude : séché et salé, il peut donner lieu à un grand commerce avec les Antilles ; la sole (*solea*) ; la lune (*orthagoriscus spinosus*), très-commune sur la côte de Rémire. Sa peau est blanche, argentée et reluit la nuit : sa chair est blanche, grasse et de bon goût ; le requin (*squalus carcharias*) ; la scie (*squalus priscus*), qu'on nomme improprement à Cayenne *espadon*. Il y en a qui ont jusqu'à quinze pieds de long ; on prétend que ce poisson est l'ennemi déclaré de la baleine, qu'il l'attaque et la poursuit jusqu'à ce qu'il l'ait vaincue. Sa chair n'est pas bonne à manger, mais on en extrait l'huile ; la raie de mer (*raïa*) : on dit qu'elle s'élance hors de l'eau à une grande hauteur et fait entendre un bruit épouvantable en se laissant tomber tout à coup ; le mulet (*mugil* de Linné) ; le parassis (*mugil alba*).

On trouve dans les rivières toute une famille de cyprins qui n'ont jamais probablement été envoyés en France et que Cuvier n'a pu décrire : l'aymara, la carpe blanche (*cyprinus carpio?*), le coulimata (*cyprinus auratus?*), le counami et le massourou ;

le gros-yeux (*cottus gobio*), ressemblant au chabot : poisson d'eau douce et de mer, vivipare. Sa chair est exquise.

On trouve encore beaucoup d'individus de la famille des silures : le coco, le pémécrou, qui reçoit dans sa bouche le frai de la femelle et le conserve jusqu'à l'éclosion des petits qu'il y garde renfermés jusqu'à ce qu'ils puissent trouver seuls leur nourriture ; chaque coup de senne amène plusieurs de ces individus, qui rendent immédiatement, par la bouche, une multitude de petits poissons vivants dont la piqûre est très-mauvaise.

Dans les savanes noyées on rencontre en abondance l'appas (*apua minima*), le patagaïe, le gorret (*mullus minor*), l'atipa, la langue-morte, le pacou, le rouy, le piraïe, le papou, ces deux derniers très-voraces ; la torche, le prapra (*apua cinerea*), qui a la forme d'une petite lune, et l'ayaya.

Dans le haut des rivières ou des criques on trouve, enfin, un nombre infini de poissons, dont nous ne pouvons donner que les noms qu'ils ont reçus dans le pays : le coumarou, l'occaron, la barbe-à-roche, que l'on dit se métamorphoser en crapaud, mais qu'on confond avec la jakie, dont nous avons parlé, etc.

On trouve, enfin, dans toutes les rivières, la torpille ou anguille tremblante (*gymnotus electricus* de Linné), qui imprime à la main qui la touche une très-forte secousse électrique.

Nous regrettons que les limites dans lesquelles nous sommes forcé de restreindre chacun de nos chapitres ne nous aient pas permis d'entrer dans de plus grands développements sur le règne animal à la Guyane française. Le lecteur, curieux de se procurer de plus amples détails, en rencontrera quelques-uns dans Barrère, Bajon et Préfontaine, et trouvera les autres épars dans Buffon, Cuvier, Latreille et Chenu, ouvrages qui se trouvent tous à la bibliothèque du Gouvernement, que la bienveillance de M. le général gouverneur Hennique a mise tout entière à notre disposition.

CHAPITRE VI.

RÈGNE VÉGÉTAL.

Productions naturelles.

Je n'ai pas l'intention de décrire tous les végétaux de la Guyane française dans leurs feuilles, leurs fleurs et leurs fruits. Ces détails, qui sont d'une nécessité absolue pour distinguer les familles, les genres et les espèces, ne seraient à leur place que dans un ouvrage spécial. La vie d'un homme suffirait à peine, d'ailleurs, à en dresser un catalogue à peu près complet. Je me bornerai donc à décrire, dans la première partie de ce chapitre, l'aspect général sous lequel se présente la végétation à la Guyane. Fidèle au plan que je me suis tracé au début de ce travail, je dresserai, dans la seconde partie, la liste des productions spontanées du sol, pouvant être utilisées dans le commerce ou dans l'industrie et qu'il serait facile d'exploiter. Je ne citerai que pour mémoire les denrées alimentaires, les productions si précieuses et si variées obtenues par la culture et livrées à l'exportation, en réservant, à cet égard, tous détails pour le chapitre relatif aux circonscriptions territoriales et à leurs cultures.

Les sources auxquelles j'ai puisé sont : l'*Histoire des plantes de la Guyane française* de Fusée-Aublet, la notice publiée en 1827 sous le titre de *Forêts vierges de la Guyane française*, par Noyer, l'*Histoire de la Guyane anglaise* de Dalton, et un manuscrit encore inédit sur la cryptogamie vasculaire, qu'a bien voulu me confier M. Leprieur, chevalier de la Légion d'honneur, pharmacien de la marine en retraite. Je n'ai pas manqué de consulter aussi le catalogue si exact des produits des colonies françaises envoyés à l'exposition universelle de Londres en 1862.

§ 1er. — Aspect général de la végétation.

L'observation qui a formé la base, les archives et, pour ainsi dire, les annales des sciences naturelles, a prouvé que la plupart des végétaux sont les mêmes dans les terres situées sous les mêmes climats et à des élévations égales. Il y a donc lieu de penser que toutes les plantes qui se trouvent sur les terrains analogues des autres parties du continent et des îles de l'Amérique, situées entre les tropiques, existent et seront un jour découvertes dans l'intérieur de la Guyane française.

On peut affirmer que nous connaissons à peine, aujourd'hui, le tiers des plantes qui composent la flore de cette vaste partie du continent américain, et qu'aucune contrée du monde n'approche de la richesse de sa végétation, à l'exception des bords de l'Amazone et des forêts de l'archipel de la Sonde.

Cette végétation n'offre rien de remarquable sur les bords de la mer. On n'y voit que les deux espèces de palétuviers : les palétuviers rouges (*rizophora mangle*), les palétuviers blancs (*avicennia nitida et tomentosa*) et le *laguncularia* de Jaquin qui y forment des forêts épaisses au delà desquelles on trouve les savanes noyées et les terres basses ; des *caladium arboreum* en grand nombre et des palmiers pinots (*euterpe oleracea* et *euterpe edulis*), qui ont fait donner aux savanes noyées et aux terres humides, dans lesquelles ils vivent, le nom de pinotières.

Dans ces vastes savanes paludéennes, qui se prolongent toujours parallèlement au rivage de la mer, on rencontre, avec diverses espèces de nymphœacées (*nuphar*), des pontédéries à épis élégants, de la famille des narcissées, et le *ceratopteris parkerii*, genre de fougères remarquables qui se cultiveraient facilement dans les aquariums des serres d'Europe, des salvinies et des azolles, de la famille des marsiléacées, qui se balancent dans l'air avec leurs fleurs aux teintes brillantes et aux formes étranges, ou se trouvent flottantes sur toutes les eaux dormantes, répandant au loin leur parfum et formant un tapis épais qui dérobe complètement la vue de l'eau. C'est dans les lacs de cette zone que doit exister, de l'Oyapock à Kaw, la *victoria regina* de Lindley, la plus belle des plantes de la flore des Indes occidentales. Là, vivent aussi quelques-uns des grands végétaux qui fournissent des aliments à l'homme et qui peuvent être arrosés, soit avec de l'eau douce, soit avec de l'eau de mer : le cocotier (*cocos nucifera*), le bananier (*musa paradisiaca*) et l'avocatier (*persea gratissima*). Non loin de cette zone, et les pieds encore dans l'eau, vivent en forêts épaisses tous les individus du bache (*mauricia vinifera Martius*), palmier *moriche* de Humboldt, *mirici* des bords de l'Amazone, dont les graines servent à la nourriture des Indiens.

Dès qu'on a quitté les bords de la mer, la végétation change :

les arbres sont doués d'une constitution plus robuste ; ils sont élevés, droits, d'un bois dur, compact, odorant. Aux bords des fleuves, des rivières et des criques, on trouve les deux espèces de cacao sauvage (*carolinea* de Linné), des oréodaphnées, des ocotées de la famille des laurinées, des combrétacées, genre d'arbrisseaux grimpants, aussi intéressants par leur port élégant que par la beauté des fleurs des espèces qui le composent, ainsi que plusieurs espèces d'échites, genre d'apocynées, arbustes volubiles, et de liserons (*convolvulus*), dont les fleurs de différentes couleurs simulent des guirlandes ou dessinent des portiques.

Mais c'est au sein des forêts vierges de la Guyane que la nature étale, aux yeux surpris du voyageur, tous les trésors de sa magnificence. On trouve, dans certaines parties de ces forêts, les trois végétations dont nous avons déjà parlé dans notre chapitre IIe, végétations bien distinctes, superposées, s'étageant l'une sur l'autre et vivant ensemble sans se gêner ni se nuire.

La première se compose de ces arbres gigantesques de trente à quarante mètres de hauteur, qui forment un dôme épais impénétrable aux rayons du soleil, ne vivant pas par famille et par grandes associations, comme dans les forêts de l'ancien continent, mais disséminés, mêlés avec les essences les plus dissemblables : les nombreuses espèces d'eugenia et de myrcia, les quatre espèces de quatélé (*lecythis grandiflora, amara, lutea* et *zabucajo*), de la famille des myrtacées ; les espèces de saouari (*caryocar tomentosum* et *saouari glabra* d'Aublet), les cèdres (*icica*), de la famille des térébinthacées, les espèces d'ébènes, les *tecoma* et les *jacaranda*, de la famille des bignoniacées, les grignons (*bucida buceras*), les moras (*mora excelsa*), dont le cœur vaut le chêne pour la tannerie, les courbarils (*hymenæa courbaril*), couverts dans la saison d'été de longs épis de fleurs violettes, rouges, blanches, selon les diverses espèces, les astrocaryums, genre de palmiers, quelquefois sans tige apparente, la plupart en ayant une, grêle et élancée, à épis de fruits, de trois à quatre mètres de longueur, protégée par des épines noires de quatre à six pouces, plates et affectant la forme de poignards ; les espèces beaucoup plus petites du genre *geonoma*, les quatre du genre *attalea*, et surtout les trois belles espèces de palmiers *œnocarpus batawa, regius* et *bacaba*.

La seconde végétation comprend des arbres de dimensions plus modestes, mais qui ont encore de dix à quinze mètres de hauteur, quatorze espèces de laurinées dont les plus remarquables sont :

l'*acrodiclidium guyanense* et *kunthianum*, le *nectandra cinnamoïdes*, dont l'écorce est astringente et aromatique, le *laurus pulcheri*, qui produit les noix de sassafras, le *nectandra puchuri major* et la variété *minor*, qui donnent les fruits qu'on nomme pichurim, l'*ajovea guyanensis* d'Aublet (*laurus hexandra* de Swartz), les *oreodaphne divaricata, martiniana* et *commutata*, l'*ocotea guyanensis* et le *licaria guyanensis*, tous deux d'Aublet, divers genres de mélastomés et un grand nombre d'espèces de la famille des légumineuses.

Vient enfin la troisième végétation, composée d'arbustes plus humbles, de mélastomes de petite taille, d'un aspect élégant, à feuilles opposées, aux fleurs tantôt nues, tantôt accompagnées de bractées, feuilles florales en forme d'écailles; ici, l'on voit des rubiacées, les genres *coffea cephalis* de la famille des violacées, les tapogomées dont il y a huit espèces à la Guyane; là, sur les pentes sèches, on trouve en grande quantité les palmiers conana (*astrocaryum acaule*) et les diverses espèces de bactris à épines noires et à épines blanches, les uns à tige unique, les autres pressés en touffes impénétrables ; là encore, sur les pentes humides, la famille nombreuse des palmiers dioïques dont le vent charrie à travers les airs la poussière fécondante des mâles pour la porter sur les femelles, tels que les maricoupi (*attalea compta*) et les maritontou (*attalea acaule*), dont les feuilles servent à couvrir les cases, carbets et ajoupas ; dans les bas-fonds, des aroïdes mêlées à des fougères arborescentes et acaules, à de charmantes espèces de palmiers geonoma qui toutes sont sans épines. La plus jolie de ces espèces, le *geonoma stricta* n'est que de la grosseur d'une plume d'oie ; on rencontre, enfin, sur le bord des ruisseaux, le tourlouri des Indiens (*manicaria saccifera* de Martius), à feuilles sans fissures, de près d'un mètre de largeur sur trois ou quatre de longueur, à épi compact et rameux couvert de fruits tuberculeux.

Le sol de certaines parties des forêts de la Guyane française est couvert de plantes herbacées et parasites : les caladium, genre de la famille des aroïdées, à feuilles diversement nuancées de rouge, de rose, de blanc et de vert, et de nombreuses espèces de maranta, de la famille des amomées, entre autres le maranta zébré, remarquable par ses longues feuilles rayées de brun velouté et de jaune en dessus et d'un beau violet en dessous. Les troncs des arbres portent à leur tour de nombreuses plantes épiphites appartenant aux orchidées, aux épidendres et aux broméliacées, espèces nombreuses qui sont encore pour la plupart inconnues et qui feraient, si elles y étaient transportées, le plus bel ornement de nos serres d'Europe.

La flore de la Guyane française se compose d'une multitude d'autres espèces particulières au continent méridional américain, se subdivisant elles-mêmes en genres nombreux qui ne sont encore décrits nulle part, qui ne sont pas même dénommés. C'est à un homme spécial qu'il appartient de compléter le beau travail de Fusée-Aublet.

Je regrette de n'avoir pu me procurer l'ouvrage de Schomburgk, intitulé *A description of british Guiana*. Il présente, dit-on, le tableau le plus fidèle et le plus complet de la flore de cette partie du continent américain.

Dalton, dans son histoire de la Guyane anglaise, IIe volume, page 215 et suivantes, a classé, d'après la méthode du professeur Lindley, près de six mille arbres, arbustes et plantes avec désignation des familles, des genres et des espèces. Presque tous les végétaux qui y sont énumérés se trouvent ou doivent se trouver à la Guyane française. C'est donc un ouvrage utile à consulter pour quiconque se livrera à l'étude de la botanique de notre colonie. Cette œuvre si consciencieuse contient cependant des omissions et des doubles emplois : certains genres manquent entièrement ; or, il n'est pas probable que la végétation de la Guyane anglaise soit assez différente de celle de la Guyane française, pour qu'un genre entier qui se trouve dans la seconde n'existe pas dans la première des deux colonies. D'un autre côté, les sésamums ne peuvent être classés en même temps dans les bignoniacées et dans les pédaliacées (page 256). Mais ce sont de légères imperfections que rachète la solidité de l'ensemble dans cette œuvre estimable à bien des titres.

M. Leprieur est le seul botaniste qui ait fait pour la cryptogamie guyanaise ce que Dalton a fait pour la flore entière de la Guyane anglaise. Il a publié dans les annales des sciences naturelles, tome XIV, cahier n° 5, un grand nombre d'espèces de cryptogames cellulaires par lui découvertes à la Guyane. Il a pu envoyer, de 1835 à 1849, à la société de géographie de Paris, trois collections successives de mousses et d'hépatiques qu'il avait recueillies pendant son premier voyage entrepris, à travers la Guyane centrale, dans le but de découvrir les sources du Maroni. Aucun autre collecteur n'a jamais montré plus d'habileté dans ses investigations ni eu la main aussi heureuse. Sur les 724 espèces dont se composaient ces trois collections, il y avait

76 algues dont 50 nouvelles, 7 collemacées (2 nouvelles), 179 lichens (50 nouveaux), 179 hyménomycètes (86 nouvelles), 24 discomycètes (16 nouvelles), 124 pyrénomicètes (86 nouvelles), 20 gastéromycètes (9 nouvelles), 65 hépatiques (24 nouvelles) et 55 mousses (11 nouvelles); en tout 335 espèces nouvelles qui ont subi depuis longtemps le contrôle des botanistes et dont un grand nombre figure dans la nomenclature de Dalton, avec la désignation du nom de leur inventeur.

M. Leprieur a découvert, en outre, un grand nombre de cryptogames vasculaires qui comprennent les fougères, les lycopodiacées, les polydiacées, etc. J'extrairai du précieux manuscrit, qu'a bien voulu me confier M. Leprieur, la nomenclature de ces nouveautés cryptogamiques, qu'il est dans l'intérêt de la science de livrer au domaine public. Mais avant d'en donner l'énumération, j'appellerai l'attention des botanistes et en particulier des phycologistes sur un fait singulier, signalé par M. Leprieur, celui de la station insolite de quelques floridées dans les eaux douces et courantes de criques descendant des montagnes du Mahury et de Kaw.

Tous les botanistes, mais surtout ceux qui se sont spécialement occupés des algues, n'ignorent pas que, des trois familles qui composent cette grande classe de végétaux, il n'en est qu'une seule, celle des zoosporées, qui ait des représentants dans les eaux douces et salées, c'est-à-dire, dont les espèces puissent vivre à la fois dans la mer, dans les fleuves et dans les plaines marécageuses. Quant aux phycoïdées ou fucacées, et aux floridées surtout, on n'en avait pas encore rencontré ailleurs que dans les eaux salées ou du moins saumâtres. Une seule espèce, le *fucus amphibius* Huds, vit quelquefois dans ces dernières conditions, mais n'a jamais été trouvée dans des rivières qui, ne communiquant pas directement avec la mer, ne sont pas soumises à l'influence des marées.

Or, M. Leprieur a recueilli dans les eaux courantes de la Guyane trois *bostrichia*, un *gymnogongrus* et deux *ballia*.

Ces algues, et quelques autres propres aux eaux douces, ont été récoltées dans les criques de la rivière du Mahury, dans la crique cacao, distante de Cayenne de plus de 80 kilomètres, et dans les cours d'eau de la crique Gravier des montagnes de Kaw, à environ 40 kilomètres de la mer et à une altitude de 100 à 150 mètres. Ce qu'il est important de remarquer, c'est que l'eau de ces criques ne présente aucune espèce de salure : ce sont des eaux vives torrentielles, dont la source filtre à travers les minerais de fer qui constituent les sommets de ces montagnes. L'élévation du lieu est du reste une autre circonstance qui doit exclure toute idée que le flux puisse pénétrer jusque là pour y apporter les germes de ces plantes dont les formes sont d'ailleurs entièrement nouvelles. Il y a encore ceci à noter, c'est que M. Leprieur a constaté sur les lieux mêmes que ces algues répandaient une forte odeur de marée, tout à fait semblable à celle qu'exhalent leurs congénères marines. L'état de dessication récente ne détruit même pas entièrement ce caractère.

Toute explication de ce fait est impossible dans l'état actuel de la science. Si une seule de ces espèces vivait dans la mer qui baigne les côtes de la Guyane, on pourrait s'ingénier à rechercher comment et par quelle voie ses spores ou sémicules sont arrivées à franchir un aussi long trajet et ont pu conserver la faculté de germer, de végéter et de se reproduire dans des conditions si différentes. Mais ces espèces sont toutes nouvelles, et à moins d'admettre que leur structure et leur forme ont pu être modifiées par cette station inusitée et pour ainsi dire anormale, on ne saurait les rapporter à aucune des trois congénères qui croissent à la Guyane, dans les fleuves et rivières où remonte la marée.

Ce qu'il y a de plus singulier dans ce fait, qu'un botaniste pourra, sans doute, un jour confirmer, c'est la présence d'un ballia, genre exclusivement marin, sur les filaments d'un batrachosperme nouveau, fixé aux rochers de la crique Gravier des montagnes de Kaw, et, si l'on pouvait conserver quelques doutes sur la découverte de M. Leprieur, cette floridée parasite sur une zoosporée dont les congénères ne vivent que dans les eaux douces, suffirait pour les dissiper à l'instant.

Parmi les 275 espèces de cryptogames vasculaires recueillis par M. Leprieur et qui ne figurent pas dans les *species* des familles auxquelles elles appartiennent, les plus remarquables sont :

Lycopodium plumosum (Rivière Gabaret).
    pusillum (Montagne-Tigre et Matouri).
    articulatum (Gabaret, Oyapock).
    paradoxum (Mont-Sinéry, saut Brodel, Comté).
Ophioglossum induviatum (Baduel).
    nervosum (Banlieue de Cayenne).
    acutifolium (Sinnamary).

Ophioglossum gracile	(Intérieur).
— pulchellum	(Ile-de-Cayenne).
— augustifolium	(Banlieue de Cayenne, Oyac).
— undulatum	(Banlieue de Cayenne).
Danœa megaphylla	(Approuague).
— sarcorhyza	(Intérieur).
— oligophylla	(Camopi).
— latifolia	(Approuague).
— elegans	(Intérieur).
— leprieurii	(Rivière des Cascades).
— simialata	(Conana).
— polyphylla	(Comté).
Ceratopteris fragilis	(Banlieue de Cayenne).
Lygodium macrostachium	(Ile-de-Cayenne).
Acrostichum dentatum	(Comté).
— dermophyllum	(Oyapock).
— laminarioïdes	(Oyapock).
— maximum	(Oyapock).
Polypodium falciforme	(Couripi, Cayenne).
Metaxia parkerii	(Gabaret).
— argentea	(Montagne-Serpent).
Vittaria curvata	(Intérieur).
Antrophium graminifolium	(Intérieur).
— pendulum	(Gabaret).
Adientum pteridioïdes	(Banlieue de Cayenne).
— reticulatum	(Kaw).
— hirsutum	(Conana).
Lindsœa lunulata	(Oyapock).
Aspidium durum	(Ouanari, Conana).
— tomentosum	(Rivière Saï).
Alsophila microcarpa	(Saut Brodel).
— dentata	(Rivière des Cascades).
— obscura	(Comté).
Cyathea tomentosa	(Conana, Cacao).
— tristica	(Comté).
Tichomanes crispum	(Orapu).
— atroviveus	(Gabaret, Saï).
— leprieurii	(Ouanari).

M. Leprieur a reconnu, en outre, et classé la plupart des espèces de cryptogames cellulaires ou vasculaires antérieurement décrites.

§ 2. — ARBRES, ARBUSTES ET PLANTES UTILES.

Je n'ai pas cru devoir adopter, pour cette partie de mon travail, la classification scientifique des botanistes, mais l'ordre alphabétique, beaucoup plus commode pour les recherches, établi par Noyer dans sa nomenclature des bois de la Guyane (*Forêts vierges de la Guyane française*, page 23), et par M. Aubry-Lecomte dans le catalogue de l'exposition universelle de Londres (*Revue maritime et coloniale*, avril 1862) :

Agave, dont deux espèces : *agave vivipara* et *agave americana*, excellents textiles, nommés *karatas* à Cayenne.

Acacia (*mimosa guyanensis*); ses branches fournissent de petites courbes pour embarcations, et son écorce une résine qui peut remplacer la colle des luthiers.

Acajou. On confond sous ce nom, à Cayenne, trois ou quatre arbres qui n'ont entre eux aucun rapport. Les véritables acajous sont : 1° l'acajou-savane ou à pommes (*anacardium occidentale*), de la famille des térébinthacées, qu'on ne trouve que dans les savanes sèches. Sa gomme ne peut être comparée à la gomme arabique : elle n'est pas soluble comme cette dernière. Ses pédoncules charnus, qu'on nomme à tort pommes, sont pleins d'un suc qui a un goût acerbe ; ses fruits appelés noix contiennent une amande douce, tandis que les loges du péricarpe sont remplies d'un suc huileux, âcre et corrosif ; 2° l'acajou pâle, et 3° l'acajou rouge, espèces du genre *cedrela*, de la famille des cédrelées, qu'on trouve dans les grandes forêts. Quant au *swietenia mahogani*, il n'existe pas à la Guyane française. Par compensation, il y a au jardin de Baduel, au camp Saint-Denis et au cimetière plusieurs fort beaux pieds de l'acajou lourd de la Sénégambie (*kahia senegalensis*), et il serait à désirer qu'il y en eût davantage.

Aloès (*aloë perfoliata*), textile.

Amblanier (*ambelania acida aubletii*) produit un fruit, qui, mis en confitures, guérit la dyssenterie. Les créoles l'appellent *quienbendent*, parce que par sa viscosité il adhère aux lèvres et aux dents. On le nomme aussi *graine-biche*.

Ambrette (*hibiscus abelmoscus*), calalou sauvage ; c'est la ketmie odorante. Ses semences, connues sous le nom de *graines d'ambrette*, servaient, autrefois, à parfumer la poudre à poudrer. On dit que les Arabes les mélangent avec le café pour lui communiquer une odeur encore plus suave.

Amourette (*medicago arborea*), arbuste dont les feuilles, qui ont des qualités purgatives, sont employées en infusion.

Ananas (*bromelia ananas*), fruit d'une saveur exquise. Celui de Maurice peut seul lui être comparé, non pour le volume, mais pour le goût et le parfum. On en fait un sirop délicieux.

Angélique (*dicorenia paraensis*), à grandes dimensions; peut être utilisé pour quilles et bordages; supérieur au chêne pour les constructions navales.

Aouara (*astrocaryum vulgare*), espèce de palmier dont le fruit vient par régimes, engraisse les bestiaux et donne une huile propre à l'éclairage. Selon Barrère, on l'emploie avec succès contre les coliques et les douleurs d'oreilles. (Voir palmier.)

Aracouchini (*icica aracouchini*); son suc balsamique guérit, selon Aublet, la lèpre ou mal rouge.

Arbre à encens (*icica heptaphylla*); hauteur dix mètres, diamètre soixante centimètres : il découle de son écorce entamée un suc clair, transparent, balsamique et résineux qui, desséché, devient une gomme blanchâtre qu'on appelle résine élémi. On l'emploie dans les appartements et dans les églises au même usage que l'encens. On appelle cet arbre *arouaou* dans le pays.

Arbre à flèche (*maranta arundinacea* Aublet) (1); succédané du quinquina; une de ses espèces, l'arouma (*maranta tonka*), sert à faire des corbeilles et des paniers appelés dans le pays *pagaras*. Les racines en fourche d'une autre de ses espèces (*maranta dichotoma*), sont garnies de tubercules plus ou moins gros, dont on extrait l'arrow-root. La culture de cette plante robuste pourrait être illimitée à la Guyane : son rendement est considérable et sa préparation facile.

Arbre à pain, dont plusieurs espèces : arbre à pain à graines (*artocarpus jaca*); arbre à pain igname (*artocarpus incisa*). Son nom vulgaire est jaquier ; produit des fruits comestibles.

Avocatier (*persea gratissima*), dont les fruits sont regardés comme anti-dyssenteriques.

Ayapana (*eupatorium ayapana*), sorte de thé, excellent en infusion, très-stomachique.

Azier (*nonatelia officinalis*); l'infusion de ses feuilles guérit ou du moins calme l'asthme. (Ce mot est une corruption de hallier.)

---

(1) Quand on cite, en botanique, le nom même du botaniste, c'est que celui-ci est l'inventeur du végétal ; quand on latinise ce nom et qu'on le met au génitif, c'est qu'il lui a été dédié.

Bagasse (*bagassa guyanensis*), arbre à grandes dimensions, vingt-cinq à trente mètres de hauteur, près de deux mètres de diamètre, bon pour les constructions navales. Son écorce entamée rend un suc laiteux. Deux variétés : le bois du bagassier de montagne est léger, celui des terres basses est pesant.

Balata, nombreuses espèces : balata franc (*achras sapota* ou *sapota mulleri*), très-dur, inattaquable par les termites ; donne une gutta-percha supérieure à celle de l'Inde ; bon pour les constructions navales ; c'est le *balata saignant* du pays ; balata indien (*balata indica*) ; le balata dit de montagne n'est autre que le balata rouge (*achras balata*).

Bambou (*bambos arundinacea*) ; la plus grande plante de la famille des graminées, s'élevant jusqu'à vingt mètres ; son bois fournit des ustensiles et des meubles.

Bananier (*musa paradisiaca*), dont les fibres pourraient être utilisées dans la fabrication du papier.

Bananier-corde (*abaca textilis*) ; sa fibre sert à faire des cordes et des tissus de la plus grande beauté.

Bancoulier (*aleurites triloba*), sa noix donne une huile excellente pour l'éclairage.

Barlou (*urania guyanensis* Richard), espèce de palmier nommée *balourou* dans le pays ; les Indiens mangent ses graines rôties.

Basilic ou grand basilic (*ocymum*), condiment.

Basilic sauvage (*matourea pratensis*). Cette plante est regardée comme un bon vulnéraire ; écrasée, elle fournit une décoction utile en pharmacie.

Beslère (*besleria violacea*) ; le suc de sa racine et de ses fruits teint en violet le coton ou les pailles.

Boco (*bocoa prouacensis*), bois de couleur à grandes dimensions ; bon pour le pouliage et l'ébénisterie.

Bois amer. (Voir coachi.)

Bois calumet (*mabea piriri*). On fait des tuyaux de pipe avec les menues branches de cet arbrisseau.

Bois bagot (*coccoloba ririfera ?*), bon pour la menuiserie et l'ébénisterie.

Bois balle (*trichillia*), propre aux constructions navales ; son fruit ressemble à un petit boulet.

Bois cannelle (*laurus guyanensis*) ; même usage.

Bois canon (*cecropia peltata* Linné). On l'appelle bois trompette à Saint-Domingue.

Bois de lettre moucheté (*piratinera aubletii*), à grandes dimensions. Trois espèces : le lettre moucheté et le lettre marbré, utilisés en ébénisterie, le lettre à grandes feuilles, bon pour la construction et le charronnage ; c'est le letter-wood ou bourracourra de Demerary.

Bois de rose (*licaria guyanensis*), atteint une hauteur de vingt mètres et a un diamètre de plus d'un mètre ; le bois de cet arbre est jaunâtre. Il y en a deux espèces : le bois de rose mâle, propre à la charpente et aux constructions navales, et le bois de rose femelle, qu'on débite en planches : cette dernière espèce renferme une essence qu'on extrait par la distillation. On désigne souvent, dans toute l'Amérique, ces deux espèces sous le nom de sassafras.

Bois di vin, en créole, bois qui ressemble au vin ; charpente et charronnage.

Bois la morue ou lézard (*vitex devaricata*) ; construction, charpente et charronnage.

Bois Lemoine ; mêmes usages.

Bois macaque (*lecythis zabucajo*), très-grand arbre ; constructions navales, charpente et charronnage. Fusée-Aublet, dans son ouvrage, le nomme quatelé et zabucajo. On l'appelle aussi tococo : c'est son nom en langage galibi ; son écorce pourrait être utilisée pour la fabrication du papier. Les Indiens s'en servent pour faire des cigarettes.

Bois pagaie (*cassia apoucouita*) ; mêmes usages. On le confond avec le courimari.

Bois puant ou pian (*perigara tetrapelata*), employé dans le pays pour faire des cerceaux ; bon pour constructions, charpente et charronnage.

Bois rouge, deux espèces : (*houmiri balsamifera*), atteignant une hauteur de vingt mètres sur soixante-quinze centimètres de diamètre ; résineux ; bois de construction, bardeaux, courbes, charpente et charronnage ; bois rouge tisane (*houmiri officinalis*), bon pour construction. Sa liqueur résineuse et balsamique n'est point âcre et peut être employée intérieurement, comme le baume du Pérou avec lequel elle a du rapport.

Bois sabre (*eperua falcata*) ou ouapa. (Voir ce mot.)

Bois violet (*copaïfera bracteata*), à grandes dimensions ; propre à l'ébénisterie et au tour.

Bourgouni (*mimosa bourgouni*).

Cacaoyer (*theobroma cacao*) ; on le trouve à l'état sauvage. Cultivé, la graisse de son fruit, desséchée et préparée, forme la base du chocolat. (Voir chapitre VII.)

Caféier (*coffea arabica*). (Voir chapitre VII.)

Café-diable (*iroucana*) : ses feuilles servent à nourrir les vers à soie indigènes.

Calalou (*hibiscus esculentus*). (Voir Hibiscus.)

Calebassier (*crescentia cujete*) ; quatre variétés. On fait des couis et des ustensiles de ménage avec ses fruits, dont la chair intérieure fournit un excellent sirop.

Campêche (*hæmatoxilon campechianum*) ; donne une teinture de couleur chocolat.

Canari macaque ; ce n'est pas un arbre, c'est le fruit du *lecythis grandiflora*, appelé dans le pays couratari. (Voir ce mot.) Ce dernier fournit l'écorce dite improprement maho, les maho étant complètement étrangers aux lecythis.

Canne à sucre (*saccharum officinarum*). (Voir le chapitre VII.)

Canne congo (*costus amomum*) ; peut servir à la teinture ; est employée comme rafraîchissant.

Caraïpe (*caraïpa angustifolia*). Les Indiens emploient les cendres de son écorce, mêlées avec une terre grasse, pour fabriquer leurs poteries. Les créoles l'appellent manche-haches ; son bois est, en effet, estimé l'un des meilleurs pour faire des manches de haches, cognées, serpes et autres instruments.

Carapa (*carapa guyanensis* Aublet) ; deux variétés de couleur : le carapa rouge et le carapa blanc, toutes deux employées pour faire des planches. Leur fruit donne une huile à brûler excellente. On peut s'en frotter le corps pour éloigner les insectes, mais son odeur est si désagréable que le remède devient pire que le mal. C'est le crab-wood de la Guyane anglaise. Les *xilocarpus carapa* ne se trouvent pas à la Guyane : ce sont des arbres des Moluques.

Carata ou Karatas (*agave americana*). (Voir Agave.)

Carmentin (*justicia pectoralis*), succédané de l'ayapana, pour infusions pectorales. C'est un acanthacée.

Casse du Para (*cassia javanica*). Cet arbre croît dans le quartier de l'Ile-de-Cayenne : on emploie ses gousses aux mêmes usages que la casse ordinaire.

Cèdre blanc (*icica altissima*) ; ainsi nommé parce que son bois est moins rouge que celui de l'arbre que les habitants appellent cèdre rouge ; hauteur, vingt mètres, un mètre vingt centimètres de diamètre. Lorsqu'on entaille l'écorce, il en découle un suc balsamique et résineux. Il sert à faire des planches.

Cèdre gris (*icica decandra*) ; rend un suc résineux, balsamique, blanchâtre, liquide, d'une odeur de citron. Ce suc en se desséchant devient une résine jaune transparente qu'on trouve par morceaux, plus ou moins gros, sur l'écorce ou au bas du tronc. Hauteur, vingt mètres ; diamètre, un mètre ; planches, bordages.

Cèdre jaune (*aniba aubletii*) ; atteint à quinze mètres de hauteur, à soixante-dix centimètres de diamètre ; bois jaunâtre, pesant, aromatique ; sert à faire des mâts, des planches et des bordages.

Cèdre noir (*laurus surinamensis*), à grandes dimensions.

Centaurée ; deux espèces : la blanche (*coutoubea spicata*), et la purpurine (*coutoubea ramosa*) ; plantes amères, stomachiques, vermifuges et fébrifuges.

Cerisier (*eugenia* de Sprengel) ; sert à la charpente.

Citronnelle (*andropogon schœnanthus* de Linné) ; plante parfumée dont l'infusion chaude est employée comme sudorifique dans les cas de petite fièvre.

Citronnier (*citrus vulgaris*). On pourrait extraire de son fruit l'acide citrique qui serait en Europe d'un placement avantageux.

Cleome (*cleome frutescens*) ; croît dans les fossés de la ville de Cayenne ; ses fruits, écrasés, remplacent les cantharides pour former les vésicatoires.

Coachi, quachi ou bois amer (*quassia amara*), succédané du quinquina.

Cocotier (*cocos nucifera*) ; sa noix fournit une huile graisseuse, utile pour la savonnerie.

Comou (*œnocarpus bacaba*). (Voir Palmier.)

Conami (*conami guyanensis*), arbuste dont les nègres bosch emploient les feuilles pilées pour énivrer le poisson ; commun dans le Haut-Maroni.

Conana (*astrocaryum acaule*), dont la graine est excellente pour la saponification.

Cœur-dehors (*diplotropis guyanensis*) ; charronnage.

Copahu (*copaïfera officinalis*). On perce avec une tarière le tronc de l'arbre et on y adapte une bouteille ou un coui pour recevoir le baume qui en découle avec abondance, et qui est connu sous le nom de *baume de copahu* ; très-commun dans le Maroni, à partir du saut Hermina.

Corossolier. Plusieurs espèces, dont la plus commune est l'*annona muricata* ; aromatique ; calmant en infusion ; sert pour les bains.

Cotonnier (*gossypium arboreum*), textile ; originaire de la Guyane française d'où il a passé aux États-Unis et de là aux Antilles. Le coton indigène de la Guyane est courte-soie, mais de très-belle qualité. (Voir chapitre VII.)

Couaïe (*qualea cœrulea*) ; mâture.

Coumarou (*coumarouna odorata*) ; très-grand arbre d'un bois dur et compact.

Coumarouna (*dypterix odorata, schreber genera*). (Voir Gayac.)

Coumaté (*myrtacea coumate*). Le suc épaissi de cet arbre donne un vernis qui, une fois sec, est indélébile. On l'appelle dans le pays *bois à dartres*.

Coupaya (*clusia insignis*) ; charpente, constructions navales.

Coupi (*acioa dulcis*) ; haut de vingt mètres ; diamètre, un mètre cinquante centimètres ; bois dur, pesant, bon pour charpente et madriers : c'est le meilleur bois pour les constructions navales. Son fruit fournit une huile douce comme celle provenant des amandes.

Couratari (*lecythis grandiflora*). On trouve dans les forêts de la Guyane cinq espèces du genre lecythis : deux de ces genres, le *grandiflora* et le *zabucajo*, donnent des amandes comestibles ; les trois autres, parmi lesquels est le *couratari guyanensis* d'Aublet, genre conservé, ne produisent que des amandes amères. Le *lecythis grandiflora* est très-propre aux constructions navales. Son fruit est appelé à Cayenne *canari macaque*.

Courbaril (*hymenœa courbaril*), un des plus grands arbres de la Guyane. Il découle de son tronc et de ses branches une grande quantité de gomme jaunâtre, transparente, difficile à dissoudre, analogue à la gomme copale ; fournit un bon bois pour les constructions navales ; planches, ébénisterie.

Courimari (*courimari guyanensis*) ; charpente et charronnage ; constructions. Avec ses arcabas les habitants fabriquent des planches, des pagaies, des gouvernails et des canots.

Crête de coq (*heliotropium indicum*). Les fleurs de cette plante, données en infusion, arrêtent les pertes de sang chez les femmes.

Dattier (*phœnix dactylifera*). (Voir Palmier.)

Ébène ; plusieurs espèces : 1° ébène verte (*bignonia leucoxylon*) ; fournirait d'excellentes traverses pour chemins de fer ; bon pour toutes espèces de constructions navales : c'est le greenheart des Anglais. Il y a trois variétés de cette espèce, verte, vert-gris, vert-noir ; 2° ébène rouge, bois de couleur et de construction ; 3° ébène vert-soufré (*taigu du Paraguay*, famille des zygophyllées) ; 4° le kéréré (*bignonia aubletii*), dont les fibres servent à faire des paniers, des chapeaux et aussi des liens qui tiennent lieu de cordes ; 5° la bignone incarnate (*bignonia incarnata aubletii*), servant aux mêmes usages ; 6° la *bignonia copaïa*, dont l'écorce est purgative et sémitive. Le suc de ses feuilles est excellent pour la maladie appelée pian dans le pays.

Franchipanier ou frangipanier (*plumiera rubra*), apocynée dont le suc laiteux est très-suspect.

Fromager (*bombax ceïba*); produit une bourre servant de ouate.

Gayac (*dypterix odorata* Schreder), arbre de la plus grande dimension; bon pour poulies; succédané du gayac officinal; produit la fève dite de tonka. Aublet le nomme coumarouna.

Genipa (*genipa americana*); bois de tour par excellence, charpente. Les Indiens retirent de son fruit une teinture noire avec laquelle ils se peignent le corps. Sa racine est efficacement employée pour la guérison du pian.

Gingembre (*amomum zinziber*); saveur âcre et brûlante; active les fonctions de l'estomac. Cultivé.

Giroflier (*cariophyllus aromaticus*). (Voir chapitre VII.)

Gomme-gutte (*hypericum bucciferum*). Le suc épaissi qui sort par incision de l'écorce de cet arbre se nomme gomme-gutte d'Amérique : on l'emploie dans les maladies de la peau. Cette gomme se dissout à l'eau chaude et prend une belle couleur jaune qui convient surtout aux étoffes de soie pour leur apprêt.

Goyavier; deux espèces : *psidium grandiflorum*, dont le fruit donne une confiture très-astringente, et l'écorce sert à tanner les cuirs; *psidium aromaticum*, dont les branches et les feuilles sont utilisées pour les bains.

Grignon (*bucida buceras*), un des plus grands arbres de la Guyane; son écorce est employée pour la tannerie; son bois, pour la charpente, la construction des navires, l'ébénisterie et la menuiserie. Il est rarement attaqué par les vers. On en fait des armoires de préférence à tout autre bois; il est important de le faire tremper un certain temps, dans l'eau courante, pour détruire la gomme mordante qu'il contient.

Grignon fou (*qualea cœrulea*); bon pour garnir l'intérieur des meubles.

Guinguiamadou. (Voir Yayamadou.)

Herbe-aux-brûlures (*bacopa aquatica*). L'application des feuilles de cette plante guérit les brûlures en peu de temps.

Herbe de guinée (*panicum altissimum*); bonne pour les bestiaux.

Hibiscus; plusieurs espèces : *hibiscus tiliaceus* ou maho; *hibiscus mutabilis* (rose changeante de Cayenne ou maho à fleurs roses) : ces deux espèces fournissent un excellent textile; l'*hibis-*

cus sabdariffa donne l'oseille de guinée avec laquelle on fait d'excellent sirop, et l'*hibiscus esculentus* produit une capsule, appelée calalou à Cayenne et gombo aux Antilles, qui fournit un mets estimé et un rafraîchissant.

Igname (*dioscorea bulbifera*); deux espèces : l'une blanche et l'autre rosée. (Voir chapitre VII.)

Immortelle (*erythrina corallodendron* de Linné), sert à faire des entourages ; sa fleur ressemble à celle du chèvrefeuille.

Indigofère (*indigofera tinctoria*). (Voir chapitre VII.)

Ipecacuanha (*boerhavia diandria*); racine vomitive et purgative.

Jaquier (*artocarpus integrifolia*), genre d'arbres de la famille des urticées. Il comprend une seule espèce nommée arbre à pain : son fruit, très-pulpeux et du volume de la tête, a une saveur de pain frais et d'artichaut lorsqu'il est cuit. On en mange les noyaux comme nos châtaignes ; son bois sert à construire des maisons et des bateaux. On fait des vêtements avec la seconde écorce ; ses chatons mâles tiennent lieu d'amidon. On fait avec son suc laiteux une glu pour prendre les oiseaux.

Jaune d'œuf (*lucuma vitellina*), de la famille des sapotées ; sert à faire des planches.

Jejerecou (*xylopia frutescens*), de la famille des anonacées, écorce aromatique. On fait usage de ses graines en guise d'épices.

Langoussi (ni décrit, ni classé); bon pour la charpente et la membrure des navires.

Lianes, nombreuses espèces : herbe-notre-dame, liane-à-cœur, liane-à-serpent, liane-mousse, liane-guélingué, liane-pareira-brava (voir ce mot) ; leur racine et leur bois sont toniques, alexitères, diurétiques ; liane-ail (*bignonia alliacea*); liane à enivrer le poisson (*robinia nicou*); liane de palétuvier (*echites biflora*); liane-amère (*nodiroba*), contre-poison ; liane-molle (*cissus sicyoïdes*); liane-à-eau (*cissus venatorum*); liane-carrée (*paullinia pennata*), et sa variété (*paullinia tetragona*). On fait tremper dans l'eau les sarments de ces deux dernières lianes qui, après la macération, se séparent entre quatre parties avec lesquelles on fait des corbeilles, des paniers et de grands chapeaux.

Maho ; six espèces : maho (*thespesia populnea*), fournissant le meilleur textile ; maho de marécage, bon pour la charpente ; maho rouge, même usage ; maho noir, même usage ; maho couratary (*icica pruriens*), même usage ; maho-taoub (*iriria pruriens*), vingt mètres et plus de hauteur, près de deux mètres de diamètre ; excellent bois de charpente ; textile.

Maïs (*zea maïs*); excellent textile.

Manabo (*manabea arborescens* Aublet) ; son bois se fend très-facilement, de même que l'hyrtelle (*hyrtella americana*), espèce indigène à la Guyane ; on travaille ces bois en lattes qu'on appelle dans le pays gaulettes.

Mancenillier à feuilles de laurier (*hippomena biglandulosa*), produit un suc laiteux qui contient du caoutchouc.

Manglier (*conocarpus*), la plus nombreuse des espèces de palétuviers grand bois (*avicennia aubletii*).

Manguier (*mangifera therebinthe*), produit des fruits savoureux très-recherchés.

Maniguette (*uvaria zeilanica*), plante connue sous le nom de poivre des nègres ou poivre d'Éthiopie ; condiment.

Manioc (*janipha manihot*), farineux ; ses racines servent à faire la cassave, le couac et le tapioka.

Mani (*moronobea coccinea*), bon pour la charpente et la mâture. De toutes les parties de cet arbre on obtient, par incision, un suc qu'on emploie aux mêmes usages que le brai et le goudron.

Maria congo, bois de couleur ; ni décrit ni classé.

Melastome (*melastoma amara*). Arbrisseau, on emploie ses feuilles en infusion pour laver les ulcères ou les blessures occasionnées par des piqûres ; arbre, s'élevant à vingt mètres de hauteur, il produit des fruits bons à manger qu'on appelle *mêles* ; ses feuilles servent à polir le bois. Plusieurs côtes épaisses à pans triangulaires, écartées les unes des autres, supportent son tronc, s'élargissent et s'étendent près de terre. Elles sont connues à Cayenne sous le nom d'arcabas. « Les espaces compris entre ces côtes, qui ne sont que des expansions des racines, pourraient contenir plusieurs personnes ; on peut les considérer comme des étais que la nature semble avoir donnés à cet arbre gigantesque, dont la racine pivotante pénètre peu avant dans la terre, et qui, sans ces appuis, serait exposé à être renversé par les vents. » (Noyer, *Forêts vierges de la Guyane française*, page 7.)

Mencoar ou minquar (*minquartia guyanensis*), bois qui passe pour être incorruptible dans la terre ; ses copeaux, bouillis, donnent une teinture noire qui prend bien sur le coton ; charpente et menuiserie.

Millepertuis (*hypericum sessilifolium*) ; suc résineux purgatif ; coupe les fièvres intermittentes.

Mirobolan (*hernandia sonora*), grandes dimensions ; fruit purgatif : l'écorce sèche prend feu sous le briquet d'où lui vient son nom dans le pays de *bois amadou*.

Mocaya (*acrocomia sclerocarpa*) ; bon pour la savonnerie.

Montjoly (*varonia globosa*), l'odeur des feuilles de cette plante est très-agréable ; on les emploie dans les bains et fomentations pour guérir les enflures, dissiper les douleurs, fortifier les nerfs ou désinfecter les appartements nouvellement peints.

Mora (*mora excelsa*), le roi des forêts, atteignant à une hauteur de quarante mètres, est considéré comme le meilleur bois pour les constructions navales.

Moucoumoucou (*caladium giganteum*), plante qui pourrait être employée à la fabrication du papier.

Moureiller (*malpighia altissima aubletii*), de vingt-cinq à trente mètres de hauteur, un mètre de diamètre ; bois dur et compact : bon pour constructions.

Mouriri (*mouriri guyanensis aubletii*), son tronc seul a quinze mètres de hauteur ; bois dur et compact : commun entre le premier et le dernier saut de la rivière de Sinnamary.

Moutouchi (*pterocarpus suber*), hauteur dix-huit à vingt mètres, diamètre soixante-dix centimètres ; bois de couleur jaunâtre, veiné de noir : excellent pour l'ébénisterie.

Muscadier (*myristica aromatica*). (Voir chapitre VII.)

Nangossy (*terminalia anibouca*) ; charpente, ébénisterie.

Nattier ou bois de natte (*achras imbricaria*), mêmes usages.

Oranger (*citrus aurantium*) ; son bois, très-dur, sert à faire des maillets et des manches d'outils.

Oseille de guinée (*hibiscus sabdariffa*), nom vulgaire de la ketmie acide : on en fait un sirop très-rafraîchissant.

Ouabé (*omphalea diandria*), liane produisant une huile utilisée pour le graissage des machines : on fait de ses graines préparées des colliers et des bracelets.

Ouacapou (*wacapoua americana*), bois incorruptible et inattaquable par les insectes ; bon pour les constructions. Sa grande dureté permet d'en faire des mortiers et des pilons. Ouacapoua est son nom galibi : Aublet le nomme angelin de la Guyane (*vouacapoua americana*).

Ouapa ou Wapa, deux espèces : 1° ouapa blanc ou oualaba d'Aublet (*eperua falcata*) ; on appelle ce bois à Cayenne, bois sabre ; 2° ouapa violet (*ouapa simira*). Les éclats de ces deux espèces huileuses étant allumés peuvent servir de flambeaux. On en fait des manches de haches et autres outils, des palissades, des pilotis ; ces deux bois sont bons pour la charpente et les constructions navales : tous deux durs, pesants, incorruptibles dans l'eau, à l'air ou en terre.

Ourate (*ouratea guyanensis*), un des plus grands arbres des forêts de la Guyane : la hauteur seule de son tronc est de plus de vingt mètres. Son bois très-blanc peut se couper aisément. Bon pour les constructions navales.

Palétuvier, plusieurs espèces : palétuvier rouge (*rizophora mangle*), propre aux constructions ; cette espèce est très-commune sur les bords de la mer et à l'embouchure des fleuves de la Guyane ; son écorce contient de cinq à sept fois plus de tannin que l'écorce du chêne ; palétuvier de montagne (*taonabo dentata*), charpente, bardeaux ; son écorce sert pour tanner les cuirs ; les trois espèces de palétuviers blancs (*avicennia nitida* et *tomentosa*) et le *laguncularia* de Jaquin, servant pour les petites mâtures ; palétuvier grand bois (*avicennia aubletii*), écorce à tan ; menuiserie ; une de ses espèces les plus nombreuses est le manglier (*conocarpus*).

Palmier, quatorze espèces, dont les principales fournissent des fruits bons à manger : le dattier (*phœnix dactilifera*) ; l'aouara ou avoira (*astrocaryum vulgare*), dont le fruit est excellent pour les bestiaux ; huileux et savonneux ; le paripou (*gulielma speciosa*) ; le maripa (*attalea excelsa*) ; le comou (*œnocarpus bacaba*), fournissant une huile excellente pour l'alimentation ; bon pour la savonnerie ; le conana-mon-père (*astrocaryum acaule*) et le palmier bache (*mauritia flexuosa*) ; ces deux derniers excellents pour la saponification.

Palmier pinot (*uterpe oloracea*), se trouve en abondance dans les savanes noyées appelées pinotières.

Panacoco ou bois de fer (*erythrina corallodendron*) ; vingt mètres de hauteur et un mètre de diamètre. Son bois est regardé comme incorruptible ; bon pour les constructions et l'ébénisterie ; produit des graines rouges tachetées d'un petit point noir : on en fait des colliers et des bracelets très-recherchés.

Papayer (*carica papaya*), de la famille des cucurbitacées, s'élevant à sept mètres sur une tige simple ; remarquable par la rapidité de sa croissance. Ses fruits, gros comme un petit melon, sont charnus, jaunâtres, d'une saveur douce et d'une odeur aromatique ; on les mange confits au sucre ou au vinaigre.

Parcouri, grand arbre non encore décrit ni classé ; bois de construction de bonne qualité ; excellent pour faire des parquets.

Pareira-brava (*abuta rufescens*), liane qui guérit les maladies de foie et de vessie.

Patate (*convolvulus batatas*). (Voir chapitre VII.)

Patawa (*œnocarpus patawa*); bon pour la savonnerie.

Pekea (*caryocar butirosa linnœi*); vingt-sept mètres de hauteur, un mètre de diamètre; pourrait être utilement employé pour la construction des navires : on s'en sert à cet usage au Para ; une de ses espèces est le saouari ou chawari. (Voir ce mot.)

Pied-de-poule (*cynosurus indicus* ou *virgatus*); on en fait usage, en décoction, pour calmer les convulsions auxquelles les enfants sont sujets.

Petite-feuille, grand arbre non décrit; bon pour les constructions.

Piment (*capricum frutescens*), condiment.

Pitre (*bromelia pigna*); les fibres blanches et soyeuses, extraites de ce broméliacée par le battage et le rouissage, sont employées à faire des lignes de pêche, des hamacs et des cordes.

Poivre (*piper*). (Voir chapitre VII.)

Pomme de Cythère (*spondias cytherea*); originaire de Taïti, évi de Bourbon.

Pomme-rosa (*eugenia angustifolia*); on l'appelle aussi jambolier; fruit de forme et de couleur admirables; rafraîchissant, mais sans saveur.

Potalie amère (*potalia amara aubletii*), plante à racine fourchue, garnie de fibres dont toutes les parties sont très-amères. Les jeunes tiges sont quelquefois chargées de graines d'une résine jaune, transparente, qui, exposée au feu, s'enflamme et répand une odeur aussi agréable que celle du benjoin ; ses feuilles et ses jeunes tiges sont employées, en tisane, pour guérir les maladies vénériennes; à forte dose, elle est vomitive et sert de contre-poison au manioc.

Préfontaine (*cipanao* des Galibis); il se trouve très-répandu dans la colonie, et surtout dans l'Approuague; bon pour les constructions et l'ébénisterie.

Psichotre violette ou bétoine (*psichotria herbacea aubletii*); arbrisseau dont l'écorce, infusée, est astringente et apéritive. Elle est de la famille des rubiacées, dont une des espèces est l'ipécacuanha.

Quapoyer (*quapoya scandens aubletii*); arbrisseau dont l'écorce et les feuilles rendent un suc résineux.

Quararibe (*quararibea guyanensis aubletii*), dont l'écorce filamenteuse peut fournir de bonnes cordes.

Quatelé, nom donné par Aublet aux quatre espèces de *lecythis grandiflora, amara, lutea,* et *zabucajo,* atteignant à une grande hauteur ; leur écorce est filamenteuse. Le *lecythis grandiflora* donne le fruit appelé canari-macaque, et le *lecythis zabucajo* est vulgairement et improprement nommé, dans le pays, maho-coton.

Quinquina (*chinchonna*). Cet arbre n'a pas encore été rencontré, mais doit exister à la Guyane française.

Raphia (*sagus raphia*), propre à la saponification.

Remire maritime (*remirea maritima aubletii*), plante sudorifique et diurétique.

Ricin (*ricinus communis*), utilisé dans la médecine et la pharmacie.

Riz (*oryza sativa*). (Voir chapitre VII.)

Roucouyer (*bixa orellana*). (Voir chapitre VII.)

Rondier (*livistonia sinensis*), bon pour la savonnerie.

Safran (*curcuma longa*); teinture et coloration.

Saint-Martin (*bignonia*), très-facile à travailler ; bon pour les constructions.

Salsepareille (*smilax sarsaparilla*), très-abondant à la Guyane, dans le haut de toutes les rivières.

Saouari, deux espèces : *caryocar tomentosum* et *saouari glabra;* bois de constructions, courbes, madriers, bardeaux. L'amande du fruit de la seconde de ces deux espèces est agréable en cerneaux (Aublet).

Sapotillier (*achras sapota*), produit un fruit de forme ovale d'un goût exquis.

Sassafras (*licaria guyanensis*), bois de première qualité pour constructions navales : variété du bois de rose femelle avec lequel on la confond.

Satiné, deux espèces : satiné rouge (*ferolia guyanensis*) et satiné rubané (*ferolia varigata*); ces deux bois sont les plus beaux qu'on puisse employer en ébénisterie et en marqueterie.

Savonnier, trois espèces : *sapindus frutescens, arborescens, saponaria.* Cette dernière sert à la saponification, et la première donne des fruits que leur chair agréable fait rechercher comme aliment par les habitants des quartiers; ses amandes produisent une huile bonne à manger : avec les noyaux, on fait des colliers et des bracelets.

Sésame (*sesamum*); sa graine fournit une huile, qui, fraîche, est bonne à manger.

Simarouba (*simaruba officinalis*), grandes dimensions; bon pour planches et bardeaux : l'écorce des racines est purgative et vomitive, guérit la dyssenterie et coupe la fièvre.

Simira (*simira tinctoria aubletii*); l'écorce de cet arbre très-commun dans l'Orapu (Oyac), trempée dans l'eau, lui communique une couleur d'un beau rouge. Des essais faits à Cayenne donnent lieu de penser qu'on pourrait l'utiliser pour teindre en rouge vif la soie et le coton.

Sipanao. (Voir Préfontaine.)

Spermacoce (*spermacoce scandens aubletii*); plante vivace, grimpante, se trouvant sur l'écorce des arbres; antisyphilitique.

Tamarinier (*tamarindus indicus*); on fait de son fruit une boisson agréable, en délayant sa pulpe dans l'eau : c'est un préservatif contre le scorbut.

Tapure (*tapuria guyanensis*); on le nomme à Cayenne, bois de gaulettes : bon pour lattes ; très-commun dans le voisinage de la Montagne-Serpent.

Thoa (*thoa urens*), arbrisseau qui fournit une gomme transparente.

Touca ou tonka (*bertholletia excelsa*); les amandes ou graines de son fruit fournissent une huile estimée.

Vanillier (*vanilla aromatica*); croît spontanément dans toutes les forêts de la Guyane. (Voir chapitre VII.)

Verveine (*verbena officinalis*); on la brûle pour en retirer la potasse.

Vétivert ou plutôt vétyver (*andropogon muricatum*); ses racines desséchées, très-odorantes, servent à préserver les fourrures et les vêtements de laine des atteintes des vers.

Violette itoubou (*viola itoubou* Aublet); espèce d'ipecacuanha.

Voyère (*voyria aubletii*). Aublet n'en a reconnu que deux espèces : la voyère rose (*voyria rosea*); cuite sous la cendre, son goût ne diffère pas de celui de la pomme de terre; la voyère bleue (*voyria cœrulea*), qui a les qualités de la gentiane. M. Leprieur a reconnu sept autres espèces de voyère.

Yayamadou ou guinguiamadou (*virola sebifera*), deux variétés : le yayamadou à gros fruits, muscadier sauvage, qui fournit un bon bois pour les constructions, et le yayamadou à suif, qui produit une matière excellente pour la fabrication des bougies.

Zaguenette ou agrinette (*bactris pectinata*, Martius); plante utilisée pour la savonnerie.

On peut reconnaître, d'après cette nomenclature, quelque incomplète qu'elle soit, que la Guyane française renferme un nombre considérable d'arbres de la plus grande dimension et de la meilleure qualité, pouvant servir aux constructions civiles et navales, aux travaux des chemins de fer, au charronnage, à la charpente, à l'ébénisterie, à la marqueterie ; on trouvera dans un bon et utile ouvrage intitulé l'*Avenir de la Guyane française*, par M. Chaton, les principales espèces de bois avec indication de leur pesanteur spécifique et de leur force. Un rapport de M. Lapparent, inséré dans la *Feuille de la Guyane française*, et l'excellent livre de Noyer, *Forêts vierges de la Guyane française*, pourront fournir aussi de très-intéressants détails sur les propriétés des principaux bois de ce pays.

Quant aux autres essences de bois dont la Guyane abonde, celles qui donnent les gommes, les baumes, les résines, les textiles, pouvant toutes produire des matières utilisables dans le commerce, dans l'industrie, en médecine et en pharmacie, matières que nous allons chercher à grands frais à tous les bouts du monde, nous les signalerons ultérieurement et tout particulièrement à l'attention des spéculateurs dans notre chapitre XV, qui traitera de l'*Industrie à la Guyane française*. Nous pouvons dire, d'ailleurs, dès à présent, que toutes ces richesses végétales, grâce à la sollicitude du Gouvernement et aux expériences auxquelles il les livre journellement, sont déjà connues et commencent à entrer avec avantage dans le domaine commercial métropolitain (1).

---

(1) Nous nous sommes efforcé de donner, aussi exactement que possible, la nomenclature des végétaux utiles. Il peut, toutefois, s'être glissé, dans cette partie de notre travail, des omissions et des erreurs.

Nous pouvons, dès à présent, en rectifier quelques-unes commises dans notre précédent chapitre, qui traite du règne animal.

Ainsi, nous avons omis, parmi les rongeurs, le guélingué qui semble n'être qu'une variété de l'écureuil (*sciurus palmarum*) et tient du rat palmiste dont il a l'odeur.

Ainsi encore, nous avons classé à tort, parmi les gallinacés, le canard sauvage (*anas silvestris*) ; il avait naturellement sa place à la suite des palmipèdes, les sarcelles et les canards (*anas*).

Une autre erreur plus grave est le classement du plongeon (*mergus aquaticus*) dans les échassiers : il appartient également aux palmipèdes.

On nous pardonnera ces fautes si l'on veut bien considérer le peu de ressources que nous offraient, en cette matière difficile, les livres écrits sur la Guyane. Presque tout était à faire.

CHAPITRE VII.

CIRCONSCRIPTIONS TERRITORIALES.

Habitations existantes, leurs cultures; bestiaux. — Comparaison de la situation agricole entre les années 1836 et 1865.

Nous avons à considérer maintenant les quatorze quartiers de la colonie au point de vue agricole, et à comparer leur état actuel avec leur situation en 1836.

Nous avons choisi cette dernière année, comme terme de comparaison, parce qu'elle clôt la période du développement qu'avait pris la Guyane française en 1817, sous le double rapport de l'agriculture et du commerce.

Nous allons jeter, d'abord, un coup d'œil rétrospectif sur la production du pays, et retracer les phases diverses par lesquelles elle a passé depuis l'origine de la colonie jusqu'à ce jour.

Nous passerons ensuite en revue les différentes cultures auxquelles se livrent les habitants.

Nous indiquerons, en troisième lieu, les denrées qui sont cultivées et réussissent le mieux dans chaque quartier.

Nous comparerons alors la situation agricole de la colonie, pendant les deux années 1836 et 1865.

Enfin, nous chercherons à déterminer les causes qui ont amené la diminution sensible qui s'est produite, en général, dans la quantité et la valeur des diverses denrées du cru de la colonie.

Nous avons dit, dans le chapitre III, que la fertilité des terres cultivées à la Guyane n'est pas en rapport avec la vigueur prodigieuse de sa végétation forestière, et que leur faculté productrice s'épuise rapidement.

Ce fait est incontestable.

Dans les terres hautes de montagne, qui ne sont propres qu'à certains produits, l'humus, entraîné par les pluies, ne laisse souvent à la surface que la roche entièrement dénudée.

Les terres hautes de plaine et les terres basses d'alluvion se trouvent dans d'autres conditions.

Les terres hautes de plaine ont une épaisseur de terreau et

d'humus telle que leur fécondité s'épuise, mais seulement après un certain nombre d'années.

Quant aux terres basses, placées au-dessous du niveau des hautes marées et exigeant des travaux dispendieux de canalisation, de fossés, de digues et de coffres à écluse, leur fertilité diminue plus rapidement, et n'acquiert un nouveau degré d'énergie, qu'après qu'on les a submergées pendant un certain temps, sous l'eau salée, en ouvrant les digues d'entourage.

On voit, par ce qui précède, qu'il était tout naturel d'essayer, d'abord, la culture des terres hautes. Les premières cultures de la colonie furent toutes entreprises, en effet, dans les terres hautes de plaine et de montagne, qui constituent une grande partie du sol de l'Ile-de-Cayenne. C'est ainsi que furent successivement naturalisées, à la Guyane, les diverses cultures du roucou, du coton, de l'indigo, de la canne à sucre, du café, du cacao et de toutes les épices.

Tant que la culture se borna aux terres hautes, les progrès de la colonie furent très-lents, mais sûrs; en 1775, la valeur totale des denrées exportées, pour la France, s'élevait à 488,598 livres tournois (environ 610,000 francs).

En 1777, Malouet enseigna aux habitants l'exploitation des terres basses, tourna toutes leurs vues de ce côté, et créa, par les soins de l'ingénieur suisse Guizan, dans les terres basses d'Approuague, l'habitation *le Collége*, sur le modèle de celles des Hollandais, dont cet habile administrateur avait étudié le système d'agriculture.

Je suis loin de vouloir faire la critique du nouveau système introduit par Malouet, mais je ne puis m'empêcher de faire remarquer que, par suite d'évènements qu'il ne pouvait, d'ailleurs, prévoir, ce système a été plus nuisible qu'utile à la colonie. Cette modification s'accordait, en effet, parfaitement avec la composition et la manière de travailler des ateliers de son époque; mais il faut reconnaître que depuis la cessation de l'immigration africaine les conditions du travail ayant changé, il a été à peu près impossible d'augmenter les nouveaux dessèchements en terres basses. On peut donc regretter, en fait, que la culture des terres hautes ait été négligée au profit de celle des terres basses, qui rendent davantage, il est vrai, mais qui n'ont pu, depuis 1848, être cultivées par les travailleurs moins robustes que l'Inde nous envoie. Les Chinois, plus forts que les Indiens, ou des cultivateurs blancs bien choisis auraient pu, peut-être, remplacer les Africains; mais on ne songea pas, d'abord, à la première de ces deux immigrations, et la réputation imméritée d'insalubrité faite à la Guyane en éloignait la seconde.

Après le départ pour la France de l'Ordonnateur Malouet, ses vues continuèrent à être appliquées. Mais bientôt on les abandonna et l'on ne s'occupa plus qu'à multiplier les arbres à épices dont, quelques années auparavant, Poivre, de concert avec Provost, Trémigon et d'Etchevery, avait doté la Guyane française. (*Revue coloniale*, août 1855, Jules Duval, *Colonies et politique coloniale de la France*, page 208.)

Depuis cette époque, toutes les cultures prirent un grand essor. Elles faisaient concevoir les plus belles espérances, lorsque éclata la révolution de 1789, qui vint les renverser.

Il résulte, en effet, de documents officiels, qu'en 1790 les denrées et marchandises exportées de la colonie ne s'élèvent qu'à 531,853 francs.

La culture de la canne à sucre souffrit surtout des troubles qui suivirent, en 1794, la proclamation à la Guyane de l'affranchissement des noirs. Après le rétablissement de l'ordre, le canal Torcy fut ouvert dans le but de livrer à la culture la plaine alluvionnaire de Kaw, mais l'occupation de la colonie par les Portugais, de 1809 à 1817, vint encore retarder l'accomplissement de ces vues.

Après la reprise de possession, l'industrie agricole prit un grand développement et demeura, jusqu'en 1837, une source féconde de richesses pour la colonie. Le Gouvernement, considérant la partie des terres basses, situées entre la rivière d'Approuague et celle du Mahury, comme le point vers lequel devaient se diriger tous les efforts des planteurs de sucre, y voulut attirer le plus grand nombre possible d'établissements agricoles. C'est dans ce but qu'il leur avait fait, en 1829, des avances sur les fonds de la caisse coloniale, pour l'achat de moulins à vapeur propres à la fabrication de cette denrée. « Ces avances, m'a dit un habitant notable de la colonie, n'ont été remboursées que par quelques-uns d'entre nous. » On doit avouer que ce n'est pas là le moyen d'engager un gouvernement à en faire de nouvelles.

Déjà, en 1822, deux machines à vapeur, les premières montées dans le pays, avaient été accordées dans les mêmes conditions à deux habitants du quartier de l'Ile-de-Cayenne.

A partir de 1837, la production décroit d'une manière sensible. L'émancipation de 1848 l'arrête brusquement, et condamne toutes les grandes habitations rurales de la colonie à la stérilité. Quelques sucreries échappent seules au naufrage.

Le Gouvernement s'est efforcé vainement d'arrêter les progrès de cette ruine générale ; de sages mesures, successivement prises, ont ravivé le crédit et ont pu rendre au pays une partie de son activité, mais ce n'est qu'une activité galvanique, qui renaît ou s'éteint selon que le Gouvernement avance ou retire la main, qui seule soutient encore la colonie.

Nous allons faire maintenant l'énumération rapide des principales denrées du pays en renvoyant, pour les détails, à toutes les notices que l'on a écrites sur la Guyane, et, en particulier, à la notice statistique de M. Jules Itier et à la brochure, si pratique, de M. Chaton. Nous ne donnerons ici que les renseignements qu'on ne trouverait pas dans ces ouvrages et que nous avons puisés à des sources officielles, entre autres, dans la *Revue maritime et coloniale*. Nous continuerons à compléter ces renseignements par nos informations orales, qui ont toujours un certain caractère de certitude, parce qu'elles ont pour base le témoignage des hommes les plus compétents.

La culture de la canne à sucre (*saccharum officinarum*) remonte aux premiers temps de la colonie. En 1725, il y existait déjà 27 sucreries. En 1836 on en comptait 51 ; aujourd'hui il y en a 12.

On ne cultive plus que deux espèces de cannes : la canne jaune et la canne de Taïti.

La canne violette de Batavia vient bien à la Guyane ; on en voit quelques groupes sur les habitations, mais la grande culture ne l'emploie pas.

Le produit moyen annuel d'un hectare planté en cannes dans la colonie est de 3,250 kilogrammes de sucre.

M. Jules Itier, page 59, cite plusieurs exemples de rendement extraordinaire : quatre hectares de cannes vierges auraient produit 29,500 kilogrammes de sucre, ce qui fait 7,380 kilogrammes par hectare. En 1827, un champ de cannes vierges a produit 9,000 kilogrammes de sucre par hectare. Cette production exceptionnelle est due, sans doute, à un heureux concours de circonstances qu'on n'est pas maître de reproduire à volonté.

La fève du cafier (*coffea arabica*) a été introduite, en 1716, par des déserteurs de Surinam, à la Guyane française, qui est la première de nos colonies qui se soit adonnée à cette culture.

On ne cultive à la Guyane qu'une seule espèce de cafier, celle de Moka : le cafier nain n'est planté qu'autour des établissements et n'est pas cultivé sur une grande échelle.

Nous verrons tout à l'heure que la production de cette denrée est supérieure en 1865, en quantité et en valeur, à la production de 1836. Cet accroissement ne peut que se fortifier de la prime de 10 centimes par pied de caféier planté, que, depuis 1860, l'administration locale a accordée à cette culture, à titre d'encouragement.

Le café de la Guyane est très-recherché sur les marchés métropolitains : le café de montagne surtout réunit les qualités diverses des cafés de la Martinique, de la Réunion et de Moka, c'est-à-dire, la force, la couleur et l'arôme.

Le produit moyen annuel par hectare est de 200 kilogrammes.

La culture du cotonnier (*gossypium arboreum*) a été longtemps florissante à la Guyane. La moyenne annuelle de la production de 1832 à 1836 a été de 219,607 kilogrammes. En 1836, la colonie a exporté 280,000 kilogrammes de coton pour une valeur de 730,911 francs.

L'année suivante, la récolte était réduite de 100,000 kilogrammes. Quelques années plus tard, cette culture était complètement abandonnée, et de 1848 à 1864, il ne s'est plus exporté une seule balle de coton de la colonie. Le cotonnier ne peut-il donc plus réussir à la Guyane comme il réussit aux Antilles ? Tout le monde sait qu'il vient bien en terres basses, également bien dans les terres hautes exposées à l'air salin, mais que dans ces dernières la récolte est peu abondante. Quelle est donc la cause de la décadence de cette denrée ? La vilité de son prix sur les marchés métropolitains, depuis le jour où les États-Unis les ont inondés de leur courte-soie à bon marché, et les difficultés de sa culture en terres basses après 1848, par suite du manque de bras.

Une situation aussi regrettable ne pouvait manquer d'attirer l'attention du Département de la marine. Par une dépêche, en date du 17 octobre 1856, S. Exc. le Ministre invita l'administration de la colonie à prendre les mesures propres à favoriser le rétablissement de la culture du cotonnier à la Guyane, et l'engagea, dans ce but, à acquérir à des prix suffisamment rémunérateurs les cotons de provenance indigène. L'arrêté du 27 décembre 1857 réalisa les intentions du Ministre et fixa le prix des cotons en raison de leur qualité.

Un arrêté du 10 février 1863 créa, à Cayenne, une usine centrale pour l'égrainage, le nettoyage et la mise en balle du coton produit par la colonie. Un second arrêté du 9 janvier 1864 régla l'organisation de l'usine, les conditions d'admission des cotons, de leur remise aux propriétaires après séparation ou de leur envoi en France, à l'effet d'être vendus, par les soins de l'Administration, pour compte des propriétaires. Dans ce cas, la Direction de l'intérieur se concerte avec la banque locale pour que les producteurs puissent emprunter sur le récépissé à eux délivré par l'Administration, et se livrer ainsi immédiatement à de nouvelles cultures, pendant que la réalisation de leurs produits suit son cours dans la Métropole. Plusieurs de ces lots ont été ainsi vendus et ont laissé un bénéfice notable aux propriétaires, indépendamment de la prime de 5 centimes qui leur avait été payée par pied de cotonnier planté. Tous les cotons, expédiés sans frais par les soins de la Direction de l'intérieur et promptement réalisés en France, ont été reconnus de bonne qualité, ont soutenu la concurrence des meilleures sortes sur le marché du Havre et ont été, depuis ce temps, l'objet de nouvelles et nombreuses demandes.

M. Favard, ancien Directeur de l'intérieur, avait compris toute l'importance de cette culture. Il avait fait de l'emploi des diverses races de coton une étude approfondie, et avait planté lui-même, sur son habitation *la Caroline*, une espèce herbacée, provenant de la pépinière d'Alger, connue dans le commerce sous le nom de *coton-jumel*. Après moins de six mois de culture, il recueillit soixante-trois plombs ou capsules en moyenne, sur une centaine de plants cultivés à quatre-vingts centimètres les uns des autres, dans des conditions atmosphériques très-défavorables. Le coton en était très-beau malgré les pluies abondantes qui étaient tombées à cette époque.

M. Favard était convaincu que le coton longue-soie Géorgie *dit* sea-island (*gossypium tricuspidatum*) pourrait réussir à la Guyane. Cependant, les essais de plantation de cette espèce faits, sur une grande échelle, à Macouria, sous son administration même, ont complètement échoué. Diverses tentatives faites, depuis cette époque, sur différents points du littoral du même quartier, ont donné, toutefois, quelques résultats avantageux.

Les encouragements qui continuent à être donnés, par l'Administration, à cette culture, permettent d'espérer qu'elle se relèvera et reprendra un jour le rang qu'elle occupait autrefois parmi les éléments de la richesse coloniale.

Le rendement du cotonnier est de 125 kilogrammes à l'hectare en terres hautes, et de 175 kilogrammes en terres basses.

La culture du roucou (*bixa orellana*), arbuste indigène, est la plus ancienne de la colonie. Elle s'étendait autrefois sur tout le territoire humide et marécageux compris entre Oyapock et Kourou. Elle peut utiliser tous les bras : ceux des hommes valides comme ceux des enfants et des femmes. Moins exposée que toutes les autres cultures aux ravages des insectes et aux accidents résultant des variations de température, c'est, cependant, la denrée dont le prix éprouve le plus d'alternatives de hausse et de baisse, sur les marchés métropolitains. Aussi a-t-elle été successivement abandonnée et reprise : on a vu en peu d'années le prix du kilogramme tomber, à Cayenne, de 2 francs à 30 centimes ; aujourd'hui il est à 2 francs le kilogramme et se place en France à 4 francs, et même à 4 fr. 50 cent.

Le roucou contient une matière colorante *sui generis*, rouge carmin, qui ne se trouve qu'à la surface de la graine. L'amande contient une partie grasse huileuse, qui se mêle à la pâte du roucou dans la fabrication.

Le producteur de roucou doit s'attacher spécialement à ne pas faire entrer, dans la composition de la pâte, la graine même du roucou, qui ne contient aucune partie colorante. Il doit arrêter sa fabrication aussitôt qu'il reconnaît que la graine n'offre plus que des parties inertes qui, en augmentant la quantité, nuiraient considérablement à la qualité du produit. Cette partie inerte, connue sous le nom de balle, doit être impitoyablement rejetée si l'on veut avoir des roucous bien fabriqués.

On a cherché à remédier à la fétidité de ce produit en substituant à la pâte molle et infecte qu'on exporte, une pâte dure, qui est l'extrait pur de la matière colorante et qui a reçu les noms de bixine et de demi-bixine. M. Chevreul a constaté, par des expériences, que le pouvoir tinctorial du roucou étant 1, celui de la bixine est de 5,81. (*Revue coloniale*, novembre 1856, p. 503.) Mais cette innovation n'a pu détrôner l'ancienne pâte de roucou, qui est restée seule en possession du marché : ce qui donne à penser que la bixine n'est pas le seul élément constitutif du mordant que l'on recherche dans cette matière colorante, mais que la partie huileuse de l'amande y joue un grand rôle et est l'un des principes actifs de ce mordant pour la fixité et la solidité des teintures.

Le produit annuel d'un hectare planté en roucouyers est, terme moyen, d'environ 400 kilogrammes. Dans le quartier de Kaw, ce produit monte jusqu'à 1,000 et même 1,500 kilogrammes. De jeunes plantations ont donné, par exception, sur l'habitation *l'Union*, 3,500 kilogrammes à l'hectare.

Dans la moyenne du rendement, il y a, en général, à tenir compte que les vieux roucouyers donnent moins.

Le roucouyer se sème sur place et quelquefois en pépinière, pour être replanté au bout de quatre à cinq mois ; mais le premier mode de semis est préférable : en général, les roucous provenant de pépinière viennent moins bien.

Le roucouyer commence à produire au bout de quinze à dix-huit mois, et est en grand rapport à trois ans. Il donne deux fortes récoltes par an et dure, dans les quartiers de Kaw et d'Approuague, de douze à quinze ans, souvent dix-huit ; partout ailleurs, quatre ou cinq ans.

Le cacaoyer (*theobroma cacao*) croît spontanément dans les forêts du pays, notamment dans les terres élevées de l'Oyapock et du Camopi. C'est vers l'année 1728 que les habitants commencèrent à le cultiver, principalement dans les terres hautes de l'Ile-de-Cayenne.

Le cacao de la Guyane, séché au soleil, présente, par son onctuosité, des qualités qui le font rechercher dans le but de le mélanger avec les variétés parfumées mais trop sèches de Caracas. Les grandes pluies, à l'époque de la récolte, obligent souvent à le sécher à l'étuve, ce qui lui donne le goût de fumée et le fait repousser des marchés d'Europe ; il n'est alors acheté que par le commerce américain, qui le paye de 70 à 80 centimes le kilogramme.

Le cacaoyer porte ses premières gousses à quatre ans, est en plein rapport à sept ans, et vit cinquante ans au moins.

Son feuillage épais abrite le sol de telle sorte que les herbes y poussent peu : aussi sa culture exige-t-elle moins de soins et de bras que les autres.

Un hectare planté en cacaoyers produit en moyenne 300 kilogrammes.

L'Administration accorde une prime de 15 centimes par pied de cacaoyer planté.

Le girofflier (*caryophyllus aromaticus*) a été apporté de l'Inde à Cayenne en 1779. Les premières plantations eurent lieu sur l'habitation *la Gabrielle*.

Depuis ce temps, le girofflier a toujours été cultivé avec succès dans le quartier de Roura ; plus abondant dans les terres hautes de plaine, plus aromatique en terres hautes de montagne, il a réussi autrefois dans les terres basses parfaitement desséchées : aujourd'hui il n'en existe plus en terres basses.

La Gabrielle qui, avant 1789, avait été la propriété du marquis de Lafayette, avec d'autres terrains du même quartier, dans lesquels se trouvaient compris ceux de *la Caroline*, produisit, en

1821, 50,000 kilogrammes de girofle, qui furent vendus 5 francs le kilogramme, soit 250,000 francs.

En 1836, la production totale de la colonie, soit en girofle, soit en griffes de girofle, s'élève à 100,321 kilogrammes, pour une valeur de 148,503 francs : on voit qu'en quinze ans le prix de cette denrée avait considérablement baissé.

Depuis 1836, la production va toujours en diminuant. La concurrence de similaires étrangers sur le marché métropolitain fait tomber le prix du girofle à 60 centimes. Après 1848, cette culture est tout à fait négligée, le prix de ses produits n'étant plus rémunérateur. La Gabrielle elle-même grève le budget d'une dépense annuelle, qui varie de 5,000 à 15,000 francs. La mortalité attribuée à la vieillesse des plants, à une maladie appelée coup de soleil, dont l'effet est de sécher subitement l'arbre sur pied, l'invasion des fourmis manioc qui, en une seule nuit, dépouillent un gros giroflier de ses feuilles, la difficulté, avec les nouveaux ateliers, de débarrasser les arbres des branches mortes, avaient anéanti tout espoir de récoltes, lorsqu'en 1864 *la Gabrielle* s'est relevée, par suite des efforts de l'Administration locale, et est parvenue à équilibrer ses dépenses avec ses recettes. L'année 1865 a laissé un excédant de bénéfices d'environ 3,000 francs.

Le rendement du giroflier à l'hectare est de 110 kilogrammes en moyenne.

Les autres arbres à épices sembleraient devoir se plaire dans la colonie, et cependant toutes les tentatives faites, pour les y naturaliser, ont échoué sans qu'on soit parvenu à se rendre compte des causes d'insuccès. Tel plant de poivrier donne 15 kilogrammes de poivre auprès d'un autre qui sèche et laisse tomber ses fruits avant maturité. Le cannellier (*laurus cinnamomum*) laisse évidemment beaucoup à désirer pour sa culture et dans sa préparation. Il vient cependant partout, sur la cime des montagnes, sur le bord des ruisseaux qui baignent ses pieds, dans les terres d'alluvion bien ou mal desséchées. Le muscadier (*myristica aromatica*) est devenu presque aussi rare aujourd'hui qu'en 1774, au temps où Noyer, médecin en chef de l'hôpital de Cayenne, grand-père de notre Ordonnateur, faisait garder par un factionnaire les premiers plants introduits dans la colonie.

La vanille (*vanilla aromatica*), fruit d'une liane grimpante indigène, pourrait, si elle était cultivée sur une grande échelle, offrir des bénéfices considérables.

La culture du tabac (*nicotiana*) a presque entièrement disparu. Il suffirait peut-être pour la faire renaître d'un encouragement égal à celui que l'Administration accorde à l'industrie cotonnière, au cafier et au cacaoyer, et de la création d'une usine centrale pour la préparation des feuilles.

Cette plante indigène, qui se reproduit spontanément, est devenue la production du jardinage et de la petite propriété; on la rencontre partout : sur les habitations, le long des chemins et jusque dans les rues de Cayenne. Quelques plantations tout récemment faites à Mana, à Approuague et sur les établissements agricoles du Maroni ont donné des résultats satisfaisants.

L'indigofère (*indofera tinctoria*) existe partout à la Guyane à l'état sauvage. Cette légumineuse qui provient de l'Inde et est propre à la teinture, pourrait être cultivée avec succès à la Guyane. Les hommes les plus compétents pensent que cette contrée est au point de vue du climat dans les conditions les plus favorables à cette culture. Quant à la manipulation des feuilles de cette plante et à la fabrication même de l'indigo, les essais faits jusqu'à ce jour ont été infructueux. Pour produire de l'indigo, au prix auquel l'Inde le livre, il faudrait à la Guyane la population surabondante de cette partie du continent asiatique.

Après les denrées de luxe et les cultures secondaires qui alimentent l'exportation, vient la petite culture qui produit les vivres, les fruits et les légumes. Cette dernière, destinée à satisfaire aux premiers besoins de la vie, doit avoir le pas sur la grande culture, source de la richesse coloniale, et la précéder et non la suivre. C'est un axiome en économie politique que lorsque les petits propriétaires contigus sont intelligents et actifs ils peuvent produire un capital aussi considérable que la grande propriété. La petite propriété est donc nécessaire et doit subsister simultanément avec la grande; mais le travail est sa loi et elle ne doit pas, pour s'y soustraire, se livrer à l'oisiveté, au vice, au vagabondage, déguisés sous l'apparence du travail. La petite propriété ne peut être utile qu'autant qu'elle produit, et prête, au besoin, son concours aux grands propriétaires qui l'avoisinent.

Les principales denrées alimentaires du pays sont : le manioc (*janipha manihot*), fournissant le couac en grosse farine, et la cassave en galette, qui tiennent lieu de pain ; le maïs (*zea maïs*); le millet (*holcus spicatus*), ce dernier cultivé en très-petite quantité ; le riz (*oryza sativa*), dont les deux espèces blanche et rouge viennent très-bien à la Guyane ; les ignames, le blanc et le rosé (*dioscorea bulbifera*); l'igname indien (*dioscorea sativa*); l'igname pays nègre (*dioscorea alata*); la patate douce (*hypomea batatos*) ainsi que la grosse patate introduite de la Barbade; le calalou, gombo des Antilles, fruit de *l'hibiscus esculentus*; l'alamant (*solanum nigrum*); les épinards rouges (*basella rubra*); l'aubergine ou marie-jeanne (*solanum melungena*); le concombre (*cucumis*); la citrouille (*cucurbita*); le giraumon (*cucurbita pepe*); le melon (*cucumis pepe*); le melon-d'eau, pastèque de la Guyane, (*cucurbita citrillus*), etc., etc.

Tous ces vivres se cultivent également bien en terres hautes et en terres basses.

Les fruits de la Guyane sont, en général, plus savoureux et d'un goût aussi fin, aussi exquis que les meilleurs fruits de France. La plupart ont un goût aromatique assez prononcé auquel on s'habitue. Les arbres qui les produisent se trouvent sur presque toutes les habitations et à Cayenne même, depuis le bananier auquel on a donné le nom d'arbre du paradis (*musa paradisiaca*), jusqu'à l'ananas (*bromelia ananas*), que sa grosseur a fait surnommer ananas maïpouri, et que Pelleprat appelle le roi des fruits, parce qu'il porte un panache en forme de couronne. Nous ne pouvons citer ici que les principaux fruits, tant indigènes que cultivés, avec la désignation scientifique de l'arbre qui les produit: la sapotille (*achras sapota*); la barbadine (*passiflora alata*); l'orange (*citrus aurentium*); la pomme cannelle (*annona squamosa*); la mangue (*mangifera therebinthe*); la goyave (*psidium grandiflorum*); l'avocat (*laurus persea*); le balata (*achras balata*); l'abribas (*annona*); le coco (*cocos nucifera*); la grenade (*punica granatum* Linné); l'abricot (*mammea americana*); le paripou (*gulielma speciosa*); la papaye (*carica spinosa*); la caïmite (*chrysophyllum macoucou*, Aublet); la marie-tambour (*passiflora laurifolia?*), etc., etc.

Telles sont, avec un grand nombre de matières oléagineuses et savonneuses, et de textiles de toutes sortes, dont nous parlerons au chapitre de l'industrie, les principales productions de la Guyane française, qui forment la partie complémentaire de notre chapitre VI. Nous avons signalé la plupart d'entre elles plutôt comme des souvenirs et des espérances, selon l'heureuse expression de M. Jules Duval, que comme une source actuelle de revenus sérieux. Le reste des forces disponibles du pays, en fait d'alimentation, s'applique au bétail.

Le bétail que possède la colonie a toujours été et est encore loin de pouvoir suffire à l'alimentation de la population; aussi toute exportation de bestiaux a-t-elle été interdite, par un arrêté du

30 décembre 1837, qui a en même temps alloué des primes pour favoriser l'importation du bétail de race et des bœufs d'abatage. Un décret colonial du 19 juillet 1836, sanctionné le 21 octobre 1837 et publié en février 1838, a fondé des récompenses en faveur des propriétaires présentant chaque année, à un concours public, les plus beaux animaux ou ayant introduit des améliorations dans le régime de leurs ménageries.

Bien qu'aucun arrêté ne détermine la quantité de bétail à abattre, bien que l'arrêté du 30 décembre 1836, omis dans le Bulletin officiel de 1837, f° 14, donne la liberté à tout particulier d'exercer la profession de boucher, bien que depuis cette époque la boucherie soit libre en principe, l'Administration a été obligée de restreindre l'abatage des bœufs à une ou deux têtes au plus par jour; autrement les ménageries auraient été dépeuplées en quelques années.

On fait un reproche à l'Administration d'avoir interdit rigoureusement l'exportation du bétail, et l'on pense que la faculté de l'exporter serait un encouragement efficace pour sa multiplication. Je crois qu'avant de songer à approvisionner les autres, il faut d'abord pouvoir s'approvisionner soi-même. L'Administration qui ne peut trouver, dans la colonie, les bestiaux nécessaires à la consommation des troupes et des établissements pénitentiaires, est forcée de passer avec des négociants des marchés pour la fourniture des bœufs, qu'on va chercher à l'Orénoque et au Brésil. Ce qu'on peut raisonnablement demander, c'est que les particuliers, qui se livrent à l'élève du bétail, soignent davantage leurs ménageries, leur donnent du développement, imitent l'Administration qui, en les créant sur tous les pénitenciers, a surtout le soin d'y cultiver l'herbe de Guinée et du Para, qui fournissent un excellent fourrage, pouvant être consommé à l'étable, à l'époque de l'année où les pâturages viennent à manquer. Ce serait là le moyen, d'abord, de soustraire la colonie à l'obligation de s'approvisionner au dehors et de la mettre en mesure de se livrer, dans l'avenir, à l'exportation du bétail.

Ce qu'il conviendrait de faire avant tout, à mon sens, ce serait d'améliorer les prairies naturelles qui servent de pâturages aux bestiaux. On trouve ces prairies dans les quartiers sous le vent, entre Kourou et Organabo, ou au vent dans les immenses plaines d'Ouassa; quelquefois séparées de la mer par une zone de terres cultivées, qui s'étendent jusqu'à douze et quinze kilomètres dans l'intérieur des terres, elles se divisent en pâturages salés et en savanes proprement dites. Les premières forment une ligne étroite le long des anses des quartiers de Macouria, de Kourou, de Sinnamary et d'Iracoubo, et se divisent en parties élevées et en parties basses et noyées. Les savanes comprennent les immenses terrains découverts, entrecoupés de rivières et de criques, qu'on trouve dans le centre des mêmes quartiers et qui s'étendent jusqu'à Organabo. C'est dans ces savanes que se trouvent les ménageries actuellement existantes dans la colonie. Il y a là quelques milliers de têtes de bétail; mais ces ménageries sont-elles dirigées avec ordre et méthode? En général, non. Le bétail est laissé en plein air, sans un hangar pour l'abriter, abandonné à une surveillance très-problématique, exposé aux vents, à la pluie, aux piqûres des insectes et à la voracité des jaguars qui lui font la guerre. Si les savanes sont noyées par les pluies, plus de fourrages; plus de fourrages, si elles sont desséchées par le soleil.

Il serait évidemment préférable d'avoir des bestiaux du pays qui, bien nourris, fourniraient une alimentation substantielle plutôt que de faire venir des bœufs étrangers qui, après une longue traversée, arrivent échauffés, malades, et dont quelques-uns, refusés par l'Administration, restent destinés à la consommation publique et sont souvent abattus, pour éviter une perte totale, sans que le repos ait amené une amélioration dans leur état.

Nous allons énumérer maintenant les cultures qui sont pratiquées dans chaque quartier et indiquer, en même temps, celles auxquelles on pourrait se livrer.

On cultive dans le quartier de Mana la canne à sucre, le cafier, le riz et le manioc.

On pourrait y introduire la culture du cotonnier qui réussirait sur le littoral.

L'exploitation des bois de construction et d'ébénisterie s'y fait sur une grande échelle, depuis la création des grands établissements pénitentiaires du Maroni.

On pourrait également y exploiter la gomme de balata, les graines oléagineuses, beaucoup d'autres productions naturelles, et l'or même qu'on vient de découvrir dans ses criques.

Il existe deux ménageries en bon état dans les vastes savanes de ce quartier. Celle de la Pointe-Française, dépendant des établissements agricoles du Maroni, prend un grand développement. Nous en parlerons avec plus de détail dans le chapitre de la transportation.

Les sœurs de Saint-Joseph de Cluny ont à Mana une succursale de l'école primaire de Cayenne; en dehors des heures consacrées à l'étude, les jeunes gens se livrent à la culture de la canne à sucre, du café et des vivres. On fait sur l'établissement un rhum très-estimé, et l'on commence à fabriquer du sucre.

Outre les ménageries dont nous avons parlé plus haut, on compte encore dans le quartier de Mana, un chantier d'exploitation de bois, indépendamment des chantiers du Maroni, dont nous nous occuperons plus spécialement dans les chapitres consacrés à la transportation et à l'industrie.

Le quartier d'Iracoubo renferme de vastes prairies naturelles, qui le rendent très-propre à l'élève du bétail. C'est, d'ailleurs, la principale industrie de ses habitants. L'administration pénitentiaire avait créé, sur la rive droite de la rivière Organabo, une ménagerie qui a été récemment réunie à celle de la Pointe-Française.

On trouverait en abondance, dans les grands bois qui commencent à quarante kilomètres du bord de la mer, des graines oléagineuses, de la vanille, de la gomme de balata, analogue et supérieure à la gutta-percha de l'Inde, et d'autres productions naturelles.

Les terrains d'alluvion, qui forment tout le littoral, seraient d'une exploitation facile pour la culture du cotonnier.

Les cultures actuelles du quartier d'Iracoubo sont le roucou, le café et les vivres.

Le quartier de Sinnamary ne possède que quelques plantations de café, de roucou, de coton et de vivres.

Il vient de s'y fonder une exploitation aurifère après des prospections pleines de promesses.

La culture de l'indigo, de la sésame, des arachides et surtout du cotonnier pourrait s'y pratiquer avec avantage.

Quelques chantiers d'exploitation de bois expédient au chef-lieu des planches et des madriers.

Les produits naturels sont les graines de carapa, de ouabé et, en général, toutes les graines oléagineuses, les gommes de balata, de courbaril, de mani, et enfin l'or qui s'y trouve comme sur presque tous les points du territoire de la Guyane française.

Les denrées cultivées dans le quartier de Kourou sont le coton, le roucou et les vivres.

Ses produits naturels consistent en bois de construction et d'ébénisterie, planches, madriers, piquets de ouapa, graines oléagineuses.

La culture de l'indigo, du cotonnier, de la sésame et des arachides conviennent parfaitement à cette localité. L'établissement pénitentiaire de Kourou se livre à la culture du coton sur une assez grande échelle.

Les produits cultivés dans le quartier de Macouria sont la canne à sucre, le café, le coton, le cacao, le roucou, les vivres et les arbres fruitiers qui y sont en abondance.

Les productions naturelles y sont à peu près nulles, sauf la vanille, qui est cultivée sur toutes les habitations du quartier, mais en plants très-peu nombreux.

Les produits exploités du quartier de Montsinéry sont le café, le roucou, le girofle et les vivres.

Ceux du quartier de l'Ile-de-Cayenne sont la canne à sucre, le roucou, le cacao et le café. Les produits dont la consommation est destinée à la ville de Cayenne sont les vivres, les fruits, les herbes pour les animaux, les légumes et le charbon de bois.

Le cotonnier réussirait sur le littoral, dont les terres salées sont très-propres à la culture de cet arbuste.

Les cultures du quartier du Tour-de-l'Ile sont la canne, le café et le roucou.

Les terres alluviales des bords du Mahury et de la rivière de Cayenne sont aussi très-favorables à la culture du cotonnier, qui y a été autrefois très-florissante.

Le quartier de Tonnégrande produit du café, du cacao, du girofle, du roucou et des vivres. On y fabrique du charbon de bois.

Les productions naturelles sont les bois de construction et d'ébénisterie, les graines oléagineuses, la gomme de balata et d'autres résines.

Il y avait autrefois trois grandes sucreries qui sont aujourd'hui abandonnées.

Les produits du quartier de Roura sont le girofle, le café, le cacao, le roucou, les vivres et l'or natif.

A Kaw, on cultive avec succès toutes les denrées d'exportation et particulièrement le roucou, qui y donne des produits plus considérables que dans toute autre partie de la colonie.

Les productions naturelles qu'il serait possible d'exploiter dans ce quartier sont les bois de constructions, les graines oléagineuses et la gomme de balata.

Les produits du quartier d'Approuague sont : la canne, le café, le roucou et le cacao. Son sol convient à toutes les cultures tropicales, particulièrement à la canne à sucre et au cotonnier.

Ses productions naturelles exploitables sont : les bois de construction et d'ébénisterie, la gomme de balata, la vanille, les graines oléagineuses et l'or.

Les denrées cultivées dans le quartier d'Oyapock consistent en canne, café, cacao, roucou et vivres.

On pourrait y exploiter avec avantage les bois de construction et d'ébénisterie, les oléagineux de toutes espèces, le baume de copahu, la salsepareille, le caoutchouc et beaucoup d'autres produits intéressants.

Nous allons comparer maintenant la situation de la colonie en 1836 et 1865 ; le tableau suivant nous fournira tous les éléments de cette comparaison : il indique le nombre d'hectares en culture, d'habitations rurales, de travailleurs et les produits des cultures, par nature de denrées, dans ces deux années que sépare plus d'un quart de siècle :

Suit le tableau.

ESPÈCES DE CULTURES.	NOMBRE						PRODUIT DES CULTURES.					
	D'HECTARES en culture.		D'HABITATION rurales.		DE TRAVAILLEURS		NATURE des produits.	QUANTITÉS		VALEUR BRUTE.	
					esclaves.	immigrés ou engagés.					
	1836.	1865.	1836.	1865.	1836.	1865.		1836.	1865.	1836.	1865.
Canne à sucre...	1,871	892 00	51	12	4,932	960	Sucre brut......	2,422,796k	455,050k	1,870,107f	(b) 430,025f
							Sirop et mélasse..	583,082l	//		
							Tafia..........	289,536	252,750l		
Café..........	188	546 50	23	66	280	505	Café..........	42,000k	69,100k	69,604	149,256
Coton..........	2,746	50 75	128	7	2,000	45	Coton..........	260,000	4,871	730,911	17,484
Roucou........	1,760	999 25	124	422	2,003	2,045	Roucou........	510,000	336,100	869,934	510,872
Girofle........	829	184 25	40	22	1,508	113	Girofle........	81,000	81,855	148,508	49,050
							Griffes de girofle.	19,821	7,904		
Cacao.........	197	142 25	7	17	174	196	Cacao..........	25,200	39,750	7,729	44,520
Épiceries......	284	8 00	5	(A) //	237	//	Épiceries.......	20,000	775	26,930	3,600
Vivres.........	4,251	3,112 25	244	721	943	4,089 Transportés.	Vivres..........	4,842,950	2,080,700	2,471,475	1,113,600
Fourrages......	//	45 00	//	1	//			//	//	//	//
Totaux.....	11,826	5,480 25	620	1,268	15,727	5,051	//	//	//	5,717,917	2,318,479

(A) Il n'existe pas de propriétés rurales spécialement affectées à la culture des épices.
(B) On compte les 3/4 de la valeur brute pour estimation approximative des frais d'exploitation.

Indépendamment des 1,268 propriétés agricoles, mentionnées dans ce tableau, on compte 202 hattes ou ménageries : il n'y en avait que 104 en 1836. Je présume, toutefois, que les produits, obtenus à cette dernière époque, étaient plus considérables en raison de la plus grande importance de chaque établissement. Les 2 briqueteries qui existaient à cette époque existent encore ; je ne fais pas état des briqueteries établies sur les habitations pour leur usage, non plus que de celles que la transportation a construites partout où on a fondé des pénitenciers. Il y avait, en outre, en 1836, 13 exploitations de bois ; il y en a aujourd'hui 26, y compris celles qu'a créées la colonie pénale ; enfin, il faut ajouter 26 exploitations aurifères, dont 22 à Roura, 3 à Approuague et 1 à Sinnamary.

En comparant, d'abord, le nombre des habitations qui existaient en 1836 dans les différentes circonscriptions territoriales, soit 620, avec le nombre de celles qui y existent en 1865, c'est-à-dire 1,268, on serait disposé à conclure que le nombre de ces propriétés ayant plus que doublé, l'agriculture a fait des progrès à la Guyane. Cette conclusion serait loin d'être exacte. La plupart des grandes habitations, qui faisaient du sucre, du girofle et du coton, ont disparu ; elles ont été morcelées et ont donné naissance à un grand nombre de petites propriétés qui se sont livrées à des cultures qui exigent peu de bras et de capitaux, en d'autres termes, la petite culture s'est développée au détriment de la grande ; de là diminution presque générale dans tous les produits.

Les différences suivantes, entre les chiffres de 1836 et de 1865, accusent vivement la défaillance de la colonie :

Diminution dans le nombre d'hectares cultivés......	6,346 h.
Diminution dans la quantité de sucre brut produit...	1,967,146 kil.
Diminution dans la quantité de tafia, de sirop et de mélasse..	619,868 lit.
Diminution dans la production du coton............	275,629 kil.
Diminution dans la production du girofle...........	60,502
Diminution dans les épices...........................	25,225
Diminution dans la production des vivres...........	2,012,250

Enfin, pour la valeur brute de la production totale, la différence, entre les deux années, est de 3,339,438 francs, c'est-à-dire une diminution de près des deux tiers.

Hâtons-nous de dire, pour atténuer, autant que possible, l'effet de ces tristes aveux que nous arrache la brutalité des chiffres, que le capital affecté aux cultures, en 1836, était de 36 millions, et que le capital aujourd'hui employé est à peine de 9 millions, c'est-à-dire le quart du capital de 1836. Le chiffre des esclaves cultivateurs était de près de 14,000 ; aujourd'hui le nombre des travailleurs immigrants ou engagés, en y comprenant les transportés hors pénitenciers, est d'à peu près 6,000! Deux de ces natures de produits sont d'ailleurs en progrès : la production du café a augmenté de 27,100 kilogrammes, et celle du cacao de 14,550 kilogrammes. Il y a lieu de noter également que la quantité de roucou produite en 1865 est supérieure à la production de 1836 de 23,100 kilogrammes. S'il y a une différence en moins dans la valeur, c'est qu'en 1836 le roucou s'est vendu 2 fr. 75 cent. le kilogramme, tandis que, l'année dernière, son prix moyen n'a pas dépassé 1 fr. 70 cent.

Toutes les cultures, dont nous venons de constater la décroissance, peuvent, avec des bras et des capitaux, donner des produits considérables ; d'autres qui ont été abandonnées ou seulement négligées, n'attendent que la volonté et le travail de l'homme pour se développer.

Il n'échappera d'ailleurs à personne, que l'Administration et les habitants actuels de la colonie sont complétement étrangers à l'écart considérable qui existe entre les chiffres de 1836 et de 1865. Loin de moi la pensée de rejeter sur l'Administration ou sur la population de la Guyane la faute de cette affligeante situation. Le Gouvernement a fait, en faveur de la colonie, tout ce qu'il était possible de faire pour la relever. Il lui a successivement donné l'indemnité, la banque, la transportation, la compagnie agricole et aurifère de l'Approuague. Une partie de la population actuelle a déployé un courage et une persévérance que l'absence des capitaux, la disette des bras et l'impossibilité de se procurer ces deux éléments de travail, ont pu seuls paralyser. Il suffit de jeter un coup d'œil sur les statistiques trimestrielles, publiées, depuis 1848, par le Département de la marine dans la *Revue coloniale*, pour reconnaître les généreux efforts qui ont été faits de part et d'autre ; on peut y suivre, depuis cette époque, la progression constante de la production. La génération actuelle a donc hérité d'une situation désespérée qu'elle n'a pas faite ; elle a plié sous le poids des fautes de la génération qui l'a précédée et sous le coup d'événements que cette génération seule aurait pu prévoir et peut-être conjurer.

Bien avant l'émancipation, en effet, des germes de dissolution reposaient au sein de la société coloniale.

La cessation complète de la traite des noirs, dont l'abolition était, d'ailleurs, à un point de vue général, l'un des heureux effets du progrès des idées modernes, avait porté, en 1830, le coup le plus terrible aux colons en ne leur permettant plus d'alimenter et de renouveler leurs ateliers, diminués par les mortalités que ne compensaient pas les naissances.

Leur luxe exagéré à l'époque même de la suppression de la traite, leurs dépenses folles au moment de l'abandon des grandes cultures, avaient créé cette dette hypothécaire, nombreuse, compliquée, qui grevait la propriété coloniale, et n'a pu être qu'en partie liquidée par l'indemnité que la loi du 30 avril 1849, a allouée à la Guyane.

Le défaut d'unité, de solidarité, se révélait à toute occasion dans les éléments trop divers de la population. L'intérêt personnel parlait plus haut que l'intérêt général ; il n'y avait pas alors, comme il n'y a pas encore aujourd'hui, d'esprit public à la Guyane.

La population permanente a quitté le sol aussitôt qu'elle a vu la possibilité d'en sortir. La population commerçante et industrielle n'a jamais été guidée, en général, par l'idée de former, dans le pays, les bases d'un domicile définitif, et de s'y créer une famille légitime. Elle n'a considéré l'exploitation rurale que comme une industrie n'emportant avec elle aucune idée de fixité, et n'a jamais formé qu'un vœu, n'a eu qu'un désir, celui d'aller jouir ailleurs de la fortune qu'elle avait acquise à la Guyane.

Tel a été l'état des choses de 1830 jusqu'à la fin de 1847. L'habitant assistait avec apathie, presque avec indifférence, au spectacle de sa ruine prochaine. Le nuage avançait sombre, silencieux, menaçant : quand le colon, enveloppé dans l'ombre, l'aperçut enfin, il n'était plus temps, le tonnerre avait frappé.

Ce coup de foudre, c'est 1848. Alors, à quelques exceptions près, les habitants, au lieu de se porter sur leurs habitations, de chercher, par des concessions, à y retenir les nouveaux libres qui manifestaient de l'éloignement pour les travaux de la culture, perdirent tout courage et abandonnèrent à la nature qui reprit ses droits, des terrains qui se couvrirent bientôt d'une végétation sauvage et luxuriante, là où croissaient autrefois, comme à l'envi, toutes les denrées tropicales.

Telles sont les causes qui me paraissent avoir amené la ruine de la propriété guyanaise. Mais il en est une, qui me semble dominer toutes les autres, qui s'est opposée à toutes les époques et qui s'oppose encore au développement général de la colonie : cette cause, tout le monde la connaît et la signale ;

c'est la dissémination, l'éparpillement des habitations rurales sur une surface hors de toute proportion avec la faible population qui l'occupe. Il y a très-peu d'habitations contiguës à la Guyane. Chaque colon, dans le principe, s'est établi, à sa guise, au gré de son caprice, à vingt, trente, quarante lieues des centres de population, dans de vastes concessions où il croyait étouffer s'il n'avait pas, autour de quelques hectares cultivés, deux mille, trois mille hectares incultivables avec ses faibles ressources. Chaque point est resté dans l'isolement. Chaque colon a travaillé pour soi sans songer qu'un voisin eût pu lui être utile ; il n'a pas même consulté ses véritables intérêts, car, indépendamment du secours qu'il aurait pu attendre de ce voisin, appuyé sur lui, il aurait été évidemment dispensé de bien des travaux d'endiguement sur ses côtés et sur les derrières de son habitation, réduite à des proportions plus restreintes. Ce n'est pas ainsi qu'ont procédé les Hollandais. On voit partout chez eux l'ordre et l'esprit d'association : chez nous, le défaut d'ensemble a amené le désordre et une sorte de dislocation. Les établissements agricoles de Surinam se touchent et forment une chaîne continue ; les nôtres sont posés par intervalles, de loin en loin, comme des jalons. De belles routes bien entretenues conduisent aux habitations hollandaises : nos routes, à quelques exceptions près, sont des chemins où peuvent à peine passer des bêtes de somme. Mais pourquoi l'Administration française n'en a-t-elle pas fait ? Faire une route de vingt, trente, quarante lieues, dépenser deux, trois, quatre millions, pourquoi ? Pour arriver à des habitations isolées et comme perdues au fond d'un quartier éloigné. L'Administration fait des routes dans un intérêt général et non dans un intérêt particulier ; elle ouvrira, à n'en pas douter, une grande voie de communication entre la Pointe-Macouria, où se formera plus tôt peut-être qu'on ne pense un centre de population, et les établissements pénitentiaires du Maroni, pour faire arriver à Cayenne les denrées et le bétail des concessionnaires de Saint-Laurent et de la Pointe-Française, aussi bien que les produits des établissements libres intermédiaires.

Il ne serait peut-être pas impossible de rectifier cette occupation exagérée, cette appropriation déréglée du sol, de remplir les vides, de relier entre eux les établissements en conservant ce qui est, en créant ce qui n'est pas. Le droit de propriété des concessionnaires primitifs, consacré par le temps, peut paraître à l'abri de toute atteinte, si ce n'est dans les cas prévus par la loi du 5 mai 1841 sur l'expropriation pour cause d'utilité publique.

Or, cette loi fournirait peut-être le moyen de forcer les propriétaires actuels à céder, sauf indemnité, les terres vierges et d'une fécondité remarquable qu'ils ne peuvent mettre en culture. Ils devraient se montrer d'autant plus accommodants, je crois, que le Gouvernement a conservé le droit imprescriptible, consigné dans tous les actes de concession, lois et édits de l'époque, de réunir au domaine les terres non mises en culture à l'expiration de cinq années.

C'est précisément, à mon avis, parce qu'une vigueur et un luxe incomparables de végétation semblent n'avoir mis aucunes limites à la grandeur des entreprises agricoles à la Guyane, qu'il serait utile de les restreindre dans un rayon déterminé. La question ne saurait être douteuse, si une nouvelle immigration européenne venait à se former. Rien ne me paraîtrait s'opposer à ce que le Gouvernement lui imposât l'obligation de se grouper dans certains quartiers et lui interdît de s'établir en dehors de leurs limites. L'Administration s'est, je crois, montrée trop libérale, dans le principe, pour les exploitations agricoles, en concédant de si vastes espaces et en laissant les intérêts privés libres de s'y développer à leurs risques et périls, elle est tombée, à cet égard, dans tous les excès de la prodigalité. Un arrêté récent de 1865 a mis, toutefois, de l'ordre dans les concessions de terres à cultiver : on paye aujourd'hui 10 francs par hectare, et la concession doit être juxtaposée à une autre concession, à un autre établissement, et non pas isolée au milieu des vastes terrains domaniaux. Il est juste d'ajouter aussi que depuis quelque temps les concessions aurifères, qui, dans l'origine, étaient accordées sans règle et sans mesure, ont été un peu réduites. C'est à l'Administration qu'il appartient d'étudier les moyens d'utiliser ces exploitations au point de vue colonial, d'examiner la question de savoir si elle ne pourrait pas obliger les exploiteurs d'or natif à construire une maison à étage sur leurs concessions, à y fonder une ménagerie, à cultiver un certain nombre d'hectares en vivres et à planter un hectare par an en denrées d'exportation. Ce serait peut-être un moyen de remédier aux inconvénients que nous avons signalés à la fin de notre chapitre IV.

Ainsi, c'est à la prise de possession primitive du sol que nous croyons devoir surtout attribuer le peu de progrès qu'a faits la colonie, et non à sa population actuelle. Cette population était à peine adulte que la ruine était déjà consommée. Quelques habitants, nous l'avons dit, ont déployé une rare énergie, et si la masse de la population les eût imités, je ne fais aucun doute que la colonie n'eût repris son ancienne importance. Mais une partie de cette population, bonne et résignée d'ailleurs, n'a su que se plaindre et s'épuiser en vains regrets d'une splendeur qu'elle n'a pas connue ; une autre partie s'est montrée ennemie du travail qui lui rappelait son origine. La colonie, privée des bras des nouveaux libres qui répugnent aux travaux de la culture, manquant de l'instrument nécessaire de la production, c'est-à-dire le capital, est donc impuissante à réparer sa fortune presque entièrement détruite. En outre, ce ne sont pas seulement les bras qui manquent à la Guyane, ce sont les têtes. La plupart des habitations sont tombées et ne peuvent se relever faute de régisseurs. *La Garonne* a cessé de donner des revenus du moment qu'un des copropriétaires, aussi habile que sage, a cessé de la gérer. Si *la Marie* et le *Bon-Père* ont pu traverser toutes les crises par lesquelles a passé la Guyane, c'est que les hommes énergiques et intelligents qui les dirigent, ont toujours plus pensé à l'avenir qu'au présent.

Dans une telle situation, la colonie ne peut sortir de sa longue défaillance que si le Gouvernement veut bien consentir à faire encore quelques sacrifices en sa faveur, et venir à son aide en y jetant toutes les forces qu'il pourra se procurer au dehors; d'abord, par continuation, les immigrations indienne et chinoise, qui ont soutenu sinon relevé un certain nombre d'habitations ; ensuite, la transportation qu'il faut utiliser à tout prix ; enfin, une nouvelle immigration européenne, entreprise sur une grande échelle, si les injustes préventions qu'on a conçues contre le climat de la Guyane peuvent tomber devant l'évidence des faits.

Nous avons dit déjà que nous entendions former la nouvelle immigration européenne dont nous venons de parler, d'éléments pris, non pas dans les villes populeuses de la France, mais dans les campagnes. Cette forte immigration réaliserait à la Guyane, avec ordre et méthode, ce qui s'est fait spontanément et comme au hasard au début de toutes les colonies européennes en Amérique. Elle serait évidemment supérieure à toutes les autres, supérieure même à l'immigration africaine si regrettée, supérieure par ses habitudes de civilisation et surtout par la qualité et peut-être même par la quantité de travail qu'elle pourrait fournir.

Il s'agirait de réaliser tout simplement le plan imaginé par M. le baron gouverneur de Laussat et par lui appliqué, sans les précautions nécessaires, à Laussadelphie avec 32 cultivateurs chinois et malais et 20 setlers américains, choisis parmi ces gens robustes et intrépides qui passent leur vie à abattre et à défricher les forêts vierges. Ce plan était fortement conçu : « Ne transporter que des laboureurs endurcis ou de gros ouvriers; les amener par familles; soigner leur traversée et surtout leur installation; pourvoir avec régularité à leurs premiers besoins; mesurer leur tâche et ne les pas faire travailler de 10 heures du matin à 2 heures de l'après-midi; les accoutumer à un régime sobre en même temps que substantiel. »

M. de Laussat terminait l'exposition de ses vues par ces mots pleins de profondeur : « Il s'agit d'atteindre un but inappréciable; ne reculons pas *devant quelques dangers et quelques pertes.* »

C'est ainsi que des hommes d'État doivent envisager les choses.

On pourrait n'exiger des nouveaux immigrants que six heures de travail, de 5 heures à 9 heures le matin, et de 4 heures à 6 heures le soir; on les astreindrait, en outre, à une sorte de discipline militaire, en les soumettant à toutes les précautions et au régime hygiénique que nous avons indiqués dans notre chapitre III.

Avec 50 Indiens, Chinois ou engagés du pays, travaillant neuf heures par jour, on pourrait abattre, brûler, chapuiser en un mois 8 hectares de terres basses. Avec 75 Européens, travaillant six heures par jour, on obtiendra évidemment le même résultat : c'est mathématique.

Il restera trois heures de travail à ces hommes robustes et vaillants, trois heures qui pourraient être utilisées à des travaux à couvert, comme il s'en trouve toujours à faire sur des exploitations rurales.

Comme le Gouvernement ne semble se réserver, pour l'application de ses vastes desseins sur la transportation, que les terrains qui s'étendent entre Kourou et le Maroni, et que tous les établissements pénitentiaires au vent de Cayenne ont été retirés, la nouvelle immigration trouverait ouverte toute la partie de la Guyane qui s'étend entre l'Oyapock et le Mahury. Cette partie comprend, tout le monde le sait, les meilleures terres de la colonie. Il n'y a pas une rivière entre ces deux points qui n'offre à la culture un développement de 16 kilomètres au moins en profondeur à travers les alluvions. Rien ne s'opposerait donc à ce que les deux immigrations libre et pénale se développassent simultanément, sans avoir ensemble d'autres points de contact que ceux qu'amèneraient, dans l'avenir, les relations industrielles et commerciales. Il est superflu de faire ressortir qu'une réussite complète et durable ne doit être attendue que si l'on a soin d'introduire, dans la nouvelle immigration, l'élément le plus indispensable du succès, la femme, destinée à devenir épouse et mère.

On dirigerait, d'abord, l'activité de ces immigrants vers la culture des vivres et l'élève du bétail. On assurerait ainsi à la nouvelle colonie une alimentation salutaire et les engrais qui manquent à la Guyane. Il faudrait, nous le répétons, commencer par améliorer les pâturages naturels, ce qui devrait toujours être pratiqué avant de songer à placer une seule tête de bétail dans une localité, de manière à se procurer ainsi des fourrages secs destinés à être consommés à l'étable.

Je laisse à penser quels avantages retirerait une exploitation quelconque d'un semblable personnel bien dirigé. La vente des denrées d'exportation procurerait au propriétaire les moyens d'assurer à ses ouvriers un salaire très-élevé et de recueillir lui-même de très-grands bénéfices de son exploitation. La colonie, au bout d'un certain nombre d'années, n'aurait presque plus besoin de s'approvisionner au dehors. La population s'accroîtrait d'un nouvel élément et, en outre, de toutes les naissances qu'amèneraient les mariages. La consommation locale augmenterait également, ce qui est toujours aussi profitable au commerce qu'au budget de la colonie.

Le grand propriétaire ne pourrait-il pas, d'ailleurs, appeler la mécanique au secours de l'industrie agricole? Ne pourrait-il pas faire venir des États-Unis la fameuse machine dite *Grubber*, qui saisit, arrache, abat les plus grands arbres et facilite ainsi les défrichements? Ne pourrait-il pas demander à Demérara la machine *excavator* que j'y ai vue, machine puissante qui fait le travail des tranchées et creuse des fossés de desséchement.

L'Administration pénitentiaire trouverait peut-être dans l'emploi de ces deux machines une aide efficace pour le développement de ses établissements agricoles du Maroni.

L'émigration européenne nous paraît très-praticable dans ces conditions.

Nous croyons avoir suffisamment démontré, dans notre chapitre III, que l'Européen peut vivre et travailler à la Guyane. S'il reste encore quelque doute à ceux qui en contestaient la possibilité, nous livrons à leur méditation ces belles paroles du grand naturaliste Linné, exprimées dans un latin admirable de concision et d'énergie :

« *Homo habitat inter tropicos, vescitur palmis ; hospitatur extra tropicos sub novercante cerere.* »

« L'espèce humaine a son habitation naturelle entre les tropiques, où les palmiers lui fournissent une nourriture substantielle ; en dehors des tropiques, l'homme ne reçoit qu'une sorte d'hospitalité, arrachant avec peine à une nature marâtre les céréales nécessaires à son alimentation. »

CHAPITRE VIII.

Population.

Mœurs, caractère, usages des différentes classes.

Je regarde comme une impiété l'opinion qui refuse à la race née en Afrique la qualité d'hommes perfectibles.

Les hommes, quelle que soit leur couleur, naissent, croissent et meurent dans un temps donné. La nature a doué les différentes races des mêmes organes, elle les a assujéties aux mêmes besoins; leur mode de reproduction est le même. Leur santé prospère ou dépérit par les mêmes causes : la faim, la soif, la privation de l'air respirable produisent sur toutes les mêmes effets. Le brasier qui a consumé la main de Mucius Scœvola eût brûlé celle de Toussaint Louverture. Tous les hommes sont également sortis des mains de la nature; tous sont donc les enfants de Dieu, comme les flots des rivages les plus opposés sont tous les fils de l'océan.

D'où vient l'homme?

La science n'a pas encore trouvé et ne trouvera jamais d'autres titres de famille pour le genre humain que ceux qui sont écrits dans les livres sacrés.

Quelle est la race primitive?

Buffon dit que le genre humain ne comprend qu'une seule espèce : il pense que la race caucasique est la souche dont toutes les autres sont dérivées, et que les hommes olivâtres, cuivrés, noirs ou basanés ne sont que des blancs dégénérés.

Suivant Cuvier, l'homme ne forme qu'un genre, et ce genre est unique dans son ordre. Suivant lui encore, quoique l'espèce humaine paraisse unique, puisque tous les individus peuvent se mêler indistinctement et produire des individus féconds, on y remarque certaines conformations héréditaires qui constituent des races. Trois d'entre elles surtout lui paraissent éminemment distinctes : la blanche ou caucasique, la jaune ou mongolique, la noire ou éthiopique. Il distingue ces races en différentes branches, et n'exprime que des doutes sur tout le reste. (*Règne animal, de l'homme.*)

Bory de Saint-Vincent (*Dictionnaire d'histoire naturelle*) divise le genre humain en quinze espèces : il n'admet point qu'il n'existe qu'une espèce primitive qui se serait divisée en plusieurs variétés. Il pense, au contraire, que les divisions qu'on a considérées comme de simples variétés forment autant d'espèces primitives.

A ne considérer la question qu'au point de vue philosophique, chaque race peut, avec autant de raison, regarder les autres comme des variétés de la sienne. « Les peuples qui ont la peau blanche, dit Alexandre de Humboldt, commencent leur cosmogonie par des hommes blancs. Selon eux, tous les peuples basanés ont été noircis ou brunis par l'ardeur excessive du soleil. Mais, si l'histoire avait été écrite par des hommes noirs, ils auraient soutenu ce que, récemment, des Européens même ont avancé, que l'homme est originairement noir, qu'il a blanchi dans quelques races par l'effet de la civilisation et d'un affaiblissement progressif, de même que les animaux, dans l'état de domesticité, passent d'une teinte obscure à une teinte plus claire. » (*Voyage aux régions équinoxiales*, liv. III, chap. IX, p. 367 et 369.)

Je n'étonnerai personne en rappelant ici que cette dernière opinion a été professée par Richard et Lacépède.

Toutes les divergences d'idées sur cette matière ne font que prouver, à mon sens, les bornes de notre intelligence et le peu de certitude de nos connaissances. Aucun raisonnement ne saurait nous expliquer des faits que la nature nous a cachés.

Le seul fait qui paraît avoir un certain degré de certitude, c'est que les individus qui ne mêlent pas leur race en transmettent à leurs descendants les caractères distinctifs, et qu'aucune espèce ne dévie des traits qui la distinguent.

Une autre question très controversée partage encore le monde savant.

Nous avons exposé chapitre III, et nous pensons avoir réfuté l'opinion émise par Chardin et Montesquieu au sujet de l'influence qu'exerce le climat sur la constitution physique et sur l'intelligence des diverses espèces d'hommes ; mais ils ont, en outre, attribué au climat une influence immense sur les lois, les mœurs et les religions des peuples. Une réfutation complète de cette opinion excéderait de beaucoup les limites que je me suis prescrites dans ce travail. Il est impossible, cependant, de n'en pas dire quelques mots dans un chapitre qui traite des mœurs de la population de la Guyane française.

Malte-Brun, le premier, s'est aperçu de l'erreur dans laquelle est tombé le grand écrivain, et l'a relevée dans son *Précis de géographie universelle* (tome III, liv. 46, p. 19 et 22).

Voici, sur les effets du climat, les idées de Montesquieu réduites au plus petit nombre de termes possible :

« Les peuples des pays chauds sont timides, très-sensibles aux plaisirs de l'amour et enclins aux passions qui engendrent les crimes ; les peuples du nord sont courageux, sincères, francs, peu sensibles aux plaisirs et à la douleur. Il faut écorcher un moscovite pour lui donner du sentiment. (Liv. XIV, chap. II, p. 79.)

« L'ivrognerie se trouve établie par toute la terre, dans la proportion de la froideur et de l'humidité du climat. Qu'on passe de l'équateur au pôle, on y verra l'ivrognerie augmenter avec les degrés de latitude ; qu'on passe du même équateur au pôle opposé, on y verra l'ivrognerie aller vers le Midi, comme de celui-ci elle était allée vers le Nord. (Liv. XIV, chap. X.)

« Le climat produit les vices moraux, porte les Anglais au suicide et inspire les mœurs atroces des Japonais. (Chap. XI, XII et XV.)

Un grand nombre d'écrivains ont complétement adopté l'opinion de Montesquieu.

Raynal, entre autres, a dit (*Histoire philosophique des deux Indes*, tome I, livre I, page 88) : « A mesure que les sociétés s'accroissent et durent, la corruption s'étend ; les délits, *surtout ceux qui naissent de la nature du climat dont l'influence ne cesse point*, se multiplient, et les châtiments tombent en désuétude, à moins que le Code ne soit mis *sous la sanction des dieux*. »

D'autres écrivains ne se sont pas arrêtés là : ils ont attribué l'esprit révolutionnaire des peuples à la charge électrique de l'atmosphère, et la réformation morale à l'usage du café.

Voici comment un abbé physicien, Giraud Soulavie, explique les révolutions qui, à des époques diverses, se sont opérées parmi les hommes : « Les basaltes et les amygdaloïdes augmentent la charge électrique de l'atmosphère, et influent sur le moral des habitants, en les rendant légers, révolutionnaires et enclins à abandonner la religion de leurs pères. » (Citation d'Alexandre de Humboldt, *Essai politique sur la Nouvelle-Espagne*, tome II, livre V, chapitre XII, page 496).

On trouve dans Robin (*Voyage dans la Louisiane*, tome I, chapitre VIII, page 137) : « Je pourrais citer les atrocités qui ont souillé la révolution française et fait croire que Paris n'était pas ce bon peuple tant vanté ; ces atrocités n'ont été exercées que par des malheureux *étrangers à l'usage du café*. »

Ces assertions irréfléchies que n'appuie aucune observation bien faite et que démentent des faits sans nombre, répugnent à la raison.

Montesquieu, qui s'est placé au rang de nos premiers écrivains, et qui rivalise avec Tacite pour la précision et l'élévation de la pensée, ne peut être accusé d'avoir légèrement admis l'opinion de Chardin ; mais, en affirmant que les peuples des climats froids ont plus de vertus et moins de vices que les peuples des climats chauds, et qu'en s'approchant des pays du Midi on croit s'éloigner de la morale même (Livre XIV, chapitre III, page 80), il a eu le tort de déduire ces faits, non de l'examen des mœurs de chaque peuple, mais de la faiblesse intellectuelle et physique produite, suivant lui, par la chaleur sur la constitution de l'homme : or, nous croyons avoir suffisamment démontré dans notre chapitre III que les peuples placés sous des climats chauds ne sont pas inférieurs aux peuples de même espèce placés sous les climats les plus froids ; on pourrait donc prendre le contre-pied du système de Montesquieu, et dire que les vices sont réservés aux climats froids et les vertus aux climats chauds.

Cette opinion me semblerait se rapprocher beaucoup plus de la vérité que l'opinion contraire. S'il est en Europe des nations qui aient surpassé les autres en vices et en crimes, ce sont celles qui en occupent la partie la plus septentrionale.

En recherchant comment la civilisation s'est répandue sur la surface du globe (Chapitre III), nous avons constaté qu'elle s'est d'abord développée entre les tropiques ou dans les pays qui en sont le plus rapprochés et que de là elle s'est étendue vers les zones tempérées. On peut ajouter que l'homme ne vit que par la chaleur : les aliments dont il se nourrit ne croissent et ne multiplient que par la chaleur ; à mesure qu'on s'élève vers les climats froids, les espèces de végétaux qui sont propres à sa subsistance diminuent. Or, il n'est pas besoin de longs raisonnements pour prouver que moins la terre produit de subsistances propres à l'homme, et moins un peuple peut se développer. Mais, bien qu'il soit prouvé par des faits nombreux et incontestables qu'à mesure qu'on avance des pôles vers l'équateur on trouve les peuples généralement plus éclairés, plus actifs, plus industrieux et plus moraux, il ne faut pas se hâter de conclure que l'effet immédiat d'une grande chaleur est de rendre les hommes intelligents et vertueux ; un tel raisonnement ne serait pas plus juste que celui que nous avons combattu, puisqu'il tendrait à ériger en loi que l'intelligence et les vertus d'un peuple sont en raison directe du degré de température sous lequel il se trouve placé : ce qui serait tout simplement absurde.

Je ne pense pas, en résumé, que le climat exerce de l'influence sur les facultés intellectuelles et morales des populations, qu'elles soient placées près des pôles ou voisines de l'équateur. On trouvera chez les unes et chez les autres les mêmes calamités, les mêmes vices. « Le ciel de la Grèce n'a pas changé, dit M. Villemain, *Éloge de Montesquieu*, et l'esclavage rampe sur cette terre de la liberté. Il n'y a plus de Romains dans l'Italie (1) : ce n'est pas le ciel qui manque, ce sont les lois et les mœurs. »

Dans l'observation des faits, toutes différences d'espèces ou de races disparaissent : les Mongoles au teint jaune, les Malais basanés, les Américains couleur de cuivre, les Noirs à la peau d'ébène et les Caucasiens à la peau blanche, portent tous la même physionomie morale, toutes les fois qu'ils se trouvent dans des circonstances analogues ; et, tandis que leurs caractères physiques restent invariables dans toutes les positions et sous toutes les latitudes, leurs mœurs portent l'empreinte des milieux dans lesquels ils se meuvent et des lois qui les régissent.

Ce n'est pas la couleur de la peau qui forme la différence entre les races ; les vertus et les vices, la position sociale et le degré d'intelligence peuvent seuls désormais établir des distinctions entre elles. Trois grandes révolutions, dont la dernière a porté providentiellement sur le plus beau trône de l'univers le représentant des grandes idées modernes, n'auront pas passé leur niveau sur la nation française pour qu'on vienne, en plein dix-neuvième siècle, se fonder sur de simples différences physiques, comme sur des signes certains, pour distribuer l'estime ou le mépris.

Honorer ou flétrir les individus selon la caste dans laquelle Dieu les a fait naître, c'est placer l'une à un point d'élévation indépendant de toute qualité personnelle, c'est condamner l'autre à un avilissement perpétuel. Dans ce système, il n'y a pas de

---

(1) C'est la pensée affaiblie de Casimir Delavigne dans les Messéniennes :

J'ai vu Rome et pas un Romain
Sur les débris du Capitole.

Vraie peut être à l'époque où écrivaient les deux auteurs, elle ne l'est plus aujourd'hui. Sébastopol, Magenta et Solferino ont relevé l'Italie du poétique anathème prononcé contre elle.

vices qui puissent faire descendre les premiers, pas de vertus qui puissent élever les seconds : ceux-ci ne pourraient déchoir de leur rang par aucun genre d'incapacité, ceux-là ne pourraient sortir de leur abaissement par l'acquisition d'aucune qualité morale. La distinction entre les races n'a plus sa raison d'être; l'aristocratie de la couleur est aujourd'hui une inanité : « que le préjugé, dit M. Jules Duval, page 194 de son excellente étude sur les colonies, ne s'oppose pas aux alliances entre races diverses, et une race mixte se formera plus vigoureuse et mieux trempée pour le travail. »

Ce vœu de M. Jules Duval est en voie d'accomplissement et, de même que l'aristocratie métropolitaine se renouvelle en admettant dans son sein des individus sortis du peuple, de même les classes blanche et de couleur tendent à se confondre à la Guyane dans la vie privée. Depuis longues années, les relations de famille ont confondu souvent les deux races et, chez les descendants de ces alliances, les signes apparents de la mixtion ont presque complétement disparu en ne laissant subsister qu'une nouvelle variété de race forte et intelligente, accueillie sans arrière-pensée par la classe blanche.

La Guyane française est une *colonie* dans la pure acception du mot, c'est-à-dire qu'elle comprend une population métropolitaine devenue propriétaire du sol, l'exploitant pour en envoyer les produits dans la mère-patrie et demandant à celle-ci ses moyens de consommation en articles industriels ou manufacturés. Cet élément de population métropolitaine est rare ; celui d'origine africaine est lui-même en faible quantité, et c'est leur fusion qui a produit le reste de la population permanente guyanaise. Nous considérons la race indigène, celle des anciens Indiens, comme une portion tout à fait distincte et séparée de la population sédentaire de la colonie ; elle n'apparaîtra dans le tableau de la population, que nous donnerons à la fin de ce chapitre, que dans une proportion à peu près insignifiante, et nous lui consacrerons un article spécial, moins en raison de son importance qu'eu égard au parti que, selon nous, on en pourrait tirer.

Nous laisserons aussi de côté, quant à présent, deux autres sources de la population coloniale, l'immigration et la transportation, dont nous traiterons séparément en temps et lieu.

Avant de parler de la population permanente et sédentaire, disons un mot de la population européenne flottante, qui se compose en majeure partie d'officiers des différents corps de la marine, en passage à la Guyane.

Ces fonctionnaires se comportent, en général, dans le pays, comme des étrangers sur une terre étrangère. La Guyane à leurs yeux n'est qu'une étape à traverser pour passer dans une autre colonie. A peine arrivés, ils songent au retour et n'entretiennent leurs hôtes que de leur désir de les quitter le plus tôt possible. On les entend, tous les jours, en tous lieux, répéter qu'ils partent l'année prochaine, et cette idée leur devient tellement familière qu'elle dégénère, chez quelques-uns, en manie, et qu'ils en arrivent à se refuser le confortable et tous ces riens commodes qui donnent du charme à l'existence.

Quant à la population créole, ceux qui pensent que le climat exerce de l'influence sur la constitution physique de l'homme pourraient bâtir un système et dire que cette influence est analogue à celle qui paraît être exercée sur le règne végétal à la Guyane, et que, de même que la végétation y est vigoureuse et va s'affaiblissant à mesure qu'on avance vers les pôles, de même la race créole doit y être plus grande et plus forte que dans les régions du Nord. Mais ce serait encore un système et un système que viendraient démentir les faits. Car on trouve, entre les grands et vigoureux caraïbes du nord de l'équateur et la forte race des patagons du sud, des peuples intermédiaires dont la taille est, en général, au-dessous de la moyenne.

Quant aux créoles de la Guyane, ceux de race blanche sont généralement petits, ceux de la classe dite de couleur sont d'une taille élevée. Les traits des deux classes sont réguliers, mais leur teint est privé de ce coloris dont la nature l'embellit dans les régions froides ou tempérées.

Leur regard est expressif et annonce même une sorte de fierté, qui pourrait élever contre eux des préventions défavorables, si cette fierté n'était mitigée par une affabilité naturelle.

Le climat n'influe pas plus sur leurs facultés intellectuelles et morales que sur leur organisation physique. Les créoles qui sont doués d'une énergie native, n'ont jamais perdu leur puissance de travail, et ils ne sont pas plus vicieux que les hommes de nos grandes villes d'Europe.

Leurs qualités, ils ne les doivent qu'à eux-mêmes. Leurs défauts proviennent surtout des vices de leur éducation première. Nés à une époque où ils étaient encore entourés des soins les plus serviles, enfants, on a flatté leurs caprices, excusé leurs bizarreries, satisfait et même inspiré leurs fantaisies; devenus hommes, ils se sont livrés à leurs passions dans un milieu où les mœurs ne sont rien moins que propres à les maîtriser.

On peut dire que la population créole ne possède que les qualités et les défauts de la population métropolitaine. Parmi les créoles, les uns sont sérieux, actifs, continents; d'autres sont légers, paresseux, dissolus. Il y en a un grand nombre qui se distinguent par la vie la plus régulière, la plus honorable, et par les qualités les plus solides.

Les créoles de la Guyane sont gais, pleins de vivacité, doués enfin du caractère et de l'esprit le plus éminemment français. Comme leurs frères de la Métropole, ils sont affables, généreux, peut-être avec ostentation, braves jusqu'à la témérité; mais plus qu'eux ils sont dévoués dans leurs amitiés et tenaces dans leurs haines.

L'hospitalité n'est plus l'apanage des créoles, ruinés depuis l'émancipation. Elle a encore, toutefois, sur leurs habitations, dans les quartiers, un caractère de générosité qui honore d'autant plus ceux qui l'exercent qu'ils ont moins à donner.

Les dames créoles réunissent, en général, à la délicatesse des traits une taille élégante et une démarche pleine de distinction. Leur figure n'a pas l'exactitude rigoureuse du type grec, mais elle offre presque toujours cette combinaison plus séduisante qui constitue la physionomie. Elles savent employer, avec un goût exquis, les ressources que la toilette peut offrir et rehausser ainsi les grâces que la nature leur a départies.

La danse a tant d'attraits pour elles qu'elles s'y livrent sans réserve malgré la chaleur du climat. Cet exercice semble ranimer la langueur habituelle de leurs mouvements, et elles savent si bien les charmes qu'il donne à leur figure expressive et à leur taille gracieuse qu'elles le recherchent avec ardeur. Mais, depuis l'émancipation, les dames créoles ne trouvent plus guère à satisfaire leur passion pour la danse que dans de rares réunions officielles.

Elles aiment le chant : beaucoup d'entre elles sont très bonnes musiciennes. Leur voix agréable et facile ne se prête qu'aux modulations des airs légers ou tendres. Quelques-unes cependant parviennent à triompher, sans efforts, des difficultés de la grande musique.

On ne les rencontre jamais dans les promenades : elles ne sortent que pour se rendre visite ou aller à l'église. Elles aiment à rester chez elles; leurs demeures, toujours ouvertes, à jour pour ainsi dire, réalisent l'idée de la maison de verre qu'Épictète rêvait pour le philosophe : elles y vivent dans une sphère où la malignité et la calomnie ne sauraient jamais atteindre.

Leur esprit est, en général, cultivé, et leur conversation pleine de grâce et d'agrément. On est parfois étonné de trouver en elles un sens juste, une entente des affaires que quelques détracteurs refusent à leur sexe. Pour moi, je pense que leurs maris gagneraient souvent beaucoup à se laisser guider par elles : leur tact vaut mieux que les prétendus principes des *maîtres de leurs droits et actions;* leur esprit naturel, mûri par leur vie sédentaire, ne se dépense pas en paroles inutiles, et la solitude où elles se plaisent à vivre donne à leur âme une trempe forte qui imprime à leurs résolutions un caractère de stabilité dont celles de leurs maris, dans certaines circonstances, sont totalement dépourvues.

Les dames créoles sont très-sobres : l'eau pure est leur boisson ordinaire, et leur goût est tellement exclusif à cet égard qu'elles ne consentent à l'usage du vin que lorsque le médecin le prescrit. Leur santé est souvent détruite par l'usage trop exclusif des mets du pays et du poisson qu'elles préfèrent à tous les autres aliments plus substantiels.

Aussi, cette nourriture, des siestes prolongées, des écarts de régime, l'inaction dans laquelle elles vivent, sont des causes qui flétrissent quelquefois, avant le temps, les charmes de bien des dames créoles : brillantes comme les fleurs, elles n'en ont souvent aussi que la durée.

L'habitude pernicieuse de les marier avant que la nature ait achevé de développer leur constitution physique, est une autre cause de la ruine de leur santé ; on en a vu quelques-unes, mères avant l'âge, ne donner la vie qu'en abrégeant la leur ; on a vu des familles où la mort a fait payer le berceau de l'enfant du cercueil d'une mère à peine nubile.

Il nous reste à parler de la classe noire venue d'Afrique ou née dans la colonie. On ne saurait nier les progrès que cette classe a faits dans la voie de la moralité et de la civilisation. Le nombre des mariages et, par suite, des légitimations s'est accru depuis quelques années, et la tendance à une vie régulière se manifeste d'une manière de plus en plus sensible. Toutefois, la facilité des mœurs, résultat de l'ancien état de choses, fait encore sentir aujourd'hui ses funestes effets.

Ce serait une question bien digne d'attirer l'attention du penseur que celle d'examiner si l'autorité publique peut intervenir pour chercher à ramener à la règle commune les individus qui tendent à s'en écarter. Je crois qu'en principe, elle a non-seulement le droit, mais encore le devoir de les contraindre à faire ce que fait la majorité de la population. Plusieurs peuples ont tenté de combattre le dérèglement des mœurs par la force de l'autorité publique. La censure, chez les Romains, n'avait pas d'autre objet. « Un censeur, dit Plutarque (*Vie de Caton*, traduction d'Amyot), a loi d'enquérir sur la vie et de réformer les mœurs d'un chacun. »

On peut objecter que les tentatives faites à Rome et chez les peuples modernes, pour réformer les mœurs par l'action directe de l'autorité publique, ont été vaines, et qu'en dépit de ses censeurs, il n'a jamais existé une nation plus vicieuse que les Romains. Cela est exact : mais si, comme on l'a dit, la vie intérieure est murée, la vie extérieure ne l'est pas et appartient à l'autorité. Il est malheureusement des actions blâmables qu'elle ne peut pas atteindre, comme il est des actions bienfaisantes qu'elle ne peut pas commander.

« La population, dit M. Villemain (*Éloge de Montesquieu*), décroît et s'augmente dans un rapport intime et nécessaire avec les mœurs. Le mariage est le fondement de la société, l'immoralité est destructive comme la guerre, la religion est la protectrice des bonnes mœurs. »

Les sœurs de Saint-Joseph de Cluny, dans les réunions d'adultes qu'elles forment aux pratiques et aux actes de la vie chrétienne, les membres de la congrégation du Saint-Esprit et de l'immaculé cœur de Marie, les RR. PP. Jésuites et le clergé de Cayenne, dans leurs instructions dans les églises, ne négligent rien pour inciter la classe la plus nombreuse de la colonie au mariage, et exercent, sous ce rapport, l'influence la plus utile sur la population de Cayenne et des quartiers.

Un grand nombre de personnes appartenant à cette classe sont douées d'excellentes qualités. Elles ont même un tact qui confond et réprime souvent l'orgueil de certains hommes qui, par des airs dédaigneux, forcent l'amour-propre blessé à rechercher leur origine.

Un noir honnête homme a le droit de faire sentir à un blanc dégradé la distance qui les sépare.

Quelques-uns ont le goût des arts. L'instruction de la majorité d'entre eux peut être considérée comme à peu près nulle. Cependant, on remarque chez eux une tendance assez générale à profiter des ressources que leur offrent les cours d'adultes récemment créés par l'Administration. Quelques-uns, devenus propriétaires, entrepreneurs, marchands, régisseurs, maîtres ouvriers charpentiers ou menuisiers, envoient leurs enfants aux écoles publiques ; mais la plupart, il faut le dire, les laissent trop libres de contracter ces funestes habitudes de fainéantise et de vagabondage qui les conduisent, quelques années plus tard, sur les bancs de la police correctionnelle.

Le noir aime le jeu, mais ce ne sont pas les jeux de combinaison qui l'attirent, ce sont les jeux de hasard.

La justesse de l'oreille des noirs leur donne la première qualité du musicien ; aussi en voit-on un assez grand nombre qui exécutent fort bien des airs sur le flageolet et la flûte. Quelques-uns ont étudié et connaissent les principes de la musique, mais la plupart ne jouent évidemment de ces instruments que par routine, c'est-à-dire, qu'ils apprennent d'eux-mêmes, en imitant les sons d'un air, ou bien d'un camarade formé de la même manière et qui ne leur indique que la position des doigts, sans qu'il soit question de notes.

Le noir siffle à merveille et reproduit avec une facilité presque inexplicable les airs les plus compliqués ; c'est même entre eux une manière de se parler et de se prévenir au besoin.

Ce qui le ravit le plus, soit qu'il ait reçu le jour en Afrique, soit que la Guyane ait été son berceau, c'est la danse. Il n'est point d'obstacles qu'il ne surmonte pour aller, quelquefois même pendant la nuit, se livrer à ce plaisir : ni la fatigue de la veille, ni le travail du lendemain, ni la distance, ni les rivières débordées ne l'arrêtent ; il court, il vole pour aller danser ou frapper du poignet et des doigts sur un tambour couvert d'une peau de biche.

Il y a des danses où les femmes seules sont admises : ce sont les *yambels*. Chaque compagnie ou *convoi* a un nom : *Impériales, Empire, Poignets dorés, Grenats, Amirales, Mines d'or*, etc. La reine, ou toute autre de la compagnie, chante un couplet que le chœur répète pendant que quatre d'entre elles dansent. Ces couplets sont en général des satires adressées de *convoi* à *convoi*.

Une manie générale dans la classe noire, c'est d'aimer à se droguer : un médecin est sans talent s'il ne donne beaucoup de remèdes. Aussi les malades en reçoivent-ils de toutes mains ainsi que des aliments : ils mangent dans leurs plus graves maladies ; selon eux, la médecine des blancs fait périr le plus grand nombre des malades par la diète.

Le noir est en général très-sobre et n'a d'autre règle pour manger que son appétit. Comme les créoles des autres classes, il aime à réunir plusieurs mets dans le même plat et même dans chaque bouchée ; ses doigts lui servent de couteau, de cuiller et de fourchette. Un grand plaisir pour lui, c'est de causer en mangeant et, s'ils se trouvent plusieurs ensemble, ils aiguisent le repas par des saillies et des épigrammes, car le noir est naturellement railleur.

Je ne saurais donner assez de louanges aux sentiments que l'amour maternel a placés dans le cœur des femmes de la classe noire : c'est un être bien respectable qu'une mère qui, après le travail de la journée, sait donner à son enfant les soins les plus assidus. Elle le nourrit de son lait le plus longtemps possible et même, si on ne lui imposait l'obligation du sevrage, elle prolongerait encore ce terme. Il y a d'autant plus de mérite dans cette durée de l'allaitement que les mères-nourrices passent pour être très-exactes à éviter alors tout commerce suspect, excepté avec le père de l'enfant qu'un préjugé universel dit qu'on peut ne pas comprendre dans l'exclusion générale.

On dit que le respect des hommes et des femmes de cette classe pour leur marraine et leur parrain est poussé si loin, qu'ils l'emporte sur celui qu'ils ont pour leur père et pour leur mère. Injurier leur parrain ou leur marraine, c'est leur faire l'outrage le plus sanglant. J'ai entendu une jeune femme noire s'écrier dans un véritable transport de fureur : « il a juré mon parrain ». On ajoute même que jamais aucune d'entre elles n'a de relations avec son parrain et que jamais non plus un noir n'oserait convoiter sa marraine.

Un des caractères les plus saillants des femmes de cette classe est la propreté. Elles recherchent l'eau sans cesse, et cette habitude si heureuse dans un climat chaud contribue encore à augmenter la fraîcheur de leur peau qu'on sait être comparativement plus grande que celle des femmes des climats froids.

On aurait peine à croire jusqu'à quel point leurs dépenses peuvent aller : elles mettent toute leur gloire et leurs plus douces jouissances à avoir beaucoup de linge. Jamais elles ne se trouvent assez de mouchoirs et de camisas, et une manie qu'elles ont presque toutes, c'est de se les emprunter réciproquement aussi bien que leurs bijoux.

Un grand plaisir pour elles, c'est de s'habiller plusieurs d'une manière absolument uniforme, à certaines fêtes solennelles, pour aller danser ou se promener.

Elles se prodiguent entre elles de grandes marques d'attachement et s'appellent *sœurs*. Quand le jour de la haine est arrivé, il n'est pas d'injures qu'elles ne se disent, point de turpitudes qu'elles ne révèlent ou qu'elles n'inventent, et des paroles, elles en viennent presque toujours aux mains.

Dans la partie inférieure de cette population, hommes ou femmes, il y a au moins un millier de personnes dont les bras inutiles ne servent pas à faire pousser un épi de maïs et qui vivent dans un état de paresse et de libertinage qui ont souvent appelé sur elles toutes les sévérités de la justice.

L'oisiveté doit être poursuivie : c'est la mère de tous les vices. Nulle part il ne peut exister de richesse sans travail, et quand une classe de la population refuse de travailler, c'est qu'elle mendie, qu'elle vole ou vit de prostitution.

Les hommes de cette classe inférieure ne travaillent que lorsque le besoin est devenu impérieux; puis ils retombent dans l'oisiveté jusqu'à ce que la même cause ramène le même effet.

Les femmes portent jupe et chemise plissée et se chargent de bracelets, de colliers à grains d'or, de bagues, de pendants d'oreilles. D'où leur vient ce luxe? Elles ne travaillent pas; le problème n'est pas insoluble.

Ces femmes ont à peine su ce que c'est que l'enfance; leur précocité trouble l'ordre physique et pervertit l'ordre moral en amenant les maternités hâtives ou les abus qui retardent l'époque de la maternité, quand ils n'en tarissent pas les sources. Je craindrais d'affliger, sans cesser d'être vrai, en ajoutant que cette fatale anticipation est quelquefois le résultat d'un calcul, dont le profit est pour les mères.

Ces mille individus des deux sexes, s'ils étaient répartis sur des habitations rurales, pourraient cultiver 2,000 hectares de terres.

L'alimentation à Cayenne diffère selon les classes.

Les Européens vivent, autant que possible, à la manière européenne.

Les créoles, même riches, font, en général, usage de la cassave : c'est le pain de la colonie. La pimentade, espèce de court-bouillon, est leur plat de prédilection ; la viande de boucherie, la volaille, le gibier, les variétés de poisson de mer et d'eau douce, les légumes que fournissent les rares jardins de la banlieue, les fruits, et, à défaut de ces aliments, les légumes secs ainsi que les salaisons et les conserves, forment la base de la nourriture à Cayenne.

L'alimentation des noirs consiste surtout en morue sèche, petit salé, poisson, gibier, ignames, patates, cassave et couac :

à ces ressources ils ajoutent souvent la volaille et le porc; les viandes délicates et la cuisine raffinée des Européens n'a aucun attrait pour eux.

Il nous reste à parler de l'idiome créole, c'est-à-dire de la variété de langage particulière à la Guyane française.

Je ne crois pas qu'on puisse dire que le créole soit une langue: c'est plutôt un patois, qui s'est formé à l'inverse de la langue française.

C'est, en effet, du mélange des patois normands, wallons et picards que notre belle langue est sortie; c'est de la corruption de notre français, si clair, si correct et si pur, qu'est venu le patois créole guyannais.

On a donné droit de cité à une foule de mots portugais, à des termes de marine, et cette admission n'a pas peu contribué à prêter à cet idiome une certaine énergie et une désinvolture assez leste. Rude et presque inintelligible dans la bouche d'un vieil africain, le langage créole devient agréable, mignard même, dans la bouche d'une femme. Aussi, peut-on dire avec justesse, je crois, que l'inflexion de la voix fait la plus grande partie de l'expression.

Le patois créole n'a pas de grammaire écrite, mais il a des règles fixes, invariables; il a son génie particulier. Ses proverbes, ses sentences, ses paraboles, comprises sous le nom générique de *dolos*, sont intraduisibles, et un Européen, quelque longue qu'ait été sa résidence à Cayenne, quelque habitude qu'il ait du langage créole, n'arrive jamais à en posséder toutes les finesses. J'ai souvent remarqué certaines expressions qui paraissent être une critique des nôtres, et je crois qu'un observateur habile trouverait dans ce simple langage plus de curiosités et de richesses que dans la plupart des patois des provinces de la France.

Il n'est pas sans intérêt maintenant de comparer la population de la Guyane aux deux époques si différentes de 1836 et de 1865, c'est-à-dire la période où régnait encore l'esclavage avec celle dans laquelle le travail libre s'est définitivement organisé dans la colonie.

Au 1ᵉʳ janvier 1836, la population totale de la Guyane française était de 23,361 individus. Dans ce chiffre se trouvait comprise la population flottante de la colonie, celle qui se renouvelle par les arrivées et les départs, pour un chiffre de 1,000 individus, y compris le personnel civil et militaire, qui s'élevait à 896 personnes.

Au 1er janvier 1866, le nombre d'individus composant la population de la Guyane française était de 24,432, y compris la population flottante.

Il se divisait comme suit :

Enfants au-dessous de 14 ans... { Sexe masculin.. 2,472 — féminin... 2,322 }		4,794
Célibataires au-dessus de 14 ans... { Sexe masculin.. 3,874 — féminin... 3,968 }		7,842
Hommes mariés...		2,168
Femmes mariées..		2,181
Veufs..		344
Veuves...		816
		18,145

A ce chiffre de 18,145 il faut ajouter :

1° Les tribus d'indiens aborigènes (hommes, femmes, enfants). 1,800
2° Réfugiés brésiliens.. 300
3° Militaires de toutes armes...................................... 1,129
4° Dames de Saint-Joseph de Cluny et de Saint-Paul de Chartres. 78
5° Les frères de Ploërmel... 17
6° Personnel du service médical, d'administration et des agents divers.. 166

7° Immigrants africains :

Au-dessous de 14 ans..... { Sexe masculin.... 34
 — féminin..... 28 } 62
Au-dessus de 14 ans...... { Sexe masculin.... 748
 — féminin..... 153 } 901   963

8° Immigrants indiens :

Au-dessous de 14 ans..... { Sexe masculin.... 73
 — féminin..... 69 } 142
Au-dessus de 14 ans...... { Sexe masculin.. 1,056
 — féminin..... 292 } 1,348   1,490

9° Chinois : hommes au-dessus de 14 ans............................ 70
10° Transportés hors pénitenciers................................... 274

Total général........................ 24,432

En comparant la population des deux époques, on reconnaît qu'elle n'a augmenté que de 1,071 individus dans une période de trente années. Nous n'avons pas compris dans ce chiffre la transportation qui se composait, au 1er janvier 1866, de 7,638 individus.

Mais en ajoutant même à ce chiffre celui de la transportation, on n'arrive encore qu'à un total de 32,170 habitants, population peu en rapport avec un immense territoire de 18,000 lieues carrées, pas même deux habitants par lieue carrée, tandis que la France compte 1,250 habitants par lieue carrée.

La population de la Guyane n'a pas précisément diminué ;

mais augmenter dans une si faible proportion en trente années, c'est décroître.

On assigne généralement pour causes à la diminution des populations, soit la décroissance de la production, soit la multitude d'accidents, de maladies, de crimes, et enfin la corruption qui règne dans les grandes agglomérations d'hommes. Le peu d'accroissement de la population à la Guyane tient à d'autres causes : à ce que, d'abord, la population africaine, ainsi que nous l'avons déjà fait observer dans le chapitre précédent, n'a pas été renouvelée; que les naissances n'ont pas compensé les décès, et qu'ensuite les contingents des nouveaux immigrants n'ont pas comblé ce vide; à la translation, avant l'émancipation de 1848, de certains ateliers qu'on fit passer de la culture des terres hautes à celle des terres basses; à d'assez nombreux accidents de navigation; au trouble apporté, depuis cette époque, dans les soins et par suite dans la conservation des enfants, et aussi, à de plus nombreux décès dans la classe affranchie qui, ayant déserté les grandes habitations, n'a plus reçu les secours que réclamaient des maladies graves que le défaut de soins médicaux rendait mortelles. Il tient encore aux nombreuses migrations de familles entières qui ont quitté la Guyane sans esprit de retour.

Les deux épidémies de fièvre jaune qui ont frappé si cruellement la colonie en 1850-1851 et en 1855-1856, n'ont pas eu toute l'influence qu'on pourrait leur supposer sur la population de la Guyane.

On serait tenté de croire que, dans les années qui ont suivi ces épidémies, quand chaque famille était plongée dans la tristesse et avait des pertes à déplorer, il a dû y avoir moins de mariages et conséquemment moins de naissances : on se tromperait.

Pendant l'année 1850, qui a précédé la première apparition du fléau destructeur, il y avait eu 34 mariages et 168 naissances. Dans les six années qui ont suivi cette épidémie, il y a eu, en moyenne par année, 60 mariages et 170 naissances.

Les relevés statistiques prouvent que de nos jours la population de toutes les nations s'est augmentée d'une manière notable; la Guyane française seule est restée stationnaire. D'après des données certaines, l'accroissement annuel est en France de 0.80 p. 0/0, en Angleterre de 1.58 p. 0/0, et aux États-Unis de 3.50 p. 0/0; à la Guyane, la population en trente années ne s'est accrue, avec quelques alternatives d'augmentation et de diminution, que de 35 personnes par an, c'est-à-dire 0.16 p. 0/0, tandis que les deux colonies étrangères voisines voient tous les trois ans leur population augmenter de près de 10,000 individus. « L'exploitation des régions intertropicales du continent américain, dit Victor de Nouvion (*Introduction*, p. 25), est avant tout une question de population. »

Le Gouvernement a toujours provoqué, stimulé et favorisé les entreprises à la Guyane ; la France n'a jamais répondu qu'en exhumant les funèbres souvenirs de l'expédition de Kourou et de la déportation de l'an v. Il est temps de dégager la Guyane française de la responsabilité des drames terribles auxquels elle n'a fait que servir de théâtre. Il faut enfin qu'on ajoute créance aux paroles des hommes de bonne foi qui l'ont habitée dix, vingt, trente ans, et qui viennent protester contre la réputation imméritée qu'on lui a faite ; il faut qu'on rejette dans le domaine de l'imagination toutes les fantastiques horreurs dont des récits exagérés ont peuplé ses rivages. Toutes les émigrations soigneusement préparées, conduites d'après les enseignements du passé, exécutées avec ordre et prudence, pourront réussir à la Guyane. Sans l'immigration, sans la transportation, qui est aussi une immigration, la Guyane est perdue ! la Guyane est morte ! La mort, mot terrible pour l'homme, mais bien autrement lugubre pour un pays.

CHAPITRE IX.

TRIBUS INDIGÈNES.

Voyages dans l'intérieur.

Dans la zone centrale, qui s'étend entre le Maroni et l'Oyapock, en deçà et au delà des monts Tumuc-Humac, existent des tribus indigènes qui habitent dans l'intérieur ou sur les confins de notre territoire. Elles peuvent se distinguer : 1° en tribus indigènes reconnaissant l'autorité de la France, soumettant l'élection de leurs chefs à la confirmation du Gouverneur de la colonie, mais vivant, d'ailleurs, dans une complète indépendance, comme les Roucouyennes, les Émérillons, les Aramichaux et les Oyampis, et 2° en peuplades vivant hors de notre territoire, ne pénétrant qu'accidentellement sur nos établissements pour y commercer, tels que les Youcas, les Bonis et les Polygoudous, connus sous la dénomination générale de nègres Bosch, anciens esclaves ou soldats noirs évadés de Surinam, qui habitent au nombre de 1,400 ou 1,500 individus vers le haut Maroni, au confluent de l'Awa et du Tapanahoni.

Le nombre des Indiens répandus aujourd'hui, soit dans l'intérieur, soit autour de nos possessions, ne paraît pas dépasser 1,800 individus. Certaines tribus ont disparu ou se sont fondues dans les autres ; quelques-unes ont changé de nom ; on ne voit plus de Trios, d'Ayocolets, de Racalets, de Marouanes, de Cayécouchiennes, de Paripourmes, d'Arouagues, de Palicoures, de Tamocommes, de Pirioux, d'Approuagues, d'Acoquas, de Nouragues ; on trouve à peine encore quelques familles de Galibis éparses dans toute la Guyane à Oyapock, à Kourou, au Maroni.

Les causes de cet affaiblissement graduel du chiffre de cette population sont les migrations de nombreuses peuplades à la suite d'extorsions honteuses auxquelles se sont livrés d'avides spéculateurs, ensuite l'usage ou plutôt l'abus du tafia que les Indiens désignent sous le nom d'*esprit des blancs,* et enfin la répugnance qu'ils éprouvent à se soumettre aux méthodes européennes de traitement médical. La fièvre ou la petite-vérole sévissent-elles chez eux, ils sont décimés par imprudence ou manque de soins.

Dès qu'un Indien a la fièvre, il ne connaît qu'un remède, c'est d'aller se plonger dans la rivière la plus voisine.

Les seules tribus indiennes qui habitent aujourd'hui le territoire de la Guyane française sont :

1° Les Rocouyennes, placés des deux côtés des monts Tumuc-Humac ;

2° Les Émérillons, entre l'Approuague et l'Oyapock ;

3° Les Aramichaux, au delà des Émérillons, dans le haut de la crique Aroüa ;

Et 4° les Oyampis, sur les deux rives du haut Oyapock.

Cette race d'hommes n'a jamais été modifiée par aucune mixtion.

Elle appartient à l'espèce cuivrée répandue sur toute la surface du continent américain.

Les traits aussi bien que la peau des hommes de cette espèce, depuis la zone torride jusqu'à la zone glaciale, sont restés invariables. Humboldt a été frappé de l'air de famille qui existe chez tous ces peuples, quel que soit le climat sous lequel ils vivent. Ils forment une race à part, qu'on ne peut rattacher clairement ni à l'une ni à l'autre de nos races de l'ancien continent, sans avoir cependant non plus de caractère à la fois précis et constant qui puisse en faire une race particulière.

Les individus de cette espèce, hommes et femmes, sont en général petits, trapus. Ils ont le front déprimé, les cheveux noirs, plats et longs ; leur peau, toujours tatouée, est d'un rouge de cuivre qu'il faut chercher sous une couche épaisse de roucou dont ils s'enduisent le corps pour se préserver de la piqûre des maringouins et des moustiques ; leur barbe est rare, forte et grossière. Buffon et Voltaire ont prétendu que les individus de race américaine n'ont point de barbe ; c'est une erreur. Nous avons tous vu dans les rues de Cayenne, et, sous M. de Montravel, dans les salons de l'hôtel du Gouvernement, des Indiens du pays portant leur barbe entière. Ce qui a fait croire qu'ils n'en avaient point du tout, c'est que la plupart d'entre eux prennent soin de s'épiler. Les deux grands écrivains que nous venons de citer n'ont certainement jamais vu d'autres Indiens occidentaux que les Osages amenés à la cour du roi Louis XV. Ces sauvages n'avaient probablement pas de barbe, et Voltaire et Buffon se sont empressés de conclure du particulier au général, ce qui n'est pas admis en bonne logique. Ils ont, d'ailleurs, déduit très-longuement les raisons de ce prétendu phénomène. Il est difficile d'exposer avec plus de talent les causes d'un fait qui n'existe pas.

Buffon pense que le teint cuivré de l'espèce américaine est produit par la saleté des individus et la fumée de leurs huttes. Cette opinion a lieu d'étonner de la part de ce grand naturaliste : non-seulement elle n'est pas fondée sur l'expérience, mais elle se trouve démentie par elle. Si les causes dont parle Buffon produisaient les effets qu'il leur attribue, les ouvriers européens qui travaillent dans les mines ou dans les forges, les charbonniers et les ramoneurs engendreraient des enfants noirs comme de la suie et du charbon.

Le caractère des tribus indigènes qui habitent ou entourent notre territoire est habituellement doux, hospitalier ; leurs mœurs sont paisibles ; mais lorsqu'ils sont animés par leur boisson favorite, le cachiri, ou quelques passions violentes, ils deviennent perfides et sanguinaires.

Adroits à tous les exercices du corps, ils sont aussi habiles nageurs que bons chasseurs : ils ne vivent guère que de chasse et de pêche ; robustes et infatigables quand la faim les presse, efféminés et paresseux quand leur appétit est satisfait.

Réunis en familles de six à huit personnes, ils changent souvent de résidence, mais dans un rayon limité : leurs demeures sont des carbets couverts en paille sèche de bananier, souvent de simples ajoupas. Un hamac ou une natte leur servent de lit.

Les deux sexes n'ont pour vêtement qu'un langouti, morceau d'étoffe qui leur couvre le milieu du corps ; les enfants vont tout nus. Les femmes se serrent la jambe au-dessus de la cheville et au-dessous du genou de manière à faire ressortir le mollet, dont la grosseur est considérée comme une beauté.

Comme nous l'avons dit au commencement de ce chapitre, ces tribus reconnaissent l'autorité de la France, et la nomination de leur chef est soumise à la confirmation du Gouverneur de la Guyane. Le signe de leur autorité est une canne de tambour-major sur la pomme de laquelle est écrit, avec la date de leur investiture, le nom du chef de la colonie. Leur habillement est en général, un uniforme français : le chef de la tribu des Oyampis revêt, dans les grands jours, un vieil uniforme de capitaine de vaisseau que son père, mort en combattant vaillamment les nègres Bonis, a autrefois reçu en cadeau du Gouverneur de la Guyane baron Milius.

On trouvera des détails très-intéressants sur leurs coutumes dans la relation des voyages de Patris, Leblond et Mentelle ; depuis cette époque les mœurs et les usages de ces tribus n'ont point changé.

Les femmes, quoique obligées de se livrer à des travaux pénibles, sont moins aviliés et moins misérables que chez les peuplades du Nord.

Une mère n'est pas plus tôt délivrée des douleurs de l'enfantement qu'elle vaque à tous les soins qu'exige la famille, tandis que le père reste couché dans son hamac, soignant le nouveau-né dont il se déclare ainsi le protecteur.

Les Indiens suivent la loi naturelle : la polygamie existe parmi eux. Il leur est permis d'avoir autant de femmes qu'ils peuvent en nourrir ; mais leurs chefs seuls usent de cette faculté.

Ils croient à un être suprême, mais ils n'observent aucune pratique religieuse.

Nous avons dit qu'indépendamment de ces tribus indiennes, il existait, en dehors de nos possessions, des peuplades désignées sous le nom générique de nègres Bosch. Nous ne nous en occuperons pas ici, puisqu'elles sont complétement indépendantes et répugnent même généralement à lier avec nos établissements du Maroni des relations de commerce. Nous ne pouvons que renvoyer les lecteurs, curieux d'avoir des détails complets, à l'article de M. A. Charrière sur l'origine des Bosch et des Bonis, inséré à la *Revue coloniale* d'octobre 1856, page 373.

On croit généralement à la Guyane que la population indienne ne peut être utilisée au profit de la colonie. Je pense, au contraire, que de sages mesures ramèneraient sur notre territoire les tribus qui en ont été éloignées, et qu'en les groupant plus près de nos établissements, on pourrait établir entre elles et Cayenne un commerce d'échanges que réglerait un tarif accepté de part et d'autre, de manière à ce que d'avides spéculateurs, qui, heureusement, font exception à la Guyane, ne viennent plus, comme par le passé, abuser de la crédulité de ces peuplades et leur extorquer des objets représentant dix fois la valeur des articles de peu d'importance qu'ils leur fournissent. Ne pourrait-on, sans chercher à renouveler les tentatives inconsidérées du baron de Bessner, non-seulement engager ces Indiens à venir sur nos établissements y apporter les produits naturels des forêts qui leur seraient désignés à l'avance, mais encore aider les propriétaires des habitations rurales à faire les récoltes, à manipuler les denrées et à les transporter par eau jusqu'à Cayenne. Les récits de tous les voyageurs, mes entretiens avec des agents de l'Administration, m'ont amené à conclure que les tribus indiennes qui habitent le haut de nos rivières, quitteraient sans hésitation leurs villages, comme le font journellement les Indiens Tapouyes de l'Amazone, pour se rapprocher des habitations voisines des grands fleuves et même s'y fixer, du moment qu'elles auraient l'assurance que le Gouvernement, représenté par une administration aussi ferme que bienveillante, leur accordera aide et protection, tiendra la main à l'exécution du tarif adopté et des marchés à passer avec les propriétaires relativement aux tâches et aux salaires.

Ces vues ne sont pas nouvelles. S'il est vrai de dire que quelques voyageurs dans leurs explorations de la Guyane centrale ont eu pour but d'étudier ses ressources naturelles et que les RR. PP. de la compagnie de Jésus ont été mus par le désir ardent d'établir des missions, on peut affirmer aussi que tous les autres explorateurs ont été guidés par la pensée toute politique de rattacher à la colonie les peuplades indiennes qui l'habitent.

Il faut avoir pénétré dans les vastes solitudes de la Guyane pour se former une idée des difficultés de toutes sortes qu'on y peut rencontrer. Quant à des dangers réels, il n'y en a pas. Des obstacles naturels peuvent blesser le voyageur, un serpent se dresser sous son pied; il en sera quitte pour un pansement; une tribu indigène à l'état sauvage peut l'assaillir; quelques cadeaux lui concilieront la protection du chef. Il peut arriver que dans certaines parties de la Guyane, si le voyageur a à traverser, d'une montagne à l'autre, les savanes immenses que séparent les rivières et leurs nombreux affluents, il enfonce souvent jusqu'à la ceinture dans des trous remplis d'eau et de vase; un prompt secours de son escorte le tirera d'affaire. Dans d'autres parties, le pays est couvert de forêts si épaisses que l'explorateur n'apercevra plus le ciel; il fera comme nos exploiteurs d'or, il montera sur les arbres les plus élevés pour reconnaître la montagne vers laquelle il se dirige. Les guides qui portent ses provisions et ses instruments pourront être un sujet d'inquiétudes pour lui, et il pourra craindre d'être abandonné dans les bois. Il n'y a pas eu jusqu'ici d'exemples d'un fait semblable. Tous les explorateurs qui ont voyagé dans les forêts de la Guyane ont éprouvé des difficultés, essuyé quelques contrariétés, mais ils n'ont jamais couru aucun danger sérieux.

Le plus facile et presque le seul mode possible de voyager à la Guyane est la navigation en canot. Mais cette navigation est assez pénible, à cause des rapides et des sauts souvent très-élevés qui barrent les rivières dont le cours est tellement encombré de roches que l'on peut à peine faire une ou deux lieues par jour. Dans les grands fleuves, tels que le Maroni et l'Oyapock, ces chutes d'eau sont étagées et tombent d'une hauteur qui varie entre 10 et 15 mètres. Alors le voyageur est obligé de faire porter son embarcation à dos d'homme, bien heureux s'il n'est pas forcé de l'abandonner et de poursuivre sa marche à pied, tantôt dans la vase, tantôt au milieu d'un réseau inextricable d'arbres, d'arbustes, de plantes et de lianes où l'on s'ouvre un passage le sabre à la main.

Il ne faut pas penser à emporter avec soi de nombreuses provisions de bouche, ni un attirail inutile : quelques instruments, du sel, du poivre, du lard, tel doit être le bagage de celui qui veut voyager dans l'intérieur. Les racines alimentaires du sol, la chasse et la pêche fourniront le reste.

La plupart de tous les voyageurs qui ont pénétré dans la Guyane centrale ont laissé des relations qui réunissent à l'intérêt des détails des vues profondes sur l'avenir de ce beau pays. On rencontre dans les récits des premiers explorateurs une naïveté charmante où la fable se mêle quelquefois à la vérité ; mais on reconnait bientôt que, si leurs auteurs ont été trop crédules, ils ont été les premiers trompés. On sent dans leurs narrations l'étonnement et l'admiration qu'ils éprouvent à la vue de cette nature virginale où la main du créateur est encore empreinte, de ces fleuves splendides qui coulent entre deux rideaux d'arbres toujours verts, de ces immenses forêts que peuplent des animaux inconnus et des oiseaux aux couleurs étincelantes, nature que Buffon n'a pas vue, mais qu'il a devinée du fond de son cabinet de Montbard, et qu'il a, pour ainsi dire, chantée dans sa description du Kamichi, en parlant de « ces oiseaux attachés au char du soleil, sous la
« zone brûlante que bornent les tropiques, oiseaux qui volent,
« sans cesse sous ce ciel enflammé, sans s'écarter des deux
« limites extrêmes de la route du grand astre. »

La première exploration dans l'intérieur, dont il existe une relation écrite, est celle qu'entreprirent, en juin 1652, cinq Français guidés par un chef nommé Biraumont. Le père Biet, supérieur des Jésuites qui avaient fait partie de l'expédition commandée par M. de Royville, raconte cette excursion dans son livre intitulé *Voyage de la France équinoxiale en l'isle de Cayenne, entrepris par les Français en l'année* 1652 ; mais il en dit peu de chose. L'expédition tentée par Biraumont eut, en effet, le tort d'être accomplie dans la saison des pluies. Parti de la pointe du

Mahury pour se rendre chez les Indiens Racalets, il remonta ce fleuve qui plus haut prend le nom d'Oyac et de Comté, et mit dix-sept jours à atteindre cette peuplade. Le pays qu'il avait traversé était entièrement inondé. Il reçut chez les Racalets un fort bon accueil, mais il n'eut pas le temps d'observer leurs habitudes et leurs coutumes, et encore moins celui d'étudier leurs lois et leurs mœurs. Biraumont employa cinq indiens pour l'aider à redescendre la rivière, et revint à Cayenne sans avoir obtenu aucun résultat de son entreprise.

En janvier 1674, les PP. Grillet et Béchamel partent de Cayenne dans le dessein d'explorer le haut Oyapock. Ils débouchent dans l'Uvia (Oyac), entrent dans la rivière des Nouragues (rivière Blanche) et la remontent jusqu'au premier carbet de cette tribu. Après s'être reposés pendant deux jours, ils repartent le 7 février, parcourent à pied vingt-quatre lieues à travers une chaîne non interrompue de montagnes, traversent, le 10 février, l'Arataye dans un faible canot, passent près d'un mois parmi les Nouragues dans la case de leur chef nommé Camiati, et le 10 avril vont s'embarquer sur la rivière d'Approuague pour se rendre dans la tribu des Acoquas. Ils remontent l'Approuague jusqu'au grand saut de Cachipour, peut-être même jusqu'à celui de Camouri, où ils mettent pied à terre, et, après avoir marché dans les bois l'espace d'une demi-lieue, ils montent dans un canot que Camiati leur avait fait préparer au-dessus du saut. Le 14 avril, ils entrent dans la rivière de Tenaporibo, et le 4 mai arrivent enfin sur la terre des Acoquas. Là, ils apprirent que quelques Anglais, qui les avaient précédés, avaient été dévorés par les indigènes. Ils remontèrent alors la crique Koura, abandonnèrent leur canot, traversèrent à pieds les vastes plaines accidentées qui séparent le bassin de l'Approuague de celui de l'Oyapock, descendirent le Camopi et ne s'arrêtèrent qu'à l'endroit où cette rivière se réunit à l'Inipi. Alors malades de la fièvre, comme les Indiens qu'ils avaient amenés avec eux, ils remontèrent le Camopi, refirent la route qu'ils avaient déjà parcourue, redescendirent l'Approuague jusqu'à son embouchure, longèrent les côtes de la Guyane et se firent descendre au Mahury, d'où ils revinrent à pied à Cayenne après cinq mois d'absence. Ces deux hardis missionnaires moururent peu de temps après tous deux des fatigues et des souffrances qu'ils avaient endurées pendant leur pénible exploration. Ces deux révérends pères ont laissé un journal de leur voyage, et cette pièce intéressante a mérité, à juste titre, de trouver place dans le recueil intitulé : *Mission de Cayenne et de la Guyane française.* Leur relation donne de curieux détails sur les mœurs et les coutumes des tribus indiennes que ces bons pères ont visitées, et nous apprend qu'ils ont été les premiers qui aient cherché à les instruire et à faire naître dans leur esprit l'idée d'entretenir des relations avec les habitants de Cayenne. Elle donne, en outre, les noms des populations indiennes de ces parages à cette époque : les Galibis, les Nouragues, les Racalets, les Aracarets, les Pâlicoures, les Mayez, les Marones, les Caussades, les Mercioux, les Acoquas, les Pirioux, les Pinos, les Magapas, les Caranes et les Aramisas.

En 1686, quelques français tentèrent un nouveau voyage jusqu'au Rio-dos-Tamures, mais ils se bornèrent à trafiquer avec les indigènes et à échanger des marchandises d'Europe, et particulièrement des fusils, contre des esclaves et des denrées du pays.

En 1688, M. de la Motte-Aigron remonta l'Oyapock, traversa le pays des Indiens Mercioux aujourd'hui disparus, avec l'intention de pousser jusqu'au fleuve des Amazones. Après avoir fait une cinquantaine de lieues, il fut obligé de revenir sur ses pas. Les difficultés de la route, les maladies qui avaient mis son escorte hors de service, et sa santé altérée l'empêchèrent de poursuivre son entreprise.

Pierre Éléonor, marquis de Férolles, gouverneur de la Guyane française de 1687 à 1688 et de 1691 à 1705, fit, en 1697, un voyage d'exploration sur les rives du fleuve des Amazones. Il constata qu'à cette époque les Portugais faisaient un commerce considérable de cacao, de vanille, de cannelle, etc., qui poussent à l'état sauvage dans ces contrées.

Il y eût eu un intérêt plus immédiat à constater, ce qui a été reconnu depuis, d'ailleurs, que ces productions naturelles se trouvent partout dans l'intérieur de la Guyane française.

En 1720, une autre expédition, organisée par les RR. PP. Jésuites, remonta le Maroni jusqu'à cinquante lieues de son embouchure, et ensuite l'Aroua, un de ses affluents, jusqu'à vingt-cinq lieues. Les explorateurs abandonnèrent alors leurs canots pour continuer leur route par terre, et, après trente-cinq ou quarante jours de marche, arrivèrent sur le Camopi qui se jette dans l'Oyapock. Ils descendirent ce fleuve et revinrent à Cayenne.

Ce voyage eut le double résultat de prouver que les sources de l'Oyapock et du Maroni sont peu distantes l'une de l'autre, et de faire connaître que ces parages sont couverts de forêts de cacaoyers sauvages.

Barrère, apothicaire-botaniste du roi, explore la Guyane de 1722 à 1725 et, en 1749, publie, sous le titre d'*Essai sur l'histoire naturelle de la France équinoxiale*, la nomenclature des plantes, des animaux et des minéraux qui s'y trouvent. (Voir chapitre V.)

Le capitaine de vaisseau Desmarchais, après avoir fait un voyage en Afrique, vint à Cayenne en 1725 et consacra trois années à parcourir différentes parties de la Guyane. A son retour en France, en 1728, il remit toutes ses notes au R. P. Labat qui les compléta par ses études personnelles et par des emprunts considérables faits aux manuscrits de Milhau qui avait exercé pendant trois ans les fonctions de juge de l'amirauté en l'île et gouvernement de Cayenne. L'ouvrage du Père Labat jouit encore aujourd'hui de l'estime des savants et des géographes.

En 1729, le Père Fauque partit accompagné du sergent Duvillard, remonta l'Oyapock et, après une navigation pénible, arriva chez les Acoquas. Il obtint d'Aprarou, chef de cette tribu, la permission de construire une église dans son village et d'y établir une mission. En 1736, il fit une autre excursion en remontant les rivières de Courys et d'Ouassa.

Les résultats de ces courses, qui ne furent pas, à proprement parler, des explorations, furent la formation de trois grands centres de réunion pour les néophytes indigènes : l'un sur l'Oyapock, l'autre à l'embouchure du Camopi, et le troisième non loin de l'Ouanari.

Des Essarts, contrôleur de la marine, entreprit en 1748, avec le gouverneur d'Orvilliers, un voyage par terre de Cayenne à Approuague et à Oyapock, dans le but d'étudier et de reconnaître les ressources du pays. Il a rédigé, sur les résultats de ce voyage, un mémoire intéressant qui se trouve en manuscrit dans les archives du Département de la marine.

Godin-des-Odonois, après douze ans de séjour au Pérou, vint à Cayenne, en 1750, par l'intérieur de l'Amérique, trajet que sa femme accomplit elle-même pour venir le rejoindre quelques années après. Il ne revint en France que vingt-trois ans plus tard, après avoir fait plusieurs ouvrages utiles, entre autres un mémoire sur les différents bois de la Guyane.

Fusée-Aublet, apothicaire-botaniste du roi, parcourut certaines parties de la Guyane, de 1762 à 1764, et se livra particulièrement à la recherche des plantes et à l'étude des différentes espèces d'arbres. Sa collection a été recueillie. Son ouvrage, où il a suivi avec beaucoup de méthode la classification de Linné, contient la description des végétaux connus de son temps, et a beaucoup ajouté aux notions, souvent très-imparfaites, que Barrère avait déjà données sur l'histoire naturelle de la Guyane française.

En 1766, Patris, médecin-botaniste du roi à Cayenne, reçut de M. de Fiedmond, gouverneur par intérim de la colonie à cette époque, la mission de remonter l'Oyapock et ses affluents. L'expédition, qui se composait de cinq canots, arriva en quatre jours au confluent de ce fleuve et du Camopi. Au bout de huit jours d'une navigation que retardaient les agglomérations de roches qui encombrent le cours de cette rivière, Patris arriva à l'embouchure de la petite rivière de Tamouri, qu'il remonta également. Mais il ne tarda pas à rencontrer un saut si élevé qu'il fut contraint d'abandonner ses canots et de poursuivre sa route par terre. Il arriva deux jours après chez les Indiens Calchuchiens (les mêmes probablement que d'autres voyageurs ont appelé Cayécouchiennes), habitant les sources de l'Ouaqui, un des affluents de l'Aroua, qui se jette dans le Maroni. Après être resté huit jours dans cette tribu, Patris se rendit aux villages des Aramichaux, où il trouva un assez grand nombre d'Émérillons qui venaient d'être chassés de leurs demeures par les Tayras. Il acheta les canots dans lesquels étaient venus ces Émérillons et, s'embarquant avec ses compagnons, descendit l'Ouaqui et l'Aroua, affluents du Maroni, qu'il remonta pour se rendre chez les Indiens Roucouyennes. Patris séjourna quelque temps parmi eux et étudia leurs lois et leurs mœurs ainsi que leurs coutumes et leurs habitudes.

L'intention de ce voyageur était de gagner la rivière des Amazones et de revenir par cette route à Cayenne; mais les Indiens qui l'avaient amené prirent la fuite, quand ils apprirent cette détermination, parce qu'ils craignaient de tomber entre les mains des Indiens Oyampis qui habitaient le haut Oyapock.

Patris retourna alors chez les Aramichaux et reprit, pour se rendre à Cayenne, la route par laquelle il était venu, en descendant le Camopi et l'Oyapock. Malheureusement le canot qui le portait heurta contre une roche; Patris fut sauvé par le patron de son canot, Claude Tony : mais toutes ses collections d'histoires naturelles, ainsi que le journal de son voyage, furent perdus. Claude Tony, cependant, en a laissé une relation qui a été rédigée par Barbé-Marbois, à la fin de son *Journal d'un déporté*.

Le géographe Mentelle, envoyé à Cayenne en 1763 comme

ingénieur de l'établissement projeté de Kourou, entreprit en 1767, sur l'ordre du gouverneur Fiedmond, un voyage d'exploration avec le capitaine d'infanterie Brisson de Beaulieu, dans le but de visiter l'intérieur, de chercher à nouer des relations avec les différentes nations indiennes et de trouver un chemin facile pour se rendre du Camopi à l'Aroua et de là au Maroni. Il remonta l'Oyapock en canot, alla ensuite par terre au Maroni et constata qu'il n'y a pas plus de quinze lieues entre les sources de ces deux fleuves. De ce point, il pénétra à plus de cinquante lieues dans l'intérieur, mais il lui fut impossible d'entrer en communication avec les indigènes qui prenaient la fuite aussitôt qu'ils s'apercevaient de l'approche des Européens avec lesquels ils n'avaient eu encore aucune relation. Aussi Mentelle ne vit-il dans leurs villages que des meubles ou ouvrages de leur propre industrie. Les oiseaux et animaux qu'il rencontrait dans les bois se laissaient approcher et prendre. Les hoccos et autres grands oiseaux venaient par bandes nombreuses autour des voyageurs : on en tuait beaucoup à coup de fusil, et cette destruction ne mettait pas les autres en fuite. « La terre de toute cette région, dit Mentelle dans son mémoire, paraît propre à toutes les cultures; l'élévation du sol rend la température fort différente de celle des bords de la mer et, quoiqu'on n'y soit qu'à environ 3 degrés de la ligne, les nuits et les matinées sont si froides qu'on éprouve le besoin de se chauffer. »

Mentelle redescendit ensuite le Maroni et, longeant les côtes d'Iracoubo et de Sinnamary, revint à Cayenne, où il se fixa. Il y mourut après trente-six ans de séjour dans la colonie, dans un âge très-avancé, après avoir écrit un *Mémoire sur la possibilité d'établir à la Guyane des colonies de blancs cultivateurs*.

Le géographe Brodel fit en août, septembre et octobre 1770, après avoir traversé par terre le quartier d'Approuague, une exploration dont il a laissé l'itinéraire depuis l'embouchure de la rivière de ce nom jusqu'aux rivières de l'Oyapock et du Camopi. (Feuille de la Guyane française, tome III, page 421, 428, 438, 469, 483, 500.)

En 1773, une autre tentative d'exploration fut faite par un jeune naturaliste, Sonnini de Manoncourt; elle n'aboutit qu'à la découverte d'une route par eau de Cayenne à la montagne Gabrielle, route que l'on avait vainement cherchée depuis longtemps.

La même année, le docteur de Laborde, médecin du roi à Cayenne, fit plusieurs voyages dans l'intérieur de la Guyane, entre autres un sur le Maroni et un autre vers le cap Cachipour, à la recherche de plantes médicinales. Le récit de son voyage est resté manuscrit; mais il en a été fait une analyse dans le *Journal de physique* (in-4°, 1773, tome Ier); il y exprime l'opinion que les Européens peuvent exploiter eux-mêmes le sol si fertile de la Guyane française, et l'on y trouve cette phrase textuelle : « Loin que la nature ait refusé ses dons à l'habitant paisible de la Guyane, s'il a un reproche à lui faire, c'est de l'en avoir accablé. »

En 1778, le chevalier de Boisberthelot et Guizan se rendirent à Oyapock pour faire l'examen des terres situées sur la rive gauche de ce fleuve. La relation de ce voyage, qui a été publiée la même année par M. Guizan, contient des détails intéressants sur les cultures qui peuvent être entreprises dans cette partie de la Guyane française.

De 1786 à 1789, le naturaliste Leblond entreprit trois explorations, de six mois chacune, pour rechercher l'arbre à quinquina qui existe certainement dans les forêts de la Guyane, mais qu'il ne put découvrir. Il remonta l'Oyapock à plus de quatre-vingts lieues, pénétra au cœur des forêts vierges et réunit une riche collection d'objets d'histoire naturelle qu'il envoya à Paris en 1791. Ses plantes, au nombre de plus de cinq cents espèces, ont été dénommées par le professeur Richard qui les a toutes mentionnées dans la première partie du tome Ier des *Actes de la société d'histoire naturelle de Paris*, publiée en 1792.

Jacquemin, en 1798, publia son *Mémoire sur la Guyane française*. Il avait fait, pendant les vingt-deux années de son séjour à Cayenne, de nombreux voyages dans l'intérieur. La Guyane est à ses yeux la terre promise ; il exprime le vœu d'y voir passer ses concitoyens « qui trouveront, dit-il, dans ce beau pays, non
« seulement des ressources contre l'indigence, mais encore les
« moyens faciles de se procurer en peu d'années, de l'aisance et
« même de la richesse. » Son livre enthousiaste est un appel à l'émigration blanche, et Jacquemin a prêché d'exemple, car, après un court séjour en France, il revint habiter la Guyane où il est mort.

De 1817 à 1822, Poiteau, botaniste du roi et directeur des cultures aux habitations royales de la Guyane française, herborisa dans les environs de Cayenne, sur les rives de la Mana, à *la Gabrielle* et dans divers quartiers, recueillit mille deux cents plantes, et en décrivit et dessina environ quatre cents.

A la même époque, Goussard visita le littoral, remonta le cours de presque toutes les rivières, et campa parmi les Oyampis. Les notes manuscrites qu'il a laissées manifestent la conviction profonde qu'en prenant certaines précautions, l'Européen peut vivre et travailler à la Guyane, mais qu'il y faut le travailleur intelligent, aidé de toute la puissance artificielle de l'industrie européenne, pour tirer du chaos cette terre si féconde.

Dumonteil, chargé d'une mission du gouvernement, explora, en 1820, les forêts de la Guyane. Il rapporta de son exploration vingt-trois échantillons de bois qui furent remis avec un mémoire à une commission qui procéda à Brest à leur examen. Cette commission fit à ce sujet plusieurs rapports successifs dont les conclusions étaient très-favorables.

En 1822, MM. Jules Milthiade, ancien aspirant de marine, et Loret tentèrent aussi un voyage dans l'intérieur des terres, en remontant l'Oyapock. Mais, en arrivant au Camopi, M. Loret tomba malade, et M. Milthiade continua seul le voyage. Il se rendit par terre jusqu'à la rivière Aroua, affluent du Maroni. Abandonné de ses guides, il fut bientôt forcé de rebrousser chemin et de revenir reprendre son compagnon de voyage.

Cette exploration n'offrit pour la science aucune particularité remarquable : les voyageurs constatèrent cependant la présence, dans ces parages, de la salsepareille dont ils rapportèrent une ample provision.

M. Gatier, capitaine de vaisseau, fut chargé, en 1823, d'explorer la Mana, s'avança presque jusqu'à sa source et en décrivit le cours dans toute son étendue. Il fit, à diverses époques, plusieurs voyages dans l'intérieur de la Guyane. Dans le dernier, il parvint à remonter en canot le saut des cascades qui avait été considéré comme infranchissable, et arriva à une autre grande chute de quarante-cinq pieds de haut, perpendiculaire, qu'il appela saut du Fracas, et parvint ensuite jusqu'aux montagnes granitiques où presque toutes les rivières de la Guyane prennent leur source.

En 1824, M. Bodin, chargé par M. le gouverneur baron Milius d'explorer le haut Oyapock, parvint au delà de la crique Époussin, après avoir rencontré un saut de plus de quatre-vingts pieds de hauteur. Il visita plusieurs peuplades indigènes, mais il ne crut pas pouvoir pousser plus avant son exploration avec quelque sécurité. Il ramena à Cayenne plusieurs chefs indiens dont l'un se nommait Ouaninika. Ils étaient arrivés presque nus et s'en retournèrent au bout d'un mois magnifiquement habillés. Ouaninika, à son retour parmi ses compatriotes, put se montrer à leurs yeux étonnés avec un uniforme complet de capitaine de vaisseau.

De 1828 à 1830, MM. Adam de Bauve et Ferré remontèrent aussi l'Oyapock. Ils traversèrent le territoire habité par les Oyampis et arrivèrent à l'endroit où M. Bodin était parvenu en 1824. Un portugais, nommé José Antonio, établi depuis longtemps dans cette partie du pays, leur affirma que, dans les forêts voisines, on trouvait l'arbre qui produit le quinquina. On rencontrait souvent et en abondance la salsepareille.

Les deux voyageurs continuèrent leur route et arrivèrent à un village indien situé sur les rives de l'Agamiware; mais, comme on était dans la saison des basses eaux, ils furent contraints d'abandonner leur canot dans la crique d'Iao et de continuer leur voyage à pied. Ils arrivèrent, en traversant de profonds marécages, jusqu'au cours du Tamande, et ensuite de l'Hieuwari qui se jette dans l'Amazone et dont les rives sont habitées par les Coussaris. Ne sachant comment ils seraient accueillis par les postes brésiliens et ne pouvant se réclamer du consul français au Para qui était beaucoup trop éloigné, MM. de Bauve et Ferré se décidèrent à revenir sur leurs pas en descendant l'Arouari sur des canots que leur fournirent les Indiens, et revinrent ensuite à Cayenne.

M. Leprieur, pharmacien de 1re classe de la marine, dont nous sommes heureux de pouvoir encore ici citer le nom, reçut, en 1830, de la *Société de géographie* de Paris, la mission de faire une reconnaissance générale des parties inconnues de la Guyane française.

Comme ses prédécesseurs, il remonte l'Oyapock, s'arrête au confluent de ce fleuve avec le Camopi, et revient à Cayenne avec une riche collection d'objets d'histoire naturelle.

Il entreprend une seconde excursion en 1832, reconnaît le cours de la rivière Ouassa et de ses deux affluents, le Couripi et le Rokawa, se dirige vers les sources de l'Oyapock, parcourt, depuis le mois de novembre de la même année jusque vers la fin de 1833, tout l'intérieur de ces pays; mais, tombé gravement malade à cette époque, il revient à Cayenne sans avoir pu atteindre le résultat qu'il espérait de son voyage pour répondre aux vues de la Société de géographie.

L'insuccès de cette exploration ne décourage pas l'ardent et infatigable voyageur. En 1836, il tente une troisième expédition, et en juillet de cette même année, après plusieurs mois de séjour dans le haut Oyapock, il atteint le fleuve du Maroni, qu'il avait l'intention de reconnaître en le remontant jusqu'à ses sources. Mais, accosté un peu au-dessous de la rivière Aroua par des nègres marrons échappés de Surinam, il est forcé de se rendre avec eux sur un petit îlot où ils étaient établis. Les intentions de ces nègres étaient, d'ailleurs, très-pacifiques, et ils se bornèrent à proposer à M. Leprieur, en signe d'alliance et comme engagement sacré de ne se faire aucun mal, de se tirer mutuellement du sang, de le mêler avec de l'eau et de le boire ensuite. M. Leprieur y consentit sans hésiter.

Le lendemain, il se rend à l'établissement principal de ces nègres et y trouve réunis leurs chefs, dont l'appui lui était indispensable pour remonter le Maroni. Bien traité par eux, il se disposait à continuer son voyage, lorsqu'une soixantaine de nègres marrons, également révoltés, s'imaginant que la présence de M. Leprieur avait pour but de soustraire à leur joug la tribu où il se trouvait et qu'ils tenaient sous leur dépendance, voulurent s'emparer de lui. Ses hôtes le défendirent bravement; mais leur généreuse intervention ne put empêcher le pillage de ses effets et de ses instruments. Privé, par cet événement, de tout moyen d'exploration ultérieure, M. Leprieur fut forcé de revenir à Cayenne, abandonnant ainsi, et bien malgré lui, un projet dont il avait poursuivi l'accomplissement avec autant d'ardeur que de persévérance.

M. d'Avezac a fait, au nom d'une commission spéciale, sur le voyage de M. Leprieur, un excellent rapport, qui a été inséré au bulletin de la Société de géographie (novembre 1834).

En 1847, M. Leprieur fut encore chargé par le Gouvernement de reconnaître toutes les espèces de bois qui avoisinent les principaux points où le minerai abonde, et visita successivement les montagnes de Kaw, l'Orapu et la Comté.

En 1837 et 1838, M. Reynaud, enseigne de vaisseau, fit un voyage dans l'intérieur de la Guyane et visita les savanes situées entre l'Oyapock et l'Amazone. Le mémoire qu'il a écrit à ce sujet, contient des détails aussi utiles qu'intéressants : on le trouvera *in extenso* dans le bulletin de la Société de géographie de janvier 1839.

M. le lieutenant de vaisseau Carpentier a fait plusieurs voyages dans les rivières de la Guyane en 1854 et 1855. Ses rapports renferment de précieux détails au point de vue hydrographique. Nous avons remarqué ce passage du résumé de ses explorations (*Revue coloniale*, décembre 1856, page 631) : « Un fait qui se
« passe à l'établissement de M. Kœppler, situé sur la rive gauche
« du Maroni, en face de Saint-Laurent, doit attirer au plus haut
« point l'attention des personnes qui s'intéressent à la coloni-

« sation de ces belles contrées. Une quarantaine de familles de
« la Frise se sont établies au lieu appelé Kœppler du nom de
« son propriétaire (1) et se livrent à la culture et aux travaux
« des bois depuis plus de trois ans. Quand je quittai la Guyane,
« on n'avait pas encore compté un seul malade parmi eux, et
« cependant ils travaillent pendant les heures les plus chaudes
« de la journée, sans user d'aucunes précautions contre l'ardeur
« du soleil. »

En 1861, d'un commun accord entre les deux Gouvernements de France et de Hollande, une commission mixte fut formée pour explorer le Maroni et ses affluents supérieurs, s'y livrer à quelques études sur les populations indigènes, voisines des établissements pénitentiaires fondés à Saint-Laurent et à Saint-Louis, et leur faire connaître nos intentions bienveillantes à leur égard. Il y avait un intérêt égal pour la France et pour la Hollande à faire une reconnaissance exacte du cours supérieur de ce fleuve, à étudier les ressources du pays et les populations qui l'habitent, et à étendre sur ces dernières notre influence jusqu'alors à peu près nulle.

La commission française fut formée ainsi qu'il suit, par les ordres de M. Tardy de Montravel, alors gouverneur de la Guyane française :

MM. Vidal, lieutenant de vaisseau, chargé de la partie hydrographique, président ;

Rech, docteur en médecine, chirurgien auxiliaire de la marine de 2ᵉ classe, chargé de l'histoire naturelle ;

Boudet, lieutenant en premier d'artillerie de marine, chargé de la partie topographique, géologique et minéralogique ;

Ronmy, lieutenant en premier d'infanterie de marine, chargé du mouvement et des relations avec les indigènes.

La commission hollandaise se composa de trois membres, savoir :

MM. le baron van Herdt-d'Éversberg, officier démissionnaire de la marine hollandaise ;

Cateau van Rosenvelt, officier d'infanterie coloniale, chef du génie civil et militaire à Paramaribo ;

Kœppler, agent du gouvernement hollandais auprès des

---

(1) La petite colonie fondée par M. Kœppler s'est toujours appelée et s'appelle *Albina*.

populations indigènes, et depuis longtemps établi sur le fleuve du Maroni.

Le pénitencier de Saint-Louis, où s'organisait le matériel de l'expédition, avait été fixé comme point de rendez-vous, et les deux commissions s'y trouvèrent réunies le 6 septembre 1861.

Les trois premières journées conduisirent l'expédition au pied du saut Hermina ; jusque-là le fleuve se développe sur une largeur qui varie de mille deux cents à mille huit cents mètres, suivant une direction générale au S.-O. quart S.

Le saut Hermina n'est qu'une succession d'îles et de rochers qui, disséminés sur une assez longue étendue, présente une série d'obstacles au courant qui s'y brise en se divisant, et forme des rapides.

Du 13 au 21 septembre, l'expédition traversa, au milieu de sauts et de rapides à peu près semblables, les passages de Féti-Tabettie, de Boni-Doro, de Peter-Sounyon, Ampoula, Gon-Soula, Quétré-Soula, Manbari, et vint camper au pied du saut de Singa-Tetey où est établi le village des nègres Polygoudoux. Le lendemain, elle franchit les sauts Singa-Tetey et Polygoudou, et vint camper à la pointe où se trouve la bifurcation des deux rivières Awa et Tapanahoni. Là, l'expédition se reposa quelques jours et M. Vidal en profita pour aller visiter le saut de Man-Caba et relever la Montagne-Française.

Le 30 septembre, l'expédition se remit en route en se dirigeant vers le Tapanahoni et atteignit le village de Piquet, situé immédiatement au-dessous du saut de Gran-Holo, le plus élevé de toute la rivière. C'est dans ces lieux d'un accès difficile que sont établis les Youcas qui, jaloux de leur liberté, ont cherché à se préserver ainsi des visites de leurs anciens maîtres les nègres Bosch. Les Youcas considèrent la rivière de Tapanahoni et le Maroni tout entier comme leur domaine. Ils tirèrent quelques coups de fusil et le grand-man, leur chef, tenta, par tous les moyens d'intimidations possibles, d'arrêter l'expédition. Mais, quoiqu'abandonnée un moment par ses guides Bonis, elle n'en continua pas moins sa route, fut rejointe par eux et par les Youcas eux-mêmes, traversa les rapides qui suivent le Gran-Holo et arriva au saut de Weaty-Headé (tête blanche) qui termine la série de ces passages difficiles. Il fallut s'y arrêter quelques instants pour faire une offrande à la roche redoutée qui personnifie le dieu de cette localité.

Le 8 octobre, nos voyageurs atteignirent le dernier village des nègres Youcas. MM. Boudet et Kœppler, dont la mission était terminée, revinrent à Piquet avec les Bonis qui ne marchaient qu'à contre-cœur, et le reste de l'expédition, guidé à ce moment par cinq nègres Youcas, qui avaient été engagés au dernier village, et par deux noirs, se remit en route. Dans la journée du 11, on franchit le saut Abaui-Singi; le 14, on dépassa la crique Pratsi et, vers deux heures de relevée, on arriva à un saut du nom de Saco-Sala-Samlou avoisinant le point de bifurcation de la rivière. Là, les nègres Youcas déclarèrent formellement qu'ils ne le franchiraient pas; mais nos voyageurs se mirent eux-mêmes à l'œuvre, et trois quarts d'heure après leurs deux pirogues étaient placées au-dessus du saut, prêtes à partir. Les rôles étaient intervertis : les maîtres servaient leurs engagés et conduisaient leurs guides. On constatait à chaque pas l'exécution du plan adopté par les Youcas d'entraver l'expédition, non par la force ouverte, moyen qui aurait pu attirer sur eux des représailles, mais par la force d'inertie.

Bientôt, le Biggi-Citon, énorme bloc dénudé, façonné par la nature en forme de dôme, se présenta aux yeux émerveillés des voyageurs au détour d'un coude brusque de la rivière.

M. Vidal détermina la position de ce rocher qui est placé à sept cent cinquante mètres de la rive et dont la hauteur verticale est d'environ cent mètres.

L'expédition atteignit le 15 au soir le saut de Cotou-Foucou. Là, les guides déclarèrent qu'ils n'iraient pas plus avant.

Lassés de ces hésitations qui leur faisaient perdre un temps précieux, nos voyageurs proposèrent aux Youcas de les accompagner encore pendant trois jours, s'engageant, au bout de ce temps, à retourner sur leurs pas. Les cinq guides acceptèrent. On se remit en route le 16 vers midi.

Deux nouveaux sauts furent franchis, le Quinton-Folo et l'Ala-Man-dé-Daoun. Ce dernier offrit plus de difficultés que ceux qu'on avait traversés jusque-là. Le passage sur la roche était impraticable. Les guides conduisirent l'expédition à travers une petite montagne qui s'élève à pic sur la rive droite de la rivière, devant un nouveau saut, situé à environ huit cents mètres du premier, et qui se précipite d'une hauteur de huit mètres. En présence de ces obstacles, nos voyageurs tombèrent d'accord pour fixer à Ala-Man-dé-Daoun le terme de leur excursion dans le Tapanahoni; ils étaient à ce moment par 3° 28' latitude et 57° 40' longitude. Tout leur faisait penser que cet affluent prenait sa source non loin du point qu'ils avaient atteint.

L'expédition se mit en route pour redescendre. Nos voyageurs dépassèrent bientôt tous les points qui leur avaient offert tant de difficultés en montant. Ils atteignirent, en peu de temps, la zone des villages où l'on s'était arrêté le 21 septembre. Ils quittèrent le grand-man en lui manifestant leur mécontentement de ses procédés, et le 28 octobre au soir, ils arrivèrent à Polygoudou où ils trouvèrent M. Boudet avec le personnel de leurs équipages.

Ici commence la seconde partie de cette intéressante exploration, la reconnaissance des sources de l'Awa.

S'embarquant sur cette rivière le 28 octobre, nos voyageurs, après quatre jours de navigation au milieu de sauts et de rapides, arrivèrent au village de la Providence, où ils trouvèrent quelques Indiens Roucouyennes. Le 6 novembre, ils dépassèrent la crique Inini par laquelle les Bonis communiquent avec l'Approuague. Dans la journée du 8, ils atteignirent la crique Aroua qui communique avec l'Oyapock par le Camopi. La journée du 9 les conduisit à la série de sauts et rapides au milieu desquels l'Awa reçoit deux affluents appelés par les indigènes criques Maroni et Itani. Dans les journées des 11 et 12, les criques Wanmari, Oueil-Foutou et Aloué furent dépassées. Entre les deux premières se trouvent établis les Oyacoulets avec lesquels les Bonis sont en guerre. Après cinq jours de canotage, l'expédition arriva enfin à un village des Roucouyennes, situé vers les limites navigables de la rivière, composé de quelques cases, espèce d'avant-garde du véritable pays habité par cette tribu. Ils s'arrêtèrent quelque temps à ce village, et, du haut d'une montagne granitique de près de trois cents mètres, ils purent apercevoir, courant dans la direction de l'E.-S.-E à l'O.-N.-O., les monts Tumuc-Humac à une distance d'environ trente-cinq milles. Le voyage de la commission était terminé. Le 22 novembre, l'expédition s'éloignait des sources reconnues de l'Awa et rentrait à Saint-Laurent le 3 décembre au soir.

En 1864, MM. Sibour, lieutenant de vaisseau, et Ronmy, lieutenant d'infanterie de la marine, ont fait une exploration dans le Haut-Maroni. Leur voyage, plein de détails intéressants, a été publié dans la *Feuille de la Guyane française*. Il avait pour but de conclure un traité pour assurer la libre navigation du fleuve, l'affranchissement des nègres Bonis placés sur notre territoire, et l'ouverture de relations amicales avec les populations de l'intérieur.

M. Émile Couy, lieutenant de vaisseau, a fait, en 1865, des

explorations hydrographiques dans la plupart des rivières de la Guyane. La brochure qu'il vient de publier fournit d'excellents renseignements sur la navigation des côtes et des rivières de ce pays, qui est soumis à des variations très-fréquentes et très-irrégulières. Elle complète les instructions précédemment données par le commandant de Lartigue en 1826 et M. de Montravel en 1851, avec indication des routes à suivre, soit pour atterrir, soit pour longer la côte avec un navire à voiles.

Ce travail, fait avec un ordre, une méthode et une précision remarquables, contient autant de faits que de mots; il donne d'excellents détails pratiques sur la navigation que les bâtiments ont à faire pour entrer dans les rivières et remonter leur cours jusqu'à la limite où elles cessent d'être navigables.

La plupart de tous les voyages, entrepris dans les rivières ou dans l'intérieur des forêts de la Guyane, ont eu pour principal but de lier des relations avec les peuplades indigènes, de les rapprocher de nos établissements et, par suite, d'augmenter la population de la Guyane. Ils ont enrichi la science d'observations aussi importantes que multipliées, mais il y a encore beaucoup à voir, beaucoup à étudier. Les résultats définitifs seront bien plus avantageux quand on aura, pour termes de comparaison, des observations recueillies sur tous les points de la Guyane française.

CHAPITRE X.

IMMIGRATION.

La nécessité, pour la Guyane comme pour les autres colonies françaises, de recourir à l'immigration étrangère, est née de l'émancipation générale des esclaves en 1848, et de l'abandon du travail par les nouveaux affranchis.

Ce mot d'esclaves réveille dans tous les cœurs des sentiments douloureux et reporte les souvenirs à l'époque déplorable où la traite des noirs se faisait sous la protection des lois. Depuis 1685, la loi française avait, en effet, conféré au colon le droit de s'emparer d'un homme pour se l'approprier et l'employer à son usage. La France, à partir de 1700, encourage, favorise cet odieux trafic par des primes, par des priviléges; l'Angleterre elle-même, en 1740, en réclame le monopole et défend à main armée, contre l'Espagne, sa fourniture de noirs stipulée en 1713 par le traité de l'*Assiento*.

Montesquieu est le premier qui, vers le milieu du XVIIIe siècle, ait osé flétrir l'esclavage des noirs et la traite qui l'alimentait : il demandait aux rois de « faire un traité général en faveur de la miséricorde et de la pitié. »

Cette protestation solennelle ne porta ses fruits que beaucoup plus tard.

En 1780, Clarckson fonde en Angleterre la société abolitionniste qui, en 1784, soulève la question au sein même du Parlement, l'y reproduit en 1788 et y engage en 1792 cette lutte formidable qui n'a pris fin que le 1er août 1834, époque à laquelle les 800,000 noirs, qui peuplaient les 19 colonies britanniques, furent appelés au bienfait de la liberté.

En France, la question de l'esclavage suivit le mouvement de la grande révolution qui s'y opérait. La Convention, rappelant cette belle maxime de notre vieille France : « l'esclave qui touche le sol français est libre, » proclama, le 16 pluviôse an II (6 mars 1793), sans indemnité pour les maîtres, l'émancipation des esclaves dans toutes les colonies françaises. Mais la loi du 30 floréal an X (20 mai 1802) rétablit l'ancien état de choses, et le lien légal, qui rattachait l'esclave à son maître, fut consacré de nouveau par la loi, et subsista jusqu'au traité de Paris du 30 mai 1814. L'abolition de la traite fut stipulée dans cet acte; mais elle ne fut complétement réalisée qu'en 1831 ; l'esclavage lui-même ne fut aboli qu'en 1848, après la proclamation de la république.

L'Assemblée législative de cette époque, plus bienveillante que la Convention, en proclamant pour l'esclave le droit à la liberté, proclama en même temps pour le maître le droit à une indemnité. Ce bienfait ne me semble pas avoir été reçu par nos colonies avec la gratitude qui aurait dû l'accueillir. On s'est plaint que l'indemnité allouée n'ait pas représenté la valeur totale des esclaves; mais la Métropole pouvait-elle raisonnablement prendre à sa charge cette valeur intégrale? N'était-il pas légitime que les colons supportassent aussi leur part de sacrifices dans la réparation d'une iniquité sociale qu'ils n'avaient pas créée, il est vrai, mais dont ils avaient profité pendant près de deux cents ans.

Le passage de l'esclavage à la liberté et du travail forcé au travail libre put s'accomplir à la Guyane sans secousse, mais non sans un très-grand préjudice pour l'agriculture. Les bras de 14,000 esclaves manquèrent tout à coup aux habitations agricoles, qui furent complétement abandonnées : quelques sucreries, nous l'avons dit, échappèrent seules au désastre, et le travail ne commença à reprendre que vers le milieu de 1851.

L'Administration de la colonie s'était attachée à attirer et à retenir les nouveaux citoyens sur les propriétés rurales. Ce n'est que lorsqu'il fut bien reconnu que tous les efforts tentés dans ce but étaient inefficaces que le Département de la marine conçut et réalisa la pensée de créer à ses colonies une nouvelle ressource en faisant appel aux forces du dehors. On pensa, d'abord, que l'introduction de travailleurs amenés d'Europe, d'Asie ou d'Afrique pourrait atteindre ce but et devenir un stimulant pour les cultivateurs indigènes émancipés, en contribuant à réhabiliter, aux yeux des populations affranchies, le travail de la terre, resté si longtemps le partage exclusif de la servitude (*Revue coloniale*, mars 1856, p. 238).

Les Antilles seules firent, en 1848, quelques essais d'immigration européenne ; mais cette épreuve ne fut pas heureuse, et les deux colonies intéressées déclarèrent qu'elles se prononceraient toujours contre toute émigration de cette origine, toutes les fois qu'elle n'aurait pas pour but de procurer uniquement des chefs agriculteurs ou des ouvriers d'usines.

« Cet insuccès ne prouve pas que l'immigration européenne soit impossible : les 1,200 engagés qui ont été introduits de France et d'Allemagne à la Martinique et à la Guadeloupe n'avaient pas, en effet, été choisis dans des conditions convenables.

Le Département tourna alors ses vues vers les immigrations africaine, indienne et chinoise, pour assurer à ses colonies les travailleurs dont elles ne pouvaient se passer.

Le Gouvernement entoura, dès le début, les opérations de cette nature d'une bienveillance et d'une protection toutes particulières ; des actes spéciaux, élaborés avec le concours des commissions les plus compétentes, délibérés en conseil d'état, réglementèrent avec un soin minutieux toutes les dispositions propres à prévenir et à empêcher tout abus.

Ces actes prirent l'émigrant à son départ de sa terre natale, le suivirent pendant la traversée, à son débarquement dans la colonie, pendant toute la durée de son engagement, et lui assurèrent, à l'expiration du terme assigné par son contrat, son rapatriement gratuit. Cette législation se trouve presque tout entière dans les deux décrets des 13 février et 27 mars 1852.

Un agent du Gouvernement fut chargé de veiller, aux lieux mêmes du recrutement, aux intérêts des émigrants, et de présider à la passation des contrats. L'obligation fut imposée à l'introducteur de faire entrer les femmes pour un huitième dans la composition des convois et de faire embarquer, avec les émigrants, un médecin spécial pour les accompagner jusqu'au lieu de leur destination.

Des arrêtés rendus par les gouverneurs des colonies ont complété, pour les détails d'application, les deux décrets précités, et ont développé, de la manière la plus avantageuse pour les intérêts et le bien-être des émigrants, les principes que ces décrets avaient posés.

D'après le décret du 27 mars 1852, un fonctionnaire, appelé *Commissaire de l'immigration*, a pour mission spéciale de prendre en mains les intérêts des immigrants et de veiller à ce que toutes les clauses de leur contrat soient fidèlement exécutées à leur égard. A l'arrivée du navire porteur des engagés, il se rend à bord et s'informe si ceux-ci ont été bien traités pendant la traversée. Il veille à ce que, dans la répartition des immigrants, les familles et même ceux qu'unissent des liens d'amitié ne soient pas séparés. Il se rend fréquemment sur les habitations rurales afin de recevoir au besoin les plaintes des immigrants et de s'assurer que les propriétaires s'acquittent envers eux de leurs obligations.

Dans chaque quartier, les secrétaires de mairie, investis des fonctions de syndics de l'immigration, et relevant, suivant les cas, du commissaire spécial ou du syndicat protecteur dont il sera ci-après parlé, ont pour mission de servir d'intermédiaires aux immigrants et d'ester pour eux en justice aux fins d'exercice de leurs droits envers leurs engagistes et de recouvrements de leurs salaires ou de leurs parts dans les produits. Les agents de l'immigration et le syndicat exercent donc une véritable tutelle à l'égard des immigrants, et auprès des engagistes une mission de surveillance et d'autorité.

Le commissaire de l'immigration assure aussi le versement au trésor de toutes les sommes que les immigrants veulent envoyer à leurs familles. Il pourvoit enfin à leur repatriment à l'expiration de leurs engagements ou de leurs réengagements. Si l'émigrant préfère se fixer dans la colonie en renonçant à son droit au repatriment, il veille à ce qu'il touche la prime réglementaire, qui doit être équivalente, d'après le décret du 13 février 1852, aux frais de son repatriment.

Si, au contraire, l'immigrant se réengage en se réservant le droit au repatriment, le commissaire spécial veille à ce que l'engagé reçoive la prime réglée par un arrêté annuel du Gouverneur en conseil, et dont le chiffre varie suivant la durée du réengagement.

Cette législation est commune à toutes nos colonies, et tels sont la régularité et l'heureux fonctionnement de tous ses rouages, qu'elle nous est enviée par l'Angleterre. Les colons de Maurice ont, en effet, sollicité plusieurs fois de leur gouvernement l'application de la législation qui régit l'immigration à l'île de la Réunion, et, en 1857, un honorable habitant de la Trinité, s'étant rendu à la Martinique pour y étudier la situation de l'immigration indienne, adressait au gouverneur de l'île anglaise, après avoir accompli sa mission, un rapport dans lequel on trouve ce passage significatif : « Je dois avouer que j'ai reconnu, non sans regret, que, *sur tous les points relatifs à l'immigration*, les dispositions prises par le gouvernement français *sont infiniment préférables et supérieures à celles prises à la Trinité.* » Le même rapport et vingt autres, émanés des autorités locales anglaises, constatent l'excellente situation des immigrants indiens dans nos colonies ; elle est attribuée surtout aux bons résultats produits par la législation qui régit l'immigration en général, et à sa stricte et intelligente application par les administrations locales ; enfin, ces rapports, comparant la mortalité survenue à bord des bâtiments, chargés d'immigrants à destination de nos colonies, à celle qu'accusent les bâtiments anglais dirigés sur les Antilles anglaises, constatent que, sur nos navires, la proportion des décès n'a été, depuis l'origine jusqu'en 1858, que de 2/36 p. 0/0 en moyenne, tandis qu'elle a été de 4/19 p. 0/0 sur les navires anglais. (*Revue coloniale*, janvier 1858, page 14.)

L'Administration de la Guyane a publié dans la Feuille officielle un arrêté local du 28 décembre 1860, qui contient un chapitre spécialement destiné à la protection et au patronage des immigrants de toute provenance, et un syndicat protecteur, institué par cet arrêté, s'est toujours occupé, depuis cette époque, de régler les litiges qui peuvent exister entre les engagistes et les engagés.

Des dispositions spéciales ont été prises, en outre, par l'autorité locale en vue du bien-être et de la santé des immigrants.

Ainsi, aucun propriétaire n'est admis à prendre des engagés, s'il n'est en état de leur assurer, par sexe et par famille, un logement dont la convenance, au point de vue de la division et de la salubrité, est constatée par le commissaire de l'immigration.

Les vêtements et les outils à fournir, les heures de travail, la nature et la quantité des aliments sont également déterminés par des règlements.

Mais le Gouvernement a manifesté sa protection par un concours encore plus efficace et dont la colonie a pu ressentir déjà les heureux effets : il lui alloue une somme annuelle pour introduire des engagés.

Dans l'espace de douze années, le Département de la marine a fait arriver successivement à la Guyane sept convois d'Africains, dont quatre recrutés à l'état libre et trois de captifs rachetés et rendus à la liberté, un de Chinois et cinq de Coolies ; deux de ces convois, l'un d'Africains et l'autre d'Indiens, avaient été recrutés pour le compte particulier de la *Compagnie agricole et aurifère de l'Approuague*.

C'est à la côte occidentale d'Afrique, dans la république de Libéria, à la côte de Krou et dans le Dahomey que se firent, en 1853, les premiers recrutements. Pendant que la maison Régis, de Marseille, enrôlait dans le Congo des noirs à destination des Antilles, moyennant une prime de 494 francs par adulte, une des grandes maisons de commerce de Nantes s'engageait à introduire à la Guyane des Africains, recrutés sur d'autres points de la côte occidentale d'Afrique, moyennant une prime de 325 francs, dont 200 francs payés directement par l'engagiste et

125 francs par la caisse coloniale. Les difficultés des premiers enrôlements firent élever cette prime qui, lorsque le Gouvernement eut autorisé les enrôlements par rachat, fut portée au même taux que celle allouée pour les Antilles. (Arrêté local du 7 septembre 1858.)

Dans ces conditions, la Guyane reçut successivement, par les navires *Phénix* et *Méridien*, 604 Africains, qui furent répartis entre les colons. La Compagnie des mines d'or de l'Approuague reçut, de son côté, en 1858, un convoi de 141 noirs. Les derniers recrutements furent effectués dans notre comptoir du Gabon, en 1859.

A cette époque, toute émigration de l'Afrique cessa complètement en même temps qu'intervint la convention franco-anglaise du 1er juillet 1861, destinée à faciliter le développement du recrutement de l'immigration indienne dans les possessions britanniques.

L'immigration africaine est généralement regrettée dans la colonie. Le Gouvernement français a consenti à en laisser tarir temporairement la source, parce qu'il redoute que les peuples de l'intérieur de l'Afrique n'y perpétuent des guerres sanglantes pour se procurer des prisonniers et les vendre aux recruteurs. Mais il est constaté que ces guerres ont existé, existent et existeront toujours. La prohibition du rachat a pour seul effet de livrer à la mort des prisonniers que le rachat aurait sauvés. Je pense que, dans la suite donnée à cette importante négociation, on n'a pas assez tenu compte d'une considération qui me paraît dominer toute cette question. En continuant à importer dans nos colonies des Africains rachetés et devenus libres, on aurait initié ces êtres abrutis et dégradés à une morale plus pure, à une religion plus élevée, à tous les bienfaits de la civilisation; on aurait rendu à l'Afrique de bons agriculteurs et d'excellents ouvriers. Car le repatriment, chez nous, n'est pas un leurre. La France, à toutes les époques, a toujours tenu ses engagements.

La Guyane, tout en recevant ses convois d'Africains, avait participé aux divers traités, conclus par le Département de la marine pour le compte de la Martinique et de la Guadeloupe, à l'effet d'assurer à ces colonies des engagés de l'Inde, et, depuis le mois de juin 1856, date de l'arrivée du premier navire expédié par la Compagnie générale maritime qui s'était chargée de cette opération, jusqu'au 10 décembre 1865, époque de la dernière introduction, la colonie a reçu divers contingents formant le nombre de 2,453 coolies Indiens. Le prix d'introduction de ces premiers convois a été, comme pour les colonies des Antilles, de 415 fr. 55 cent., somme à laquelle il y a lieu d'ajouter celles de 10 francs, donnée en prime aux agents de l'Inde, et de 37 fr. 50 cent. d'avances faites aux émigrants, dont l'engagiste se rembourse ultérieurement au moyen d'une reprise sur les salaires de l'engagé.

La Guyane a, en outre, reçu, au mois d'août 1860, un contingent de 100 travailleurs chinois, cédés par la Martinique et provenant du convoi apporté dans cette dernière colonie par *le Galilée*. La prime a été, comme à la Martinique, de 809 fr. 60 cent. par engagé, indépendamment des avances remises à celui-ci, au moment de son engagement en Chine, mais dont reprise a dû être faite ultérieurement sur ses salaires.

Voici le jugement porté par les colons sur le mérite de ces divers immigrants :

L'Africain est le travailleur qui convient le mieux au sol et au climat de la Guyane : l'expérience l'a démontré. Il résiste aux durs travaux de dessèchement et de défrichement des terres alluvionnaires et marécageuses.

Un autre avantage de cette immigration, c'est que la côte occidentale d'Afrique n'étant pas comparativement éloignée de celle de l'Amérique, les frais d'introduction seront toujours de beaucoup inférieurs à ceux qu'entraîne l'émigration chinoise, celle qui, après elle, supporte mieux le travail.

Les Africains ont, toutefois, une grande tendance à l'évasion ; plus de 200 se sont enfuis de la colonie et se sont réfugiés à Surinam et à Demerara, en emportant avec eux leurs effets ainsi que les avances qu'on leur avait faites.

Les immigrants de l'Inde, après une période d'acclimatement assez difficile, parviennent, en général, à satisfaire leurs engagistes ; ceux qui sont placés comme domestiques ou comme ouvriers font preuve d'une grande intelligence et rendent d'assez bons services, atténués, toutefois, par leur trop grande tendance à se soustraire à l'obligation du travail. Ceux qui sont répartis sur les habitations rurales pour y être employés aux défrichements, à l'exploitation de l'or ou des bois et aux cultures habituelles de la colonie, laissent voir très-souvent que leur force physique ne répond pas complètement à la destination qu'on est obligé de leur donner. Il est juste d'ajouter que les derniers convois ont été mieux choisis que les premiers et leur sont bien supérieurs : ils sont composés d'hommes qui semblent même capables de supporter un jour, mieux que ceux qui les ont précédés, les travaux qu'exige la culture des terres basses de la colonie.

L'immigrant chinois a, en général, satisfait ses engagistes à la Guyane : il est plus intelligent, plus actif, plus industrieux que l'Africain, sans avoir, toutefois, sa force ; mais le prix élevé de l'introduction et le salaire relativement considérable qu'il faut lui donner (20 francs, plus la ration qu'on peut évaluer à 70 centimes par jour, en total 41 francs par mois, remboursement des avances déduit) n'ont pas, jusqu'à présent, permis d'en faire venir un bien grand nombre. Mais l'Administration de la colonie vient de poser les bases d'un traité destiné à obtenir cette immigration à des conditions beaucoup plus favorables.

L'Administration veille avec sollicitude au bien-être de tous les immigrants ; elle écoute leurs plaintes, fait sévèrement punir par les tribunaux les engagistes qui manquent à leurs obligations ou les punit elle-même en leur retirant, au besoin, leurs travailleurs. Nous nous plaisons à reconnaître, d'ailleurs, que les propriétaires qui n'accomplissent pas les obligations imposées par les règlements, sont en très-petit nombre à la Guyane, et que la très-grande majorité des engagistes ont pris, en dehors des stipulations du contrat qui les lie, les mesures les plus bienveillantes à l'égard de leurs engagés.

Ainsi plusieurs colons ont libéralement accordé à leurs immigrants un supplément de solde et de vêtements. Les soins médicaux les plus empressés leur sont donnés en cas de maladie. Il en résulte que presque tous les Indiens qui arrivent avec une faible constitution et un sang appauvri et vicié, voient leur santé s'améliorer promptement après la période d'acclimatement.

Nous avons dit qu'à l'expiration de leurs engagements et de leurs réengagements successifs, les immigrants sont repatriés aux frais de la colonie, si mieux ils n'aiment toucher une prime égale à ces frais et se fixer à la Guyane. L'Administration profite, pour le repatriment des travailleurs coolies, du navire que la Compagnie générale maritime doit faire toucher, chaque année, à Cayenne pour prendre et reconduire en Asie les immigrants qui sont arrivés au terme de leur engagement. 85 Indiens du *Sigisbert-Cézard* ont été ainsi repatriés, et 182 ont été transférés à la Guadeloupe en 1856 et 1857. En ce qui concerne les Chinois, comme ils viennent de la Martinique, c'est par la Martinique qu'ils seront repatriés. Quant aux Africains, l'Administration en a déjà fait repatrier 142, au moyen de navires du commerce qu'elle a affrétés sur place et qui ont transporté les repatriés à Sierra-Leone, d'où le consul de France, qui y réside, a pris soin de diriger chaque individu sur la partie de la côte qu'il habitait au moment de son engagement.

Le Gouvernement a institué une caisse d'immigration s'alimentant de la subvention métropolitaine, qui est de 100,000 francs (1), de la subvention locale de 25,000 francs qui, dans un avenir prochain, sera très-probablement augmentée, du versement du produit des droits créés par le décret du 13 février 1852, et enfin des remboursements opérés par les engagistes sur le montant des frais d'introduction.

La caisse d'immigration de la Guyane possédait, au 1er janvier 1866, un actif disponible d'environ 550,000 francs et il lui en était dû environ 350,000 par les colons, pour annuités non encore échues.

Au moyen de ces ressources et en supposant la continuation de subventions suffisantes à la caisse d'immigration, je crois que l'Administration pourrait se trouver en mesure d'introduire annuellement, à des conditions complètement accessibles aux habitants, les 600 immigrants au maximum que, par suite du traité conclu avec la Compagnie générale maritime, celle-ci s'est engagée à fournir à la Guyane pendant trois années. L'Administration paraît même convaincue qu'en dehors de ces convois de coolies, elle pourra, pendant la même période, introduire dans la colonie un millier d'immigrants chinois.

En ce moment, les introductions de coolies Indiens ont lieu aux prix et conditions ci-après :

L'Indien adulte coûte 463 fr. 05 cent., dont 340 fr. 55 cent. sont payés par le trésor et 122 fr. 50 cent. par l'habitant.

La femme adulte coûte 455 fr. 55 cent., dont 340 fr. 55 cent. payés par le trésor et 115 francs par l'habitant.

Le non-adulte coûte 435 fr. 55 cent., dont 335 fr. 55 cent. payés par le trésor et 100 francs par l'habitant.

En atténuation des sommes payées par le trésor pour la femme adulte et pour les non-adultes des deux sexes, soit 340 fr. 55 cent. et 335 fr. 55 cent., l'habitant rembourse au trésor 27 fr. 50 cent.

L'engagiste, de son côté, se rembourse ultérieurement, au moyen d'une reprise sur les salaires de l'engagé, des avances de solde faites dans l'Inde, soit :

Pour l'homme adulte............................ 37f 50

---

(1) Cette subvention sera réduite de 52,000 francs, à partir de 1867.

Pour la femme adulte......................... 30f 00
Pour le non-adulte........................... 15 00

La caisse d'immigration prend, en outre, à sa charge la moitié des frais de réengagement et la totalité des dépenses de rapatriment.

Au 31 décembre 1865, la Guyane possédait 2,596 immigrants, dont 1,503 coolies Indiens, 1,015 Africains et 78 Chinois.

Le tableau suivant fournit tous les éléments nécessaires pour suivre les mouvements de l'immigration à la Guyane française, depuis l'origine de ces opérations jusqu'à ce jour.

Suit le tableau.

TABLEAU SYNOPTIQUE des immigrants introduits à la Guyane française du 1er janvier 1854 au 1er janvier 1866.

PROVENANCES.	NOMS des bâtiments.	PORTS d'embarquement.	DATES de départ.	DATES d'arrivée.	NOMBRE DE JOURS de traversée.	NOMBRE DES IMMIGRANTS au départ.	NOMBRE DES DÉSERTIONS pendant le recrutement et des décès pendant la traversée.	NOMBRE DES IMMIGRANTS débarqués.	NOMBRE DES IMMIGRANTS décédés, évadés, disparus ou rapatriés.	NOMBRE DES IMMIGRANTS existant dans la colonie au 1er janvier 1866.
Afrique	Cinq-Frères	Côtes occidles d'Afrique	5 octobre 1854	11 novemb. 1854	37	251	14	237	149	88
Idem	Diane	Idem	12 décemb. 1855	6 janvier 1856	25	325	17	308	144	164
Inde	Sigisbert-Gérard	Pondichéry et Karikal	21 février 1856	9 juin 1856	108	806	20	786	526	260
Afrique	Diane	Côtes occidles d'Afrique	23 mai 1856	20 juin 1856	28	322	"	322	222	100
Idem	Orion	Idem	11 octobre 1857	20 novemb. 1857	40	279	32	247	68	179
Idem	Joseph	Idem	10 août 1858	26 septemb. 1858	47	340	58	(1)141	83	58
Idem	Phénix	Idem	18 mai 1859	20 juin 1859	33	387	24	363	129	234
Idem	Méridien	Idem	11 octobre 1859	11 novemb. 1859	31	217	7	210	86	124
Inde	Réaumur	Pondichéry et Karikal	28 juillet 1860	19 novemb. 1860	114	550	16	(2)534	206	328
Idem	Parmentier	Idem	30 mars 1861	9 juillet 1861	101	533	20	(2)514	242	272
Chine	Achéron	Shang-Haï	21 août 1861	29 août 1861	8	100	"	(3)100	22	78
Inde	Nicolas-Poussin	Pondichéry et Karikal	11 septemb. 1864	1er décemb. 1864	81	277	2	275	98	177
Idem	Duguay-Trouin	Idem	20 septemb. 1865	10 décemb. 1865	81	412	12	400	2	398
Naissances dans la colonie (déduction faite des décès, etc.)						"	"	"	"	(4)136
						4,799	223	4,437	1,977	2,596

(1) Moitié du convoi était destiné pour la Martinique et l'autre moitié pour la compagnie de l'Approuague. — (2) Dont une naissance pendant la traversée. — (3) Proviennent de la Martinique. — (4) On peut compter moitié Indiens et moitié Africains.

Le chiffre actuel des immigrants introduits est incontestablement bien faible, et nous sommes convaincu, nous le disons sans avoir l'intention de blesser personne, qu'on doit faire remonter la faute et la responsabilité de cette pénurie regrettable aux habitants eux-mêmes, qui n'ont pas toujours secondé les efforts de l'Administration. Ne recherchant que l'immigration à bon marché, ils ont, pour la plupart, refusé de prendre les Chinois que l'on avait fait venir à grands frais, et c'est ainsi qu'un grand nombre d'immigrants de cette origine ont été laissés à la charge de l'Administration qui les a placés et entretenus à Baduel et au parc du génie. L'Administration, toujours aussi bienveillante que généreuse, a tenté de justifier les colons en considérant leur abstention comme le résultat du découragement causé par la suppression du recrutement africain, au moment même où l'insuccès du convoi d'Indiens introduits par *le Parmentier* venait de décourager plus complètement encore les habitants; mais nous ne saurions admettre, pour notre part, cette atténuation de la faute commise. On devait prendre les Chinois à quelque prix que ce fût. Il y en aurait peut-être aujourd'hui trois mille répartis à des conditions plus accessibles.

Les habitants ne me paraissent pas être suffisamment pénétrés de l'idée que l'immigration, pour être profitable à la colonie, doit y verser, coûte que coûte, des contingents successifs dont le prix moyen, en dernière analyse, est bien loin d'être exagéré. Oui, ce n'est que par des introductions souvent répétées, faites avec cette méthode, cette sagesse et cette prévoyance que l'Administration sait y apporter et qui ne se sont pas un seul jour démenties, qu'on pourra arriver à accumuler les cultivateurs sur des terres d'une fertilité telle, que, sans engrais, sans labour, sans assolements, elles produisent en abondance toutes les denrées tropicales.

Dans l'ordre de nos préférences vient d'abord l'immigration libre européenne, dont nous avons longuement parlé dans un précédent chapitre, ensuite la transportation que le Gouvernement a sous la main et dont la colonie, à mon avis, serait bien coupable de négliger l'élément énergique et intelligent. Mais si l'immigration européenne continue à faire défaut, si, par impossible, la transportation ne parvient pas à produire, de manière à alléger, dans la mesure qui peut être raisonnablement exigée, le budget métropolitain, et on le saura bientôt, car, le moment venu, le général, chef de la colonie, dira sa pensée sans déguisement; si, d'un autre côté, ainsi que le constate l'exposé de la situation de l'Empire en 1865, on trouve à la Nouvelle-Calédonie tous les éléments d'une colonie pénale pouvant se suffire à elle-même, pourquoi le Département de la marine ne porterait-il pas toute la transportation dans cette colonie, voisine de l'Australie et qui deviendrait bientôt ainsi sa rivale? Le Département réaliserait alors évidemment une économie de cinq millions par an. Que, sur cette somme, il donne annuellement, pour faire de l'immigration indienne et chinoise, africaine s'il se peut, un seul million à la Guyane, et, par ce dernier sacrifice, il placera ce beau pays à la tête des colonies françaises.

CHAPITRE XI.

TRANSPORTATION.

Personne n'ignore que l'obligation de fonder une colonie pénale à la Guyane française résultait, pour le Gouvernement, du décret du 8 décembre 1851, et que celle d'y installer définitivement les transportés comme colons résulte de l'article 11 de la loi du 30 mai 1854.

Mais ce que tout le monde ne sait pas, c'est qu'un médecin, naturaliste distingué, qui a résidé à la Guyane française pendant près de vingt ans et signait ses lettres du nom de Leblond, *habitant de Cayenne*, écrivait en 1814 ces lignes qui contiennent l'idée et toute l'économie des actes précités :

« Les maisons de force et de correction regorgent de malheu-
« reux des deux sexes. Ces établissements renferment, entre
« autres, des détenus pour vols ou crimes. Avilis à leurs propres
« yeux, repoussés par les autres hommes, ils sont perdus pour
« la société. Qu'ont fait, dans ce même cas, les Anglais nos voi-
« sins? Ils ont ouvert à cette partie viciée de la population, à
« cette sorte d'humeur du corps social, un écoulement utile dans
« leur colonie de Botany-Bay, et des malfaiteurs, fléau de leur
« pays, placés hors de l'action des causes qui les ont précipités
« dans le désordre et qui finissent toujours par les y retenir, sont
« devenus, non-seulement de bons colons, mais même des ci-
« toyens soumis aux lois. Qui peut mettre en doute que l'intérieur
« de la Guyane ne permette à la France de former des établis-
« sements de la nature de celui de Botany-Bay, et qu'elle ne
« doive en retirer les mêmes avantages moraux et industriels? »
(Leblond, *Description abrégée de la Guyane française*, pages 75 et 76.)

Le décret du 8 décembre 1851 n'avait eu d'abord pour but que l'envoi à la Guyane ou en Algérie des repris de justice en rupture de ban et des affiliés aux sociétés secrètes.

Il était naturel d'appliquer, par extension, les dispositions de cet acte aux individus arrêtés par suite des troubles de décembre 1852, et jugés par les commissions départementales. Ce fut l'objet du décret du 5 mars 1852.

Le décret du 27 mars de la même année vint ajouter un nouvel élément à la transportation en prescrivant l'envoi à la Guyane des détenus des bagnes et, en outre, des forçats libérés qui en feraient la demande.

Le 31 mai suivant intervint une nouvelle disposition pour l'envoi à la Guyane des transportés de l'Algérie qui, depuis leur arrivée dans cette dernière colonie, auraient encouru une peine afflictive ou infamante.

Un autre décret, rendu le 20 août 1853, autorisa l'envoi à la Guyane de tous les individus d'origine africaine ou asiatique condamnés, par les tribunaux des colonies, aux travaux forcés ou à la réclusion.

La loi du 30 mai 1854 vint consacrer définitivement la substitution de la transportation à la peine des travaux forcés dans les anciens bagnes, et maintint les principales dispositions transitoires énoncées dans l'acte du 27 mars 1852.

Les condamnés, au début de la transportation, furent d'abord classés suivant leur provenance ou le temps de la peine qu'ils avaient à subir.

Les individus condamnés pour rupture de ban, envoyés dans la colonie en vertu du décret du 8 décembre 1851, furent soumis au régime militaire et affectés à des travaux d'utilité publique.

Les forçats transportés sous le régime de la loi du 30 mai 1854 furent placés sous la juridiction d'un tribunal maritime spécial et employés aux travaux les plus pénibles de la colonisation.

Le décret du 29 août 1855 a ramené à un mode plus uniforme le traitement et la juridiction à appliquer aux diverses catégories de transportés. Ses dispositions ont été maintenues par le décret du 21 juin 1858, qui soumet tous les tranportés, quels qu'ils soient, à la juridiction militaire. Sont exceptés et régis par le droit commun les transportés de la 4e catégorie, 2e section, c'est-à-dire ceux qui ont accompli leur peine principale et la partie accessoire de cette peine qui consiste à résider un certain temps dans la colonie.

On ne saurait se faire une idée des difficultés de toutes sortes que firent naître, au début, les éléments variés, complexes, en présence desquels se trouva placée l'Administration de la colonie.

Aucune partie du vaste territoire de la Guyane ne lui ayant été particulièrement désignée, toute latitude lui avait été laissée pour le choix des localités où seraient établis les premiers centres de transportation.

L'Administration dut, conséquemment, procéder par voie d'exploration préalable.

Nous allons retracer, aussi succinctement que possible, l'historique des essais qui ont été tentés simultanément sur toutes les îles qui bordent le littoral de la Guyane française et sur plusieurs points du continent.

Les îles du Salut furent choisies pour servir de lieu de dépôt aux condamnés arrivant de France.

Après le débarquement des quatre premiers convois, commença l'écoulement vers les divers points choisis pour y former des établissements. Les convois continuant à se succéder et leur composition se compliquant d'éléments divers, il y eut nécessité d'appliquer aux uns un régime général, aux autres un régime exceptionnel. C'est pour remplir ce double but que furent occupés successivement l'île de Saint-Joseph et l'île du Diable formant, avec l'île Royale, le groupe des îles du Salut, et l'îlet la Mère, placé dans le groupe des îles de Rémire.

L'île Saint-Joseph et l'île du Diable, aussi bien que l'îlet le Père et l'îlet la Mère, reçurent successivement diverses catégories de condamnés.

La Montagne-d'Argent, située à l'embouchure de l'Oyapock, fut le premier pénitencier établi sur le continent. Sa fondation date du 29 octobre 1852, quatre mois après l'occupation des îles du Salut.

300 transportés y furent placés avec 100 noirs condamnés, chargés de préparer les défrichements et les premières installations.

Les premiers essais de culture furent heureux. En 1855 la Montagne-d'Argent comptait déjà, disait-on, 50,000 plants de cafiers.

Cette situation prospère ne se maintint pas, et l'année dernière, ce pénitencier a dû être abandonné, par suite des maladies qui ont atteint les condamnés et le personnel dirigeant. Mais la Direction voulant utiliser les ressources qu'offre la Montagne, principalement en cafiers, a résolu de constituer sur ce point un atelier agricole présentant la physionomie des habitations particulières, régi par un agent de culture ou plutôt une sorte d'économe, et d'arriver ainsi bientôt, non-seulement à tirer un produit avantageux des ressources de la Montagne, mais encore de celles que l'Administration compte se créer en donnant du développement à la culture des denrées alimentaires. Il ne reste aujourd'hui sur cet établissement que 50 transportés noirs qui sont employés à la culture du café.

On a transféré dans cette localité, ainsi que nous l'avons déjà dit dans un autre chapitre, la léproserie de l'Acarouany. Hâtons-nous d'ajouter qu'elle a été placée dans une partie de la Montagne qui a toujours été réputée très-saine.

Saint-Georges, situé sur la rive gauche de l'Oyapock, à 191 kilomètres de Cayenne et à 226 kilomètres des îles du Salut par mer, occupe sur les terres alluvionnaires une région plus noyée que la Montagne-d'Argent.

L'exploitation des forêts au milieu desquelles se trouve placé ce pénitencier, devait être le but principal de sa création. Aussi, le premier soin de l'Administration fut-il d'y faire couper des bois et d'y expédier une scierie à vapeur, propre à les débiter et à faire des planches.

Des plantations vivrières couvrirent bientôt ce pénitencier et purent suffire presque entièrement à ses besoins en 1854. Mais les défrichements accomplis ayant développé des miasmes et occasionné des fièvres fréquentes, qui frappaient surtout les blancs, l'Administration se décida à livrer l'établissement aux bras des condamnés africains. On fit alors des travaux d'assainissement et de nouvelles plantations sur différents points à la fois. Deux hectares de cannes fournirent au personnel des condamnés la ration de tafia qui avait remplacé celle du vin. Une machine, prise sur l'habitation Power, dont on avait fait l'acquisition dans la Comté, fut montée à Saint-Georges pour la manipulation des cannes ; à ces cultures s'ajoutèrent celles du cotonnier, du giroflier et du cannellier. A partir de ce moment, la réussite de cet essai de colonisation pénale semblait assurée. Les richesses forestières, exploitées sur une grande échelle au chantier voisin du *Gabaret*, alimentaient la scierie : la position de ce chantier était bien choisie ; le *Gabaret* est peut-être la rivière la plus boisée de celles qui alimentent l'Oyapock, et ses bords sont couverts d'arbres de la plus grande dimension et des espèces les plus recherchées. Une briqueterie fonctionnait dès la fin de 1854. L'exploitation agricole, renforcée de 150 noirs en 1855, fournissait, en 1857 et 1858, les vivres et le tafia nécessaires à la consommation de tous les autres établissements pénitentiaires, lorsque, tout à coup, la mortalité qui avait forcé l'Administration à retirer les blancs, atteignit aussi les condamnés noirs. Les travaux d'assainissement avaient été entrepris trop tard.

Ce pénitencier a été supprimé l'année dernière comme celui de la Montagne-d'Argent, et son personnel versé tout entier au Maroni.

L'installation des pontons dans la rade de Cayenne, sous le nom de *pénitenciers flottants*, date de 1855. *La Durance*, partie de Brest le 21 décembre 1854 et arrivée le 13 février 1855, fut le premier ponton établi à Cayenne. Ce bâtiment changea de nom en changeant de destination : il s'appela *le Gardien*.

Il reçut à son bord les transportés qui, passant d'un pénitencier à l'autre par suite de maladie ou d'indiscipline, étaient auparavant forcés d'attendre qu'une occasion se présentât d'exécuter les mouvements indiqués. *Le Gardien* reçut, en outre, un atelier complet d'ouvriers appartenant à la catégorie des forçats condamnés aux travaux d'utilité publique et, notamment, aux travaux les plus pénibles du port et de la rade.

La fièvre jaune, lors de sa seconde apparition à Cayenne en 1855, le ravagea d'une manière cruelle. Momentanément évacué, peu après rendu à sa destination première, il a pu durer jusqu'en 1861, époque où il a été démoli.

Le Castor, ancien aviso à vapeur, fut également transformé en ponton en 1856 ; débarrassé de sa machine et convenablement emménagé, il reçut d'abord la catégorie des transportés notés pour leur mauvaise conduite : on pouvait les y tenir dans l'isolement. Il avait été mouillé devant le village de Kourou avec un personnel de condamnés que l'on débarquait le matin et qui rentrait le soir à bord, après avoir travaillé tout le jour à l'exploitation des bois. Ce pénitencier flottant servait à relier avec les îles du Salut le chantier des *Trois-Carbets*. Mais, en 1860, ce ponton a sombré dans la rivière de Kourou.

Un troisième ponton, établi dans la rade de Cayenne en 1857, la *Proserpine*, a été récemment évacué, démoli et remplacé par *le Cacique*. Nous dirons plus tard quels sont les pénitenciers flottants aujourd'hui existants.

Les essais de colonisation pénale, entrepris à la Comté en 1854, n'ont pas mieux réussi que ceux tentés sur l'Oyapock.

Les motifs qui ont déterminé le choix de la Comté pour y créer des pénitenciers, ont puisé leur source dans des considérations d'un ordre supérieur que l'on a complètement méconnues à l'époque de la fondation de ces établissements.

L'Administration n'ignorait certainement pas qu'il règne dans la partie de ce quartier avoisinant la rivière des fièvres intermittentes et pernicieuses, désignées depuis longtemps sous le nom de *fièvres de la Comté*.

Mais elle savait aussi par expérience que l'état de la mer rendait souvent impossibles toutes communications avec les pénitenciers qu'elle avait créés sur divers points du continent et des îles.

Elle avait donc jugé indispensable d'avoir à proximité de Cayenne un centre de transportation facile à approvisionner au moyen de chalands, dont le service se ferait par les rivières.

Elle pensait, d'un autre côté, que les défrichements pourraient assainir cette partie de la colonie.

Les terrains qui bordent la rivière de la Comté paraissaient réunir tous les avantages qu'on recherchait.

Les terrains une fois reconnus propres à l'œuvre qu'on allait entreprendre, on s'occupa de relier et de mettre en rapport les différents centres désignés avec le chef-lieu de la colonie.

Les roches de la rivière de la Comté furent balisées, les palétuviers de celles du Tour-de-l'Ile furent sabrés.

Des chalands, remorqués par des vapeurs, pourraient désormais transporter le personnel et le matériel.

On se mit à l'œuvre.

Il s'agissait d'appliquer dans cette localité un plan tout à fait nouveau.

Cet essai de colonisation pénale consistait dans un système de cases mobiles en fer, formées de pièces très-simples et uniformes, faciles à ajuster et pouvant être transportées par un petit nombre d'hommes.

Ces cases devaient être groupées dans les conditions du pénitencier définitif : séparation des catégories, des logements des troupes, des magasins.

Tel est le principe du système de pénitencier mobile inauguré par M. le gouverneur Bonard.

Deux grands établissements furent formés : Sainte-Marie et Saint-Augustin.

Le pénitencier de Sainte-Marie, assis sur la montagne Cacao et affecté aux condamnés attendant leur libération, fut construit sur le plateau, conformément au système indiqué plus haut : quatre rangées de cases à un mètre au-dessus du sol, crépies à l'intérieur, planchéiées et surmontées de larges toits, s'élevèrent comme par enchantement autour d'un vaste hangar destiné à réunir les condamnés pendant les heures consacrées au repas, au travail, aux récréations et à la prière.

Le pénitencier de Saint-Augustin fut établi, d'après le même plan, sur l'habitation Power, qui fut achetée à cet effet. Il fut affecté d'abord aux libérés mis en possession de la liberté surveillée ; puis, ceux-ci ayant fini leur temps de surveillance et demandé à rentrer en France, on y plaça des forçats comme à Sainte-Marie.

Je ne citerai que pour mémoire les petits établissements Saint-Philippe, Fleury, Davaux et Flotte : à peine commencés, ils furent évacués.

Sur les deux grands pénitenciers, les terrains avaient été défrichés et mis en culture, deux briqueteries élevées, une scierie montée ; deux chantiers de bois, une ménagerie étaient venus compléter ces installations. Ces établissements étaient en pleine prospérité, lorsqu'en 1855 la fièvre jaune vint y exercer d'affreux ravages. Dans les années qui suivirent, les fièvres intermittentes, que l'on avait combattues avec succès dans le principe, ayant pris un caractère pernicieux, l'Administration dut se décider, en 1859, à abandonner tous les établissements qu'elle avait fondés dans cette partie insalubre de la rivière, et à ne laisser qu'un chantier sur l'Orapu. Les condamnés et tout le matériel furent dirigés sur le Maroni.

Un autre pénitencier était établi à Organabo ; on y avait placé quelques condamnés qui s'occupaient de la ménagerie qu'on y avait fondée. Il a été supprimé l'année dernière, et le bétail a été réuni à celui de la Pointe-Française.

Cependant, il avait fallu trouver un lieu pour placer les libérés de Saint-Augustin qui, pouvant rentrer en France, attendaient leur rapatriment.

L'Administration fit choix des propriétés domaniales de Montjoly et de Baduel.

On commença à admettre les libérés à Montjoly, à partir du 1er mars 1856. Cet établissement était donc moins un pénitencier proprement dit qu'un lieu de dépôt pour les libérés astreints à la résidence temporaire ou perpétuelle. Ils recevaient les vivres de l'État, se livraient à la culture et à l'entretien du bétail, ou travaillaient pour le compte des services locaux.

Dans le but de les engager à se fixer dans le pays, on leur avait laissé une sorte de liberté relative dont ils abusèrent.

Ce motif et un autre plus grave, il faut le dire, l'insalubrité de cette localité, en outre, l'élévation du prix des travaux qu'il aurait fallu faire pour l'assainir, ont déterminé le Département à en prescrire l'évacuation. Le matériel qui était encore en état de servir, a, d'ailleurs, été utilisé dans les autres pénitenciers.

Les libérés de Montjoly ont tous été envoyés aux établissements de Saint-Pierre et de Saint-Jean au Maroni, selon la catégorie à laquelle ils appartenaient.

A Baduel étaient employés, dès le commencement de 1856, quelques libérés et des forçats. Le 7 mai de la même année on y avait envoyé un atelier de transportés sous les ordres de l'agent général des cultures et sous la conduite d'un libéré. Cet essai réussissait ; plusieurs condamnés avaient commencé à former de petits établissements et entretenaient de bons rapports avec la population libre ; d'autres avaient trouvé de l'emploi sur les habitations voisines, lorsque la seconde épidémie de fièvre jaune, en 1855, qui s'était prolongée jusque vers la fin de 1856, décima l'atelier et fit décider son transfèrement au Maroni.

La seule tentative qui ait, dès l'abord, rencontré des chances de succès sur le continent est l'entreprise agricole et forestière fondée en 1857 par M. le contre-amiral Baudin, sur les bords du plus grand fleuve de la Guyane française.

C'est à la suite d'une exploration faite à cette époque dans le Maroni, que l'Administration décida qu'un pénitencier serait établi sur ce point. Le nouveau centre de transportation reçut le nom de Saint-Laurent. En 1859, M. de Montravel consacra à cette œuvre tous ses soins, toute sa puissance de travail.

En 1860, un décret du 30 mai affecta spécialement à la transportation la moitié du territoire qui s'étend entre la Mana et le Maroni.

Il résulte de l'exposé que nous venons de présenter que les pénitenciers de la Comté ont été abandonnés en 1859, ceux de Saint-Georges, de la Montagne-d'Argent, de Montjoly et d'Organabo, en 1863. La transportation s'est donc successivement retirée des divers points du continent où elle avait fondé ses premiers établissements pour venir tout entière, à l'exception des pénitenciers flottants de la rade de Cayenne, se concentrer entre Kourou et le Maroni. Les entreprises tentées pendant les quatorze années qui viennent de s'écouler ne peuvent et ne doivent donc être considérées que comme des tâtonnements, des essais inséparables de toute grande œuvre à ses débuts. Il a pu se commettre, il s'est commis des fautes : des gouverneurs nouveaux ont établi de nouveaux systèmes sur les ruines des systèmes de leurs prédécesseurs, et chacun d'eux n'a probablement pas manqué de raisons pour prouver les avantages du sien et les inconvénients des autres. Mais quelques années d'expériences peuvent-elles compter dans les destinées d'un pays à qui l'avenir appartient? L'Angleterre, opérant dans des conditions plus favorables, c'est-à-dire dans un pays neuf, a mis près de quatre-vingts ans à fonder sa colonie pénitentiaire de l'Australie. Aujourd'hui la France a franchi la période d'essai et vient d'entrer avec plus de résolution et de sûreté de vue dans l'application pratique de la colonisation pénale.

La direction des pénitenciers est confiée, sous l'autorité immédiate du Gouverneur, qui en a l'administration générale, à un directeur résidant à Cayenne. Ce fonctionnaire est conduit par la nature de son emploi à entretenir des rapports assez variés et assez nombreux avec l'Ordonnateur et le Directeur de l'intérieur. L'Ordonnateur surveille l'emploi des fonds, ordonnance les dépenses, assure le service de santé, celui de l'approvisionnement et de la manutention des vivres et du matériel. Quant au Directeur de l'intérieur, il n'intervient que dans les cas où la transportation prête son concours aux travaux de la colonisation libre ; il conserve alors ses attributions normales d'initiative et de proposition, sans préjudice, ainsi que nous l'avons dit plus haut, des droits réservés au Gouverneur sur l'ensemble de la transportation.

Le service de la transportation se compose de quatre bureaux : le premier a dans ses attributions le personnel dirigeant des établissements pénitentiaires et les condamnés de toutes catégories ; le deuxième, le matériel ; le troisième, dirigé par un agent général, les travaux de culture, et le quatrième, la caisse de la transportation.

Le personnel dirigeant comprend : le directeur, onze commandants de pénitenciers, sept agents de colonisation et un certain nombre d'agents divers.

Le service du culte est confié à quatorze prêtres de l'ordre des Jésuites, assistés de quatorze frères coadjuteurs appartenant à cette congrégation.

Le personnel des hôpitaux sur les pénitenciers comprend un nombre de chirurgiens, de pharmaciens de la marine et de sœurs de Saint-Paul de Chartres et de Saint-Joseph proportionné à l'importance du pénitencier et au nombre des condamnés. Chaque pénitencier n'a pas son hôpital. Il en existe un à Cayenne, un second aux îles du Salut et un troisième à Saint-Laurent. Celui de

Saint-Louis sera supprimé quand le grand hôpital de Saint-Laurent, aujourd'hui en construction, sera en état de recevoir tous les malades du Maroni. Il existe, en outre, à l'îlet la Mère, un hôpital et une grande convalescence nouvellement créée et destinée aux hommes de tous les pénitenciers sortant des hôpitaux et ayant besoin de repos pendant quelque temps : c'est un moyen d'éviter des journées d'hôpital qui coûtent fort cher au service pénitentiaire. Les soins donnés dans les hôpitaux sont gratuits même pour les libérés. Les dépenses en frais d'hôpital se sont élevées, en 1865, à plus de 700,000 francs.

Le personnel dirigeant comprend, en outre, le corps spécial des surveillants, créé pour le service des établissements pénitentiaires par le décret de 22 avril 1854, organisé militairement, et dont l'effectif fixé, au maximum, à 5 p. 0/0 du nombre des condamnés, est de 197. Ce corps se recrute exclusivement parmi les sous-officiers des armées de terre et de mer.

Le personnel des condamnés se compose de quatre catégories :

1re catégorie : Condamnés aux travaux forcés à perpétuité ou à temps.

2e catégorie : Reclusionnaires condamnés coloniaux.

3e catégorie : Repris de justice.

4e catégorie, 1re section : Transportés libérés de la peine principale, astreints à la résidence temporaire ou perpétuelle.

4e catégorie, 2e section : Transportés entièrement libérés, pouvant rentrer en France et se trouvant rayés des contrôles de la transportation, et placés dans les attributions de la Direction de l'intérieur, s'ils désirent rester dans la colonie.

Il y a, en outre, un certain nombre de femmes condamnées, placées dans une maison spéciale sous la direction des sœurs de Saint-Joseph de Cluny. C'est là que les transportés vont faire choix des femmes qu'ils désirent épouser.

Aujourd'hui la transportation ne compte plus, je crois, un seul déporté politique : les uns sont rentrés en France, les autres se sont établis à Cayenne, où ils exercent des états honorables.

Nous avons indiqué au commencement de ce chapitre les principaux actes législatifs qui ont réglementé la transportation à la Guyane. Le caractère conditionnel qui avait présidé, sous l'empire du décret du 27 mars 1852, aux transportations d'abord effectuées, a été effacé par la loi du 30 mai 1854. Aujourd'hui tous les individus placés dans les établissements pénitentiaires de la Guyane y sont, soit en vertu du décret du 8 décembre 1851, soit sous l'empire de la loi du 30 mai 1854. Nous avons, vu que le premier de ces actes soumet au régime militaire les individus qu'il prescrit d'y envoyer et les astreint au travail. Le second place les forçats transportés sous la juridiction d'un tribunal maritime spécial, ordonne leur emploi aux travaux les plus pénibles de la colonisation, les exempte de la chaîne, sauf le cas de châtiment disciplinaire, et autorise une série d'adoucissements gradués qui peuvent leur être accordés comme récompense de leur bonne conduite, jusqu'à leur libération complète et leur installation comme colons sur le sol de la Guyane.

Plus tard, le décret du 24 juin 1858, en abrogeant le tribunal maritime spécial, a placé tous les transportés, quels qu'ils soient, sous la juridiction des tribunaux militaires, c'est-à-dire des conseils de guerre. Cette sage mesure nous paraît un nouveau pas fait vers l'affranchissement des condamnés. Ils ne sont plus jugés par des tribunaux d'exception et sont ainsi soumis à la juridiction générale de droit commun. La pensée et le but du législateur ont été évidemment de les élever aux yeux de la loi.

L'article 6 de la loi du 30 mai 1854 dispose, en outre, que tout individu condamné à moins de huit ans de travaux forcés est tenu, à l'expiration de sa peine, de résider dans la colonie un temps égal à la durée de sa condamnation. Si la peine est de huit années ou dépasse huit années, il doit y résider toute sa vie.

Les développements successifs que sont appelés à recevoir les établissements pénitentiaires, partout ailleurs qu'au Maroni, où la plupart des terrains sont domaniaux, peuvent trouver des facilités dans les dispositions d'un décret du 12 janvier 1852 qui, par dérogation aux règles tracées par la loi du 8 mars 1810, a simplifié pour l'Administration locale les formalités à remplir pour arriver à l'expropriation des terrains qui lui paraîtraient nécessaires. Ce décret n'a fait, au surplus, que rendre applicable à la colonie, dans l'intérêt de la formation des pénitenciers, une partie des règles appliquées en France, en matière d'expropriation pour cause d'utilité publique, par la loi du 3 mai 1841.

Depuis qu'une partie importante du territoire du quartier de Mana a été consacrée à l'établissement de concessionnaires, le règlement du régime des concessions est devenu l'objet de la plus active sollicitude du Département de la marine. Il a résolu de donner à sa colonie pénale un nouveau code complet, approprié à son origine et à sa situation actuelle.

Des instructions en ce sens ont été adressées à M. le gouverneur de Montravel en 1863, et une commission a été chargée d'élaborer, sous la présidence de M. Baudouin, chef du service judiciaire à la Guyane, un règlement d'administration publique pour les concessions à accorder aux transportés.

Comme le décret du 30 mai 1860 avait spécialement affecté à la transportation la moitié du territoire qui s'étend entre la Mana et le Maroni, la commission a pensé qu'en séparant cette portion du quartier de Mana du reste de la colonie, le décret précité en avait fait, pour ainsi dire, une colonie à part, et qu'il était conséquemment utile de doter les établissements nouveaux d'un mode de procédure civile et criminelle qui, mis en rapport avec le nouvel élément de population et avec la nature des propriétés, traçât des règles pour la répression des atteintes contre la sûreté de ces nouveaux colons et de ces propriétés.

La commission a entrepris ce travail, dont la première partie vient d'être terminée, sur les invitations pressantes du Département de la marine qui en a approuvé la tendance générale, tout en se réservant de l'apprécier plus complètement lorsqu'il lui aura été adressé, terminé dans tous ses détails.

J'ai cherché à me procurer des renseignements sur ce projet auprès d'une personne bien informée : ils ne m'ont pas été refusés. Je regrette que les limites, dans lesquelles j'ai dû renfermer chacun de mes chapitres, ne me permettent pas d'entrer dans quelques développements. Je ne puis perdre de vue, d'un autre côté, que cette œuvre de la commisoin n'est encore qu'à l'état de simple projet et que son adoption est subordonnée à la conformité de ses dispositions générales aux vues du Département de la marine.

Toute l'économie de ce projet me paraît consister dans l'établissement au Maroni d'un tribunal parmanent, chargé de rendre la justice en toute matière civile, commerciale, criminelle, correctionnelle, même de simple police, ledit tribunal se constituant, en outre, en commission administrative pour tout ce qui se réfère aux concessions, c'est-à-dire pour leur octroi, leur règlement et leur retrait.

Voici les points saillants, je ne dirai pas de cette législation nouvelle, mais de ce code de procédure civile modifié, simplifié dans ses formes et approprié à la situation naissante de la colonie pénitentiaire du Maroni :

1° La justice gratuite, sans avoués, sans huissiers ;

2° Dans la crainte que cette gratuité ne soit une incitation à intenter des procès, une amende est infligée à tout plaideur de mauvaise foi guidé par l'esprit de chicane ;

3° Les créanciers dont les titres seraient antérieurs à l'octroi des concessions ne pourront agir sur les biens concédés. Ces biens ne sauraient être le gage que de créanciers postérieurs ;

4° La femme du transporté concessionnaire demeurant avec lui devient son héritière légale avec part d'enfant légitime, qui ne sera jamais moindre d'un quart, quel que soit le nombre des enfants ;

5° Les biens possédés sont exempts d'impôts ; l'hypothèque, la saisie immobilière demeurent provisoirement écartées ;

6° Le tribunal du Maroni est ainsi composé dans le projet :

Le commandant supérieur des établissements, président ;

Un magistrat, licencié en droit, premier juge et en même temps juge d'instruction ;

Le chef du service administratif, deuxième juge ;

Le chef du service de santé, juge suppléant.

Voilà la magistrature assise.

Un second magistrat, également licencié en droit, procureur impérial auquel on adjoindra, s'il y a lieu, un substitut.

Voilà le parquet.

Il y a, en outre, un greffier qui est en même temps notaire et commissaire-priseur.

7° Toutes citations ou notifications seront faites sans frais par le ministère d'un surveillant ou autre agent de l'autorité publique (les formules de ces actes sont déjà toutes préparées) ;

8° En matière de répression, le tribunal du Maroni juge en audience correctionnelle, sur la poursuite du procureur impérial, tous les faits qualifiés délits ou contraventions. Pour le jugement des crimes, il tient tous les trois mois une session d'assises que vient présider un conseiller de la Cour impériale de Cayenne ;

9° Les transportés concessionnaires, prévenus de crimes ou de délits, seront, comme toutes autres personnes, déférés soit au tribunal correctionnel, soit à la cour d'assises composés comme il vient d'être dit, sauf la faculté laissée au Gouverneur de les revendiquer, s'il le croit utile, pour les livrer à la juridiction purement militaire, celle des conseils de guerre ;

10° Le mariage des transportés sera facilité par tous les moyens légalement praticables. Leurs enfants seront l'objet d'une sollicitude toute particulière. La tutelle dative est supprimée ; la tutelle légale est seule maintenue, mais là où elle manquera ou se montrera indigne, la tutelle administrative prendra sa place.

Le jeu de ce système est séduisant par la simplicité même de ses rouages et la rapidité de leur fonctionnement. S'agit-il d'introduire une instance civile? Le demandeur s'adresse au procureur impérial qui, le défendeur appelé, essaie de les concilier. S'il y réussit, tout est fini. S'il n'y parvient pas, il en dresse acte et saisit immédiatement le tribunal de la contestation : là, les parties entendues de nouveau s'expliquent contradictoirement. Le ministère public donne ses conclusions et la cause est jugée séance tenante ou à très-bref délai.

Les pages que l'on vient de lire étaient écrites quand je suis parti en avril dernier pour visiter les pénitenciers aujourd'hui existants : ce tableau général de la transportation était ma feuille de route.

Voyageant pour affaires personnelles, j'ai suivi, dans sa tournée officielle, M. le général Gouverneur Hennique qui avait bien voulu me permettre de l'accompagner.

Je dirai simplement, sincèrement les choses que j'ai vues, les impressions que j'ai ressenties, les observations que j'ai faites, et ne reproduirai que les renseignements que j'ai pu recueillir moi-même sur les lieux que j'ai visités.

Je connaissais déjà la plupart de ces établissements : je les avais vus en août 1864. A cette époque, quelques chantiers commençaient à prendre du développement ; un réseau de concessions s'étendait déjà autour de Saint-Laurent. Cependant, les cultures étaient rares ; les travaux de construction des cases des concessionnaires n'avaient pas été poussés avec toute l'activité désirable ; on avait laissé perdre, deux années de suite, une assez abondante récolte de cannes ; les plantations de caféiers n'avaient pas réussi ; il m'avait paru que les vues d'ensemble et une forte direction faisaient défaut.

Quant à Saint-Laurent lui-même, tout y était bon goût, parfum, harmonie. De larges plates-bandes de fleurs, des massifs de verdure révélaient un entretien et des soins assidus. Deux fois par semaine, les dimanche et jeudi, de cinq à six heures du soir, la musique des transportés exécutait des airs variés entre ces bocages odoriférants. Mais les arbustes grandis des massifs, plutôt que les travaux accomplis, disaient l'âge du pénitencier. On comprend que je ne veux pas dire que Saint-Laurent fût mal tenu ; je le trouvais, au contraire, trop joli pour un pénitencier : c'était un parterre de fleurs.

Je savais, en quittant Cayenne pour la seconde fois, qu'il n'y avait plus de pénitenciers au vent ; je connaissais d'avance notre itinéraire : les pontons de la rade, l'îlet la Mère, les îles du Salut, Kourou et le Maroni.

Il y a actuellement sur rade trois pontons : *le Grondeur, la Chimère* et *le Cacique* qui a remplacé *la Proserpine* démolie.

Ces pontons renferment des condamnés, dont la plus grande partie sont débarqués le matin pour être employés aux travaux du port, à ceux du génie militaire et des ponts et chaussées, aux chargements des vivres à expédier sur les établissements, et aux déchargements des bois et autres produits venant des pénitenciers.

D'ici à deux ans ces pontons, où les condamnés sont à l'étroit, auront disparu et seront remplacés par un pénitencier à terre qui sera placé au delà du jardin de l'infanterie de la marine. Cette mesure aura le double avantage d'économiser le temps employé au débarquement et au rembarquement des condamnés et de les placer plus à proximité des travaux à exécuter, soit en ville, soit dans la banlieue.

Sont annexés aux pontons que nous venons de nommer et sont constitués comme pénitenciers :

1° Une chaufournerie où l'on fabrique des briques, des carreaux et la chaux nécessaires au service de tous les établissements pénitentiaires. Cet établissement livre, en outre, ces mêmes matières aux services publics à des prix très-inférieurs à ceux du commerce ;

2° Un chantier de réparation désigné sous le nom de *petit chantier,* situé derrière la direction du port. On s'y livre à la construction et à la réparation de tout le matériel naval nécessaire aux pénitenciers flottants pour assurer le service des chargement et déchargement des navires de l'État.

Depuis quelque temps, les réparations de toute nature faites aux bâtiments de la division navale par la direction du port ont été, dans un but économique pour le service marine, exécutées par ce chantier qui cumule ainsi, aujourd'hui, ces deux grandes entreprises.

L'Alecton nous conduit devant l'îlet la Mère.

Situé à douze milles marins de Cayenne, l'îlet la Mère est entouré de trois îlots qui, ainsi que nous l'avons déjà dit, composent le groupe des îles de Rémire : l'îlet le Père, les deux Mamelles, le Malingre, ces deux derniers à peu près insignifiants.

Vue de la mer, cette île présente une certaine ressemblance avec l'île Royale et une surface beaucoup plus grande pour les travaux de culture ; aussi, sur ses pentes, voit-on de tous côtés des carrés bien entretenus en maïs, pois sept-ans, patates douces et légumes de France ; des plantations de bananiers, de cocotiers, de goyaviers, de sésames et de ricins ont été faites partout où le sol s'y est prêté. L'herbe de Guinée se mêle à l'herbe du Para dans des prairies artificielles qui nourrissent quinze ou vingt têtes de bétail.

Cette localité, rafraîchie par une forte brise qui souffle presque constamment de l'est, est un des points les plus salubres de la colonie. Elle justifie donc le choix qu'en a fait, au mois d'octobre dernier, M. le général Gouverneur Hennique, pour recevoir les convalescents des pénitenciers du continent et des îles, atteints de maladies graves.

Nous débarquons. La jetée en pierre, le quai, les nombreux et solides bâtiments construits sur le plateau supérieur, la route qui y conduit, indiquent les grands travaux de terrassement et de nivellement qu'il a fallu faire pour corriger la nature abrupte du terrain. Tous ces travaux ont été exécutés par les bras de la transportation avec des matériaux pris à pied-d'œuvre.

Nous montons sur le plateau aéré qui domine la mer. Ici les îlets, en face les montagnes de la côte de Rémire, plus loin le fort du Diamant et l'embouchure du Mahury, au delà les montagnes de Kaw.

Jamais ensemble plus pittoresque ne s'offrit à la vue.

On nous montre creusée dans le roc une citerne qui fournit, en suffisante quantité, l'eau nécessaire pour les besoins du personnel et l'arrosage des jardins. Au bas de l'île, à peu de distance du littoral sont, en outre, trois petites sources qui ne tarissent jamais.

Les travaux de culture et de jardinage ont pris, depuis 1864, une certaine extension.

Je vois de près les plantations que j'avais aperçues du bord. Dans les parties boisées de l'île ont été pratiquées des éclaircies qui ont permis d'y établir la culture abritée du cafier à laquelle la nature du terrain paraît convenir.

Le coton *sea-island* se plaît dans les terres humides de l'île ; quelques essais ont produit de très-beaux échantillons, mais le défaut d'espace empêchera d'entreprendre cette culture sur une grande échelle, et, d'ailleurs, le prix de revient du produit dépassera toujours de beaucoup sa valeur commerciale.

Je crois savoir que l'Administration est dans l'intention d'y créer une pépinière qui servirait à alimenter, en plants de cotonniers, les autres établissements pénitentiaires.

La sésame de l'île peut fournir de 4 à 500 kilogrammes

d'huile à brûler: fabriquée à froid, elle pourrait servir à l'usage alimentaire.

La récolte en ricin peut, avec la sésame, suffire à fabriquer l'huile nécessaire à l'éclairage du pénitencier et, en outre, environ 300 kilogrammes par an d'huile médicinale.

Le maïs donne deux récoltes par an. Les deux Mamelles en sont couvertes et produisent, année moyenne, 8,000 kilogrammes de grains.

De vastes bâtiments en bois, montés sur des assises en maçonnerie, ont été affectés à l'hôpital et à ses accessoires, infirmerie, pharmacie, logement des sœurs, etc. Dire que cet hôpital est placé sous la supériorité d'une sœur de Saint-Paul de Chartres, c'est dire qu'il est tenu avec tout le soin, l'ordre et la propreté désirables. Les plantes potagères de France, jointes à celles des climats tropicaux, peuvent suffire à tous les besoins de l'hôpital en vivres frais. Des volailles nourries avec le maïs récolté, le lait des vaches et d'un troupeau de chèvres que l'Administration a multipliées dans l'île, fournissent aux malades une alimentation salutaire. Une économie importante pourra être bientôt réalisée par la substitution complète des légumes frais aux légumes secs délivrés en rations aux transportés.

On nous conduit successivement à la manutention, munie d'un four pour quatre cents rations, aux magasins, à la caserne de gendarmerie, à la caserne d'infanterie plus spacieuse, aux logements d'officiers, baraques solidement construites en bois du pays sur des assises en briques; à la prison, à la forge et à l'atelier de serrurerie, bâtis en pierres de taille fournies par les carrières de l'île.

J'aperçois un beau mancenillier à feuilles de laurier, dont le suc, poison violent, produit du caoutchouc. Le commandant du pénitencier me dit qu'il y en a au moins huit cents pieds dans les parties boisées de l'île. Il me montre plusieurs beaux mancenilliers auprès de la vigie : c'étaient de simples piquets, tirés des branches de cet arbre, qu'on avait plantés en terre et qui sont devenus des arbres magnifiques.

Je visite l'église. Moins grande que celle de Cayenne, elle s'élève, en forme de croix, sur un parallélogramme allongé, sans portique. Le sanctuaire, le chœur et les deux chapelles latérales sont ornés de sculptures en bois, où l'on reconnaît la main d'artistes transportés fort habiles. La chaire est parfaitement travaillée; le confessionnal surtout est un chef-d'œuvre d'élégance.

Le double but que s'est proposé M. le général Gouverneur,

en changeant la destination de cette île, est atteint : obtenir le rétablissement des convalescents, utiliser les infirmes, de manière à diminuer, et plus tard, à équilibrer les dépenses de l'Administration.

Nous quittons l'îlet la Mère.

L'*Alecton* laisse bientôt derrière lui l'îlet le Père, autrefois pénitencier, aujourd'hui station des pilotes. En quatre heures nous arrivons aux îles du Salut, à trois heures nous débarquons à l'île Royale.

L'île Royale, la principale île de ce groupe, s'étend de l'est à l'ouest sur une étendue d'environ cinq milles et est divisée en deux mamelons de dimensions inégales, séparés par un isthme bas et étroit.

Du sommet de son plateau élevé on aperçoit, d'un côté, l'île Saint-Joseph, d'environ trois milles de superficie et, de l'autre, l'île du Diable un peu plus petite, s'étendant du S.-O. au N.-E. et affectant une forme très-allongée, amincie au sud, renflée au nord.

C'est surtout aux îles du Salut qu'on peut apprécier toute l'importance des travaux accomplis par la transportation. Les constructions s'étagent depuis le bord de la mer jusqu'au plateau supérieur. Ici, un quai en pierres brutes soutenant des remblais énormes, une jetée en pierres taillées provenant des carrières de l'île et des travaux de défense ; là, des casernes, des corps de garde, des logements d'officiers, un hôpital militaire, vaste et beau bâtiment à deux étages pouvant contenir quatre-vingts lits, une chapelle, des buanderies, un atelier de forge, des magasins et un vaste dépôt de charbon. Tout le terrain qui n'est pas occupé par des constructions a été utilisé en plantations de bananiers, de cocotiers et de vivres du pays. Un jardin placé dans la partie du vent de l'île paraît bien entretenu et fournit, dit-on, des légumes à l'hôpital. Ce fait doit être exact, car j'ai souvent entendu dire à Cayenne, que les îles du Salut y expédiaient la quantité de légumes excédant les besoins de la consommation. Autour des logements des troupes, des officiers et des surveillants, sont des jardins qui produisent les légumes de France et des tropiques : on y voit même quelques arbres à fruit du pays.

Les vaches, les brebis, les chèvres, les volailles abondent.

A gauche de la jetée, une large route creusée dans les flancs escarpés de la montagne conduit au plateau de l'ouest ; à droite, une autre route mène au plateau de l'est où sont les ateliers de forge et de serrurerie.

Quand on est parvenu au sommet du plateau supérieur ou de l'ouest, on découvre, à ses pieds, les pentes abruptes de l'île Royale, le petit chemin de ronde qui l'entoure comme une ceinture, un nombre infini de sentiers battus, les îles de Saint-Joseph et du Diable, et en face, devant soi, l'océan, les bâtiments et les canots qui le sillonnent en tous sens, les côtes du continent et l'embouchure du Kourou.

Au centre de ce plateau, entre l'hôpital et les casernes, grandes baraques de 25 mètres de longueur environ, élevées sur des piliers de briques ou de pierres et garnies de fenêtres à sabords, se trouve une mare qu'entourent des revêtements en pierre; elle est alimentée par les eaux pluviales et munie d'un filtre.

Il existe, en outre, quelques petites sources sur les versants nord. M. le général Gouverneur a, d'ailleurs, ordonné la construction de grandes citernes à l'hôpital, et on peut être assuré que prochainement l'île sera pourvue d'eau assez abondamment pour ne pas redouter les sécheresses.

De ce côté de l'île, particulièrement affecté à la garnison, tous les bâtiments sont enfermés dans une enceinte, de manière à ce que le personnel libre reste entièrement séparé des transportés.

Là, se trouvent aussi le magasin à poudre et la prison.

Le plateau de l'ouest est affecté aux condamnés : il renferme un hôpital central, une église, une aumônerie, une vaste buanderie et les logements pour les condamnés.

C'est là que sont placés les ateliers permanents de confection, ateliers vastes et nombreux d'où sortent les effets d'habillement et les objets de couchage, principalement les hamacs, fournis aux autres pénitenciers.

Cette partie de l'île sert aussi de lieu général de dépôt pour les convois de transportés arrivant de France avant leur distribution sur les établissements pénitentiaires.

Un *réduit* bastionné s'appuyant sur une caserne et un mur de sûreté isolent complètement ce mamelon de la partie de l'est.

Dans la gorge qui forme l'isthme se groupent les magasins de vivres et approvisionnements pouvant contenir 60 jours de vivres pour tout le personnel, la manutention pouvant faire du pain pour 2,000 hommes, des logements d'officiers, fonctionnaires et agents des divers services, la cale de halage, l'atelier de réparation des embarcations, le corps de garde de police, les citernes de réserve, etc.

Nous visitons ensuite Saint-Joseph. Cette île a des rues régulières, ainsi qu'un chemin de ronde et un sentier central destiné à conduire dans l'intérieur des terres cultivables.

Elle est entièrement déboisée : la couche végétale y est peu profonde et l'élément rocheux surgit à chaque instant sous la pioche du travailleur. Quatre ou cinq hectares de terrain sont plantés en patates ou en maïs, bananiers et cocotiers. On y cultive le ricin dont on extrait l'huile qui est fabriquée sur place et est employée à l'éclairage.

Sur son plateau très-bas, non loin du débarcadère, sont groupés les logements du commandant et des officiers, l'aumônerie, la caserne et les magasins. Autour de la plupart de ces constructions on remarque des jardins où l'on cultive les légumes de France. Quatre puits creusés à grand'peine fournissent de l'eau en abondance.

Une tannerie a été établie sur l'île et l'on y prépare les peaux à l'aide d'écorces de palétuviers rouges que fournissent les chantiers de Kourou.

Un intérêt particulier s'attache à l'île de Saint-Joseph. C'est la découverte qui y a été faite en juin 1854 d'un dépôt considérable de coquilles propres à faire de la chaux, et l'on est parvenu à y fabriquer ce précieux ciment.

L'île de Saint-Joseph est exclusivement affectée aux transportés en rupture de ban.

L'île du Diable sert actuellement de dépôt aux transportés de la 4ᵉ catégorie, 2ᵉ section, qui y sont internés en attendant qu'un bâtiment de l'État puisse les ramener en France.

Le plateau du nord-est, dans la partie la plus large de l'île, renferme la prison centrale et le pénitencier réunis l'un à l'autre. Un chemin qui traverse l'île dans toute sa longueur conduit à des baraques servant de corps de garde et à diverses autres constructions situées sur un petit plateau, au bas duquel se trouvent le débarcadère et la jetée, à la pointe sud.

Un puits creusé au bord de la mer, au-dessous du niveau des plus basses marées, fournit une eau abondante qui ne tarit jamais et le moyen d'entretenir et de développer les cultures.

On voit dans l'île : des bananiers, des cocotiers, des orangers, des sapotilliers, des papayers, des manguiers, des goyaviers et des ricins. Les patates douces, les ignames, le manioc et une grande partie des légumes de France apportent, par l'accroissement sucessif de leurs produits, un élément précieux à l'alimentation des condamnés.

Indépendamment d'un troupeau de vaches, de brebis et de chèvres, on trouve dans l'île tous les oiseaux de basse-cour.

Nous revenons à bord.

Le lendemain, au point du jour, nous nous trouvons dans la rivière de Kourou.

Sur la rive droite, à 1 kilomètre de l'embouchure, sont placées les concessions; sur la rive gauche, à l'entrée, à l'endroit appelé *les Roches*, est le pénitencier : plus loin est le village de Kourou; viennent enfin le chantier des Trois-Carbets, celui du Relai, un troisième appelé Chantier intermédiaire et les ménageries.

Les terres où sont établis les concessionnaires sont de première qualité; elles dépendaient autrefois de la magnifique habitation appelée *Guatemala*, qui, fondée par les RR. PP. jésuites, produisit longtemps de belles récoltes en café et en roucou.

Sur une longueur de 50 hectares, sont établies depuis trois ans, dans le lieu auquel on a conservé le nom de Guatemala, trente concessions environ, séparées du littoral par un rideau de palétuviers de 400 mètres de profondeur.

M. le général Gouverneur les visite l'une après l'autre, causant avec les nouveaux propriétaires, s'informant de leurs travaux, de leurs cultures, de leurs besoins. Toutes leurs réponses manifestent la confiance dans l'avenir. Un de ces concessionnaires, noir du Sénégal, demande de nouveaux terrains pour donner du développement à son exploitation. Des explications fournies par tous les concessionnaires, il résulte qu'ils produisent assez, non-seulement pour suffire à tous leurs besoins, mais encore pour faire des bénéfices. Depuis plus de deux ans, ils ne reçoivent plus de vivres de l'Administration, et ont pu réaliser de 25 à 30,000 francs en produits de toute nature. La plupart d'entre eux ont même achevé de payer leur terrain acheté à un habitant du pays.

Quelques bons sujets étaient sur le point de contracter mariage avec des femmes transportées.

Je n'ai vu à Guatemala ni soldats ni gendarmes. Les concessionnaires y sont libres comme les habitants d'un village de France, et ils n'ont jamais fourni aucun sujet grave de plaintes.

Ce système de liberté a ses avantages, mais il me paraît offrir des inconvénients. Ainsi, on dit que les concessionnaires font abus du tafia. Un peu de surveillance, à mon avis, les détournerait peut-être de faire des excès de boisson et les amènerait à se donner une nourriture plus substantielle, indispensable dans les climats tropicaux. Aussi m'a-t-il paru et ai-je dit que la santé de ces hommes laissait beaucoup à désirer. On a répondu que les miasmes délétères qui s'élèvent des terres défrichées, chauffées par le soleil, sont les causes de cet état morbide, mais que, lorsque les défrichements seront achevés, Guatemala sera une localité aussi saine que toutes les autres. Je veux le croire; mais il faudra du temps pour opérer ces défrichements et, d'ici là, un sage emploi de l'argent que se procurent les concessionnaires par l'écoulement de leurs produits, conjurerait peut-être ou du moins amoindrirait les effets de l'insalubrité des terrains concédés.

Le chantier des *Trois-Carbets*, situé à 36 kilomètres dans la rivière, celui du *Relai* et un troisième à qui sa position a fait donner le nom de *Chantier intermédiaire*, fournissent des bois aux îles et à Cayenne. Le premier et le dernier doivent être supprimés et établis à la crique Passoura. Nous dirons au chapitre de l'industrie quelle influence ont eue ces chantiers, ainsi que ceux du Maroni, sur la production du pays en bois de toute nature.

Des ménageries sont établies dans les savanes noyées, près de la crique Passoura, où fut autrefois Laussadelphie. Elles ont fourni, l'année dernière, environ 3,000 kilogrammes de bonne viande au pénitencier, soit une économie de 6,000 francs.

Le bourg de Kourou, situé sur la rive gauche de la rivière, à 2 kilomètres de son embouchure, est très-sain. Il possède, ainsi que nous l'avons dit dans un précédent chapitre, une église, un presbytère et une école primaire.

Dans le local occupé par la gendarmerie se trouve une treille en plein rapport, qui produit d'excellent raisin noir. Si la vigne était cultivée à Kourou sur une grande échelle, on trouverait le placement sûr de ses produits à Cayenne.

Il existait autrefois, au bourg même, un pénitencier qui a été transporté à l'embouchure de la rivière, à l'endroit qu'on appelle les Roches. Les terres comprises entre ces deux points formaient un marécage, cause de fièvres incessantes. Depuis qu'elles ont été desséchées et plantées, le village et le pénitencier ont été complètement assainis. Les cas de maladie sont devenus très-rares dans le personnel libre.

Dans les terrains dépendant du pénitencier se trouve une importante plantation de cotonniers qui comprend 45 hectares; un canal de desséchement, récemment ouvert dans les savanes qui bordent la rivière, va permettre de livrer bientôt 35 autres hectares à la culture.

L'administration pénitentiaire vient d'être autorisée, par un arrêté du 14 mai dernier, à reprendre et à continuer le canal commencé par le service des ponts et chaussées en 1839, et destiné à relier, par l'intérieur, la rivière de Kourou à celle de Karouabo. Ce travail présente une double utilité. Comme l'entrée de la rivière de Kourou est souvent envasée et que sa barre est alors infranchissable pour les bateaux à vapeur qui font le service des pénitenciers, comme, d'un autre côté, celle de Karouabo est d'un facile accès en toute saison, un canal de desséchement établi entre ces deux points aura pour effet de permettre aux navires d'entrer dans la rivière de Kourou, et aux chantiers, qui doivent être prochainement établis dans la rivière de Karouabo, d'apporter leurs bois au pénitencier pour y être débités. Des concessions seront, en outre, échelonnées le long de ce canal. Il va sans dire que la direction des pénitenciers a pris déjà les dispositions nécessaires pour qu'on ne s'avance que pas à pas, sans laisser de vides ni de marais derrière soi.

Nous sommes arrivés *aux Roches*, localité très-saine comme tout ce côté de la rivière, très-bien choisie, dont l'aspect riant rappelle involontairement, mais ne justifie pas la sinistre réputation que lui a laissée la malheureuse expédition de 1763.

Les bâtiments affectés au personnel libre et aux transportés sont solidement construits en maçonnerie et en charpente. La maison du commandant du pénitencier, à deux étages et à galeries, est agréablement située et ne manque pas d'élégance. Une scierie mécanique débite les bois fournis par les chantiers. Le magasin à coton contient encore la dernière récolte qui s'est élevée à 4,000 kilogrammes. On espère pour cette année de 8 à 10,000 kilogrammes en cotons de toutes espèces.

La vie, pour les fonctionnaires, est à très-bon marché sur le pénitencier et au village même de Kourou, où les concessionnaires vont s'approvisionner.

Les légumes secs et le lard ne sont plus donnés aux transportés résidant sur le pénitencier; ils sont remplacés par des légumes verts ou du poisson, ce qui est un allégement de dépenses pour l'Administration et une douceur pour les transportés qui reçoivent ainsi une nourriture plus saine.

Le 4 avril, à cinq heures du soir, M. le général Gouverneur quittait Kourou, et le lendemain au matin *l'Alecton* entrait dans le Maroni et jetait l'ancre à onze heures devant Saint-Laurent.

Depuis 1864 Saint-Laurent a pris de l'extension. Ce n'est pas encore une ville, c'est plus qu'un village. Il a franchi l'enceinte trop étroite où il avait été circonscrit et absorbe Saint-Louis, dont la population est repoussée sur les pénitenciers voisins. Indépendamment du personnel libre, cet établissement présente, avec ses annexes, un effectif de plus de 2,500 transportés de toutes catégories. Situé sur les bords du fleuve, à 25 kilomètres de son embouchure, en face de l'établissement hollandais *Albina*, appartenant à M. Kœppler, Saint-Laurent est comme enchâssé dans un cadre magnifique de forêts vierges, agrandi chaque jour par la hache des concessionnaires.

Ses rues perpendiculaires, alignées, plus larges que celles de Cayenne, entretenues avec beaucoup de soin, se coupent à angle droit dans un ordre régulier. Elles sont bordées de maisons construites en charpente et couvertes en bardeaux; basses en général, comme dans tous les pays chauds, elles ont presque toutes des galeries qui les défendent contre le soleil et la pluie. La maison des officiers de santé, à un étage, et le nouvel hôpital militaire à deux étages avec grenier, ont de vastes galeries par où l'air pénètre et circule dans toutes les chambres. Ce sont les deux seuls édifices publics dignes d'être cités : les autres bâtiments destinés à des services publics ne sont que de grandes baraques garnies de fenêtres à sabords et montées sur des piliers en maçonnerie. L'église n'est qu'une vaste grange surmontée d'un clocher; elle tombe presque en ruines.

On ne trouve à Saint-Laurent d'autres ombrages qu'une belle avenue de cocotiers, à l'extrémité de laquelle est placée la maison du commandant supérieur. Les défricheurs, en abattant la vieille forêt, n'en ont pas laissé vestige. Si, plus tard, on veut créer des places, des quinconces, on sera forcé d'appeler l'art au secours de la nature qui offrait là cependant toutes les ressources possibles. Une belle plantation de cafiers, qui s'étend à gauche du débarcadère, n'a pas même un arbre pour l'abriter. On dit qu'on en avait laissé quelques-uns, mais qu'ils ont péri parce qu'ils étaient isolés. Il fallait les y laisser par bouquets, par groupes, et ils se seraient développés dans les mêmes conditions hygrométriques. Rien ne s'oppose, d'ailleurs, en ce qui concerne la protection des cafiers, à ce qu'on plante, dans les intervalles, des rocouyers qui poussent très-vite, et même, si le sol s'y prête, des bananiers qui sont plus hâtifs encore. Les beaux jardins d'autrefois sont négligés : les fleurs ont presque entièrement disparu; ce n'est plus le pénitencier si coquet de 1864 : il a revêtu un aspect plus sévère. Il est bien entendu que je ne présente pas cette observation comme un reproche. L'artiste et le poëte regretteront le Saint-Laurent d'autrefois ; le philosophe et l'économiste préféreront le Saint-Laurent d'aujourd'hui.

Dans la semaine, lorsqu'au point du jour Saint-Laurent s'éveille, on voit les hommes se rendre à l'abatis, les femmes s'occuper des travaux du ménage, les enfants jouer sur le devant de la porte, comme on dit en France, quelques-uns pâles et rachitiques, fruits d'une union maladive, d'autres alertes, robustes, rappelant par leurs belles couleurs les petits paysans de nos campagnes. Les libérés, tenant fort à ne pas être confondus avec les condamnés et laissant pousser toute leur barbe, ce qui est le signe distinctif de leur libération, les condamnés réunis par brigades, se répandent dans les rues et se rendent tous à leur travail. Leur regard est assuré ; leur figure porte l'empreinte du contentement intérieur. Rien ici ne rappelle le bagne : on n'en porte même plus la livrée ; le pantalon jaune, la casaque rouge, le bonnet de laine rouge ou vert de Rochefort ou de Brest ont fait place à la chemise de coton, au pantalon et à la vareuse en toile, au chapeau de paille, vêtement tout colonial.

Les boutiques s'ouvrent. Ici je vois sur une enseigne : *Lascombe, coiffeur, ci-devant Palais-Royal;* là, sur un tableau *Falconetti, bottier,* et au-dessous un lion déchirant une botte, ce qu'il faut traduire évidemment par ces mots : « Tu peux la déchirer, mais la découdre, je t'en défie ! » plus loin l'enseigne d'un autre bottier représente le petit Poucet essayant les merveilleuses bottes de sept lieues !

En France, tous ces hommes, ne trouvant pas de travail, seraient retombés dans leur vie de désordres ; la faim et la misère les eussent de nouveau ramenés au crime : ici, ils vivent honnêtes, ils sont gais, ils sont heureux.

Le soir, les boutiques se ferment : le mari revient de la forêt, l'enfant de l'école. Une table bien garnie reçoit la petite famille. Une heure après, la voix douce et fraîche encore d'une femme berçant son enfant fait entendre à l'oreille, rebattue des refrains de Cayenne, cet air si touchant, si naïf : *il pleut, il pleut bergère*...

Mais c'est le dimanche que Saint-Laurent rappelle surtout nos grands villages de France. Les libérés aisés en habit noir, les autres en veste de drap ou en vareuse, et les transportés par brigades, musique en tête, les femmes en robes, portant fichu ou châle, bonnet ou chapeau, se rendent à l'église. Il faut les voir suivre l'office divin dans une attitude recueillie, chanter et prier et, après le service, se retirer en silence et regagner paisiblement leurs demeures, sans tout ce bruit qui éclate comme un tonnerre sous le parvis des églises métropolitaines à la sortie de la grand'messe.

J'ai visité tous les établissements publics : caserne, gendarmerie, cantines, magasins, bâtiments du génie, maison des RR. PP. jésuites, camp des transportés non-concessionnaires, hôpital militaire provisoire, hôpitaux pour les condamnés, scierie à vapeur, forge, ateliers de charpentiers, fours, boulangeries. Partout j'ai remarqué un ordre et surtout une propreté extrêmes. J'ai visité la crèche et l'école destinées aux enfants des nouvelles familles, ainsi que l'établissement des femmes condamnées, fondés et admirablement tenus par les sœurs de Saint-Joseph de Cluny.

On sait, en effet, que le Gouvernement a fait diriger sur Cayenne plusieurs convois de femmes condamnées, dans le but de les marier avec des libérés ou des transportés. A la fin de décembre 1865, le nombre des ménages était de 127, dont 103, mariés depuis leur arrivée dans la colonie, et 24 ayant rejoint leur chef condamné. L'Administration accorde toujours un passage gratuit et des secours aux familles des transportés qui demandent à venir rejoindre leurs parents à la Guyane.

Tous les mariages déjà contractés permettent de bien augurer de l'avenir. Pendant le temps de mon séjour à Saint-Laurent, sept jeunes filles se sont mariées avec des libérés et condamnés de divers établissements.

J'ai parcouru seul, à pied, avec la plus grande sécurité, le matin au lever du soleil, le soir avant son coucher, de Saint-Laurent à Saint-Louis, de Saint-Louis à Saint-Anne, le vaste réseau des concessions qui a pénétré profondément dans la forêt. Je n'ai rencontré aucun reptile, aucun animal dangereux. Les singes rouges que j'avais vus en 1864 ont complètement disparu.

Non-seulement les libérés astreints à la résidence perpétuelle ou temporaire, mais encore des transportés en cours de peine, dont la conduite a été bonne, sont devenus concessionnaires. Ils sont logés dans des maisons commodes et spacieuses, presque toutes à étages, avec galeries. Le sol siliceux d'alluvion, qui forme la base des terrains concédés, a peu de profondeur; cependant les plantes vivrières y viennent bien et fournissent aujourd'hui à tous les besoins des concessionaires. La ration leur a été supprimée depuis le 1er octobre dernier.

On dit que les concessions accordées aux transportés sont trop restreintes et qu'on devrait leur laisser cultiver, au lieu de vivres, les denrées coloniales telles que la canne et le café, qui seraient plus lucratives. Nous avons exprimé, dans un précédent chapitre, toute notre pensée à cet égard en disant que la petite culture doit toujours précéder la grande. Nous pensons qu'avant de songer à cultiver les denrées de luxe, il faut qu'on puisse se passer de tout secours étranger et suffire à ses propres besoins. On semble perdre de vue que la plupart de ces denrées demandent plusieurs années de soins et des dépenses considérables avant de donner des produits. Ainsi, le cafier ne produit qu'au bout de cinq ans au moins. La belle plantation de M. Bar, dans l'île Portal, présente un exemple des difficultés dont cette culture est entourée. Il y a là 70,000 plants de cafiers depuis 1859. Ce n'est que l'année dernière que M. Bar a recueilli pour environ 6,000 francs de produits. La récolte de cette année n'ira pas à plus de 10,000 francs. M. Bar a même jugé à propos, pour arriver à réaliser des bénéfices vraiment rémunérateurs autant que pour protéger et abriter ses cultures, de planter des roucouyers et des cacaoyers. A quoi tiennent ces résultats si incomplets? A deux causes : si les pluies sont très-abondantes, la fleur des cafiers tombe ; si elles sont moins fortes, elle se noue, et, dans les deux cas, la récolte est perdue ; la deuxième cause est l'invasion des insectes qu'il est impossible de détruire. Comment veut-on qu'un transporté sans ressources puisse faire en deux ans (car au bout de deux ans les concessionnaires ne reçoivent plus la ration), ce que l'intelligent M. Bar, soutenu par une des plus fortes maisons de Cayenne, n'a pu faire en sept ans?

Les concessions de Saint-Maurice prennent du développement et sont reliées par une route carrossable à Sainte-Anne, à Saint-Louis et à Saint-Laurent.

La Sainte-Anne, aviso à vapeur de 16 chevaux, nous conduit à la crique Sparouïne ; nous laissons derrière nous le Chantier de Saint-Jean et celui de la crique Serpent que M. le général Gouverneur a l'intention de ne visiter qu'au retour.

Le chantier de la crique Sparouïne, chantier principal qui a pour annexes celui de la crique Serpent et le Chantier intermédiaire, est situé à 8 kilomètres du saut Hermina, c'est-à-dire à 50 kilomètres de l'embouchure du Maroni. Ce chantier, tout récemment fondé par M. le général Gouverneur à l'entrée de la crique où la rive du fleuve est très-élevée, dans une position pittoresque et bien choisie, s'étend déjà à plus de 3 kilomètres, en longeant la crique, dans l'intérieur de la forêt. Les cases destinées au personnel administratif, celle qui sert de chapelle, l'aumônerie, l'infirmerie, ses dépendances, les cases des transportés, sont couvertes en feuilles de palmiers pinots qui donnent à cet établissement un caractère et un aspect tout particuliers. Les transportés qui y résident se livrent avec ardeur aux défrichements et reçoivent, outre la ration et l'habillement, une rémunération suppplémentaire de 50 centimes par jour. On reconnaît dans ces prémiers résultats ce que peut une forte volonté que seconde une prompte et intelligente exécution. On exploite les bois d'angélique, de parcouri et de ouapa. Le chantier a fourni, depuis sa fondation, non-seulement les bois nécessaires à l'édification des cases, mais encore un grand nombre de pièces destinées à l'Exposition universelle de 1867.

Les plantes vivrières sont cultivées dans quelques jardins autour des carbets. Ces ressources en vivres frais, jointes à la ration réglementaire, améliorent le régime des transportés.

A notre retour, le Général reçoit à bord de *la Sainte-Anne* la visite de quelques Indiens établis sur la rive hollandaise, puis celle de M. Tollinche, enfin, la visite plus intéressante de M. le capitaine Bastien.

Le capitaine Bastien est un personnage dans le Haut-Maroni. Réfugié du Brésil, il est le chef d'une tribu de 14 Indiens tapouyés, non compris les femmes et les enfants, et s'est établi d'abord au lac Mapa, puis est venu se fixer sur un terrain qui lui a été concédé non loin de la crique Sparouïne. Il avait revêtu, pour la circonstance, une tunique de capitaine d'infanterie de la marine. Le Général lui fait remettre une canne de tambour-major, insigne de sa dignité, sur la pomme de laquelle sont gravés ces mots : « Donné par le général Gouverneur Hennique au capitaine Bastien, 1865. »

Nous passons devant le Chantier intermédiaire aujourd'hui abandonné, mais dont l'exploitation sera reprise plus tard, et nous arrivons à la crique sinueuse, appelée à juste titre, *crique Serpent*, sur le bord de laquelle est placé le chantier, à un kilomètre de son embouchure. Les cases, couvertes en feuilles de palmiers pinots, offrent le même aspect qu'à la crique Sparouïne; elles venaient d'être achevées. Déjà la hache des transportés a entamé la forêt vierge qui, dans cette partie, contient des arbres de la plus grande dimension; chacun de ces arbres, dans cette famille de géants, doit compter plusieurs siècles. Au milieu de la partie défrichée, au centre des constructions, on a laissé un fromager gigantesque, de 40 mètres de hauteur, dont les branches, formant parasol, ne commencent qu'à environ 30 mètres du sol et dont le tronc pourrait servir de mât au plus grand vaisseau. Cet arbre est là comme le roi de la forêt : quand tous les autres qui l'entourent à distance, sont déjà mutilés par la hache, ont le pied noirci par le feu, lui seul est sans blessures. Non loin de lui, j'ai remarqué gisants sur le sol deux jumeaux sortis du même tronc, comme le palmier de la savane de Cayenne. Pourquoi la hache des défricheurs ne les a-t-elle pas respectés ?

Nous passons devant le plateau Gayac, que l'on commence à exploiter ; le Général ne s'y arrête pas. Nous arrivons à Saint-Jean, annexe de Saint-Laurent.

Saint-Jean est placé sur un plateau élevé dont le pied baigne dans le fleuve. Ce pénitencier a un caractère grandiose qui frappe et saisit l'imagination. Quelques grands bâtiments à étages, avec galeries auxquelles on arrive par de larges escaliers extérieurs, ont été construits dans les conditions de durée que comporte une occupation définitive. Les terrains, composés de ces ondulations successives particulières au sol accidenté de la Guyane, et déjà assainis par les défrichements, sont divisés par lots sur chacun desquels est bâtie une case. Des jardins où se cultivent les plantes vivrières et des arbres fruitiers se forment de tous côtés. Là, sont établis des libérés à résidence temporaire, catégorie indisciplinée, qui ne se livre au travail que parce qu'on l'y oblige.

Le lendemain, l'*Alecton* nous conduit à l'embouchure de la crique appelée improprement jusqu'à ce jour *Maïpouriri*, nom d'une autre grande crique située plus près de l'embouchure du Maroni. Le Général, en entendant ce nom, dit qu'il lui paraîtrait plus naturel de l'appeler *crique Saint-Pierre*. C'est dans cette crique en effet que se trouve placé l'établissement qui porte ce nom.

Nous arrivons au plateau élevé sur lequel il est assis à 2 kilomètres dans l'intérieur de la crique. De vastes carbets, à peine terminés, couverts en feuilles de palmier, indiquent une occupation récente. Quelques grands bâtiments, entre autres l'église, sont en construction. Sur cet établissement sont placés des libérés à résidence perpétuelle. Ils sont signalés comme des gens indisciplinés, remuants et portés de mauvaise volonté. Le Général visite toutes les concessions.

Quelques cases seulement sont achevées : un petit nombre de concessionnaires est au travail : la plupart des concessions sont désertes. Nous revenons.

On aperçoit de loin, sur le plateau, siége de l'établissement, les libérés réunis par groupes devant leurs cases, sur la grande place qui domine la crique.

M. le général Gouverneur, accompagné de sa suite qu'il devance, marche à pas rapides vers le plateau et s'arrête, avec le calme qui le caractérise et cette simplicité qui n'exclut pas la dignité, au centre d'un groupe, devant un libéré aux formes grosses, grasses, pesantes, masse de chair où les appétits brutaux paraissent dominer.

Le silence le plus profond s'était établi. La scène avait un caractère imposant que rehaussait la nature splendide qui lui servait de cadre.

« Vous ne voulez pas travailler, dit le Général avec douceur à l'espèce d'hercule qu'il avait devant lui ? — Non. — Vous pourriez vous faire ici une vie facile. Vous êtes jeune, vigoureux. Pourquoi ne vous construisez-vous pas une case ? Quant votre concession sera défrichée et plantée, vous pourrez vous marier... — Je n'ai pas besoin de me marier. »

Le Général s'éloigne; il a assez de puissance sur lui-même pour ne manifester aucun dégoût.

Un homme à cheveux et barbe grisonnants, encore très-vert et très-capable de travailler, mais à mine basse, sournoise et méchante, semble venir au-devant du Général et s'arrête à quelques pas sans saluer.

« Et vous, lui dit le Gouverneur, pourquoi ne travaillez-vous pas ? Vous êtes encore robuste, vous avez l'expérience de la vie. — Je ne veux pas travailler. — Vous avez sans doute des raisons ? — Oui, je ne veux pas travailler pour les autres. — Mais c'est pour vous que vous travailleriez. Les produits du sol que vous mettriez en culture vous donneraient les moyens d'introduire dans votre alimentation un élément salutaire. — Il n'y a pas d'avenir ici pour moi. »

Le Général passe.

Un jeune libéré, plein de force et de santé, à figure ouverte et avenante, au regard intelligent, assuré mais respectueux, se tient adossé à l'angle d'un carbet : il salue poliment.

Le Général s'avance vers lui.

« Et vous, est-ce que vous êtes dans les mêmes idées que vos deux camarades ? — Non, mon Général, je ne pense pas comme les individus qui viennent de vous répondre si grossièrement. Chacun ici a ses idées et s'y entête; l'un veut une chose et l'autre une autre. Il n'y a pas d'union, pas de sympathie entre nous. — Cela tient à ce que vous ne vous rendez pas bien compte de votre situation et que vous nourrissez des idées et des espérances chimériques. Il faut que vous sachiez bien que vous êtes condamnés à la résidence perpétuelle et que vous ne retournerez jamais en France. Qu'iriez-vous faire dans votre ancienne patrie? repoussés de tout le monde, y souffrir de la misère et de la faim, y reprendre votre vie licencieuse et criminelle, y renouveler la terreur que vous y avez déjà jetée. — Mon Général, nous savons bien que nous sommes condamnés à rester ici toute notre vie et que, si nous retournions en France, ce ne serait que pour revenir ici un jour ou l'autre. Nous avons été flétris par une condamnation..., nous sommes aujourd'hui dans la peine..., nous n'avons pas eu de chance... ; il y a bien des gens dans la société auxquels on donne la main, qui ne valent pas mieux que nous. Nous voulons bien travailler pour améliorer notre sort, mais.... — Allons, parlez, je veux bien vous écouter. N'êtes-vous pas bien traités ici? — Eh bien, mon Général, il y a beaucoup à dire. Nous ne sommes pas aussi favorisés que les concessionnaires de Saint-Laurent ; je n'accuse pas l'Administration ; je sais qu'elle a de bonnes intentions, mais il faut des outils pour travailler et nous n'en avons pas. »

Le général Gouverneur se tourne vers le directeur des pénitenciers et le commandant supérieur du Maroni : « On ne vous dit pas tout, Général, dit le premier de ces fonctionnaires. Il y a eu des outils ici comme partout ailleurs, mais on les a détournés pour les donner à des évadés qui s'en sont servi pour construire des canots et sont partis avec canots et outils. — Prenez les mesures nécessaires pour qu'on ne puisse pas dérober les instruments de travail ; faites-les rassembler le soir dans un magasin fermé ; mais ces gens-là ne peuvent travailler sans outils ; il faut leur en donner. Quant à vous, ne cherchez pas à vous échapper. Je me rappelle la tentative d'évasion dont on vient de parler, elle a échoué. On a repris évadés, canots et outils. Songez bien qu'en général vos évasions n'ont jamais réussi et que la plupart ont été suivies d'une mort horrible dans les bois. Conduisez-vous bien et vous serez traités comme les concessionnaires de Saint-Laurent. Édifiez vos cases, associez-vous pour les construire, par vingt, comme on a fait à Saint-Laurent. Vous dites qu'il n'y a pas d'accord entre vous, formez-vous par groupes de dix, de huit, si vous ne pouvez vous réunir en plus grand nombre ; mais il faut travailler. Le travail est la loi de ce monde. Il vous procurera des vivres, des fruits et les moyens de cultiver plus tard les denrées exportables du pays. Vous êtes placés dans une des parties les plus fécondes et les plus saines de la Guyane. Vous pourrez y préparer des pâturages, y élever des bestiaux. Vous ferez ce qu'ont fait les Brésiliens. Chez eux, le bétail abandonné dans les savanes s'y est multiplié à tel point qu'ils en exportent autant de de têtes qu'ils peuvent en prendre. Quand vous aurez construit vos cases et fait vos plantations, mariez-vous. La constitution de la famille est la première condition de succès pour l'œuvre que le Gouvernement a entreprise. Ne repoussez pas la main que vous tend l'Administration. Elle dirigera vos efforts ; elle fondera ici comme à Saint-Laurent une école pour vos enfants ; elle ouvrira ainsi à la génération qui vous suivra les voies du développement intellectuel aussi bien que celles du progrès moral et industriel. Vous paraissez avoir de l'influence sur vos camarades ; je vous charge de leur parler, de fonder des associations. Je me ferai rendre compte de votre conduite et du résultat de vos efforts. »

Au-dessus de Saint-Pierre, sur la même crique, à 2 kilomètres, est Sainte-Marguerite où se trouve un chantier qui fournit les espèces de bois les plus estimées, et une carrière d'où l'on extrait des roches que l'on taille sur place en dalles pour être expédiées au chef-lieu.

Le lendemain, nous quittons Saint-Laurent pour n'y plus revenir, et l'*Alecton* nous conduit à la Pointe-Française où l'Administration a établi une ménagerie qui, réunie à celle d'Organabo ne compte pas moins de 400 têtes de bétail en bon état. L'Administration est entrée, nous l'avons dit, en ce qui concerne les pâturages, dans la voie des améliorations sérieuses. Son bétail est parqué dans des pâturages naturels ou de vastes plaines plantées en herbes du Para et bien entretenues. D'autres terrains découverts sont préparés au fur et à mesure des besoins. Des concessions commencent à se former et s'avancent vers Mana, dont elles ne sont plus guère distantes que de 14 à 15 kilomètres. Là, est placée la plus mauvaise de toutes les catégories, les repris de justice dont l'Administration réprime difficilement les instincts pervers et dont elle a plus de peine encore à obtenir du travail.

Les renseignements que je me suis procurés fixent à 7,638 l'effectif des transportés présents au 31 décembre 1865 sur les pénitenciers aujourd'hui existants. Le nombre des individus envoyés à la Guyane depuis 1852 ne dépasse pas 12,000. Il y a eu, comme on le voit, depuis 14 ans, d'assez nombreux décès ; mais ils s'expliquent par l'épidémie de 1855 et par l'insalubrité des premiers centres choisis, par les évasions et quelques condamnations à mort dans la colonie. Il ne faut pas perdre de vue, d'un autre côté, qu'il y a eu de nombreux rapatriments. A moins de circonstances exceptionnelles, la mortalité n'a jamais atteint les proportions exagérées de 20 p. 0/0 que l'opinion publique lui a assignées. La moyenne des décès s'est tenue en temps ordinaire et se tient encore à 3.80 p. 0/0. Tel est le chiffre exact ; c'est celui qui est accusé dans le dernier exposé de la situation de l'Empire.

On essaierait en vain de contester les heureux résultats obtenus par la transportation. Et d'abord, son but le plus important a été complètement atteint. Les statistiques constatent une diminution notable dans le nombre des condamnations criminelles en France : l'audace des brigands armés contre la société est tombée devant la crainte d'un exil lointain. Le but philanthropique et chrétien qu'on s'était proposé a été également atteint. Soustraits à la contagion morale des prisons et des bagnes de la Métropole, les condamnés trouvent à la Guyane une large part de champ, d'air et de lumière ; ils travaillent en liberté, et devenus paisibles et meilleurs par l'influence des bons exemples, régénérés par la religion, portant en eux un calme, un bien-être qu'ils n'ont jamais connus, vivent comme de bons et honnêtes ouvriers, en attendant que le travail, la bonne conduite et l'économie fassent d'eux de riches planteurs, comme les colons Australiens.

Des bâtiments solides et durables, des chantiers de bois avec leurs installations, des exploitations de carrières, des briqueteries, des ménageries, un matériel considérable, sont désormais acquis aux localités occupées par la transportation.

Les travaux de réparation aux bâtiments de la marine locale et de la station navale, ceux d'entretien des rues de Cayenne ou des routes, ceux du service du port, ne grèvent plus que dans une mesure infiniment restreinte les budgets local et métropolitain : ces travaux sont accomplis avec les seules ressources, les seuls bras de la transportation.

Une autre économie plus générale, fruit de l'expérience, a pu encore être obtenue par la substitution de l'emploi des ressources locales aux envois de la Métropole et aux achats faits au dehors.

La transportation fait tous ses travaux elle-même, généralement avec des matériaux pris à pied-d'œuvre : elle n'a recours à aucun des services coloniaux qui réclament au contraire constamment son aide. Les bois qu'elle exploite servent d'éléments à ses constructions et fournissent, en outre, à l'exportation

Les ateliers spéciaux établis aux îles du Salut confectionnent les vêtements; les dépouilles tannées des bœufs fournissent la chaussure. Depuis près de deux ans les plantations en vivres se sont multipliées et tendent de jour en jour à diminuer la dépense à la charge de l'État.

On n'en est plus aux essais : on applique un plan aussi vaste que fortement conçu. Si ce plan est exécuté avec le degré de hardiesse, de vigueur et de persévérance nécessaires, il ne peut manquer de réussir. La transportation, nous l'avons dit, s'est concentrée sur le continent entre Kourou et le Maroni. De Kourou elle va bientôt gagner Karouabo. Elle s'étend le long du Maroni, et a son point central à Saint-Laurent. Autour de ce point rayonnent les chantiers Sparouïne, Serpent, Saint-Anne, Saint-Maurice, Saint-Pierre, Sainte-Marguerite, la Pointe-Française, reliés ensemble par des routes en construction, s'avançant de front dans l'intérieur vers la Mana où seront établis, sans doute bientôt, des pénitenciers qui tendront une main à ceux du Maroni et l'autre à ceux de Kourou. Ce plan n'est pas seulement sur le papier, je l'ai vu écrit sur le sol. Il n'en est pas de ces centres de population comme de ces villages qu'une supercherie ministérielle faisait naître sous les pas de la grande Catherine, pendant son voyage dans les steppes de la Russie.

Ainsi, la colonie pénale repose sur les bases les plus solides; les libérés, les condamnés mêmes, sont désormais les maîtres de leurs destinées, et seront peut-être, nous osons le dire parce que c'est notre conviction intime, les maîtres des destinées de la Guyane française et les artisans de sa fortune à venir, si leur travail et leur bonne conduite répondent à la sollicitude du Gouvernement.

Il faut être aveugle pour ne pas voir que la transportation porte en elle tous les éléments de succès d'une colonisation, l'énergie morale appliquée au bien, la force physique et l'intelligence.

On est forcé de reconnaître que c'est la transportation qui a ranimé à la Guyane la vie prête à s'éteindre, et que c'est la transportation seule qui soutient le commerce. Ses bras sont demandés à défaut de ceux des Africains. La ville même ne peut se passer de la transportation, et chaque jour elle réclame des corvées que fournissent les pontons, que fournira plus facilement le pénitencier à terre qui les remplacera. La difficulté de se procurer des femmes de la classe noire comme domestiques, a même engagé l'administration pénitentiaire à mettre à la disposition des habitants des femmes transportées volontaires, ayant purgé des condamnations correctionnelles. La loi qui édicterait la suppression de la transportation à la Guyane prononcerait son arrêt de mort : Cayenne deviendrait un hameau de pêcheurs. On le sait, on le dit tout bas... Pourquoi ne pas l'avouer tout haut ?

Je ne puis affirmer que l'intention du Gouvernement soit précisément de faire une espèce de partage de la colonie en deux portions : la partie au vent ouverte à la colonisation libre, la partie sous le vent affectée à la colonisation pénale. Mais cette idée, si elle est traduite en fait, n'a rien, ce me semble, qui doive affliger les habitants de la Guyane. Les relations ne s'établiront probablement entre eux et la nouvelle colonie que lorsque la génération des chefs de famille condamnés aura disparu.

Pourquoi ces hommes qui auront expié par cinq, dix, quinze années de souffrances les fautes qu'ils ont commises, pourquoi leurs descendants ne formeraient-ils pas la base d'une excellente population ? pourquoi ne deviendraient-ils pas non-seulement de bons colons, mais des citoyens soumis aux lois ? Leblond l'a dit : « Il est permis de croire que, vivant dans un bon climat, où tous les besoins et même les agréments de la vie sont le prix d'un travail simple et peu pénible, attachés à leur nouvelle patrie par leurs femmes et leurs enfants, rendus aux vertus sociales et aux mœurs et ne voyant plus autour d'eux que des égaux, ces hommes perdraient bientôt, avec leurs anciennes et criminelles habitudes, le désir de revoir la France, qu'ils auraient d'ailleurs peu de motifs de regretter. » (*Description de la Guyane française*, p. 75, 76, 83 et 84.)

Est-il besoin de rappeler l'origine et les commencements de la Nouvelle-Galles du Sud, où les Anglais ont apporté, avec leurs *convicts*, leur civilisation et leurs arts ? Leblond affirme encore, p. 78, « Que la province de Saint-Paul, au Brésil, aujourd'hui si florissante, a été fondée par des malfaiteurs qui avaient longtemps porté la désolation dans l'intérieur de ce vaste empire. »

Cet habitant de Cayenne, comme il aimait à s'appeler, a vu les choses de haut, et l'on peut dire à la louange de la population de la Guyane qu'elle les considère à un point de vue non moins élevé. On n'y a pas heureusement ces préjugés déplorables qui vouent à jamais en France au crime les criminels, et c'est un principe admis qu'il n'est pas de fautes qu'une bonne conduite ne puisse racheter. Admirable exemple que donne la colonie de la Guyane française au monde civilisé, et qui n'est que l'application de toutes les théories des publicistes modernes.

La loi protégera également ces deux classes de citoyens. Les mêmes services obtiendront les mêmes encouragements; mais les mêmes crimes devront être différemment punis. Si les nouveaux colons, qu'on aura bien voulu admettre dans la société coloniale, qu'on aura sauvés du déshonneur et de tous les malheurs de leur vie passée en leur procurant une patrie, un état social et toutes les jouissances d'une vie honnête et tranquille, venaient à tromper les intentions bienveillantes du Pouvoir et à retomber dans les fautes de leur vie agitée, il n'y aurait plus qu'à leur appliquer un code exceptionnel, draconien : il n'y aurait plus pour eux que l'isolement de l'île Saint-Joseph ou la tombe.

Tel est le plan de colonisation qui me paraît résulter de ce que j'ai vu ou appris.

Il faut qu'on arrive à coloniser la Guyane.

Quand, après avoir prodigué dans ce but pendant trois cents ans les millions et les hommes, après avoir accordé à la colonie, dès 1768, le régime commercial le plus protecteur, en 1829 des encouragements, des primes et des avances, en 1848 l'indemnité refusée en 1793, en 1851 la transportation, en 1852 l'immigration africaine, en 1853 les immigrations indienne et chinoise, quand, dis-je, après tant de sacrifices, de concessions, de bienfaits, le Gouvernement se trouve en présence des affligeants résultats que nous avons signalés dans un précédent chapitre, quand il voit une population bonne et résignée, mais impuissante et découragée, à quelques exceptions près, abandonner la vie rurale et agoniser sur un sol couvert de richesses, il n'a pas à hésiter dans le choix de ses moyens d'action. Il doit recourir à un moyen héroïque. Ce moyen, il le tient dans ses mains puissantes : c'est la transportation. Placée dans de grands centres favorables à son développement, elle donnera à la Guyane, en y mêlant son puissant alliage, la population qui lui manque; elle ouvrira des routes, ces grandes voies de la civilisation, et elle réalisera, peut-être un jour, pour le Maroni, tout le mouvement commercial que Maury a entrevu pour les rives de l'Amazone.

CHAPITRE XII.

FORCES MILITAIRES.

Une ordonnance royale du 14 mai 1831 a créé, dans l'origine, deux régiments sous la dénomination de régiments de la marine; ils ont fourni seuls, pendant huit ans environ, des garnisons aux colonies françaises. Leur dépôt commun se trouvait à Landerneau, arrondissement de Brest.

L'effectif de ces deux régiments étant devenu insuffisant par suite de leur affectation au service dans les ports militaires, une ordonnance du 20 novembre 1838 décida la création et l'organisation d'un troisième régiment. Le dépôt de Landerneau fut supprimé et chaque régiment eut dès lors son dépôt particulier: le premier à Brest, le deuxième à Rochefort et le troisième à Toulon. C'est à cette époque seulement qu'ils prirent la dénomination de régiments d'infanterie de la marine.

Il a été, depuis, formé un quatrième régiment qui complète ainsi les forces militaires de l'infanterie de la marine.

Ces régiments se recrutent comme les régiments de ligne par voie de désignation sur les appels annuels et par des engagements volontaires.

Les règlements leur accordent des suppléments de solde et d'indemnités, ainsi que des distributions supplémentaires de vivres.

Le service effectif dans les colonies est compté comme bénéfice de campagne pour les retraites et pour les récompenses militaires.

Sept compagnies et une section hors rang du 3e régiment forment, avec une demi-batterie de canonniers et un détachement d'ouvriers d'artillerie de la marine, la garnison de la Guyane française.

Un commandant militaire du grade de colonel est chargé, sous les ordres du Gouverneur, du commandement des troupes et des autres parties du service militaire que lui délègue le chef de la colonie.

Cet emploi, qui n'avait jamais existé à la Guyane, a été créé par un décret du 15 janvier 1853, en considération des nécessités spéciales de l'entreprise de la transportation.

En cas d'absence du titulaire, ses fonctions sont exercées par l'officier le plus élevé en grade.

Un lieutenant-colonel commande le détachement d'infanterie de la marine.

Un capitaine et un lieutenant de la même arme sont actuellement attachés à l'état-major du Gouverneur, le premier en qualité de chef d'état-major, le second comme officier d'ordonnance.

Un chef de bataillon remplit les fonctions de major de la garnison.

Un capitaine est chargé des détails du service de la place.

Ces deux derniers officiers comptent à l'effectif de la portion de leur corps en garnison dans la colonie.

Les fonctions de directeur de l'artillerie sont remplies par un capitaine en 1er, commandant la demi-batterie de l'artillerie de la marine.

Les travaux du génie militaire étaient encore dirigés en 1865 par un capitaine du génie portant le titre de sous-directeur des fortifications. Un arrêté du Gouverneur, en date du 1er avril 1866, décide qu'à l'avenir, l'officier, chef du service du génie dans la colonie, recevra la dénomination de directeur du génie.

L'effectif des troupes formant la garnison de la Guyane française était composé ainsi qu'il suit au 31 décembre 1865.

	Officiers.	Sous-officiers et soldats.
État-major	2	4
Troupes :		
Infanterie (détachement)	31	775
Artillerie { Canonniers	2	57
{ Ouvriers	1	32
Génie	2	7
Totaux	38	864
		902

L'effectif des troupes en 1836, année qui nous a jusqu'ici servi de terme de comparaison, était de 23 officiers, 599 sous-officiers et soldats d'infanterie, 100 canonniers et 15 ouvriers d'artillerie, total 737. Sur les 599 sous-officiers et soldats, il y avait 499 Européens. Les 100 autres étaient des noirs du Sénégal affranchis, enrôlés comme soldats et formant une compagnie à part sous le nom de *compagnie noire*. Cette compagnie a été dissoute en 1859. Aujourd'hui, les jeunes créoles qui veulent contracter des engagements volontaires pour les troupes d'infanterie ou d'artillerie de la marine, peuvent être autorisés à contracter des engagements à la Martinique, où la loi du 21 mars 1832 sur le recrutement a été promulguée.

On voit, d'après le tableau qui précède, que l'effectif des troupes à la Guyane française a été augmenté de 160 hommes environ. Cet accroissement des forces militaires a été posé en principe dans un rapport de S. Exc. le Ministre de la marine Ducos, en date du 22 février 1852, rapport inséré au *Moniteur universel* et devenu la base de la grande œuvre de la transportation.

Au 31 décembre 1865, ces troupes se trouvent ainsi réparties sur les différents points de la Guyane française :

	Officiers.	Sous-officiers et soldats.
Cayenne	32	524
Ilet la Mère	1	30
Iles du Salut	2	125
Kourou	1	33
Maroni	2	152
Totaux	38	864
		902

Les améliorations successivement introduites depuis quelques années dans le régime des troupes, et la création du jardin militaire destiné à les approvisionner de légumes, ont eu les résultats les plus satisfaisants pour l'état sanitaire de la garnison.

La moyenne annuelle de la mortalité parmi les troupes avait été, de 1830 à 1836, de 3 p. 0/0.

D'après un calcul fait sur les six dernières années, c'est-à-dire de 1860 à la fin de 1865, cette moyenne a été seulement de 1.90 sur 100.

La station navale de la Guyane française est sous les ordres d'un capitaine de frégate, qui a le titre de commandant supérieur de la marine. Elle se composait, au 31 décembre 1865, de 6 avisos à vapeur ou canonnières, 4 goélettes à voiles et de 3 pénitenciers flottants. Voici la désignation de ces bâtiments :

L'Alecton, aviso à vapeur à deux roues, deux canons, 120 chevaux ; — *L'Abeille*, aviso à vapeur à deux roues, deux canons, 100 chevaux ; — *L'Économe*, aviso à vapeur à deux roues, 25 chevaux ; — *Le Surveillant*, aviso à vapeur à deux roues, 25 chevaux ; — *L'Éclair*, canonnière à hélice, 110 chevaux ; — *La*

Sainte-Anne, canonnière n° 14, à hélice, 16 chevaux ; — *La Laborieuse*, goëlette à voiles ; — *La Pourvoyeuse*, goëlette à voiles ; — *La Vigilante*, goëlette à voiles ; — *L'Aurore*, goëlette à voiles ; — *L'Ile-d'Aix*, goëlette à voiles, à l'état de ponton ; — Enfin les 3 pénitenciers flottants de la rade de Cayenne, le *Cacique*, qui a remplacé la *Proserpine* démolie, le *Grondeur* et la *Chimère*.

Ces bâtiments présentaient, au 31 décembre 1865, un effectif de 5 lieutenants de vaisseau, 7 enseignes, 2 aspirants, 3 chirurgiens de la marine et environ 370 matelots.

Un commis de la marine, détaché du service colonial, est chargé de centraliser à terre la comptabilité de tous les bâtiments légers.

Le service du port rentre dans les attributions de l'Ordonnateur et est dirigé par un lieutenant de vaisseau qui a le titre de capitaine de port.

Il a sous ses ordres 1 lieutenant et 1 maître de port, 1 chef pilote, 4 pilotes, 1 aspirant pilote, 1 apprenti pilote et 2 guetteurs.

Les services maritimes de la colonie comprennent : 1 maître charpentier, 1 maître voilier pour le service du port militaire, 1 syndic et 1 garde maritime pour le service de l'inscription maritime. (Voir chapitre XIX.)

Il y a enfin à la Guyane française, indépendamment des troupes d'infanterie et d'artillerie de la marine, une compagnie de gendarmerie coloniale qui se compose ainsi : 1 chef d'escadron, commandant, 1 capitaine, 3 lieutenants dont 1 trésorier, 1 maréchal des logis chef à cheval, 1 maréchal des logis adjoint au trésorier, 9 maréchaux des logis à pied, 4 brigadiers à cheval, 17 brigadiers à pied, 24 gendarmes à cheval et 103 gendarmes à pied, total 5 officiers et 159 sous-officiers et gendarmes.

CHAPITRE XIII.

FINANCES.

Les dépenses coloniales faites pour le service de l'État sont comprises dans le budget métropolitain.

Dans son *Manuel financier*, M. Blanchard, ancien directeur de la comptabilité générale au Ministère de la marine, définit le budget *la prévision des besoins d'un exercice*.

Qu'est-ce qu'un exercice? La période de temps qui s'écoule du 1er janvier au 31 décembre de chaque année et qui doit comprendre toutes les dépenses faites dans cet intervalle, aucune avant, aucune après.

L'article 1er de l'ordonnance du 14 septembre 1822 dispose, en effet, que « seront seules considérées comme appartenant à « un exercice les dépenses résultant d'un *service fait dans l'année* « qui donne son nom audit exercice. »

Ainsi, la définition de M. Blanchard est exacte ; le budget indique bien les dépenses et les recettes à effectuer dans *l'année qui donne son nom à l'exercice* et qui court, en principe, de janvier à décembre. Mais, en fait, cette période se prolonge au delà de décembre pour compléter les opérations *propres à l'année*, et dure 14 et 15 mois pour les divers services de l'État et 18 mois pour le service local.

Les règles applicables au budget ont beaucoup varié.

Aux termes de la loi de finances du 25 mars 1817, les crédits étaient votés en masse par ministère et par chapitres (art. 151). Une ordonnance du 1er septembre 1827 créa des *sections spéciales* qui furent maintenues jusqu'en 1831. Alors intervint la loi du 29 janvier 1831 qui rendit obligatoire pour les ministères la *spécialité* des crédits par chapitres.

Cette loi a été abrogée, en ce qui touche la spécialité des chapitres, par le sénatus-consulte du 25 décembre 1852, mais maintenue, quant à la division du budget, en chapitres spéciaux ne comprenant que des services corrélatifs ou de même nature.

Voici les règles aujourd'hui suivies pour la présentation et le vote du budget.

Le budget est présenté au Corps législatif, avec ses subdivisions administratives, par chapitres et par articles ; il est voté dans son ensemble par ministère ; la répartition, par chapitres, du crédit accordé pour chaque ministère, est réglée par décret de l'Empereur rendu en conseil d'État. Elle peut être modifiée par des virements d'un chapitre à un autre, en vertu de décrets rendus dans la même forme.

Il ne peut être dérogé aux prévisions normales du budget des dépenses que par des lois portant ouverture de crédits *supplémentaires* ou *extraordinaires* (art. 1er de la loi du 16 mai 1831).

La faculté d'ouvrir par décrets, en l'absence du Corps législatif, des crédits supplémentaires, conformément à l'article 3 de la loi du 24 avril 1833, pour subvenir à l'insuffisance, dûment justifiée, d'un service porté au budget, n'est applicable qu'aux dépenses d'un *service* voté (art. 20 de la loi du 8 juillet 1852).

Tous les travaux d'utilité publique, toutes les entreprises d'intérêt général sont ordonnés ou autorisés par décret de l'Empereur (art. 4 du sénatus-consulte du 25 décembre 1852).

La loi du 5 mai 1855 dispose, article 21, que les décrets relatifs aux crédits supplémentaires et extraordinaires, lorsqu'ils n'auront pu être couverts par des virements, seront soumis à la sanction législative.

Les virements de crédits d'un chapitre à un autre, autorisés par le sénatus-consulte du 25 décembre 1852, sont réservés pour couvrir, après la première année de l'exercice, par des excédants de crédits réellement disponibles, les insuffisances d'allocation auxquelles il est reconnu nécessaire de subvenir (art. 3 du décret du 10 novembre 1856).

Toute cette réglementation des crédits supplémentaires et extraordinaires est exposée dans les plus grands détails et avec beaucoup de clarté par M. Blanchard ; elle lui paraît, à juste titre, comme elle paraîtra à tous ceux qui voudront bien l'étudier dans le *Manuel financier*, offrir toutes les garanties désirables, au double point de vue du sage emploi des deniers publics et de la justification des dépenses.

Le sénatus-consulte du 31 décembre 1861 a, en outre, réglé les nomenclatures des budgets annuels de la marine et des colonies.

Le service colonial est compris dans la cinquième et dernière section du budget de ce Département et se décompose ainsi :

Chapitre XXI. — Personnel civil et militaire.

Chapitre XXII. — Matériel civil et militaire.

Chapitre XXIII. — Service pénitentiaire.
Chapitre XXIV. — Subvention au service local.

Le budget de la Guyane française se divise en deux catégories principales :

1° La portion du budget métropolitain qui lui est attribuée pour les dépenses du service de l'Etat ;
2° Le budget local qui comprend les dépenses de l'administration intérieure ainsi que ses recettes.

§ 1er. — Budget métropolitain.

Voici le relevé des dépenses de la Guyane française à la charge du budget métropolitain, y compris celles de la transportation :

DÉPENSES DE L'ÉTAT. (Exercice 1865.)

CHAPITRE XXI. — PERSONNEL CIVIL ET MILITAIRE.

Article 1er. — Services civils.

Gouvernement colonial	50,000f 00
Administration générale	134,120 00
Justice	77,700 00
Culte	83,000 00
Agents divers	2,850 00
Dépenses accessoires	20,000 00
Traitement dans les hôpitaux	7,476 00
Total	375,146 00
A déduire pour les incomplets et pour le produit présumé des retenues à opérer sur la solde des officiers admis dans les hôpitaux, le 30e	12,504 86
Total de l'article 1er, services civils	362,641f 14

Article 2. — Services militaires.

Etats-majors général et des places, et états-majors particuliers de l'artillerie et du génie	87,000 00
Services maritimes	9,200 00
Gendarmerie coloniale	361,232 00
Accessoires de la solde	30,000 00
Traitement dans les hôpitaux	163,216 00
Vivres	373,984 05
Total	1,024,632 05
A déduire un 30e pour incomplets	34,154 40
Total de l'article 2, services militaires	990,477 65
Total du personnel	1,353,118 79

Chapitre XXII. — Matériel civil et militaire.

Ports et rades．	45,000f 00
Édifices publics．	10,000 00
Casernement et campement (artillerie et génie)．	164,800 00
Loyers et ameublements．	30,000 00
Introduction de travailleurs．	100,000 00
Dépenses diverses, frais d'impression, de justice, encouragements aux cultures, etc．	37,000 00
Total du matériel．	386,800 00

Chapitre XXIII. — Établissements pénitentiaires.

1° Personnel.

Commandement．	80,000f 00
Administration．	108,000 00
Service du culte．	90,600 00
Surveillance et police．	741,800 00
Colonisation．	21,080 00
Agents et dépenses diverses．	90,000 00
Traitement dans les hôpitaux．	825,878 50
Vivres．	2,585,432 20
Total du personnel．	4,542,790 70
A déduire un 30e pour incomplets．	151,426 36
Total．	4,391,364 34

2° Matériel.

Construction de baraques, installations, etc．	230,000f 00
Construction et réparation de chalands, etc．	64,000 00
Vêtements et objets de couchage．	180,000 00
Achats de meubles, d'objets divers, transports．	60,000 00
Essais de culture et procédés industriels．	70,000 00
Dépenses extraordinaires et imprévues．	13,800 00
Total du matériel．	617,800 00

A ces dépenses il y a lieu d'ajouter celles qui ont été effectuées dans la colonie pour le compte du service de marine, pendant l'exercice 1865, et qui ont été remboursées en traites sur le caissier central du trésor public à Paris, soit la somme de 858,298 fr. 13 cent.

Récapitulation.

Personnel civil et militaire．	1,353,118f 79
Matériel civil et militaire．	386,800 00
Établissements pénitentiaires { Personnel．	4,391,364 34
{ Matériel．	617,800 00
Dépenses du service marine．	858,298 13
Total général．	7,607,381 26

§ 2. — Budget local.

Les règles générales de la comptabilité des services de l'État s'appliquent au service local de la Guyane ; mais il est particulièrement régi par le décret impérial du 26 septembre 1855, qui a réglementé à nouveau le service financier des colonies.

L'acquittement des dépenses du budget local s'opère au moyen : 1° du montant des recettes locales ; 2° d'une allocation fournie par la Métropole à titre de *subvention au service intérieur de la colonie.*

Les recettes locales, pour l'exercice 1865, se sont élevées, y compris la subvention métropolitaine qui est de 523,000 francs et l'évaluation du produit des prestations pour les canaux et chemins vicinaux soit 20,000 francs, à 1,142,140 francs.

Les dépenses obligatoires s'élèvent à 964,320 francs, les dépenses facultatives à 157,820 francs, et le chapitre d'ordre (emploi des fonds de prestations en travaux divers) à 20,000 francs, soit en total 1,142,140 francs.

Voici le relevé des recettes et des dépenses locales, pendant l'exercice 1865 :

§ 1er. — RECETTES.

Contributions directes..	187,400f 00
Contributions indirectes..	40,700 00
Droits de douane à l'entrée......................................	113,000 00
Droits de phares, de navigation, de pilotage et d'emmagasinage...	17,800 00
Droits de douane à la sortie.....................................	21,000 00
Droits d'enregistrement, etc.....................................	43,500 00
Produits du domaine..	50,840 00
Produits de l'imprimerie..	35,000 00
Produits de la poste..	14,000 00
Produits divers..	60,900 00
Subvention métropolitaine.......................................	523,000 00
Subvention pour encouragement aux cultures..............	15,000 00
Total des recettes............................	1,122,140 00
Chapitre d'ordre. (Produits des prestations pour les chemins vicinaux.)...	20,000 00
Total général................................	1,142,140 00

§ 2. — DÉPENSES.

SECTION 1re. — DÉPENSES OBLIGATOIRES.

1° Personnel.

Direction de l'intérieur	61,260f 00
Administration des communes	74,650 00
Police	76,100 00
Services financiers	53,440 00
Instruction publique	58,250 00
Ponts et chaussées	34,000 00
Services des ports	20,134 00
Imprimerie	43,540 00
Service des prisons	20,200 00
Agents divers	18,020 00
Dépenses assimilées à la solde	15,000 00
Total du personnel	474,594 00
A déduire le 30e pour incomplets	15,939 00
Reste	458,655 00
Traitement dans les hôpitaux	15,700 00
Vivres	33,400 00
Total des dépenses du personnel	507,755 00
Soit en somme ronde	507,700 00

2° Matériel.

Travaux d'entretien et de réparation	119,584 19
Matériel des services publics	49,569 00
Loyers et ameublements	26,824 12
Éclairage des établissements du service local	3,200 00
Entretien d'établissements d'assistance publique et dépenses accessoires	83,127 69
Subvention à l'immigration	25,000 00
Recouvrement de l'impôt	37,000 00
Dépenses d'intérêts communal	30,856 00
Dépenses diverses et imprévues (y compris 61,000 francs de prévisions pour ordonnancement de non-valeurs et de dégrèvement)	81,459 00
Total du matériel	456,619 91
Rappel du personnel	507,700 00
Total des dépenses obligatoires	964,319 91
Soit en somme ronde	964,320 00

SECTION 2. — DÉPENSES FACULTATIVES.

Travaux neufs...	43,200f 00
Pensions, secours et indemnités à divers................	10,540 00
Encouragements à la culture et à l'industrie...........	33,500 00
Bourses et subventions.................................	14,250 00
Achat de livres..	300 00
Exploitation des habitations domaniales................	29,830 00
Subvention au budget extraordinaire pour la conduite des eaux du Rorota à Cayenne............................	25,000 00
Total des dépenses facultatives........	157,820 00
Rappel des dépenses obligatoires.............	964,320 00
Total.............................	1,122,140 00
Chapitre d'ordre.......................................	20,000 00
Total général des dépenses.............	1,142,140 00

Le décret douanier du 24 décembre 1864, qui n'était pas parvenu dans la colonie au moment de la formation du budget local de 1865, a augmenté les recettes de plus de 50,000 francs, ce qui a permis de faire certains travaux qui avaient été ajournés. L'année 1866, jouissant de la plénitude du bienfait, sera encore plus richement dotée. Mais 1867 se ressentira évidemment de la réduction de la subvention métropolitaine.

Tel est l'ensemble du budget de la Guyane française, tant pour les dépenses du service de l'État que pour celles de l'Administration intérieure.

Les frais généraux ne paraîtront exagérés à personne, si l'on veut bien considérer que les services, si divers et si compliqués de la colonie, exigent un très-grand nombre de fonctionnaires; malgré les soins les plus attentifs donnés par le Département de la marine au mouvement de ces fonctionnaires de colonie à colonie, les cadres des administrations ne sont pas même toujours au complet.

La France, en définitive, ne donne qu'environ 550,000 francs de subvention à la Guyane, et il est à présumer que si les entreprises agricoles, aurifères et forestières se développaient, à l'aide de l'immigration et de la transportation, le budget métropolitain serait bientôt allégé de toute contribution.

On trouvera dans le chapitre XIX, relatif à la législation générale, comment le Gouverneur pourvoit légalement, en Conseil privé, à l'exécution, dans la colonie, des budgets métropolitain et du service local.

L'Ordonnateur est chargé de la comptabilité générale pour tous les services.

Les comptes de chaque exercice sont établis, en ce qui concerne le service colonial, par l'Ordonnateur; en ce qui touche le service local, par le Directeur de l'intérieur, et soumis par le Gouverneur au Conseil privé. Ils sont transmis par le Chef de la colonie, pour être apurés par la Cour des comptes, à S. Exc. le Ministre de la marine et des colonies.

Le service de la trésorerie, bien qu'il rentre dans les attributions de l'Ordonnateur, adresse, de son côté, ses comptes, arrêtés au 31 décembre de chaque année, au Ministre des finances dont il relève directement.

Les deux ministres soumettent les pièces justificatives des dépenses au contrôle de la Cour des comptes.

Les dépenses faites à l'extérieur, soit pour les bâtiments en cours de campagne, soit pour la solde des troupes servant aux colonies et pour divers services accessoires, tels que frais de repatriment et autres, se régularisent, en France, au moyen de traites tirées sur le trésor public par les commandants de bâtiments et les administrations coloniales, et, dans certains cas exceptionnels, par les consuls.

Aux traites manuscrites précédemment en usage, une circulaire ministérielle du 20 octobre 1843 a substitué des traites imprimées sur papier de sûreté et détachées, par primata et duplicata, d'un registre à souche déposé dans les bureaux de la Direction de la comptabilité générale au ministère de la marine. Chaque traite porte au dos, depuis 1866, la mention importante qui suit : « les surcharges non approuvées par une nouvelle signature empêchent le payement de cet effet. »

« Ce système de la comptabilité des dépenses de l'extérieur,
« dit M. Blanchard (*Manuel financier*, page 392), souvent con-
« troversé, quelquefois attaqué, est toujours sorti victorieux de
« l'épreuve. Il a maintenant pour lui la consécration du temps
« et, grâce à la vigilance de l'Administration qui l'a successive-
« ment complété, il serait bien difficile, sinon impossible, de
« mettre à la place de ce qui existe quelque chose qui valût
« mieux. »

Dans les pages 393 et suivantes de son ouvrage, M. Blanchard présente un tableau récapitulatif faisant connaître l'importance croissante du service des traites de la marine depuis 1820, et l'indication sommaire des actes et circulaires qui ont successivement réglementé ce service.

Ces derniers documents fournissent une nouvelle preuve de la sollicitude constante qu'a, de tout temps, apportée l'Administration métropolitaine à perfectionner, quand il y a lieu, cette partie si délicate de son service.

CHAPITRE XIV.

INDUSTRIE.

Les différentes branches de l'industrie à la Guyane française ont une importance qu'elles empruntent toutes à la production et à la préparation des produits du pays. Les arts n'y ont d'application qu'à quelques travaux d'ébénisterie et de marqueterie, à la préparation de fleurs en plumes d'oiseaux ou d'oiseaux empaillés destinés à être montés en buissons, et à la confection de paniers tressés.

On exerce à la Guyane française les métiers de charpentier, de menuisier, de maçon, de forgeron, de ferblantier et, en général, toutes les professions manuelles de la Métropole.

La plupart des constructions du pays étant en bois, la profession de charpentier est la seule qui offre un certain degré de perfectionnement. On ne compte que quelques maîtres ouvriers capables de confectionner des meubles et des ouvrages de marqueterie, et encore sont-ils Européens. Il n'y a que deux mécaniciens capables de réparer les machines à vapeur dont on se sert pour la fabrication du sucre, et tous les deux sont Européens. Toutes les autres industries sont, en général, encore peu avancées.

L'Administration locale en fondant au collége de Cayenne, par son règlement du 26 février dernier, rendu par application de son arrêté du 13 novembre 1865, un cours d'agronomie et un cours supérieur complémentaire, en admettant parmi les matières d'enseignement la mécanique, la statique, la physique et la chimie, a eu évidemment pour but de former la population créole aux arts professionnels, de faire de bons chefs d'atelier capables de discerner ce qui constitue les travaux industriels, c'est-à-dire les actes où les pecfectionnements peuvent être introduits. Elle a pensé avec raison que la science qui dirige les travaux de l'industrie est une partie essentielle des facultés industrielles. Elle ne fera pas de prime-saut des ingénieurs, mais elle leur ouvrira la voie des études scientifiques que pourront fortifier et compléter quelques années passées en France dans les écoles spéciales.

Cette mesure de l'Administration me paraît être très-bien entendue et répondre à un besoin réel. Les savants français ou étrangers ne font, en effet, que rarement, exceptionnellement, des voyages dans l'intérêt de la science, comme Humboldt, La Condamine, Schomburgk; quand on aura formé une génération guyanaise de chimistes, de botanistes, de mécaniciens, ils emploieront évidemment le temps qu'ils passeront dans leur pays à rechercher les matières minéralogiques et médicinales, les gommes, les huiles, les baumes, enfin tous les produits utiles dans leur application à l'industrie. On forcera ainsi avec le temps la Guyane à ouvrir ses mains et il en sortira de l'or et des parfums.

Si l'on n'est pas industrieux, on peut le devenir. Les anciens Gaulois et les anciens Germains l'étaient fort peu, leurs successeurs, Français et Allemands, le sont beaucoup. Il y a trois siècles, les Anglais ne connaissaient presque aucun art et tiraient de l'étranger toutes leurs étoffes et leurs quincailleries : chez eux aujourd'hui l'industrie est poussée à ses dernières limites. Cela peut donner espoir aux habitants de la Guyane française.

L'industrie sucrière à la Guyane paraît n'avoir d'autre perspective qu'un *statu quo* conditionnel susceptible de s'améliorer avec le temps. Tant que les bras feront défaut et qu'on ne pourra pas entreprendre la culture de la canne sur une très-grande échelle, la fabrication du sucre ne donnera pas un prix rémunérateur. Pour pouvoir continuer cette exploitation et en retirer des bénéfices ou tout au moins l'intérêt à 6 p. 0/0 du capital employé, il faut que le propriétaire sucrier trouve au moins un prix de 45 francs par 100 kilogrammes, prix nécessaire pour couvrir les dépenses. Il n'y a eu jusqu'à ce jour qu'une seule sucrerie à la Guyane qui se soit livrée à la fabrication du sucre d'après le système des appareils de cuite dont on se sert à l'île de la Réunion et qu'on a mis en pratique aux Antilles françaises, et son propriétaire est parvenu, sans aucune préparation chimique, à fabriquer du sucre brut qui, turbiné, obtient sur le marché du Havre le n° 18 1/3, type de Hollande.

Dans les onze autres sucreries qui existent encore aujourd'hui, la cuite se fait à feu nu.

Des personnes très-compétentes pensent que le surcroît de dépenses occasionné par les appareils perfectionnés ne permet pas aux sucres de la Guyane de faire concurrence aux sucres des autres colonies où ces procédés les produisent dans d'autres et de meilleures conditions; que l'habitant de la Guyane ne trouvera aucun avantage à obtenir des sucres dont le type tendrait à dépasser le n° 12 de Hollande, soit la bonne quatrième ordinaire ; que c'est cette qualité que devront s'attacher à produire les propriétaires sucriers guyanais pour obtenir un prix à peu près rémunérateur, et qu'elle leur sera fournie par l'ancien mode de fabrication mieux soigné.

Cette opinion, fondée sur l'expérience, est assurément respectable ; mais il n'est pas interdit de penser que la prime de 10 francs par 50 kilogrammes obtenue sur les marchés par les sucres *dits* d'usine peut être un puissant stimulant pour les propriétaires qui voudraient employer les appareils perfectionnés.

En ce moment le sucre n'est coté dans la colonie, pour les qualités ordinaires, qu'à 38 fr. 40 cent. au plus les 100 kilogrammes. Le bas prix auquel se vend cette denrée en Europe ne permettrait pas à l'acheteur de dépasser ce taux sans danger de perte.

Les conditions d'admission des sucres en France ont complètement changé. Autrefois, les sucres des colonies étrangères étaient frappés de plus forts droits à leur entrée en France. Ils pouvaient soutenir la concurrence parce qu'ils entraînaient de moindres frais de fabrication. En agissant ainsi, on avait eu pour but de protéger les produits similaires des colonies françaises et de rendre plus facile le placement des sucres indigènes. Aujourd'hui, les sucres provenant de nos colonies ne payent pas plus que les sucres indigènes, et les sucres étrangers ne sont plus frappés que d'une surtaxe très-minime.

A la plupart des sucreries de la Guyane est attachée une guildiverie ou distillerie pour la conversion des mélasses et résidus en rhums et en tafias. Cette fabrication tend à prendre de l'extension. Le rhum fabriqué à Mana, lorsqu'il a vieilli, est d'une qualité supérieure et peut rivaliser avec les meilleurs produits des Antilles.

Quant aux autres productions indigènes ou acclimatées qui forment des branches d'industrie pouvant être très-avantageusement exploitées, telles que le roucou, le café, le cacao, le girofle et le coton, quant à l'élevage des chevaux et des bêtes à corne, nous ne pouvons que renvoyer à ce que nous en avons dit au chapitre VII qui traite des exploitations rurales.

L'industrie forestière a pris depuis quelques années un assez grand développement à la Guyane française. Nous avons vu précédemment que les forêts de cette partie du continent américain renferment un nombre considérable d'arbres de toutes espèces et de la meilleure qualité pouvant servir aux constructions civiles et navales, à la charpente, aux traverses de chemin de fer, au charronnage, à l'ébénisterie et à la marqueterie. Ces bois se trouvent dans certaines parties des forêts qui couvrent les terres basses de la colonie et sur tous les grands plateaux et les montagnes de l'intérieur. Les nombreux cours d'eau dont le pays est sillonné offrent les facilités nécessaires pour les charger sur des barques qui les apportent au chef-lieu. Il faut souvent, il est vrai, étendre les recherches et les travaux très-avant dans les terres; il faut tracer autant de sentiers qu'il y a de pièces de bois à charrier à bras; mais on arrive à triompher de toutes ces difficultés. Une compagnie disposant d'un capital un peu considérable et qui aurait soin de placer son centre d'exploitation dans le voisinage d'une artère fluviale, aurait de grandes chances de réussite.

Les bras de la transportation ont puissamment contribué à développer l'industrie forestière dans ces dernières années. Tous les chantiers établis au Maroni sont en voie de réussite complète. De nombreux chargements ont été déjà expédiés en France et leur vente ou leur cession à des services publics a donné les résultats les plus satisfaisants.

Les exploitations privées ne sont pas restées en arrière. L'une des plus intéressantes, celle de M. le chef de bataillon d'infanterie de la marine Ligier a utilisé pendant plusieurs années avec fruit les bras de 150 transportés. M. Ligier est rentré en France, mais un certain nombre de condamnés continuent, pour leur propre compte, l'exploitation commencée et confirment l'idée que nous avons précédemment émise que la transportation, sous le climat de la Guyane, peut supporter les plus rudes travaux, et, aussi, qu'à un moment donné, elle peut seule suffire à ses propres besoins.

On peut prouver par des chiffres que l'exploitation des bois a suivi pas à pas le développement de la transportation.

En 1851, année qui a précédé son introduction à la Guyane, on avait exporté en bois d'ébénisterie pour une valeur de 49.277 francs.

Du 1er janvier 1852 au 31 décembre 1865, la moyenne par an des exportations, soit en bois d'ébénisterie, soit en bois de construction ou bardeaux, a été d'une valeur de 73.245 francs.

Nous ne devons pas omettre de dire que cet accroissement est dû surtout à la sollicitude du Gouvernement qui, par de nombreuses et heureuses expériences par lui prescrites dans tous nos arsenaux, a appelé sur les bois de la Guyane française l'attention des spéculateurs et provoqué d'importantes demandes.

Une autre industrie semble appelée à offrir au commerce des ressources inépuisables : elle consiste dans l'exploitation des substances extraites des arbres, arbustes et plantes de la Guyane. Nous en avons déjà signalé un grand nombre dans notre chapitre VI, où nous avons commis, sciemment dans certains cas, involontairement dans d'autres, quelques omissions que nous allons trouver occasion de réparer. Nous donnerons donc une nomenclature aussi complète que possible de toutes les substances exploitables du pays. Cette sorte d'inventaire, de bilan, au point de vue commercial, industriel, agricole et médical, nous paraît de nature à stimuler les recherches des habitants de la colonie, et à attirer en même temps les études de la science métropolitaine.

TEXTILES.

Le nombre de tiges, d'écorces, de graines, de feuilles et de lianes propres à être utilisées dans la spartérie comme textiles est infini à la Guyane :

Maho à fleurs roses ou rose changeante de Cayenne (*hibiscus mutabilis*), excellent textile.

Fibres et écorce de bois macaque (*lecythis zabucajo*), dont les Indiens se servent pour faire du papier à cigarettes.

Fibres et écorce de couratari (*lecythis grandiflora*), appelé improprement à Cayenne maho. Les fibres et l'écorce de cet arbre se détachent facilement du tronc par lanières épaisses d'une grande longueur propres à la fabrication des paniers. Le *canari macaque* n'est pas un arbre : c'est le nom donné aux fruits des divers *lecythis* et principalement au *grandiflora* et au *zabucajo*. Aublet a fait un genre particulier du couratari, mais il appartient au groupe des *lecythis*.

Écorce de maho (*thespesia populnea*), dont les fibres ressemblent au jute des Indes ; j'ai vu un hamac fait par un Indien avec cette écorce : on l'eût dit fait avec des fils d'argent.

Soie de fromager (*bombax ceiba*). Cette substance, plutôt bourre que soie, a été employée avec succès aux États-Unis dans la fabrication des chapeaux.

Fibres de pitre (*bromelia pigna*), avec les fils blancs et soyeux desquelles on fait des lignes de corde et des fouets.

Fibres d'aloës (*aloë perfoliata*), dont les filaments sont soyeux, fins et blancs, mais un peu courts.

Fibres d'agaves, dont deux espèces : *agave vivipara* et *agave americana*, excellents textiles nommés *karatas* à Cayenne.

Fibres de kéréré (*bignonia aubletii*), qui servent à faire des paniers, des chapeaux et des cordes.

Paille d'aouara (*astrocaryum vulgare*), dont on fait des chapeaux, des balais et des espèces d'éventails qui servent de soufflets à Cayenne.

Paille d'arouma (*maranta tonka*), employée à faire des corbeilles et des paniers appelés pagaras, ainsi que des presses à manioc appelées couleuvres dans le pays.

Fibres de bananier (*musa paradisiaca*), pourraient être utilisées dans la fabrication du papier.

Paille de maïs (*zea maïs*); fibres d'ananas (*bromelia ananas*), excellents textiles.

Moucoumoucou (*caladium giganteum*), que l'on trouve à l'approche des terres hautes sur les bords de tous les fleuves, de toutes les rivières, de toutes les criques, où ces plantes forment des lisières quelquefois très-profondes; pourra servir à la fabrication du papier le jour où on le livrera au commerce à bas prix.

Un grand nombre de lianes (voir chapitre VI) : lianes mousse, guélingué, panier, plate, singe rouge, punaise, ail, franche, du chasseur, sont toutes susceptibles de se transformer en cordages ou en paniers et quelques-unes en tissus rivaux de la soie.

Tous les palmiers, y compris le cocotier, donnent des filaments qui pourraient être utilisés dans l'industrie. On dit que dans toutes les parties de l'Orénoque on en fait des chapeaux *dits* de Panama; c'est une erreur. Les chapeaux *dits* de Panama sont faits avec les feuilles fendues en minces lanières des *carsudorica palmata* et *plumieri*, de la famille des pandanées; aucune fibre de palmier n'entre dans leur confection.

Le Gouvernement fait soumettre journellement à des expériences les textiles dont nous venons de faire l'énumération, leur donne accès à toutes les expositions et les signale par tous les moyens de publicité dont il dispose à l'attention du monde savant et commercial. Il ne serait pas impossible de les utiliser à Cayenne même. Les jeunes filles à qui les respectables sœurs de Saint-Joseph de Cluny se contentent d'enseigner la couture en dehors du temps consacré aux études, trouveraient peut-être à occuper leurs loisirs, quand elles ont quitté l'école, au travail de la confection de paniers et de chapeaux, œuvre de patience et de délicatesse.

MATIÈRES TINCTORIALES ET TANNANTES.

Roucou (*bixa orellana*), bixine et demi-bixine. (Voir chapitre VI.)

Feuilles de lucée (*myrtacea*), employées pour teindre les étoffes en noir.

Feuilles de bignone (*bignonia chica*), teignent les étoffes en une belle couleur rouge carmin.

Mora (*mora excelsa*), dont le cœur vaut le chêne pour la tannerie.

Beslère (*besleria violacea*); le suc de sa racine et de ses fruits teint en violet le coton et les pailles.

Écorce de palétuvier rouge (*rizophora mangle*), passant pour un fébrifuge actif et contenant de 5 à 7 fois plus de tannin que l'écorce de chêne; excellent en outre pour la teinture.

Palétuvier grand bois, écorce à tan.

Palétuvier de montagne (*taonabo dentata*), idem.

Indigo (*indigofera tinctoria*). (Voir chapitre VI.)

Bois violet (*copaïfera bracteata*), donne un pourpre préférable à celui de l'orseille.

Écorce de grignon (*bucida buceras*), est employé pour la tannerie dans les Antilles anglaises.

Campêche (*hæmatoxilon campechianum*), donne une teinture couleur chocolat.

Canne congo (*costus amomum*), peut servir à la teinture.

Genipa (*genipa americana*). Les Indiens retirent de son fruit une teinture noire avec laquelle ils se peignent le corps.

Gomme-gutte (*hypericum bucciferum*), dissoute à l'eau chaude, elle prend une belle couleur jaune qui convient surtout pour l'apprêt des étoffes de soie.

Écorce de goyavier (*psidium grandiflorum*), est utilisée dans la tannerie.

Mencoar ou minquar (*minquartia guyanensis*). Ses copeaux bouillis donnent une teinture noire qui prend bien sur le coton.

Simira (*simira tinctoria* Aublet). Des essais faits à Cayenne donnent lieu de penser qu'on pourrait utiliser l'écorce de cet arbre, très-commun dans le quartier de Roura, pour teindre en rouge vif la soie et le coton.

Safran (*curcuma longa*), teinture et coloration.

BAUMES, GOMMES ET RÉSINES.

Gomme d'acajou savane ou à pommes (*anacardium occidentale*), ne peut remplacer complètement la gomme arabique parce qu'elle n'est pas soluble dans l'eau. Dans de l'eau chaude, elle forme une colle ; elle s'y gonfle comme la gomme adragante, mais ne s'y dissout pas.

Sève de balata (*sapota mulleri*). Cette substance est, dit-on, supérieure au caoutchouc et à la gutta-percha. Le *mimusops* n'existe pas à la Guyane.

Résines du cèdre blanc (*icica altissima*) et du cèdre gris (*icica decandra*), balsamiques, blanchâtres, liquides, qui en se desséchant se condensent en morceaux jaunâtres sur l'écorce ou au bas du tronc.

Résine élémi (*icica heptaphylla*), espèce de gomme blanchâtre, coule de l'écorce entamée de l'arbre à encens. (Voir ce dernier mot, chapitre VI.)

Résine de courbaril (*hymœnea courbaril*), espèce de gomme jaunâtre, transparente, difficile à dissoudre, analogue à la gomme copale, sert à la préparation des vernis ; employée dans les affections catarrhales. Une de ses variétés nommée *ambre de Cayenne* se présente sous forme de petites larmes rondes, ternes à la surface comme certains cailloux siliceux longtemps roulés par les eaux.

Résine de mani (*moronobea coccinea*), fournit une espèce de brai sec employé par les Indiens pour calfater les pirogues et fixer le fer des flèches.

Résine de bois rouge tisane (*houmiri officinalis*) ; l'arbre exsude une résine balsamique appelée *baume houmiri* que l'on dit être un très-bon vulnéraire sans aucune âcreté, et que l'on peut employer intérieurement comme le baume du Pérou auquel il ressemble. On assure qu'il peut remplacer la colophane.

Vernis de coumaté (*myrtacea coumaté*), indélébile ; il suffit de le frotter légèrement avec un corps gras pour lui rendre son lustre altéré par la poussière ou des liquides.

Thoa (*thoa urens*), arbrisseau qui fournit une gomme transparente.

Caoutchouc (*hevea guyanensis*); en groupes isolés sur notre territoire, il vit en famille entre l'Oyapock et l'Amazone, c'est-à-dire sur le territoire contesté.

Résine de figuier (*urticaceæ*). Arbre très-abondant dans le pays; fournit une gomme extensible qui possède des qualités analogues à celles de la gutta-percha.

Mancenillier à feuilles de laurier (*hippomena biglandulosa*); son suc laiteux contient du caoutchouc.

Jacquier (*artocarpus integrifolia*); son suc laiteux fournit une glu pour prendre les oiseaux.

Baume aracouchini (*icica aracouchini*); selon Aublet, guérit la lèpre.

MATIÈRES OLÉAGINEUSES ET SAVONNEUSES.

Aouara (*astrocaryum vulgare*). Palmier très-répandu dans l'Ile-de-Cayenne et par toute la Guyane; son fruit fournit une huile qui est employée à l'alimentation et à l'éclairage dans toutes les habitations; on en fait aussi du savon.

Aouara pays nègre (*elaïs guineensis*) donne l'huile de *palme*, matière première, objet d'un commerce important à la côte occidentale d'Afrique.

Graines de comou (*œnocarpus bacaba*), fournissant 18 p. 0/0 d'une huile d'une teinte un peu verdâtre, mais excellente pour l'alimentation. On tire de leurs amandes une substance qui peut être utilisée pour la savonnerie, l'éclairage et même l'alimentation.

Graines de pekea (*caryocar butirosa* Linné), comestibles et oléagineuses.

Graines de conana-mon-père (*astrocaryum acaule*), excellentes pour la saponification.

Graines de palmier bache (*mauritia fluxuosa*), *idem*.

Graines de maripa (*attalea excelsa*), *idem*.

Graines de paripou (*guilielma speciosa*), *idem*.

Graines de patawa (*œnocarpus patawa*), *idem*.

Graines de rondier (*livistonia sinensis*), *idem*.

Graines de zaguenette (*bactris pectinata* Martius), *idem*.

Graines de tourlouri (*manicaria saccifera*), *idem*.

Graines de mocaya (*acrocomia sclerocarpa*), *idem*.

Graines de raphia (*sagus raphia*), *idem*.

Noix d'acajou (*anacardium occidentale*). Son amande donne

une huile semblable à celle d'amandes douces ; celle extraite des loges du péricarpe est un caustique violent.

Copahu (*copaifera officinalis*). Du tronc de l'arbre percé avec une tarrière découle une substance connue sous le nom de baume de copahu ; très-commun dans le Maroni, à partir du saut Hermina.

Graines de coton (*gossypium arboreum*), servant pour la savonnerie et l'éclairage.

Noix et graisse de carapa (*carapa guyanensis* Aublet). Les *xilocarpus carapa* ne se trouvent pas à la Guyane : ce sont des arbres des Moluques. Les carapas rouge et blanc de la Guyane donnent une huile à brûler excellente.

Ricin (*ricinus communis*), grand arbuste indigène dont les graines fournissent l'huile de ce nom si répandue dans le commerce ; très-commun à la Guyane.

Huile de wang ou sésame (*sesamum orientale*) ; cette huile fraîche est bonne à manger.

Graines de ouabé (*omphalea diandria*), produisant une huile d'une teinte ambrée utilisée pour le graissage des machines ; donne un éclairage brillant et se saponifie aisément. L'amande rend 50 p. 0/0.

Graines et graisse de yayamadou, muscadier à suif (*virola sebifera*), employées dans la fabrication des bougies ; combinées avec la soude, elles forment un excellent savon.

Graines de touca (*bertholletia excelsa*), fournissant une huile estimée.

Baies de savonnier (*sapindus saponaria*), servant à la saponification ; les amandes de graines de savonnier (*sapindus frutescens*) produisent une huile bonne à manger.

Noix de bancoulé (*aleurites triloba*), donnent une huile excellente pour l'éclairage.

Cocotier (*cocos nucifera*). Sa noix fournit une huile graisseuse utile pour la savonnerie, et son lait fermenté une boisson alcoolique.

Coupi (*acioa dulcis*). Son fruit fournit une huile douce comme celle que l'on tire des amandes.

Cèdre blanc (*icica altissima*), produit un suc balsamique et résineux qui pourrait être utilisé.

Huile de tapure (*tapuria guyanensis*), servant à l'éclairage.

Potalie amère (*potalia amara* Aublet). (Voir chapitre VI.)

Les arbres qui produisent des graines oléagineuses et saponifiables abondent tellement à la Guyane que, dans certaines localités, le sol, à l'époque de la maturité des fruits, est couvert d'une couche épaisse de ces graines. On peut dire, sans exagération, que le seul quartier d'Oyapock pourrait fournir à la savonnerie de Marseille la presque totalité des graines oléagineuses qu'elle fait venir à grands frais du Sénégal.

MATIÈRES MÉDICINALES.

Lianes (voir ce mot, chapitre VI). Elles sont innombrables et presque toutes ont des propriétés qui pourraient être utilisées en médecine et en pharmacie ; leur racine et leur bois sont toniques, alexitères, diurétiques ; la liane ail (*bignonia alliacea*) est fébrifuge ; la liane amère (*nodiroba*) est un contre-poison ; la liane à eau (*cissus venatorum*) fournit une eau excellente à boire, etc.

Ayapana (*eupatorium ayapana*). L'infusion théiforme est parfumée, alexitère, stomachique et par conséquent astringente.

Carmentin (*justicia pectoralis*) ou herbe aux charpentiers, plante herbacée dicotylédone dont l'infusion, d'un goût et d'un parfum agréables, est digestive, stimulante, aussi efficace que l'ayapana pour les douleurs d'estomac et moins astringente ; se reproduit avec une extrême facilité ; ses feuilles en cataplasme sont résolutives.

Feuilles de corossol (*annona muricata*), aromatiques, calmantes en infusion, servant pour les bains.

Ipecacuanha (*boerhavia diandria*), racine vomitive et purgative.

Écorce d'ébène verte (*bignonia copaïa*), purgative et sémitive, guérit, dit-on, le pian.

Ébène vert-soufré (*bignonia leucoxylon*, *taigu* du Paraguay) ; le suc qui se forme dans ses anfractuosités est employé avec succès pour combattre l'hydropisie.

Feuilles d'oranger (*citrus aurantium*), calmantes en infusion.

Pareirabrava (*abuta rufescens* ou *cissampelos pareira*), liane dont la racine et le bois sont toniques, alexitères et vantés comme bons diurétiques ; très-abondant ; très-employé dans les maladies de foie et des voies urinaires.

Centaurée blanche (*coutoubea spicata*) et centaurée purpurine (*coutoubea ramosa*), plantes amères, stomachiques, vermifuges et fébrifuges.

Coachi, quachi ou bois amer (*quassia amara*), succédané du

quinquina, fébrifuge, antidyssentérique; supplée le houblon dans la fabrication de la bière hollandaise. Les propriétés de cette plante furent révélées à un officier de Surinam par un noir nommé Quassi. Linné, à qui cette découverte fut communiquée, a rendu impérissable le nom du noir en l'appliquant à la plante. Qu'on nous permette de rappeler à cette occasion que le nom scientifique de chinchona donné au quinquina vient du nom de la comtesse Del Chinchon, femme du vice-roi du Pérou, qui, en rentrant en Europe vers 1640, distribua mystérieusement à ses amis une poudre qui l'avait guérie d'une fièvre pernicieuse. Vers 1679, un anglais, nommé Talbot, vendit à Louis XIV la *poudre de la comtesse*, et le quinquina fut connu.

L'arbre qui le produit doit exister, mais n'a pas encore été trouvé à la Guyane.

Racine d'aouara (*astrocaryum vulgare*), bonne pour les coliques et les douleurs d'oreilles; antisyphilitique.

Simarouba (*simaruba officinalis*). (Voir ce mot, chapitre VI.)

Potalie amère (*potalia amara aubletii*), idem.

Vétyver (*andropogon muricatum*); sa racine passe pour être emménagogue.

Salsepareille (*smilax sarsaparilla*), estimée à l'égal de celle de Honduras; très-abondante à la Guyane dans le haut de toutes les rivières.

Sablier élastique (*hura crepitans*), graines purgatives et vomitives en forme de capsules d'un brun noirâtre, réunies en cercle et très-séparées.

Feuilles d'amourette (*medicago arborea*), purgatives.

Fruits de l'avocatier (*persea gratissima*), antidyssentériques.

Feuilles d'azier (*nonatelia officinalis*), calment et souvent guérissent l'asthme.

Basilic sauvage (*matourea pratensis*), bon vulnéraire.

Citronnelle (*andropogon schœnanthus* de Linné), plante parfumée dont l'infusion chaude est employée comme sudorifique.

Cléome (*cleome frutescens*), très-commune, peut remplacer les cantharides pour former les vésicatoires.

Crête de coq (*heliotropium indicum*); ses fleurs infusées arrêtent les pertes de sang chez les femmes.

Écorce de goyavier (*psidium grandiflorum*), antisyphilitique.

Herbe-aux-brûlures (*bacopa aquatica*); ses feuilles guérissent les brûlures en peu de temps.

Calalou (*hibiscus esculentus*), gombo des Antilles, rafraîchissant.

Mélastome (*melastoma amara*). On emploie ses feuilles en infusion pour laver les ulcères ou les blessures occasionnées par des piqûres.

Millepertuis (*hypericum sessilifolium*); suc résineux purgatif; coupe les fièvres intermittentes.

Montjoly (*varonia globosa*); guérit les enflures, dissipe les douleurs, fortifie les nerfs.

Oseille de Guinée (*hibiscus sabdariffa*); on en fait un sirop très-rafraîchissant.

Pied de poule (*cynosurus indicus* ou *virgatus*), en décoction calme les convulsions des enfants.

Psichotre violette (*psichotria herbacea aubletii*); son écorce infusée est astringente et apéritive.

Rémire maritime (*remirea maritima aubletii*), plante sudorifique et diurétique.

Spermacoce (*spermacoce scandens aubletii*), antisyphilitique.

Tamarinier (*tamarindus indicus*). Sa pulpe délayée dans l'eau est un préservatif contre le scorbut.

Voyère bleue (*voyria coerulea*), a les qualités de la gentiane.

FARINES ET FÉCULES.

Manioc (*manihot utilissima, janipha manihot*); ses racines servent à faire la farine de manioc en galette ou cassave, le couac, le cicipa ou amidon, le tapioka. Sa racine non cuite est vénéneuse; ses tiges sont rougeâtres.

Cramanioc (*janipha læflingii*), à tiges vertes, dont les racines ne sont pas vénéneuses.

Tranches, farine et fécule de bananes (*musa paradisiaca*); aliment léger, d'une digestion facile; rendu plus nourrissant que les autres fécules par la protéine qu'il contient.

Tranches et farine d'arbre à pain igname (*artocarpus incisa*). Le nom vulgaire de ce grand arbre est jaquier.

Farine de maïs (*zea maïs*).

Tranches d'ignames pays nègre (*dioscorea bulbifera*).

Arrow-root, extrait des racines d'une des espèces de l'arbre à flèche (*maranta arundinacea* Aublet), le *maranta dichotoma*. (Voir arbre à flèche, chapitre VI.)

Riz blanc et rouge (*oryza sativa*). (Voir chapitre VI.)

ALCOOLS, LIQUEURS ET CONSERVES DE FRUITS.

Les rhums, tafias, eau-de-vie de pommes d'acajou, les sirops, des fruits pourraient fournir un élément considérable de commerce. Qui sait si de la plupart des fruits on ne pourrait pas extraire des vins, des cidres, des bières et des esprits de toutes sortes ?

ÉPICES, CONDIMENTS ET AROMATES, TABACS.

Matrices et clous de girofle (*caryophyllus aromaticus*).
Écorce, feuille et poudre de cannellier (*laurus cinnamomum*).
Noix et macis de muscades (*myristica aromatica*).
Poivre noir (*piper aromaticum*).
Fèves de tonka (*dypterix odorata* Schreder), provenant du gayac, arbre de la plus grande dimension qu'Aublet nomme *coumarouna*.
Poivre de Guinée (*alpinia aromatica*), de la famille des scitaminées.
Piment (*capsicum*).
Ambrette (*hibiscus abelmoschus*), calalou sauvage. (Voir Ambrette, chapitre VI.)
Vanille (*vanilla aromatica*). (Voir chapitre VI.)
Tabac (*nicotiana*), idem.

PLANTES ET GRAINES DIVERSES.

Le *curatella guyanensis* et le *melastoma amara*, dont les feuilles sont énormes, régulièrement nervées et rugueuses, servent à polir le bois.
Graines de réglisse (*abrus precatorius*). On en fait des colliers.
Ivoire végétal (*phytelephas macrocarpa*). On en façonne des objets au tour.
Panacoco (*erythrina corallodendron*) ; savonnier (*sapindus frutescens*) et ouabé (*omphalea diandria*). On fait de leurs graines des colliers et des bracelets qui se vendent bien aux Antilles.

L'Administration de l'intérieur apporte les plus grands soins à réunir ces matières premières pour les envoyer en France, soit à l'effet de les faire expérimenter, soit dans le but de les soumettre aux jurys des expositions universelles. Circulaires aux commandants de quartiers, subventions, gratifications, elle ne néglige aucun moyen pour se les procurer.

Il fallait naturellement un point où fussent communiqués et examinés les recherches, les observations, les résultats, afin de faire une utile application de tous les riches matériaux qu'offre la Guyane. Un arrêté local du 22 octobre 1860 a créé, à cet effet, à Cayenne, un comité chargé de faire connaître, au double point de vue commercial et scientifique, les ressources actuelles du pays, et de préparer les envois, sous la surveillance du Directeur de l'intérieur, pour les expositions métropolitaines. Ce comité, réorganisé le 18 décembre 1863 en vue de l'Exposition universelle de 1867, composé d'hommes laborieux, intelligents et connaissant bien le pays, fonctionne avec activité.

Une industrie qui pourrait prendre un certain développement à la Guyane est celle du miel.

Il y a à la Guyane huit ou dix espèces d'apiaires donnant du miel, qui appartiennent : celles qui sont les plus grosses, velues, jaunâtres ou fauves, au genre *mélipone*, et les plus petites, lisses et en général noires, au genre *trigone*. Elles sont sans aiguillons; le miel des premières est supérieur à celui des secondes. Le propriétaire de l'habitation Beauséjour, à la côte, possède une ruche de cette espèce qu'il entretient dans un trou de bois. Elle peut donner 250 grammes de miel par mois, si l'on a soin de retirer le miel à temps, c'est-à-dire au moment de la pleine lune. Ce miel est employé dans la colonie aux mêmes usages que celui qu'on recueille en France. Comme celui de Bourbon, il est toujours liquide.

On dit qu'il contient 44.80 p. 0/0 de sucre. M. Echaupre, secrétaire de la société centrale d'apiculture, chargé par S. Exc. le Ministre de la marine de l'examen du miel envoyé à l'exposition universelle de Londres par M. Fouré, propriétaire de Beauséjour, a conclu des expériences auxquelles il a soumis ce produit qu'il est entièrement soluble à chaud dans l'alcool à 22 degrés, et qu'il abandonne par le refroidissement, et après un certain temps, une petite quantité de cire qui se dépose sous forme de gélatine dans des proportions qui varient d'une manière assez singulière, en ce sens que c'est le plus beau miel qui en contient le plus. La quantité en est, du reste, peu importante.

L'industrie de la soie paraît offrir un plus vaste champ à de sérieuses entreprises.

Des essais suivis depuis près de dix ans sur une petite échelle, il est vrai, pour la naturalisation de l'industrie séricicole à la

Guyane par le propriétaire d'une autre habitation à la côte, M. Alexfort Michély, ont prouvé que le ver à soie peut vivre dans cette région, que le mûrier qui lui sert de nourriture produit des feuilles quatre fois par an, dès la seconde année de sa plantation, et que les cocons provenant de la larve peuvent donner une soie de la meilleure qualité. Tous les essais d'éducation à l'air libre qu'a tentés M. Michély ont parfaitement réussi et lui ont valu de la part du Gouvernement des encouragements mérités. Les éclosions sont échelonnées de manière à obtenir une montée tous les dix jours. Le cocon est confectionné en 36 heures; le papillon donne de 550 à 590 œufs. On a calculé qu'un hectare planté en mûriers pouvait rendre en quatre récoltes de feuilles 35,000 kilogrammes de cocons, lesquels à 5 francs le kilogramme représenteraient une valeur de 175,000 francs. Les cocons envoyés à Paris par M. Michély ont été reconnus supérieurs, pour la qualité de leur matière soyeuse, à la plupart de ceux que l'on obtient en France et en Italie, depuis l'invasion de la gattine, maladie épidémique qui sévit sur les vers à soie.

M. Michély se livre en ce moment à de nouveaux essais dont la réussite pourrait amener une espèce de révolution dans le mode d'élevage des vers à soie. Il espère obtenir des éclosions simultanées, c'est-à-dire qu'il croit être certain de pouvoir échelonner ses éducations à des intervalles égaux ou inégaux, à sa volonté, pendant toute l'année, à l'aide des éclosions simultanées dont nous venons de parler. Les œufs, dans ce nouvel ordre de choses, pondus dans une même soirée, éclosent instantanément dans une même matinée. Un quart d'heure suffit pour que toutes les larves quittent simultanément leurs coques; dix-huit jours après elles tissent, simultanément aussi, leurs cocons. Cette nouvelle méthode d'élevage est le secret de M. Michély.

J'ai visité l'habitation de cet intelligent éleveur de lépidoptères à qui il ne manque, je crois, que les moyens matériels suffisants pour entreprendre cette industrie sur une grande échelle. Ce qui m'a le plus frappé, c'est la vie en plein air, sur des caféiers sauvages appelés dans le pays cafés-diables ou sur des palétuviers, du ver à soie indigène, qui donne un produit de couleur nankin ayant des qualités remarquables pour le tissage. Ce ver producteur de soie réussirait peut-être mieux que le ver du mûrier parce qu'il est plus acclimaté et ne craint pas comme ce dernier le vent du large, qui en une nuit peut anéantir toute une génération. Le ver indigène aurait un autre avantage, celui de pouvoir perpétuer sa forte race au moyen des mâles sauvages.

M. Michély prétend, en effet, que lorsque les papillons sont formés, il sort des bois environnants, dès le point du jour, des essaims de mâles sauvages qui viennent féconder les femelles.

Trois autres industries commencent à prendre de l'extension : les briqueteries qui sont à proprement parler les seules fabriques qui existent à la Guyane, et dont un grand nombre ont été construites partout où on a fondé des pénitenciers ; les tanneries dont l'une fonctionne en ce moment à l'île de Saint-Joseph et est alimentée par les peaux de bœufs fournies par la consommation des pénitenciers ; les chaufourneries établies sur les divers points où est maintenue la transportation.

La pêche maritime pourrait être organisée à la Guyane et offrir tous les éléments d'un commerce considérable avec les Antilles : les matériaux ne manquent pas pour construire des bâtiments et la mer qui baigne les côtes de la Guyane abonde en poissons de toutes sortes. La pêche du lamentin, du pirarouçou ou curi et du machoiran jaune, dont la chair desséchée est très-délicate et se conserve très-longtemps, pourrait offrir de grands bénéfices. Les vessies natatoires des deux espèces de machoirans jaune et blanc forment, en outre, sous le nom d'ichthyocolle, un article important d'exportation. Elles sont employées en Hollande et en Angleterre à la clarification de la bière. Réduite sous l'action du rabot à de minces copeaux, la colle de machoiran se dissout complètement dans l'eau froide et est, pour le rendement, à la colle d'esturgeon de Russie comme deux est à trois. Son bon marché, 3 francs le kilogramme, lui assure la préférence sur cette dernière. (*Revue coloniale*, avril 1862.)

On pourrait peut-être rendre cette pêche encore plus lucrative en établissant à Cayenne même une fabrique pour faire le sel qui est nécessaire à ces salaisons. Les hommes les plus compétents en reconnaissent la possibilité. Il y a dans les environs de Cayenne des positions très-favorables pour établir facilement et à peu de frais des marais salants, et la grande sécheresse de l'été serait sans doute très-propre à l'évaporation.

Les tortues, l'espadon et le requin pourraient fournir beaucoup d'huile, si les procédés d'extraction étaient plus complets.

Les fourrures et les pelleteries pourraient offrir une branche d'industrie aussi intéressante que lucrative, si on savait les préparer à la Guyane ; mais on en laisse perdre la majeure partie.

L'industrie des fleurs en plumes d'oiseaux, des oiseaux empaillés destinés à être montés en buissons et celle des paniers ou pagaras tressés en paille de toutes les sortes de palmiers, dont

Humboldt a compté près de quatre-vingt-dix espèces à la Guyane, seraient susceptibles de recevoir de très-grands développements; mais elles sont peu avancées *faute de demandes*.

De toutes les industries que nous venons de passer en revue, l'exploitation de l'or est celle qui éveille le plus les imaginations et leur ouvre les plus brillantes perspectives. L'industrie forestière me semble toutefois être celle qui a le plus d'avenir.

Dans l'exploitation aurifère la chance me paraît entrer pour beaucoup. On peut obtenir les résultats les plus satisfaisants sans savoir-faire; on peut se traîner et languir sans incapacité.

Au moment où nous écrivons ces lignes, la Compagnie concessionnaire de l'Approuague est encore loin d'équilibrer ses recettes avec ses dépenses. Du 1er janvier au 30 juin 1866, elle a livré à l'exportation 32 kilogr. 997 gr. d'or natif. Espérons qu'avec son capital encore considérable et les 450 travailleurs qu'elle possède en ce moment et dont 150 à peine sont affectés au travail aurifère, elle sera bientôt en mesure de tenir toutes les promesses que nous avons consignées dans notre chapitre IV, et de donner satisfaction aux légitimes impatiences de ses actionnaires.

Sa non réussite serait pour la colonie une calamité publique et laisserait après elle la misère et les larmes.

Les 25 entreprises aurifères privées qui existent actuellement, ont pris toutes une grande extension. On ne saurait se faire une idée de la régularité parfaite qui préside à leur fonctionnement. Avec un capital que la Banque fournit par petites fractions et un personnel qui, répandu sur les 25 exploitations, ne dépasse pas 650 travailleurs engagés du pays ou coolies Indiens, les modestes artisans qui conduisent ces exploitations, obtiennent les produits les plus largement rémunérateurs.

Leurs placers sont généralement rapprochés les uns des autres et non pas séparés par une distance de 25, 50 et 115 kilomètres. Ils concentrent leurs forces, ils échelonnent leurs travailleurs, soit le long de la même crique, soit dans un rayon déterminé, à 1 ou 2 kilomètres au plus de distance. Leur opération ne s'étend pas ainsi hors de la portée de leur inspection. Chaque travailleur est rendu de bonne heure sur le lieu d'exploitation et fournit son contingent de travail sans perte d'un temps précieux.

Les exploitants particuliers savent au besoin se prêter, s'assouplir aux exigences d'une situation que compliquent les éléments si divers de l'immigration et des employés du pays.

Ils réalisent des économies partout où elles sont possibles et ne reculent pas, toutefois, devant certains travaux préparatoires, dont les résultats durables compensent les frais occasionnés par leur exécution. Ainsi, ils savent, au moyen de ces travaux, donner une très-grande élévation à l'eau de leurs criques, ce qui leur permet de disposer de toute la quantité qui leur est nécessaire, de la ralentir ou de la précipiter à leur gré, et, ainsi, tantôt de la maîtriser, tantôt d'obtenir une rapidité de courant assez grande pour opérer l'entraînement des sables aurifères.

Ils évitent le gaspillage tout en veillant, avec des soins particuliers et incessants, à la santé et à la ration quotidienne des nouveaux immigrants qui n'ont pas, comme les travailleurs créoles, des aliments en dehors de la quantité réglementaire.

Pour tout dire en un mot, ils dirigent leur personnel comme de bons pères de famille.

Leurs dépenses sont toujours réglées proportionnellement à la production, et, en général, ainsi que nous l'avons dit dans notre chapitre IV, il leur reste pour bénéfice net la moitié du produit brut.

Du 1er janvier au 30 juin 1866, les exploitants particuliers ont produit 129 kilog. 699 gr. d'or natif.

Parmi eux, on peut citer MM. Carnavant et Jalbaud qui, dans cette même période de temps, avec 95 travailleurs (dont 55 seulement sont employés à l'exploitation aurifère et les 40 autres aux cultures vivrières), ont produit 23 kilogr. 500 gr., et M. Bozonnet qui, avec 115 travailleurs affectés, il est vrai, uniquement à l'extraction de l'or, a fait 34 kilogrammes dont 30, déposés à la Banque, n'ont pas encore été déclarés en douane.

CHAPITRE XV.

COMMERCE ET NAVIGATION.

La Guyane française a été longtemps tenue en dehors du système restrictif commercial appliqué à nos autres possessions d'outre-mer. Des lettres patentes du 1er mai 1768 avaient substitué le régime de la liberté commerciale au régime de la prohibition dans la colonie, afin de laisser se développer librement ses relations avec l'extérieur. Tous les pavillons y étaient admis ; les marchandises étrangères pouvaient y être introduites ; les produits du sol pouvaient être exportés par tous navires et à toutes destinations, moyennant un droit uniforme de 1 p. 0/0 de la valeur.

Les lettres patentes de 1768 furent renouvelées par un acte du conseil du roi, en date du 15 mai 1784.

La loi du 12 nivôse an VI (1er janvier 1798) régla le régime des douanes dans nos colonies en général ; mais de nombreuses modifications y furent introduites, en ce qui concernait la Guyane, en raison des circonstances particulières où elle se trouvait.

Sous l'Empire et depuis la reprise de possession de la colonie en 1817, la Guyane conserva une partie des franchises commerciales que lui avaient assurées les actes antérieurs. Plusieurs fois, depuis 1817, son régime commercial a été remanié par une série d'actes locaux successivement adoptés par les Gouverneurs en vertu des instructions du Département de la marine. Jusque dans ces derniers temps encore le privilége colonial y était très-mitigé. Les rapports de la colonie avec la Métropole étaient soumis au régime de la navigation réservée, c'est-à-dire qu'ils ne pouvaient avoir lieu que sous pavillon français. Les droits de douane à percevoir dans la colonie, à la sortie des denrées du cru, étaient fixés par des arrêtés du Gouverneur. Les principaux produits exportés étaient admis en France à la modération ou à l'exemption de taxes réservées aux produits dits *coloniaux*.

Les marchandises françaises, à l'exception de celles admises en franchise, venant de France ou des colonies françaises par bâtiments français, payaient un droit d'entrée de 2 p. 0/0 de la valeur.

Les denrées et marchandises étrangères, dont l'introduction était permise, payaient un droit de 5 p. 0/0 ou de 10 p. 0/0 de leur valeur, suivant leur nature et quel que fût le pavillon sous lequel elles étaient importées.

La Guyane jouissait, en outre, à la différence de nos trois grandes colonies, de la faculté de tirer des entrepôts de France, sous pavillon français, sans acquitter les droits de consommation à la sortie de ces entrepôts, les produits étrangers qu'elle ne pouvait se procurer directement à l'étranger.

Dans ses rapports avec l'étranger, elle était beaucoup moins limitée que nos autres colonies des Antilles et de la mer des Indes : la prohibition à l'entrée n'atteignait que les denrées susceptibles de venir usurper en France le privilége colonial, tels que les sucres, les cafés, les cotons ou les laines, les cacaos, les girofles, ainsi que certains produits manufacturés dont on avait cru devoir réserver l'introduction au commerce français.

Aujourd'hui tous ces antécédents ont disparu devant le décret impérial du 24 décembre 1864, qui détermine le régime des douanes à la Guyane française.

Par ce décret, le régime commercial de la Guyane a été modifié dans le sens de l'admission dans la colonie des produits de toute nature et de toute provenance, par tout pavillon, au droit unique de 3 p. 0/0 de la valeur établie d'après l'arrêté local du 22 février 1838, maintenu par le décret impérial précité. Le pavillon étranger paye seulement une surtaxe d'affrétement, dont la quotité est fixée suivant l'éloignement du pays de provenance.

Une prime de 15 francs par 100 kilogrammes, fixée par l'arrêté local du 11 février 1856, continue à être accordée pour le poisson, pêché et salé par les pêcheurs tapouyes au delà du territoire contesté entre la France et le Brésil.

Les denrées du cru de la colonie sont exemptes de tous droits de douane à la sortie, sauf les denrées suivantes qui payent les droits ci-après (tarif de 1865), pour tenir lieu de l'impôt foncier qui n'a jamais été établi à la Guyane :

Suit le tableau.

DÉSIGNATION DES DENRÉES ET MARCHANDISES.	POIDS.	DROITS PERÇUS SUR LES DENRÉES et marchandises importées	
		par navires français.	par navires étrangers.
Sucre brut ou terré..	Les 100 kilogr..	1f 00	1f 30
Café................	Idem.	2 50	5 50
Coton...............	Idem.	2 00	3 50
Roucou..............	Idem.	2 50	2 50
Girofle..............	Idem.	1 25	2 50
Griffes de girofle....	Idem.	0 40	0 40
Tafia................	Les 1,000 litres.	0 50	0 50
Cacao...............	Les 100 kilogr.	0 50	1 80
Mélasse.............	Les 1,000 litres.	0 50	0 50
Peaux de bœufs.....	L'une.	0 25	0 50
Or natif.............	....	2 p. 0/0 de la valeur.	
		(Arrêté du 27 nov. 1862.)	

L'or natif provenant de la compagnie d'Approuague est exempt de droits à la sortie pendant cinq ans, suivant décret du 5 juillet 1863, article 3, paragraphe 2.

Toute exportation de bétail est prohibée; nous avons exposé les motifs de cette mesure dans notre chapitre VIII.

Les tarifs existants sont confiés pour leur application à un service douanier dépendant du service général des douanes de la Métropole.

Nous avons dit dans le chapitre VIII, relatif aux cultures, que la production avait considérablement baissé dans les années qui ont précédé et suivi l'émancipation générale des noirs en 1848. Le tableau suivant, qui donne les chiffres de l'exportation des produits de la colonie, fournit la démonstration de ce fait. Il sert à prouver, en outre, de la manière la plus évidente, ce que nous avons avancé dans le même chapitre, à savoir que la production s'est relevée graduellement par les efforts combinés de l'Administration et de la population, avec quelques alternatives de diminution et d'augmentation, et que, depuis 1863, elle a tendu constamment à reprendre l'importance qu'elle avait acquise avant l'émancipation. Il offre aussi les moyens d'étudier, de suivre et de comparer les mouvements du commerce de la Guyane, importations et exportations, avec la France, l'étranger et les colonies françaises, depuis la fin du siècle dernier jusqu'à la fin de 1865.

| ANNÉES. | MARCHANDISES | | DENRÉES ET AUTRES PRODUITS | | TOTAL DES IMPORTATIONS |
	IMPORTÉES de France.	IMPORTÉES de l'étranger et des colonies françaises.	EXPORTÉES pour France.	EXPORTÉS pour l'étranger et les colonies françaises.	et des exportations.
1790.	557,837ᶠ	112,368ᶠ	444,731ᶠ	87,122ᶠ	1,202,058ᶠ
1818.	1,180,029	//	862,804	//	//
1829.	1,214,868	402,120	1,355,057	181,999	3,154,044
1830.	970,643	895,924	1,583,692	209,070	3,659,329
1831.	966,185	747,914	1,511,001	204,696	3,429,796
1832.	1,043,843	838,490	1,411,572	328,797	3,622,702
1833.	1,476,124	564,957	1,342,276	135,786	3,519,143
1834.	1,310,213	414,764	1,912,377	240,008	3,877,362
1835.	1,691,667	402,591	2,373,075	268,658	4,735,991
1836.	1,510,919	497,131	2,782,163	315,097	5,105,310
1837.	2,066,548	737,841	2,193,050	206,033	5,203,472
1838.	3,543,879	732,004	2,046,291	437,925	6,760,099
1839.	2,560,059	645,235	2,316,662	385,494	5,907,450
1840.	2,581,270	1,048,994	2,151,259	323,122	6,104,645
1841.	2,115,320	774,219	1,617,597	251,879	4,756,015
1842.	2,627,284	812,865	1,631,430	214,875	5,286,454
1843.	2,676,793	785,211	1,437,251	184,774	5,084,029
1844.	2,233,925	657,780	1,468,800	277,642	4,638,147
1845.	1,797,900	777,261	1,412,040	355,647	4,342,848
1846.	2,209,218	762,470	1,308,326	273,043	4,553,057
1847.	2,118,358	760,469	1,350,378	228,733	4,457,938
1848.	1,624,972	628,231	924,966	152,341	3,330,510
1849.	1,948,084	773,230	850,864	117,614	3,689,792
1850.	2,086,852	595,315	907,908	111,917	3,701,084
1851.	2,302,044	795,680	529,127	130,835	3,757,686
1852.	3,214,298	946,840	527,707	135,080	4,823,925
1853.	3,856,045	1,278,294	786,431	203,831	6,124,601
1854.	3,912,759	1,836,490	507,350	149,728	6,406,327
1855.	4,385,757	1,328,645	491,053	146,964	6,352,419
1856.	5,040,777	2,062,285	683,339	152,018	7,938,419
1857.	4,693,318	1,727,469	661,462	237,982	7,320,231
1858.	5,033,845	1,973,082	472,224	148,392	7,627,543
1859.	4,852,836	2,046,473	548,921	138,411	7,586,641
1860.	5,318,156	1,789,325	792,538	183,951	8,083,970
1861.	5,317,476	2,506,851	1,098,006	79,222	9,001,555
1862.	5,144,169	3,499,998	946,935	194,280	9,785,382
1863.	5,653,806	3,140,800	694,564	211,883	9,701,053
1864.	4,497,912	2,837,776	1,362,980	120,971	8,819,639
1865.	7,224,500	1,674,995	1,427,104	93,319	10,419,918

On voit que depuis 1852, date de l'établissement de la transportation à la Guyane, la valeur du chiffre des importations et des exportations a considérablement augmenté : sa moyenne a été pendant cette période de 8,628,435 francs ; mais il y a lieu de déduire de ce chiffre total, si l'on veut avoir la valeur des importations et exportations pour compte du commerce particulier de la colonie, la somme de 24,378,958 francs, montant des importations faites pour le compte de l'Administration et des marchandises retirées de la consommation, ce qui réduit la moyenne des quatorze dernières années à 6,057,905 francs.

La valeur des denrées et autres produits de la colonie, dans les quatorze dernières années, monte à la somme de.. 13,196,646ᶠ
sur laquelle il y a à déduire pour la même période 1,136 kilogr. 73 gr. d'or natif, s'élevant à... 3,365,825

Divers produits autres que l'or............. 9,830,821

Voici maintenant les mouvements détaillés du commerce de la colonie pour l'année 1865 :

Importations.

Marchandises françaises venant de France.............	7,224,500ᶠ
Marchandises françaises venant des colonies françaises...	53,522
Marchandises étrangères par navires français............	647,792
Marchandises étrangères par navires étrangers..........	973,681
Total des importations pour 1865.........	8,899,495

Exportations.

Denrées du cru de la colonie exportées pour..............	la France...........	1,427,104ᶠ
	les colonies françaises.	6,498
	l'étranger...........	86,821
Marchandises provenant des importations................	françaises...........	40,524
	étrangères...........	23,804
Total des exportations pour 1865.........		1,584,751

Importations.

Du chiffre total des importations de toute provenance, soit 8,899,495 francs, il faut déduire, pour avoir la valeur réelle des marchandises importées pour le compte du commerce de la colonie :

1° Les importations faites pour le compte de l'Adminis-

tration 2,453,041f
2° Celles extraites des entrepôts métropolitains. 81,107
                                              ———————— 2,534,148f
Valeur des importations pour compte du commerce particulier de la colonie................................ 6,365,347
                                                        —————————
                                                        8,899,495

Voici la nomenclature des principales denrées et marchandises qui composent les importations :

	Quantités.	Valeurs.
Bœufs vivants.......................	2,968 têtes.	580,924f
Mules et mulets.....................	10	9,200
Autres animaux vivants.............	326	14,563
Viandes salées de porc et de bœuf...	433,304 kilogr.	593,543
Jambons............................	13,861	26,838
Viandes apprêtées..................	45,068	119,322
Beurres et saindoux................	124,153	263,469
Fromages...........................	35,651	71,302
Poissons de mer....................	434,216	239,060
Farine de froment..................	2,294,695	1,214,250
Riz................................	264,288	100,664
Pommes de terre....................	282,241	56,449
Légumes secs.......................	195,079	87,729
Huile de graines grasses...........	56,823	94,022
Huile d'olive......................	22,005	63,736
Tabac en feuilles..................	38,160	133,573
Houille............................	3,308,220	198,494
Métaux divers......................	74,321	85,689
Savons blancs......................	70,525	70,525
Bougies et chandelles..............	27,798	68,166
Sucre raffiné......................	61,418	68,380
Vins de la Gironde et d'ailleurs...	2,347,904 litres.	1,099,530
Eaux-de-vie diverses...............	69,602	70,115
Liqueurs et vins de liqueur........	90,752	176,346
Vitrifications diverses............	//	98,399
Tissus de lin et de chanvre........	//	324,614
Tissus de laine....................	//	112,451
Tissus de coton....................	//	626,521
Chaussures.........................	//	192,197
Cordages en chanvre................	47,576 kilogr.	76,754
Ouvrages en métaux divers..........	117,688	129,484
Machines et mécaniques.............	//	24,719
Mercerie, modes et articles divers d'industrie parisienne.............	//	175,349
Linge et habillements..............	//	430,022
Objets divers non dénommés ci-dessus.	//	1,206,099
Total..............................		8,899,495

Exportations.

Le relevé suivant indique les denrées et marchandises exportées de la colonie en 1865 :

	Quantités.	Valeurs.
Peaux brutes	2,613 peaux.	31,897f
Vessies natatoires desséchées	4,256 kilogr.	16,996
Sucre brut	339,826	143,288
Cacao brut	26,083	28,537
Café	7,167	14,673
Coton	4,873	9,786
Girofle (clous et griffes)	29,874	41,659
Vanille	1	87
Caoutchouc	2,470	9,448
Bois de construction	2,637 stères.	156,890
Bois d'ébénisterie	134,280 kilogr.	9,492
Roucou	238,114	121,516
Tafia	1,015 litres.	852
Citrons en saumure	369 quarts.	3,690
Or natif	218k 766g	625,054
Objets de collection et d'histoire naturelle	//	1,428
Objets non dénommés ci-dessus	//	5,130
Total		1,520,423

Les marchandises retirées de la consommation pour être réexportées à toute destination se sont élevées à la somme de 64,328 francs. Les colonies françaises se trouvent comprises dans ce chiffre pour 790 francs, la Métropole pour 14,924 francs et l'étranger pour 48,614 francs.

Entrepôt.

Un arrêté du 28 janvier 1821 a établi le régime de l'entrepôt fictif à Cayenne dans le but d'y encourager et d'y développer le commerce local en lui laissant la faculté de réexporter les marchandises non admises à la consommation : elles sont considérées comme en transit; à la sortie pour la consommation, elles acquittent les droits d'entrée, et, à l'exportation, le droit de 1/4 p. 0/0 de la valeur.

La durée de l'entrepôt, qui avait été fixée à un an, a été maintenue par le décret du 24 décembre 1864.

Dans le courant de l'année 1865 il est entré pour une valeur de... 55,753f
Il restait en entrepôt au 31 décembre 1864...... 15,385

Total................... 71,138

sur laquelle il a été retiré pour la réexportation une
valeur de........................... 5,310ᶠ
et pour la consommation.............. 22,097
                                              ———— 27,407
Il reste en entrepôt, au 31 décembre 1865, une valeur de.................................... 43,950
                    Total................. 71,357
A déduire un excédant de l'entrée à la sortie...... 219
                    Valeur égale................ 71,138

DOUANES.

Les recettes effectuées par le service des douanes en 1865 se sont élevées à la somme de 271,525 fr. 47 cent., dont voici le détail :

Droits d'entrée et d'entrepôt................................	217,772ᶠ 88
Surtaxe de pavillon..	10,084 75
Droits de navigation, francisation et congés...........	5,693 00
Droit fixe de sortie (or natif compris).................	19,954 49
Droit de pilotage..	13,921 00
Droit de phare..	2,823 80
Droit de magasinage......................................	1,238 15
Droit sur les bois provenant de l'industrie des indigènes.	47 40
Total.......................	271,525 47

Nous avons dit au chapitre XIII, en indiquant les chiffres des prévisions en recettes et en dépenses du budget local, qu'en 1865, les droits de douanes à l'entrée avaient été évalués à 113,000 francs. Il est bon de noter ici que les droits perçus dans l'exercice se sont élevés à 227,844 fr. 35 cent., soit un excédant de 114,044 fr. 35 cent. Les prévisions générales pour droits de même nature, à l'entrée et à la sortie, et pour droits de phares, de navigation, de pilotage, d'emmagasinage, etc., avaient été de 151,800 francs : les perceptions se sont élevées, dans l'année, à 271,525 fr. 47 cent., soit un excédant de 119,725 fr. 47 cent.

NAVIGATION.

Il n'y a pas longtemps encore qu'en vertu de l'acte de navigation du 21 septembre 1793, le commerce de la Guyane française avec la France, ainsi que nous l'avons dit plus haut, ne pouvait être fait que par bâtiments français.

Depuis les modifications apportées par le décret impérial du

24 décembre 1864 dans le régime commercial de la colonie, le pavillon étranger est admis aux transports entre la France et la Guyane ; seulement la navigation étrangère est frappée d'une surtaxe d'affrétement.

Le droit de francisation est de 60 francs pour les bâtiments de 100 tonneaux et au-dessous ; au-dessus de 300 tonneaux, il est de 15 francs en sus par 100 tonneaux.

Le droit de congé est de 20 francs pour un bâtiment au long cours, et de 15 francs pour un caboteur.

Le droit de pilotage, à l'entrée comme à la sortie, est de 30 francs pour les bâtiments au-dessous de 50 tonneaux ; il augmente de 10 francs par 50 tonneaux jusqu'aux navires de 200 tonneaux, et de 15 francs par 100 tonneaux au delà de ce tonnage.

Le mouvement général de la navigation à la Guyane française, pendant l'année 1865, a eu pour résultats :

1° L'entrée dans la colonie de 107 navires jaugeant ensemble 22,353 tonneaux, et montés par 1,397 hommes d'équipage ;

2° La sortie de la colonie de 98 navires jaugeant ensemble 19,726 tonneaux, et montés par 1,210 hommes d'équipage.

Dans ce mouvement, la part du pavillon national a été de 60 bâtiments et de 15,934 tonneaux à l'entrée, et de 54 bâtiments et de 13,556 tonneaux à la sortie.

La part du pavillon étranger a été de 47 bâtiments et de 6,419 tonneaux à l'entrée, et de 44 bâtiments et de 6,170 tonneaux à la sortie.

La navigation entre la colonie et la Métropole, et entre la colonie et les autres possessions françaises, s'est faite exclusivement par des navires ou caboteurs français.

La navigation entre la colonie et les pays étrangers s'est faite sous pavillon étranger et quelquefois par navires ou caboteurs français.

Le tableau suivant résume les mouvements de la navigation à laquelle le commerce maritime de la Guyane française a donné lieu en 1865 :

Suit le tableau.

DÉSIGNATION DES LIEUX DE PROVENANCE ou de destination.	ENTRÉES.		SORTIES.	
	Nombre DE BATIMENTS.	TONNAGE.	Nombre DE BATIMENTS.	TONNAGE.
FRANCE.				
Marseille............	15	3,662	6	1,408
Toulon..............	//	//	3	705
Bordeaux...........	15	3,467	4	1,030
Rochefort...........	//	//	3	688
Nantes..............	16	5,083	2	649
Brest...............	//	//	1	196
Havre...............	//	//	1	270
Cherbourg..........	//	//	1	168
Dunkerque..........	3	940	//	//
Lorient.............	//	//	1	240
Totaux.........	49	13,152	22	5,354
Colonies françaises.	5	2,004	8	2,227
NAVIRES FRANÇAIS ET ÉTRANGERS venant de l'étranger ou allant à l'étranger.				
États-Unis..........	15	2,523	4	503
Angleterre..........	1	183	//	//
Brésil..............	25	3,482	25	3,462
Lisbonne...........	//	//	//	//
Surinam............	9	634	19	2,618
Trinidad et Barbade	1	84	1	133
Ténériffe et Madère.	1	108	//	//
Orénoque...........	1	183	//	//
Saint-Domingue...	//	//	14	4,342
Autres ports.......	//	//	5	1,087
Totaux.........	53	7,197	68	12,145
Totaux généraux..	107	22,353	98	19,726

Les chiffres que nous avons cités dans ce chapitre, aussi bien que dans les précédents, sont extraits, soit des tableaux de la douane locale, soit le plus généralement d'un recueil qui, depuis 1843 jusqu'en 1858, a été publié mensuellement par le Ministère de la marine et des colonies sous le titre de *Revue coloniale*, en 1859 et 1860 sous celui de *Revue algérienne et coloniale*, puis enfin sous le nom qu'il porte aujourd'hui de *Revue maritime et coloniale*. Cette précieuse collection contient tous les faits statistiques, commerciaux et industriels des colonies françaises, en un mot tout le régime économique de nos établissements d'outre-mer. Les états officiels qu'elle renferme, et qui portent conséquemment un caractère d'authenticité qui ne saurait être contesté, sont : 1° *la statistique commerciale des colonies françaises*, qui paraît tous les trimestres et donne, d'après des bulletins du commerce et de la navigation établis par les administrations locales, les chiffres révélateurs du bilan colonial ; 2° *le résumé comparatif et raisonné du commerce et de la navigation* de ces colonies pendant les deux dernières années. Ces notices forment une série de documents tels qu'il n'en existe pas de plus complets dans aucun pays. En Angleterre et aux États-Unis même, où les tableaux de commerce sont dressés avec le plus de soin, ils n'ont jamais atteint le degré d'intérêt qu'offrent ceux qui sont insérés dans la *Revue coloniale*. On est loin, en effet, de trouver dans les publications étrangères de l'espèce, des indications aussi nombreuses, aussi développées, des rapprochements aussi variés, des faits aussi exacts que ceux que présentent les états trimestriels ou annuels publiés par l'Administration française.

SERVICE POSTAL.

La poste à l'intérieur de la colonie est desservie par un bureau à Cayenne, placé sous la surveillance et dans les attributions du Directeur de l'intérieur. Le bureau de Cayenne transmet la correspondance dans les quartiers, où elle est distribuée par des buralistes généralement pris parmi les fonctionnaires municipaux ; les surveillants ruraux aident, dans leurs tournées, à ces distributions.

Le bureau de Cayenne est chargé également de distribuer dans la colonie les lettres et paquets arrivés par la voie des navires du commerce, par l'intermédiaire du packet anglais et par le nouveau service des paquebots français.

Avant 1852, la colonie de la Guyane française ne pouvait correspondre avec la France et l'extérieur que par les occasions assez rares qu'offraient les navires du commerce ou les bâtiments de guerre. Il arrivait ainsi fréquemment qu'on ne recevait à Cayenne que des nouvelles de France remontant déjà à plusieurs mois.

Le service postal n'a commencé à fonctionner régulièrement à la Guyane qu'en 1852.

C'est à partir de cette époque qu'il fut permis aux colons de participer aux avantages que procurait à la Martinique et à la Guadeloupe le passage bi-mensuel des paquebots à vapeur anglais. Les correspondances de Cayenne ou de France et les passagers partaient et arrivaient par un vapeur de la station. Ce bâtiment allait à Surinam ou directement à Demerara, et y portait ou en rapportait les plis et les passagers.

La loi du 3 mai 1853 a été le point de départ de ces améliorations réalisées d'abord par des décrets, en date des 22 juin et 21 novembre 1853. Des décrets plus récents, et, notamment, un décret du 26 novembre 1856, vinrent augmenter encore les avantages accordés par les dispositions antérieures. Les priviléges dont jouissent, par la voie anglaise, les échanges de communications entre la France et les colonies, ont été réglés par des conventions internationales.

On sait que le packet anglais part deux fois par mois de Southampton, le 2 et le 17 au soir. Il se rend à Saint-Thomas, ordinairement en douze jours, quelquefois en quatorze, et effectue son retour à peu près dans le même espace de temps.

A Saint-Thomas, un vapeur intercolonial anglais prend les passagers et les dépêches et les porte à la Barbade. Là, une double annexe quitte cette colonie peu d'heures après l'arrivée : l'une, après avoir déposé plis et passagers à Sainte-Lucie, Saint-Vincent, la Grenade et la Trinité, s'arrête à Tabago; l'autre descend en ligne directe à Demerara et en repart quarante-huit heures après.

Chacune de ces annexes reçoit au retour les réponses aux lettres apportées au premier passage.

C'est depuis le 10 août 1865 que fonctionne à la Guyane, en exécution du décret impérial du 21 février 1858, le nouveau service de bateaux à vapeur français, confié à la Compagnie générale transatlantique qui a été constituée au capital de 40,000,000 de francs, dont 9,300,000 francs sont fournis, à titre de subvention, par le Gouvernement. Le 30 septembre 1865 arrivait à Cayenne le premier vapeur de la Compagnie générale transatlantique, desservant une fois par mois la ligne établie entre la Martinique et la Guyane française, en coïncidence avec le passage à Fort-de-France des grands paquebots d'Europe qui ont pour port d'attache Saint-Nazaire et aboutissent à Aspinwal, appelé généralement Colon, situé au fond du golfe de Honduras

(Nouvelle-Grenade), près de Chagres, où se termine la ligne anglaise.

Cette annexe apporte maintenant à Cayenne les passagers, les dépêches et les marchandises de prix partis de France le 8 de chaque mois.

Le paquebot à vapeur affecté au service entre la Martinique et la Guyane doit arriver dans cette dernière colonie le 29 de chaque mois et en partir le 1er, à six heures du matin, heure impérative. Il fait un séjour de quarante-quatre heures, quand le mois a trente jours, et de soixante-huit, quand il en a trente et un.

Il résulte de ce service que nos passagers et nos dépêches peuvent être rendus à la Martinique le 8, à deux heures du matin, ayant mis, pour parcourir la ligne intercoloniale en touchant à Surinam, Demerara, la Trinidad, la Grenade, Saint-Vincent et Sainte-Lucie, six jours et vingt heures, et que, d'un autre côté, on peut être rendu le 23, à cinq heures du matin, à Saint-Nazaire, en partant de Fort-de-France le 9, à deux heures du matin, c'est-à-dire après une traversée accomplie en vingt-deux jours.

Le paquebot français ne part qu'une fois par mois, mais le Gouverneur envoyant exactement le 17, à moins de circonstances exceptionnelles, un vapeur porter et chercher les dépêches à Surinam, il s'ensuit que Cayenne a pour expédier et recevoir ses lettres deux occasions par mois.

Le vapeur de l'État rapporte du 20 au 22 les dépêches parties d'Europe le 17 du mois précédent, voie anglaise, et le paquebot français, à la fin du mois, celles parties d'Angleterre ou de France le 2 et le 8 du même mois, c'est-à-dire que les lettres expédiées par le paquebot français et par le packet anglais partent et arrivent dans le même mois du 2 et du 8 au 30.

Le prix du passage à bord du paquebot français est, pour les chambres à une ou deux cabines, de 1,000 francs; à trois ou quatre cabines, de 875 francs, et de 500 francs pour les personnes logées et nourries avec la maistrance.

Une bonification de 25 p. 0/0 est allouée quand le passage est pris pour l'aller et le retour qui doit s'effectuer dans les six mois du premier embarquement.

Pour la ligne anglaise le prix est le même, si l'on considère qu'aux 962 fr. 50 cent., première classe, et aux 825 francs, deuxième classe, demandés pour le passage, il faut ajouter le prix des boissons qui sont à la charge du voyageur.

La création de l'annexe de la grande ligne de Saint-Nazaire à Cayenne est un acte de la plus haute bienveillance de la part du Gouvernement. Sa Majesté l'Empereur n'a pas voulu, dans sa haute justice et son esprit de protection pour tous les intérêts français, que la Guyane fût plus longtemps déshéritée d'un bienfait accordé à toutes les colonies françaises. Aussi, les deux ministres qui dirigent les départements de la marine et des finances se sont-ils empressés d'assurer, avec un soin particulier, l'accomplissement de toutes les vues de l'Empereur. Il ne manque plus à l'ensemble de cette vaste entreprise que de relier la Guyane française avec le nord du Brésil, et tout porte à penser que cette dernière communication ne tardera pas à être établie.

CHAPITRE XVI.

MONNAIES; POIDS ET MESURES.

§ 1ᵉʳ. — MONNAIES.

On appelle *monnaies* toutes les pièces de métal, frappées par une autorité souveraine et marquées au coin d'un prince ou d'un État qui en attestent ainsi le poids et le titre, pour servir aux payements dans les transactions de la vie civile et commerciale.

Dans les premiers temps du monde, les bestiaux durent servir d'instruments d'échange. On fit imprimer des têtes de bétail sur les premières monnaies fabriquées. C'est de cet usage que Varron et Pline font venir le mot *pecunia* dont la racine *pecus* signifie toute espèce de bétail.

Les peuples anciens ont eu des monnaies faites avec des matières diverses, les Lacédémoniens avec le fer, les Romains avec le cuivre. La première monnaie des Grecs porta l'empreinte d'un bœuf; dans la suite, ils y mirent des figures énigmatiques, ceux de Delphes un dauphin, les Athéniens une chouette, les Béotiens un bacchus, les Macédoniens un bouclier et les Rhodiens le soleil. Chez les premiers Romains le type de l'as fut une tête de Janus et au revers la proue d'un vaisseau. (*Voyage du jeune Anacharsis*; Rollin, *Histoire romaine*; J.-B. Say, *Cours d'économie politique*, 3ᵉ partie, chapitre X.)

« Sous César, dit Montesquieu, les fonds de terre furent la monnaie qui paya toutes les dettes; sous Tibère, dix mille sesterces en fonds devinrent une *monnaie*, comme cinq mille sesterces en argent. Non-seulement les choses représentaient l'argent par leur nature, mais devenaient *monnaie* comme l'argent même. (*Esprit des lois*, livre XXII, chapitre 7.) »

Dans des temps plus modernes, le sel a servi de monnaie en Abyssinie, la morue sèche à Terre-Neuve (règlement particulier du 18 août 1825), les clous en Écosse, les coquillages aux Maldives et dans quelques parties de l'Inde et de l'Afrique, les grains de cacao au Mexique, et le cuir en Russie. Hume, dans son *Histoire d'Angleterre*, parle souvent d'une monnaie vivante qui était autorisée par la loi et qui consistait en esclaves ou en bétail qu'on donnait en échange de marchandises.

Dans les monarchies de l'antiquité on donnait aux pièces de monnaie le nom du prince dont elles portaient l'empreinte. Cet usage s'est continué dans les États modernes. La principale monnaie des Perses était d'or et s'appelait *darique* du nom de Darius le Mède qui, le premier, l'avait fait frapper. Les pièces à l'effigie de Philippe, roi de Macédoine, et d'Alexandre, son fils, étaient appelées *philippes*. A Rome, Jules César fut le premier dont la tête fut gravée sur les monnaies. En Angleterre on a vu des *carolus*, du nom du roi Charles Ier, en Allemagne des *frédérics*, à Venise des *ducats*. Chez nous les monnaies d'or ont été longtemps des *henris* et des *louis*; sous le premier Empire et aujourd'hui encore elles ont porté et portent le nom de *napoléons*. Plusieurs villes ont donné leur nom à des monnaies autrefois en usage : Paris aux *sous parisis*, Tours aux *livres tournois*, Poitiers aux *pictés* et *piles*, Provins aux *provinois*.

Il existait autrefois en France une *Cour suprême des monnaies* pour juger souverainement tout ce qui concernait les monnaies, et une *Prévôté générale des monnaies*, juridiction différente de la *Cour des monnaies* qui fut établie, en 1635, pour veiller à la fabrication de la fausse monnaie et aux abus et malversations dans le commerce des matières d'or et d'argent. La *Cour* et la *Prévôté des monnaies* furent supprimées en 1790, et le contentieux civil et criminel des monnaies rentra sous la juridiction ordinaire. (Dalloz, *Dictionnaire de jurisprudence*.)

L'ancienne *Cour des monnaies* fut donc remplacée par l'*Administration des monnaies*. (Loi du 22 vendémiaire an VI.) Puis, cette administration fut elle-même remplacée à son tour par la *Commission des monnaies*, suivant une ordonnance du 26 décembre 1827. A la commission des monnaies une ordonnance royale du 24 mars 1832 réunit la *monnaie des médailles*. Enfin, la *Commission des monnaies et médailles* a été régie en dernier lieu par une ordonnance royale du 17 décembre 1844.

En France, la fabrication des monnaies ne peut avoir lieu que dans les hôtels des monnaies. (Arrêté du 10 prairial an XI.)

Autrefois l'État prenait un *droit de seigneuriage* indépendamment des frais de fabrication et des déchets. Aujourd'hui l'État ne demande que les frais de fabrication. La perception de ce droit s'appelle *brassage* et a sa légitime raison d'être puisqu'elle est le prix d'un service rendu, le prix de la façon et de l'utilité nouvelle données au lingot par l'opération du monnayage. (J.-B. Say, *Cours d'économie politique*, 3e partie, chapitre XII ; Michel Chevalier, *Cours d'économie politique*, tome III, page 143.)

Les matières qui réunissent le plus d'avantages comme monnaies sont l'or et l'argent : 1° elles sont inaltérables et homogènes ; une once d'or pur en Europe est parfaitement semblable à une once d'or pur au Japon ; 2° elles peuvent se diviser en aussi petites coupures qu'on veut ; 3° elles ne sont pas exposées à des variations subites ; 4° elles possèdent le mérite de pouvoir servir à des échanges dans quelque pays que ce soit. (J.-B. Say, *Cours d'économie politique*, 3e partie, chapitre VII.)

Les autres matières qui servent à la fabrication des monnaies sont le cuivre et le bronze.

Nous n'avons pas à nous occuper ici des procédés de la fabrication des monnaies : ils appartiennent à l'art du monnayeur. Ce que nous avons à constater ce sont les résultats de la fabrication des monnaies.

Le métal non monnayé pourrait servir de monnaie ; mais, outre une perte de temps notable, on rencontrerait de grandes difficultés dans la vérification du poids et surtout du titre de cette monnaie.

Les frais de fabrication étaient en France, avant 1789, pour l'or, de 2 8/10 pour 1,000 ; pour l'argent, de 14 8/10 pour 1,000. Ils furent fixés par la loi du 7 germinal an XI, article 11, à 9 francs par kilogramme d'or (2 28/31 pour 1,000) et à 3 francs par kilogramme d'argent (15 pour 1,000). L'ordonnance du 25 février 1835 abaissa ces frais, tous déchets compris, à 6 francs (1 28/31 pour 1,000) et à 2 francs (10 pour 1,000). Le décret du 22 mai 1849 réduisit encore les frais de fabrication sur l'argent : ils sont aujourd'hui, en vertu de ce décret, de 1 fr. 50 cent. par kilogramme (3/4 pour 100 ou 7 1/2 pour 1,000). Une décision du Ministre des finances ayant arrêté, dans l'intérêt de la facilité des payements et des transactions, que, sur chaque million d'or, 50,000 francs seraient frappés en pièces de 5 francs et 100,000 francs en pièces de 10 francs, l'accroissement de dépenses, résultant de la fabrication de ce nombre considérable de petites pièces, a contraint d'élever, pour l'or, la rétribution à 6 fr. 70 cent. le kilogramme ou à 2 4/31 pour 1,000. (Décret du 22 mars 1854 ; tarif approuvé par décret du 8 avril de la même année.)

Si les matières apportées à l'Hôtel des monnaies ne sont pas au titre monétaire, c'est-à-dire à 9/10 de fin, elles doivent, indépendamment des frais de fabrication, supporter ceux d'*affinage* ou de *départ*. (Loi du 7 germinal an xi, article 12.) Le tarif de ces frais d'affinage a été successivement réglé par un arrêté du 4 prairial an xi et par une ordonnance du 15 octobre 1828, qui est aujourd'hui encore en vigueur.

Il serait à désirer que chaque pièce portât expressément son poids et son titre. (J.-B. Say, *Cours d'économie politique*, 3e partie, chapitre XI.) J'achète un hectolitre de blé 20 francs; je reçois autant de grains de blé qu'en contient un hectolitre : je donne une pièce d'or qui porte la dénomination de 20 francs et ne se compose que de 6 grammes et $45/100^e$ d'or. Le marchand perd $55/100^e$ d'or sur son marché.

Les hôtels des monnaies autrefois au nombre de 31 ont été réduits à 7 par l'ordonnance royale du 16 novembre 1837. Ils sont établis à Paris, Rouen, Lyon, Bordeaux, Marseille, Lille et Strasbourg. En fait, depuis longtemps déjà, c'est principalement à l'hôtel de Paris que se fabrique la monnaie d'or et d'argent, et la refonte des monnaies de cuivre, ordonnée par la loi du 6 mai 1852, occupe presque seule, quant à présent, les hôtels des monnaies des départements.

L'Administration des monnaies est tout entière dans les attributions du Ministre des finances. (Arrêté du 10 prairial an xi, article 3.)

Le système monétaire n'est que l'une des parties du système métrique.

L'unité de monnaie est le franc. Le franc n'a de multiple que lui-même. 10 francs, 100 francs, 1,000 francs, 10,000 francs sont plus euphoniques qu'un décafranc, un hectofranc, un kilofranc, un myriafranc. Se serait-on habitué à la longue à ces multiples décimaux comme à tant d'autres mots tirés du grec et du latin tout aussi peu harmonieux, cela ne me paraît pas impossible. Comme les dixièmes, les centièmes et les millièmes de franc s'appellent *décimes, centimes, millimes*, il y aurait eu du moins unité, uniformité de dénomination.

Les pièces d'argent sont :

Le franc et, d'après le principe posé par l'article 8 de la loi du 18 germinal an iii « que chaque mesure a son double et sa moitié », la pièce de 2 francs et celle de demi-franc ou 50 centimes. Il y a, en outre, deux autres pièces, mais ici on s'est écarté du principe, la pièce de 5 francs et celle de 20 centimes qui n'ont ni leur double ni leur moitié argent.

Les multiples décimaux des pièces d'or sont :

Les pièces de 50 francs et de 100 francs (Décret du 12 décembre 1854); 20 francs et 40 francs (Loi du 7 germinal an XI, article 6), 10 francs (Décret du 3 mai 1848) et 5 francs (Décret du 12 janvier 1854).

Le poids de la pièce d'un franc est de 5 grammes et toutes les autres pièces d'argent ont un poids proportionné. (Loi du 7 germinal an XI et 28 thermidor an III.)

Le poids de la pièce d'or de 20 francs est de 6 grammes 45161.

L'alliage admis dans les monnaies d'or et d'argent est d'un dixième de cuivre. Chaque pièce d'or ou d'argent contient donc 9/10 p. 0/0 de fin.

Le diamètre des pièces d'argent est ainsi fixé. (Décret du 7 avril 1855) :

Pièces de 20 centimes.............. 15 millimètres.
—— de 50 centimes.............. 18
—— de 1 franc................. 23
—— de 2 francs................ 27
—— de 5 francs................ 37

Le diamètre des pièces d'or est :

Pour la pièce de   5 francs......... 17 millimètres.
———————— de 10 francs......... 19
———————— de 20 francs......... 21
———————— de 40 francs......... 26
———————— de 50 francs......... 28
———————— de 100 francs......... 35

Quant à la monnaie de cuivre, c'est un principe constant qu'elle n'a pas une valeur réelle, mais une valeur de convention. Un kilogramme de cuivre acheté 2 fr. 50 cent., représente 5 francs de monnaie fabriquée. La valeur nominale des pièces de cuivre doit, en outre, différer toujours de leur valeur réelle, puisque, de cette dernière, on déduit tous les frais de fabrication, comme on le fait, d'ailleurs, pour les monnaies d'or ou d'argent.

Les anciennes monnaies de cuivre: *sous royaux, sous de la République, etc.*, ont été successivement retirées de la circulation, en exécution de la loi du 6 mai 1852, et remplacées par une nouvelle monnaie en bronze.

Le bronze des nouvelles monnaies est composé de 95 parties de cuivre, 4 d'étain et 1 de zinc, alliage qui, après de nombreux essais et de longues expériences, a été considéré comme celui qui donne les empreintes les plus pures et les plus durables.

Le poids de la pièce de 1 centime est de 1 gramme.
——————————— de 2 centimes..... 2
——————————— de 5 centimes..... 5
——————————— de 10 centimes..... 10

Le diamètre de la pièce de 1 centime est de 15 millimèt.
——————————— de 2 centimes.... 20
——————————— de 5 centimes.... 25
——————————— de 10 centimes..... 30

Les peines établies contre le faux monnayage sont déterminées par les articles 132 à 138 du code pénal.

Refuser de recevoir les espèces et monnaies nationales, non fausses, ni altérées, selon la valeur pour laquelle elles ont cours, constitue une contravention de police punie par les articles 475, 11°, et 478 du même code.

L'introduction de monnaies de cuivre et de billon de fabrique étrangère est prohibée sous les peines portées par les lois concernant les marchandises prohibées à l'entrée du territoire français. (Décret du 11 mai 1807.)

Il y a aussi des monnaies de papier : la Banque de France et quelques Banques départementales émettent des billets à vue payables au porteur et remboursables en espèces. Il y en a de 5,000 francs, de 1,000 francs, de 500 francs, de 200 francs, de 100 francs et de 50 francs.

Les monnaies d'or, d'argent, de billon, attestées par l'autorité publique, sont les valeurs que l'on peut donner et recevoir en échange de toutes les choses qui s'achètent et se vendent ; elles sont pour celui qui les possède un moyen de se procurer tout ce dont il a besoin ; elles ont la même propriété pour celui entre les mains de qui elles passent.

Toutefois, le numéraire ne peut avoir par lui-même qu'une utilité limitée. Les espèces métalliques qui circulent dans un pays, ne sont commodes que pour les affaires de peu d'importance et perdent, pour les plus considérables, une partie de leurs avantages, à raison des frais nécessaires pour les réunir et les transporter. On a dû, dès lors, chercher des signes qui pussent les remplacer en les représentant.

Tout engagement par écrit de payer une somme due a pu devenir le signe du numéraire et acquérir quelques-uns des avantages de la monnaie circulante, en se transmettant par la voie facile et prompte de l'endossement.

Mais représente-t-il à tout moment, pour son détenteur, la somme pour laquelle il a été souscrit? Non, car cette somme n'est, en général, payable qu'à une époque éloignée. Pour la réaliser immédiatement, il serait nécessaire de céder le signe qui la représente et de trouver quelqu'un assez confiant pour l'accepter?

Ces inconvénients devaient conduire à chercher un signe de numéraire plus actif encore et plus commode, qui permît de s'en procurer à tout moment, qui, comme la pièce de monnaie, se transmît de main en main, sans avoir besoin d'être garanti par une signature mise au dos, sans laisser de traces de sa transmission. Le billet au porteur et à vue, émis par des associations puissantes, formées et agissant avec l'autorisation et sous la surveillance continuelle du Gouvernement, a paru présenter ces avantages.

Telle est l'origine des monnaies de papier et, par suite, des banques de circulation qui les émettent.

La computation monétaire à la Guyane est la même que celle que nous venons d'exposer à trois exceptions près :

1° Le centime et le double centime ne sont pas en usage dans la colonie ;

2° Des pièces de cuivre de 10 centimes appelées *sous marqués*, du diamètre des anciennes pièces de 6 liards de France, servent uniquement de petite monnaie. Les pièces de 5 centimes et de 10 centimes en bronze n'entrent pas dans la circulation, malgré les efforts concertés du trésor local et de la Banque ; ce qui me paraît très-regrettable ;

3° La monnaie de papier consiste en billets de la Banque de la Guyane dont les coupures sont 500 francs, 100 francs et 25 francs.

La législation monétaire à la Guyane a suivi les variations de celle de la Métropole.

Un arrêté local du 19 mai 1828 y fixa le cours des monnaies étrangères ; puis, fut promulguée la loi du 14 juin 1829, concernant la démonétisation des anciennes espèces duodécimales ; enfin, un décret colonial du 6 juillet 1834 remplaça dans la circulation, par des billets de caisse sans cours forcé et remboursables à vue, une somme de 100,000 francs en pièces de cuivre de 5 et de 10 centimes, qui furent mises en dépôt dans les caisses du service colonial.

Ces billets de caisse appelés *bons du trésor* ont été presque tous retirés de la circulation par le remboursement qui en a été effectué par le trésor local : il n'en reste dehors que pour une valeur de 4 à 5,000 francs, représentant probablement des bons adirés ou détruits.

Les seules monnaies d'or et d'argent ayant cours à la Guyane française sont celles de France et d'Italie. Les monnaies étrangères d'or et d'argent ne peuvent avoir cours forcé. (Décret du 24 janvier 1807; cassation 10 août 1826.) Elles ne sont comptées que pour leur valeur réelle. (Merlin, répertoire au mot *monnaie*.) Toutefois, les prohibitions, à leur entrée et à leur sortie, édictées pendant la période révolutionnaire, ont été supprimées par la loi du 13 nivôse an III et par l'ordonnance du 8 juillet 1814; elles sont aujourd'hui complètement tombées en désuétude.

§ 2. — POIDS ET MESURES.

Le système métrique, établi dans la Métropole pour les poids et mesures, a été mis en vigueur à la Guyane française par une ordonnance coloniale du 3 septembre 1820.

Néanmoins, l'usage des instruments de pesage et de mesurage, confectionnés en exécution des articles 2 et 3 du décret du 12 février 1812, était toléré ; mais la loi du 4 juillet 1837 vint définitivement régler cette matière et, tout en abrogeant le décret précité, ne fixa l'application de la nouvelle loi qu'au 1er janvier 1840.

Le délai pour la Guyane fut prorogé jusqu'au 1er janvier 1841.

A partir de cette époque, tous poids et mesures autres que les poids et mesures établis par les lois des 18 germinal an III et 19 frimaire an VIII, constitutives du système métrique décimal, ont été interdits sous les peines portées par l'article 479 du code pénal.

Ce système de pesage et de mesurage, devenu général, est trop connu pour que nous en fassions l'exposé.

Nous nous bornerons à faire connaître les principales dispositions législatives qui ont réglementé la matière.

Les personnes qui ont ou emploient dans leurs magasins, boutiques, ateliers, maisons de commerce ou dans des lieux publics, d'autres poids et mesures que ceux légalement reconnus, sont punies d'une amende de 11 à 15 francs. (Loi du 4 juillet 1837.)

Toutes dénominations de poids et mesures autres que les poids et mesures métriques sont interdites dans les actes publics, dans les affiches et annonces, les actes sous-seing privé, les registres de commerce et autres écritures privées produites en justice. Les officiers publics contrevenants sont passibles d'une amende de 20 francs. (Inst. cont. ind. du 20 août 1842.)

Il est défendu aux juges et arbitres de rendre aucun jugement ou décision en faveur des particuliers sur des actes, registres ou écrits dans lesquels les dénominations interdites auraient été insérées avant que les amendes encourues aient été payées. (Loi du 4 juillet 1837, article 6.)

Des fonctionnaires spéciaux, sous le nom de vérificateurs des poids et mesures, sont chargés de veiller à l'exécution de la loi relative à l'uniformité et à l'exactitude des poids et mesures, de constater les contraventions et de provoquer leur punition. (*Idem*, article 7.)

Le traitement colonial du vérificateur est de 2,500 francs.

Nul ne peut être nommé vérificateur, s'il n'est âgé de vingt-cinq ans accomplis (et s'il a dépassé quarante ans, ajoute la circulaire du 26 avril 1852) et s'il n'a subi des examens spéciaux, d'après un programme arrêté par le Ministre de l'agriculture et du commerce. (Ordonnance du 17 avril 1839, article 3.)

L'emploi de vérificateur est incompatible avec toute autre fonction publique et toute profession assujettie à la vérification. (*Idem*, article 4.)

Les vérificateurs sont astreints à la formalité du serment. (*Idem*, article 5.) Ils ne peuvent être poursuivis devant les tribunaux sans une autorisation du Conseil d'État; conformément à la loi du 9 juin 1853, ils sont compris parmi les fonctionnaires ayant droit à pension.

Le vérificateur doit être pourvu de l'assortiment nécessaire d'étalons vérifiés et poinçonnés au dépôt des prototypes, établi près du Ministère de l'agriculture et du commerce. Ces étalons doivent être vérifiés de nouveau tous les dix ans.

Les étalons et poinçons nécessaires à la vérification sont conservés par les vérificateurs sous leur responsabilité et sous la surveillance de l'Administration. (Décret du 15 juillet 1853, article 6.)

A la Guyane comme en France le vérificateur est tenu de faire tous les ans une visite à chacun des assujettis inscrits au rôle dressé, dans ce but, par l'Administration, et de se transporter au domicile de chacun d'eux.

Il vérifie et poinçonne les poids, mesures et instruments qui lui sont exhibés, tant ceux qui composent l'assortiment obligatoire pour la profession qu'il exerce que ceux que le commerçant posséderait de surplus. Il note le tout sur un registre portatif, qu'il fait émarger par l'assujetti, et, si celui-ci ne sait ou ne veut signer, il le constate. (Même loi, article 19.)

Le maire ou les adjoints et le commissaire de police doivent faire, plusieurs fois dans l'année, des visites dans les boutiques et magasins, dans les places publiques et marchés, à l'effet de s'assurer de l'exactitude, du *fidèle usage* et du bon état des poids, mesures, balances et autres instruments de pesage ; de constater si ces instruments, poids et mesures, portent les marques des poinçons de vérification ; de veiller à la fidélité du débit dans la vente des marchandises de toute espèce, mais surtout de celles qui, étant fabriquées au nombre ou à la forme, se vendent à la pièce ou au paquet, comme correspondant à un poids déterminé. Procès-verbal est dressé des contraventions en invoquant, selon le cas, les articles 423, 424 ou 479 du code pénal. (Ordonnance du 17 avril 1839, articles 29 à 31.)

CHAPITRE XVII.

BANQUE LOCALE; DU CRÉDIT A LA GUYANE.

§ 1er. — BANQUE LOCALE.

Section 1re. — Historique.

En exécution des traités de 1815 répétant ceux de 1814, la France, en 1821, avait supprimé la traite des noirs, l'avait ensuite poursuivie, puis, en 1831, complètement abolie. A partir de cette époque, la Guyane française avait cessé, comme nos autres colonies à esclaves, de recevoir des cargaisons d'hommes.

L'Administration métropolitaine accepta loyalement l'émancipation et nomma, en 1840, une commission qui fut chargée d'en préparer les voies. Cette commission consultative, formée des membres des premiers corps de l'État, se composait de :

MM. le duc de Broglie, pair de France, président;
le comte de Saint-Cricq, pair de France;
le marquis d'Audiffret, *idem;*
Rossi, *idem;*
le comte de Sade, membre de la chambre des députés;
Wustemberg, *idem;*
de Tracy, *idem;*
Passy, *idem;*
de Tocqueville, *idem;*
Bignon, *idem;*
Reynard, *idem;*
le vice-amiral baron de Mackau;
de Saint-Hilaire, conseiller d'État hors section, directeur des colonies;
Mestro, secrétaire, chef de bureau à la Direction des colonies.

Il faut suivre, dans les procès-verbaux de cette commission et dans le rapport général qui rend compte de ses travaux, les discussions auxquelles a donné lieu l'abolition de l'esclavage, pour se faire une idée de la raison supérieure qui y a constamment présidé, et du degré de profondeur et de maturité qu'avait acquis la question en 1840.

C'est que cette commission en possédait à fond tous les éléments qu'elle avait étudiés dans les immenses publications officielles de l'Angleterre. C'est que, profitant de l'exemple de nos voisins, elle cherchait à éviter les erreurs et les fautes dans lesquelles ils étaient tombés, à ménager, dans nos colonies, le passage de l'esclavage à la liberté et du travail contraint au travail libre sans compromettre, par une mesure précipitée, la fortune déjà ébranlée des colons et les grandes cultures dont la traite n'alimentait plus les ateliers.

Ces grands travaux de la commission de 1840, toutes les lois qui ont régi la matière, entre autres celle de 1845, toutes les ordonnances, tous les actes préparatoires, démontrent, de la manière la plus évidente, que l'Administration de la marine tendait de tous ses efforts à l'émancipation générale des noirs, qui devait en être le résultat définitif et prochain, lorsqu'éclata la révolution de février 1848.

Le Gouvernement provisoire, conséquent avec le radicalisme des principes sur lesquels s'appuyait cette révolution, institua, par décret du 4 mars de cette même année, une commission auprès du Ministère de la marine pour préparer l'acte d'émancipation immédiate de tous les esclaves de nos colonies, et, le 27 avril suivant, déclarant, au nom du peuple français, que l'esclavage était un attentat contre la dignité de l'homme, décréta l'affranchissement général et immédiat des 250,000 esclaves des possessions françaises.

Il mit en même temps, par le même décret, à la charge de la Métropole, une indemnité de 6 millions en numéraire et de 6 millions en rentes 5 p. 0/0, décrétée ainsi en principe, *comme secours à la propriété coloniale*, et traduite en fait par la loi du 30 avril 1849 et le décret du Pouvoir exécutif du 24 novembre de la même année. (Rapport de M. Béhic, page 48, des documents relatifs à l'indemnité coloniale.)

La commission de 1840 n'existait plus, mais son influence et son esprit se révèlent et se font sentir dans toutes les mesures qui ont présidé à la répartition de l'indemnité coloniale; cette commission se continue, pour ainsi dire, dans la personne de MM. Ducos, Ministre de la marine, et Mestro, devenu Directeur des colonies.

L'affectation d'une partie de cette indemnité à la création

d'établissements de crédit dans les principales colonies avait été, dans la pensée du législateur, une des conditions du vote de l'indemnité elle-même. L'article 7 de la loi du 30 avril 1849 en créait l'obligation pour le Gouvernement.

C'est en exécution de cette loi que des Banques furent fondées aux colonies; mais elles y furent organisées successivement et à différentes époques : celles de la Martinique, de la Guadeloupe et de la Réunion, par la loi organique du 11 juillet 1851, qui a fixé leur capital à 3 millions, établi leurs statuts et déterminé les conditions générales de leur fonctionnement; celle du Sénégal, par le décret du 21 décembre 1853, au capital de 230,000 francs, et, enfin, celle de la Guyane française, par le décret du 1er février 1854, au capital de 300,000 francs, doublé plus tard par le décret du 5 juillet 1863.

Section 2. — Capital et actions.

Le huitième prélevé sur l'indemnité allouée à la Guyane pour servir à la formation de la Banque locale était de 913,005 fr. 31 cent.

Les indemnitaires dont la quote-part ne formait pas au moins deux actions, reçurent intégralement le remboursement de la retenue du huitième. La somme remboursée s'éleva à 192,246 fr. 06 cent.

Il restait 720,759 fr. 25 cent., représentant la quote-part des indemnitaires ayant deux actions de 500 francs et au-dessus.

La loi organique des Banques coloniales du 11 juillet 1851 avait primitivement disposé (Article 2) que le capital de la Banque de la Guyane serait de 500,000 francs. Mais le désir de venir en aide aux propriétaires dépossédés de leurs anciens esclaves, se joignant aux craintes qu'inspiraient pour l'avenir l'abandon des cultures et le choix de la Guyane comme lieu de transportation, engagèrent la colonie à proposer et le Gouvernement à adopter la réduction du capital à 300,000 francs.

La portion du huitième de l'indemnité demeurée libre après le prélèvement de ce capital, soit 420,759 fr. 25 cent. fut, en conséquence, répartie entre les ayants droit et distribuée en numéraire, conformément aux dispositions d'un décret antérieur du 28 mars 1852.

La Banque de la Guyane est constituée en société anonyme pour 20 années, qui ont commencé à courir du jour de la promulgation dans la colonie de la loi du 11 juillet 1851 (Article 3 des statuts), c'est-à-dire du 12 novembre 1851.

Mais la Banque de la Guyane, créée par le décret du 1er février 1854, n'ayant commencé à fonctionner que le 1er mai 1855, il paraît de toute équité de ne faire courir la durée de son privilége que du jour de son fonctionnement.

Depuis le 1er mai 1855, comme nous venons de le dire, jusqu'au milieu de l'année 1864, la Banque a fait face à toutes ses opérations avec son faible capital primitif de 300,000 francs. Ce capital, reconnu insuffisant, a été doublé par le décret du 5 juillet 1863, à la condition que les nouvelles actions à émettre seraient prises par les actionnaires actuels et que le fonds de réserve qui avait atteint à cette époque la limite prescrite par l'article 29 des statuts, c'est-à-dire la moitié du capital social, serait affecté à la libération de ces actions. En accordant les nouvelles actions aux actionnaires fondateurs, le Département de la marine a obéi au sentiment général de sollicitude qui, dans tout le cours de la liquidation de l'indemnité coloniale, lui a servi de guide à l'égard des anciens propriétaires dépossédés de leurs esclaves. Cette dernière faveur a été le corollaire des actes les plus bienveillants de l'indemnité. Elle a été, en outre, une simplification pour l'application pratique du décret du 5 juillet aussi bien qu'un acte de prudence vis-à-vis de l'établissement de crédit : — une simplification, puisqu'en premier lieu, la société anonyme se continuait tout en se transformant et qu'elle restait composée des mêmes intéressés ou de leurs ayants-droit appelés à partager les mêmes avantages et les mêmes risques, et qu'en second lieu, elle se trouvait ainsi dispensée d'une liquidation qui n'eut pas laissé que de présenter les difficultés inhérentes à cette opération ; — un acte de prudence, puisque cette mesure a eu pour résultat de retenir dans une entreprise qu'ils avaient fondée, les actionnaires actuels avec les fonds émis par la Banque elle-même et servant de garantie à ses opérations. La libération des nouvelles actions émises n'ayant pu être terminée avant le 1er juillet 1864, ce n'est qu'à cette époque qu'a commencé à fonctionner le nouveau capital de 600,000 francs.

Le capital de la Banque est représenté par des inscriptions de rentes 3 p. 0/0, dont les originaux se trouvent entre les mains de l'agent central des Banques coloniales qui en touche les arrérages, et les *fac-simile* dans le portefeuille de la Banque ; les originaux sont frappés d'un timbre qui en interdit la réalisation sans l'autorisation de S. Exc. le Ministre de la marine et des colonies.

La Banque de la Guyane est autorisée à émettre des billets au porteur de 500, 100 et 25 francs. (Article 5 de la loi organique des Banques coloniales, paragraphe 1er.)

La principale opération de l'établissement consiste à escompter, moyennant un intérêt de 6 p. 0/0, les effets de commerce et les lettres de change (Article 12 des statuts annexés à la loi du 11 juillet 1851), payables dans le délai de 4 mois (Article 13), en les soldant avec ses propres billets. C'est même là tout le mécanisme fondamental de la Banque. Elle fait passer dans la circulation, au moyen du payement des bordereaux d'escompte, ses billets au porteur dont le remboursement est garanti par son encaisse métallique, les rentes constitutives de son capital et son portefeuille à 1 et 2 signatures. La Banque a le droit d'émettre en billets le triple de son capital. (Article 5 de la loi organique du 11 juillet 1851.) Cette faculté est l'un des plus féconds instruments de crédit et de travail. Par l'émission de ses billets, la Banque augmente le capital général circulant d'une somme égale à celle, jusque-là stérile, des effets escomptés dont elle met la valeur à la disposition du travail, et elle produit cet admirable résultat d'escompter à un taux très-bas tout en réalisant pour son capital un intérêt très-élevé. En effet, les billets au porteur de la Banque sont une monnaie dont la valeur, égale et quelquefois supérieure à celle de l'argent, n'est fournie que par son crédit et dont elle retire pourtant l'intérêt comme d'une somme réelle. Ainsi, son capital constitutif est de 600,000 francs; elle n'a émis jusqu'à ce jour que deux fois la valeur de son capital, dont elle a reçu la contre-valeur en billets à ordre escomptés; elle a donc introduit dans la circulation un capital de 1,200,000 francs, et elle recueille l'intérêt de ces 1,200,000 francs, bien qu'elle ne possède en réalité qu'un capital de 600,000 francs.

L'encaisse métallique de la Banque doit être du tiers des billets en circulation (Article 5 de la loi du 11 juillet 1851, paragraphe 5); son élévation au-dessus du chiffre réglementaire dépend de la confiance publique, des opérations journalières du commerce et des besoins de la circulation. Quoique ces circonstances soient compliquées et variables, elles présentent un effet régulier que l'expérience fait connaître avec une sorte de précision, et un directeur attentif sait quelle est la quantité de numéraire qu'il doit avoir chaque jour à sa disposition, pour ne pas être pris au dépourvu et tomber brusquement au-dessous de son encaisse métallique réglementaire.

Quelques bons esprits raisonnant sur la situation de la Banque de la Guyane sans bien se rendre compte du mécanisme des opérations auxquelles elle se livre, ont élevé des doutes sur la solidité du papier fiduciaire dont elle fait emploi. Ils seront rassurés, je l'espère, par cette démonstration très-simple :

Supposons que l'émission de 1,800,000 francs de billets que la loi l'autorise à émettre soit complète, et que la Banque, arrivée au terme de son privilége, doive procéder à sa liquidation.

Pour couvrir la totalité de ses billets, elle a en mains ses rentes sur l'État qui représentent un capital de 600,000 francs; 600,000 en numéraire dans ses coffres, c'est-à-dire le 1/3 de ses billets en circulation. (Article 5 de la loi organique.)

Voilà 1,200,000 francs remboursés. Mais elle a encore dehors 600,000 francs de ses billets.

Elle les solde évidemment sans difficulté avec les 1,200,000 francs de valeurs qui composent son portefeuille, valeurs revêtues de signatures qui ont subi l'examen rigoureux du conseil d'administration et parmi lesquelles figurent, pour près de 300,000 francs, des prêts sur garantie de titres de rentes, de matières d'or et d'argent et d'actions de la Banque.

Ce dernier payement effectué, que reste-t-il aux actionnaires? leur capital de 600,000 francs, non plus en rentes sur l'État, mais en billets à ordre.

Or, il n'est pas supposable que ces billets à ordre ne seront pas payés à leur échéance. Ils représentent des marchandises confiées ou de l'argent prêté par l'endosseur au souscripteur, à moins que ces billets à ordre n'aient été faits collusoirement et pour des causes fictives. Or, on doit regarder comme constant qu'une administration de Banque, qui opère avec quelque discernement, admet très-peu de billets de cette sorte. Donc, les billets au porteur de la Banque représentent des valeurs réelles et reposent sur un gage certain.

Les billets de la Banque sont reçus comme monnaie légale par les caisses publiques et par les particuliers. (Paragraphe 3 de l'article 5 de la loi du 11 juillet 1851.)

Cette disposition me paraît avoir eu pour but de favoriser le plein développement de la circulation du papier fiduciaire.

Les billets de la Banque ont cours légal. Mais le cours légal ne doit pas être confondu avec le cours forcé, puisqu'il a précisément pour condition l'obligation imposée à la Banque de rembourser ses effets à présentation. (Paragraphe 2, même article, même loi.)

Aucune loi ne donnant donc cours forcé aux billets de Banque, ceux-ci ne peuvent être considérés que comme des billets de payement, assimilables aux effets de commerce, mais offrant plus de garantie par la faculté d'un remboursement à présentation. Ils ne constituent ainsi qu'une monnaie de confiance qu'on est tenu de recevoir en payement, mais non de conserver, puisqu'on peut immédiatement la convertir en espèces métalliques. Il résulte aussi de là, que si la Banque refusait de solder en espèces un de ses billets, le protêt pourrait en être fait, conformément aux règles ordinaires du droit commercial. La confiance dans le billet au porteur dépend donc essentiellement de la facilité de son remboursement.

Mais il ne faut pas croire que cette obligation imposée à la Banque de rembourser ses billets implique pour le public le droit de se présenter à toute heure au remboursement. Dans tous les établissements de crédit, la présentation des billets à l'échange est circonscrite dans une certaine période d'heures de chaque jour ouvrable. Le vœu de la loi doit être considéré comme satisfait dès que l'application du principe de remboursement paraît raisonnablement assurée. (Circulaire ministérielle du 30 novembre 1852.) C'est, d'ailleurs, une question toute de service intérieur, et le conseil d'administration de la Banque de la Guyane a cru donner pleine satisfaction aux besoins du public en fixant trois jours par semaine pour le remboursement de ses billets. (Article 40 du règlement intérieur.) La Banque de France a plusieurs fois changé les heures de ses remboursements, qui sont quotidiens en raison de son importance. Elle vit, en 1805, les demandes de cette nature se succéder sans relâche sur le faux bruit que l'Empereur lui avait emprunté son capital pour l'emporter en Allemagne. Elle voyait s'épuiser sa réserve métallique, réduite à 1,500,000 francs contre 72 millions de billets en circulation et 20 millions de comptes courants, soit 92 millions de valeurs immédiatement exigibles. Elle se considéra, dès lors, comme obligée de limiter le remboursement de ses billets à 500,000 francs par jour. Cette suspension partielle des payements commença en octobre 1805 ; on augmenta bientôt le chiffre des remboursements ; enfin, l'échange à bureau ouvert fut repris le 25 janvier 1806 ; la victoire d'Austerlitz avait relevé le crédit de la Banque. C'est à la suite de cette campagne que l'Empereur Napoléon Ier dit, à son retour, aux régents de la Banque de France, en les recevant aux Tuileries : « Sur le champ de bataille d'Austerlitz, Messieurs, mon plus grand souci n'était pas l'armée russe, c'était vous. »

Ainsi, tant que les billets de Banque n'ont pas cours forcé, on a le droit d'en demander le remboursement ; c'est là le principe.

La monnaie de cuivre ne peut être employée dans les payements ou remboursements, si ce n'est de gré à gré, que pour l'appoint de la pièce de 5 francs, c'est-à-dire que le créancier n'est tenu de recevoir la monnaie de cuivre que jusqu'à concurrence de 4 fr. 99 cent. (Article 6 de la loi du 6 mai 1852.)

Il peut être dérogé au principe du remboursement des billets de banque dans les cas de crise, quand le numéraire devient rare.

Une seule dérogation y a été faite en France : ce fut lorsque la panique, survenue après les événements de 1848, menaça d'épuiser l'encaisse de la Banque. Le Gouvernement provisoire rendit alors le décret du 15 mars 1848 qui dispensa jusqu'à nouvel ordre la Banque de rembourser ses billets en espèces, et donna momentanément cours forcé à son papier de confiance. L'expérience justifia la sagesse de cette mesure. Mais aussitôt que la crise fut passée, la Banque de France demanda elle-même l'abrogation de ce décret et le retour à ses statuts. Ce fut l'objet de la loi du 6 août 1850.

Il fut aussi dérogé à ce principe dans la colonie : un arrêté local du 2 février 1820 qui y promulgua en même temps les tarifs des différentes espèces et matières d'or et d'argent annexés à l'arrêté consulaire du 17 prairial an XI (6 juin 1803), disposa (Article 6) que *« pour les sommes au-dessous de 1,000 francs,* on serait tenu d'accepter le payement en billon, et que, pour celles *au-dessus de cette somme,* on ne serait tenu d'admettre que le quarantième, indépendamment de l'appoint ; le surplus devait être payé en espèces d'or ou d'argent. »

Cet article 6 ajoutait ces mots significatifs : « S'il était notoire que la rareté des espèces d'or et d'argent ne permît point d'effectuer le payement dans ces monnaies, le payant pourrait offrir de donner à la place ou du billon, ou des denrées coloniales du cru, au prix courant moyen des trois derniers mois. »

Il y a tout lieu de penser qu'une pareille mesure ne sera jamais appliquée pour l'avenir. Dans les moments de crise monétaire, le commerce de Cayenne laisse non-seulement son numéraire à la Banque, mais vient même lui en apporter. Il ne prend guère, en moyenne par mois, qu'une trentaine de mille francs nécessaires à ses besoins journaliers et au payement des salaires des travailleurs. Je ne pense pas qu'il y ait à Cayenne un seul de ces spéculateurs que l'appât du lucre incite, au mépris de l'intérêt général, à venir enlever à la Banque son numéraire pour le vendre ou l'exporter.

Les actionnaires d'une Banque ne sont responsables de ses engagements que jusqu'à concurrence du montant de leurs actions. (Décret du 8 janvier 1808, article 2.)

Le capital de la Banque de la Guyane, représenté par les inscriptions de rente dont nous avons parlé, est divisé en 1,200 actions de 500 francs : au 31 décembre 1865, voici comment se composait ce capital :

Capital primitif.	598	actions émises...... 299,000f 00	300,000f 00
	2	actions non émises. 1,000 00	
Nouveau capital.	579	actions libérées................	289,500 00
		Part dans la réserve ancienne et par suite dans le nouveau capital de 19 actions non libérées à 250 fr. 83 cent. par action.	4,765 77
		Forcement des centimes dans les versements.................	0 07
	19	actions complémentaires qui étaient encore à libérer au 31 décembre 1865 à raison de 249 fr. 17 cent. par action...	4,734 16
	2	actions non libérées afférentes aux 2 actions non émises de l'ancien capital.............	1,000 00
	1,177 23		600,000 00
	1,200		

Les actions de la Banque sont nominatives, elles ne peuvent être faites au porteur. Elles sont inscrites sur un registre à souche et le certificat détaché porte les signatures du directeur, d'un administrateur et d'un censeur. (Article 9 des statuts de la Banque de la Guyane.)

Le titulaire d'une action peut disposer de la toute propriété de son action ou de l'usufruit seulement ou de la nue propriété et de l'usufruit séparément. Dans ce dernier cas, la portion du fonds de réserve afférente à ces actions appartient, non pas à l'usufruitier, mais au nu-propriétaire. Les statuts de la Banque de

France déclarant que le fonds de réserve fait partie du capital, il s'ensuit qu'il est la propriété du nu-propriétaire, par la raison que l'accessoire suit le principal. (Arrêt de la Cour royale de Paris en date du 27 avril 1837.)

Comme toute autre somme appartenant à un débiteur, le dividende peut être l'objet d'une saisie-arrêt de la part du créancier d'un propriétaire d'actions. De même, tous les biens du débiteur étant le gage commun de ses créanciers, et, d'un autre côté, les actions de la Banque étant meubles par la détermination de la loi (Code Napoléon, article 529), elles peuvent être l'objet d'une saisie-exécution qui a lieu dans les formes ordinaires. Seulement, outre le commandement de payer donné au débiteur, il faut faire précéder la saisie d'une opposition au transfert des actions, reçue et visée sur l'original à la Banque par le directeur. (Règlement du 2 septembre 1830, articles 3 et 191.)

Section 3. — *Fonds de réserve.*

Après le capital, la réserve est un des éléments les plus importants de l'organisation de la Banque. Elle a pour but de parer aux éventualités.

Dans la répartition semestrielle des bénéfices nets et réalisés, la réserve prend deux fois : 1° un demi pour cent du capital; 2° les huit dixièmes de la moitié du surplus des bénéfices, après distribution aux actionnaires d'un premier dividende équivalent à 2 1/2 p. 0/0 par semestre. (Paragraphes 3 et 5 de l'article 28 des statuts.)

Les statuts de la Banque de France l'autorisent, en cas d'insuffisance des bénéfices pour ouvrir un dividende, à y pourvoir au moyen d'un prélèvement sur le fonds de réserve. (Décret du 16 janvier 1808, article 21.) Les statuts des Banques coloniales sont muets sur cette question; mais, en refusant aux conseils d'administration de ces établissements le droit de disposer de leurs fonds de réserve sans l'intervention de l'autorité métropolitaine, le Département de la marine semble avoir posé en principe que ce fonds ne doit subir aucune réduction, excepté pour un emploi dont la convenance et l'utilité lui seraient parfaitement démontrées. (Dépêche ministérielle du 7 décembre 1854.)

Le fonds de réserve étant une partie intégrante du capital (Arrêt de la Cour royale de Paris, 27 avril 1837), il ne peut, de même que le capital, être placé plus sûrement que dans les opérations de l'établissement lui-même ou en rentes sur l'État : ce dernier placement me semble même préférable, parce qu'il a pour garantie l'État, c'est-à-dire tout le monde.

Le fonds de réserve de la Banque de la Guyane, lorsqu'elle ne fonctionnait qu'avec son capital primitif, avait atteint sa limite statutaire dès le 1er juillet 1863. Le décret du 5 juillet de la même année l'ayant affecté jusqu'à due concurrence à la libération des 600 actions nouvelles, créées pour le doublement du capital social et attribuées, ainsi que nous l'avons dit plus haut, aux propriétaires des 600 actions primitives, le nouveau fonds de réserve a été reconstitué à partir du 1er juillet 1864, et s'élevait, au 31 décembre 1865, à la somme de 36,127 fr. 11 cent. (1).

Section 4. — Jurisprudence générale des Banques coloniales.

Les statuts annexés à la loi organique des Banques coloniales du 11 juillet 1851 régissent ces établissements de crédit.

Le décret du 2 décembre 1854 en a modifié, en ce qui concerne la Banque de la Guyane, certaines dispositions qui ont pris successivement place dans les textes qui en étaient l'objet.

Il serait inutile de rapporter ici la législation de la Banque de la Guyane. Ses statuts la contiennent toute entière. Nous nous contenterons d'indiquer les principales décisions successivement prises par S. Exc. le Ministre de la marine, assisté des lumières de la commission de surveillance, et qui ont formé une sorte de jurisprudence spéciale pouvant servir aux Banques coloniales de guide commun dans un grand nombre de points non prévus par les statuts ou sujets à interprétation.

La surveillance du Département sur les Banques coloniales s'exerce tout naturellement dans la colonie par les soins du Gouverneur, mais elle a, en outre dans la Métropole, un mode

---

(1) Au 30 juin 1866, le fonds de réserve a atteint le chiffre de 64,289 fr. 04 cent.

Sur cette somme ont été imputés :

1° Le prix d'acquisition de l'Hôtel actuellement occupé par la Banque.. 40,774f 04c

2° Le montant de la soulte payée en 1863, pour la conversion en 3 p. 0/0 des inscriptions 4 1/2 p. 0/0, constitutives du capital, soit.. 15,919 52

Total.......... 56,693f 56c

La différence entre 64,289 fr. 04 cent. et ce dernier chiffre, forme la réserve mobilière actuellement disponible, soit 7,595 fr. 45 cent.

d'action plus ample par le Ministre lui-même. L'article 13 de la loi organique a institué près du Département de la marine une haute commission de surveillance des Banques coloniales, chargée d'examiner et de résoudre toutes les questions statutaires auxquelles peut donner lieu le fonctionnement des Banques.

Le Gouverneur saisit le Ministre de ces questions, le Ministre les défère à la commission de surveillance qui rend des décisions généralement adoptées.

Cette commission offre toutes les garanties qu'elle peut comporter. Elle se compose d'un conseiller d'État élu par le Conseil d'État en assemblée générale, de deux membres désignés par le Ministre de la marine et des colonies, de deux membres désignés par le Ministre des finances, et, enfin, de deux membres élus par le conseil général de la Banque de France dont les lumières spéciales et les fermes traditions doivent être d'une utilité incontestable dans une telle réunion.

La commission de surveillance centralise toute la correspondance et tous les documents relatifs à la gestion des Banques et provoque les mesures de vérification et de contrôle qui lui paraissent convenables.

En outre de ses rapports habituels et, pour ainsi dire, confidentiels avec le Ministre, cette commission adresse, chaque année, à l'Empereur, un rapport destiné à la publicité, contenant le résumé de ses observations, les résultats généraux de sa surveillance, et la situation des établissements de crédit coloniaux.

Cette action, analogue à celle qu'exerce avec succès la commission de surveillance de la caisse d'amortissement, a pour effet de tenir en haleine l'administration des Banques et d'entretenir le zèle de l'administration locale : elle prévient ou réprime, aussitôt qu'elles se produisent, les infractions aux statuts.

Voici maintenant l'ensemble des principes qui ont été admis par la commission de surveillance pour composer par leur faisceau la jurisprudence des diverses Banques coloniales :

Les Banques ne peuvent, en aucun cas et sous aucun prétexte, faire d'autres opérations que celles qui sont énumérées dans l'article 12 de leurs statuts. La Banque de la Guyane a été toutefois autorisée exceptionnellement à acheter et à réaliser pour son compte l'or natif de la colonie, ces opérations étant, par leur nature, conformes au but général de l'institution des Banques et ne pouvant, d'ailleurs, présenter aucun danger sérieux. (Dépêche ministérielle du 15 mai 1865.)

Les prêts sur effets à deux signatures avec garantie additionnelle d'hypothèque sont interdits. (Même dépêche.)

Les fonds des Banques coloniales ne peuvent être employés à l'acquisition de propriétés foncières et d'obligations du crédit foncier colonial. (Dépêche ministérielle du 6 juin 1865.)

Les Banques coloniales ne peuvent prêter sur billets à ordre garantis par des transferts d'actions d'établissements industriels. (Dépêche du 26 mars 1866.)

Tout effet qui n'est point payé à l'échéance doit, quelle que soit sa nature et la qualité de la garantie qui l'accompagne, être inscrit parmi les valeurs en souffrance et figurer à ce titre sur les bilans mensuels. (Dépêche du 15 mai 1865.)

Tant que le compte des valeurs en souffrance n'est pas entièrement soldé, les recouvrements, de quelque nature qu'ils soient et de quelque source qu'ils proviennent, ne peuvent figurer au compte profits et pertes, en augmenter l'actif et concourir ainsi à la formation d'un dividende à distribuer aux actionnaires. (Dépêche ministérielle du 19 février 1866.)

Les Banques coloniales peuvent admettre à l'escompte les billets à ordre à deux signatures; lorsque l'un des souscripteurs étant absent de la colonie, sa signature est remplacée par celle d'un fondé de pouvoirs constitué *ad hoc*. D'après l'article 102 du code Napoléon, le domicile de tout individu est là où il a son principal établissement. Les Banques coloniales n'ont donc, dans l'espèce, qu'à s'assurer de la validité du mandat produit et à examiner si la solvabilité du souscripteur absent leur inspire assez de confiance pour accepter l'effet présenté à l'escompte. (Dépêche ministérielle du 4 janvier 1856.)

Les faillis non réhabilités qui ne sont pas admis à l'escompte à la Banque de France peuvent y être admis dans les établissements de crédit coloniaux. (Dépêches ministérielles des 9 mars 1858 et 10 juillet 1862.)

Ils ne peuvent toutefois exercer les fonctions de censeurs dans les conseils d'administration (Dépêche du 9 mars 1858), et, conséquemment, encore moins celles d'administrateurs.

L'agence centrale, instituée à Paris par décret du 18 novembre 1852, est le mandataire officiel et obligatoire des Banques coloniales. Mais ce n'est pas d'elles que l'administrateur de cette agence tient ses pouvoirs, puisqu'il est nommé par le Ministre; il a sa part d'action, de responsabilité. Si le sentiment de cette responsabilité et la nécessité de remplir les obligations particulières qui lui incombent, lui inspirent quelques doutes sur la légitimité des mesures qui lui sont recommandées par les Banques coloniales, il peut réclamer l'avis de la commission de surveillance ou du Département de la marine pour la suite à donner aux décisions des conseils d'administration. L'agent central n'est pas indépendant des Banques coloniales, mais il n'est pas non plus leur instrument passif. (Dépêche ministérielle du 14 août 1854.)

Le rôle de l'Administration locale consiste à surveiller et non à diriger la Banque, à constater et à signaler au Ministre les infractions aux statuts plutôt qu'à les empêcher. (Dépêche ministérielle du 30 novembre 1852.)

On peut prévoir, toutefois, certains cas où le Gouverneur, à qui le soin de la surveillance de la Banque est nominativement délégué par l'article 15 du décret du 22 décembre 1851, devra exercer une action prompte et résolue, puisque l'article 50 des statuts lui confère le pouvoir de suspendre le directeur.

Les communications entre l'Administration coloniale et l'administration de la Banque peuvent avoir lieu de deux manières :

Pour tout ce qui sort des transmissions réglementaires prévues par l'article 16 du décret du 22 décembre 1851, la correspondance du directeur de la Banque peut être adressée directement au Gouverneur, qui en fait le renvoi au Directeur de l'intérieur, comme dans les autres affaires placées dans la compétence de celui-ci ; et c'est sur les instructions qui accompagnent ou suivent ces renvois que le Directeur de l'intérieur base les réponses qu'il adresse, au nom du Gouverneur, au directeur de la Banque. (Dépêche ministérielle du 30 novembre 1852.)

Rien ne s'oppose, toutefois, à ce que la correspondance du directeur de la Banque soit adressée au Directeur de l'intérieur, qui la soumet au Gouverneur. Ce mode de communications me semble même plus convenable, plus hiérarchique, plus statutaire, l'article 15 du décret du 22 décembre 1851 plaçant la Banque dans les attributions du Directeur de l'intérieur ; il me paraît surtout plus profitable à l'établissement pour la prompte expédition des affaires.

C'est au contrôleur colonial qui, par la nature de ses fonctions, est appelé à surveiller tous les services et plus spécialement les services financiers, qu'incombe, à mon avis, sauf les pouvoirs généraux dévolus au Gouverneur, le droit et le devoir de surveiller la Banque. D'après l'article 59 des statuts, il est censeur légal de l'établissement : il assiste aux délibérations du conseil d'administration et suit toutes les opérations. Il rend compte directement au Ministre, tous les mois et plus souvent, s'il y a lieu, de la surveillance qu'il est appelé à exercer. Par lui, le Gouvernement peut avoir et a effectivement toute l'influence et toute l'autorité désirables dans l'administration des affaires de la Banque.

Le contrôleur colonial doit rendre compte des délibérations des conseils d'administration prises même en comité secret ; s'il en était autrement, il suffirait aux conseils d'administration de se constituer en comité secret pour dérober leurs délibérations à la connaissance de la commission de surveillance dont le contrôle ne peut s'exercer utilement qu'à la condition qu'elle sera exactement et complètement informée des résolutions adoptées par les Banques coloniales. (Dépêche ministérielle du 26 juin 1862.)

Le personnel des Banques ne rentre pas dans le cadre hiérarchique de l'Administration. Aucune place n'est donc à assigner au directeur de la Banque, quant aux préséances administratives ; mais le grand intérêt public qui se rattache, pour la colonie, à l'établissement dont la direction ne peut être confiée ou retirée à cet agent que par un décret de l'Empereur, montre suffisamment la nature de la position qui lui est faite et le rang qu'il doit officieusement occuper. (Dépêche ministérielle du 30 novembre 1852.) En cas d'empêchement ou de cessation des fonctions du directeur, le Gouverneur nomme en conseil privé un directeur intérimaire. (Article 51 des statuts.) Dans ce cas, les pouvoirs du directeur titulaire passent tout entiers à l'intérimaire, et le titulaire, absent de la colonie, ne retient aucune partie de ses attributions. Il n'est pas admissible qu'il puisse exister deux directeurs, l'un dans la colonie, l'autre en France, ce dernier transmettant des instructions à l'autre, intervenant officiellement près du Département de la marine et exerçant son action sur l'agent central des Banques coloniales. (Dépêche ministérielle du 31 août 1854.)

Le directeur de la Banque ne peut faire aucun acte d'administration sans le concours du conseil d'administration ; mais il n'est pas tenu d'exécuter toutes les délibérations de ce conseil. (Dépêche ministérielle du 26 avril 1854.) Le directeur étant responsable et les délibérations du conseil d'administration ne pouvant avoir leur effet qu'autant qu'elles sont revêtues de la signature du directeur (Article 47 des statuts), ce dernier ne peut être obligé à prendre la responsabilité de décisions qu'il n'approuverait pas. Le conseil d'administration, il est vrai, autorise les opérations de la Banque et en détermine les conditions (Article 41) ; il en résulte que le directeur ne peut pas autoriser seul les opérations ni en régler les conditions ; mais ce n'est pas à dire pour cela qu'il doive aveuglément exécuter toutes les décisions de ce conseil. Ainsi, il ne peut prendre un billet à l'escompte sans l'assentiment du conseil, mais il peut refuser un billet que le conseil admettrait.

Le directeur de la Banque n'est pas obligé de présenter au conseil plusieurs candidats, lorsqu'il s'agit de pourvoir à la nomination d'un employé de cet établissement, en exécution de l'article 41, paragraphe 7 des statuts : rien ne s'oppose à ce que, s'il le juge convenable, il n'en désigne qu'un seul au choix du conseil. C'est son droit strict. Il ne doit, toutefois, en user qu'avec mesure et de manière à ne pas rendre absolument illusoire le droit de nomination accordé au conseil par l'article précité.

L'article 51 des statuts donnant au Gouverneur le droit de désigner un directeur intérimaire, en cas d'empêchement ou de cessation des fonctions du directeur titulaire, le Chef de la colonie est autorisé à désigner à l'avance l'un des membres du conseil d'administration, pour remplacer le directeur en cas d'absence de courte durée. (Dépêche ministérielle du 15 décembre 1859.) Un arrêté local, en date du 24 janvier 1860, a pourvu à l'exécution de cette prescription, en ce qui concerne la Banque de la Guyane.

Le directeur intérimaire d'une Banque ne peut être astreint au cautionnement exigé du directeur titulaire. (Dépêche ministérielle du 23 novembre 1861.) En France, dans les services relevant du Département des finances, le cautionnement exigé des payeurs titulaires ne l'est point des payeurs intérimaires.

Section 5. — Opérations de la Banque en 1865.

Les opérations de la Banque en 1865 ont consisté principalement dans l'escompte d'effets à ordre à deux signatures et à une signature sur garantie d'inscriptions de rentes, d'actions de la Banque et de matières d'or et d'argent, dans l'encaissement de valeurs remises en recouvrement et dans l'émission de mandats sur le comptoir d'escompte de Paris ou les Banques coloniales.

Il n'a été fait qu'un prêt sur connaissement et un sur récolte, depuis l'organisation de l'établissement.

On peut s'étonner que les habitants propriétaires s'abstiennent d'emprunter sur récolte ou sur connaissement. Cette abstention est due à plusieurs causes qu'il n'est pas inutile d'énumérer ici.

D'abord, en ce qui concerne le prêt sur récoltes pendantes : 1° aux formalités dont cette nature de prêts est entourée et qui ne permettent pas à la Banque de mettre dehors les fonds qu'on lui demande avant les délais fixés par l'article 9 de la loi du 11 juillet 1851 ; 2° à la difficulté de réunir des experts à l'effet de constater l'état des cultures, les habitations étant trop éloignées les unes des autres. En ce qui touche le prêt sur connaissement, à ce que le petit producteur vend sa denrée sur place à des négociants qui l'expédient directement en France.

Il ne faut pas se hâter de conclure de là que la Banque ne prête pas à l'agriculture. J'ai la certitude que son portefeuille contient plus de 200,000 francs en valeurs à deux signatures, lesquels sont employés à l'exploitation de propriétés agricoles. Ces valeurs sont souscrites par les habitants à l'ordre de leurs commissionnaires. La signature de l'habitant ainsi associée à une signature commerciale me paraît offrir une garantie plus sérieuse que le prêt sur récolte. On pourrait penser qu'un gage est toujours préférable à une seconde signature, si solide qu'elle paraisse, et cela est vrai pour les prêts appuyés sur des transferts de rentes ou d'actions de la Banque, sur des matières d'or et d'argent, sur des connaissements, la marchandise, dans ce dernier cas, étant assurée ; mais il ne faut pas perdre de vue qu'un gage consistant en une récolte peut souvent échapper au créancier, soit par la perte de la récolte, soit par suite de manque de travailleurs, tandis qu'une bonne signature mise au bas d'un billet par un négociant contraignable par corps, tandis que le propriétaire non commerçant ne l'est pas, met la Banque à l'abri de ces éventualités.

Il est à présumer, toutefois, que, si l'agriculture prend tout l'accroissement que nous la croyons appelée à recevoir à la Guyane, les petits propriétaires qui n'offrent pas aujourd'hui les garanties désirables, pourront un jour se passer de l'intermédiaire toujours coûteux des commissionnaires, et trouver un plus facile accès à la Banque.

Avant d'entrer dans le détail des opérations faites en 1865, nous allons indiquer le chiffre, par année, de celles que la Banque a faites depuis son organisation jusqu'au 30 juin 1864, c'est-à-dire pendant la période où elle a fonctionné avec son faible capital de 300,000 francs :

ANNÉES.	MONTANT des effets escomptés, par année.	DIVIDENDE, par année.
1855-56	914,773 20	25 00
1856-57	1,665,581 06	52 50
1857-58	1,832,622 50	47 62
1858-59	1,754,539 42	50 05
1859-60	2,575,567 81	56 50
1860-61	2,846,718 14	62 00
1861-62	3,722,079 95	80 00
1862-63	3,312,587 67	79 00
1863-64	3,833,641 34	105 00
Totaux	22,458,111 09	557 67

Il y a eu, comme on le voit, progression constante dans les escomptes.

L'élévation du chiffre du dividende de l'année 1863-64 tient à ce qu'à partir du 1ᵉʳ juillet 1863, la réserve ayant atteint la limite fixée par les statuts, la totalité des bénéfices nets (déduction faite de la part revenant au personnel de la Banque) a été intégralement répartie entre les actionnaires.

Sous l'empire du nouveau capital, doublé par le décret du 5 juillet 1863, mais seulement mis en œuvre à partir du 1ᵉʳ juillet 1864, les opérations de la Banque ont pris encore de l'extension :

ANNÉES.	MONTANT des effets escomptés, par année.	DIVIDENDE, par année.
1864-65	3,995,660 89	31 00
2ᵉ semestre 1865	2,124,808 31	28 70
Totaux	6,120,469 20	59 70

Ces chiffres n'ont pas besoin de commentaires.

On reconnaît, toutefois, à l'examen du dernier tableau, que, malgré l'élévation du chiffre des valeurs escomptées pendant l'année 1864-65, le quantum du dividende annuel n'a été que de 31 francs. Sa faiblesse n'a pas tenu à l'insuffisance des éléments qui ont concouru à sa formation, mais à l'imputation faite, en vertu d'instructions ministérielles, aux comptes profits et pertes et valeurs en souffrance, de tous les effets sur garantie que, par une interprétation erronée de l'article 28 des statuts et de l'article 11 de la loi organique, la Banque de la Guyane ne passait pas par valeurs en souffrance. Le semestre clos le 31 décembre 1865 a présenté des résultats plus satisfaisants, la situation s'étant complètement régularisée. Dans ce seul semestre, en effet, il a été admis environ 2,125,000 francs de valeurs escomptées, et le dividende, malgré une retenue de 10,000 francs, prélevée sur les bénéfices nets et réservée pour parer aux éventualités du règlement définitif de l'acquisition du nouvel hôtel de la Banque, a été de 28 fr. 70 cent. par action, soit 6.54 p. 0/0 du capital.

Voici maintenant le détail des opérations de l'année 1865 :

I. Escomptes.

§ 1er. — Effets a deux signatures au moins.

Le nombre des effets de cette catégorie admis par le conseil a été :

Pendant le 1er semestre 1865, de 845 s'élevant à...... 1,538,872f 02
Pendant le 2e semestre 1865, de 778   1,713,162 62

Ensemble......... 1,623   3,252,034 64

Pendant l'année 1864 le nombre des effets escomptés à deux signatures s'était élevé à 1,678, et le montant de ces effets à 3,051,990 fr. 57 cent.

§ 2. — Effets a une signature accompagnée de garanties.

Le nombre de ces effets admis à l'escompte a été :

Pendant le 1er semestre 1865, de 134 s'élevant à...... 401,752f 83
Pendant le 2e semestre 1865, de 125   411,645 69

Ensemble......... 259   813,398 52

Les prêts de cette catégorie s'étaient élevés, en 1864, à 328 pour le nombre et à 957,030 fr. 24 cent. pour la valeur.

Dans le total des prêts sur garantie faits en 1865 figurent :

Pour le 1er semestre 1865 :

75 prêts sur garantie d'effets publics ou d'actions de la
   Banque, pour.................................. 342,507f 61
59 prêts sur garantie de matières d'or et d'argent, pour. 59,245 22

134   Total égal.................. 401,752 83

Pour le 2ᵉ semestre 1865 :

78 prêts sur garantie d'effets publics ou d'actions de la Banque, pour..................		404,153f 14
47 prêts sur garantie de matières d'or et d'argent, pour.		7,492 55
125	Total égal..............	411,645 69

Les prêts sur garantie d'effets publics et d'actions de la Banque s'étaient élevés, en 1864, à 165 pour le nombre et à 632.875 fr. 89 cent. pour la valeur.

Le nombre des prêts sur garantie de matières d'or et d'argent avait été, pour la même année, de 163 et leur valeur de 324,154f 35 cent.

On voit que le nombre des prêts sur effets publics et actions de la Banque a diminué, en 1865, de 12, et que les prêts sur matières d'or et d'argent ont diminué de 57.

La réduction des prêts de cette dernière catégorie a eu deux causes : la vente d'un grand nombre de lots de matières d'or et d'argent aux enchères publiques, par suite du non-payement à leur échéance des obligations qu'ils garantissaient, et la disparition totale du portefeuille des effets garantis par des dépôts d'or natif, en exécution de l'autorisation d'acheter et de réaliser les produits aurifères de la colonie que S. Exc. le Ministre, ainsi que nous l'avons déjà dit, a bien voulu accorder à la Banque. L'application de cette mesure a eu pour effet immédiat de faire sortir du portefeuille toutes les valeurs garanties par des dépôts de cette nature ; mais la Banque de la Guyane, et surtout les preneurs de mandats, ont trouvé et trouveront toujours une compensation dans les provisions que constituent des envois réguliers et importants d'or natif, expédiés par la voie des paquebots transatlantiques français et provenant d'achats faits à beaucoup d'exploiteurs qui, auparavant, envoyaient directement leurs produits dans la Métropole.

II. Comptes courants.

La comparaison, aux 31 décembre 1864 et 1865, de ces comptes offre les résultats suivants :

En 1864, les versements s'étaient élevés, y compris la solde au 31 décembre 1863, à.. 2,063,836f 78
Et les remboursements à........................... 1,929,144 37

Restait pour solde au 31 décembre 1864............... 134,692 41

Pour l'année 1865, les sommes versées en compte courant se sont élevées à... 2,037,017f 74
Et les remboursements à......................... 1,914,179 84

Soit pour solde au 31 décembre 1865............... 122,837 90

III. Du portefeuille.

Effets escomptés. — Les effets en portefeuille au 31 décembre 1864 étaient au nombre de.......... 658 pour une valeur de 1,343,265f 77
Il est entré du 1er janvier au 31 décembre 1865............... 1,882 *Idem*............ 4,065,433 16

Total............ 2,540 *Idem*............ 5,408,698 93
Il en est sorti............ 1,964 *Idem*............ 4,154,940 73
Il restait en portefeuille au 31 décembre 1865............... 576 *Idem*............ 1,253,758 20

Le portefeuille s'était tenu en moyenne, pendant l'année 1864, à... 1,301,623f 44
Cette moyenne pour 1865 n'a été que de.............. 1,269,658 68

Diminution en 1865............................... 31,964 76

Traites du trésor. — En 1864, la Banque avait reçu du trésor et transmis à l'Agence centrale des Banques coloniales...... 578 traites pour une valeur de 4,086,427f 23
Elle en a reçu en 1865. 862 pour une valeur de...... 3,792,077 45

En plus............... 284   Différence en moins.. 294,349 78

Billets à ordre tirés de la Banque sur France et les colonies françaises. — La Banque avait délivré en 1864. 1,520 mandats s'élevant à 4,592,768f 41
Et en 1865............... 1,467 *Idem*............ 4,062,382 29

Différence en moins........ 53 *Idem*............ 530,386 12

Le solde du compte de primes et intérêts divers ne s'est élevé en 1864 qu'à... 22,874f 65
En 1865 il a été de............................... 29,315 63

Cette différence en faveur de l'année 1865............ 6,444 02
provient de ce que les intérêts payés au comptoir ont été moins élevés en 1865 que l'année précédente.

Les traites du trésor sont, comme on le voit, un élément notable de bénéfice pour la Banque. C'est à leur concession bienveillante qu'elle a dû et qu'elle doit encore sa prospérité et l'extension de ses opérations. Le commerce escompte, en effet, ses valeurs à la Banque afin de se procurer les fonds nécessaires pour y prendre des mandats.

Mais les traites du trésor ne sont pas seulement une source de bénéfices pour cet établissement, elles sont, en même temps, pour le commerce local le principal moyen d'opérer ses retours dans la Métropole, et l'on peut affirmer que, sans l'appui du Gouvernement, jamais la colonie qui consomme plus qu'elle ne produit, surtout depuis l'établissement de la transportation, ne pourrait parvenir à solder sa balance en France et à l'étranger sans faire sortir le numéraire du pays. Nous avons essayé de rendre sensible la démonstration de cette idée dans le tableau suivant où la faiblesse des retours, en denrées du cru de la colonie, nous paraît vivement accusée :

Suit le tableau.

ANNÉES.	CHIFFRE des IMPORTATIONS de France et de l'étranger.	CHIFFRE DES EXPORTATIONS.						SOLDE encore dû ou payé soit par du numéraire exporté, de l'or natif non déclaré en douane, soit par l'Administration dans la Métropole.
		DENRÉES du cru de la colonie.	OR NATIF.	MARCHANDISES retirées de la consommation.	MANDATS TIRÉS par la Banque sur ses provisions autres que l'or natif et les traites du trésor.	TRAITES du trésor délivrées à la Banque, aux services administratifs, aux fonctionnaires et aux fournisseurs de l'Administration.	TOTAL du chiffre des exportations.	
1858	7,006,928	477,196	143,421	71,602	//	3,495,352	4,187,571	2,819,357
1859	6,899,311	439,830	197,502	59,151	310,528	4,185,450	5,192,461	1,706,850
1860	7,107,484	704,534	271,955	56,308	343,665	3,438,056	4,784,518	2,322,966
1861	7,824,329	670,327	506,901	95,769	253,786	3,975,759	5,502,542	2,321,787
1862	8,644,168	632,478	509,039	158,341	288,115	3,988,982	5,576,655	3,067,513
1863	8,794,608	510,713	395,733	64,500	667,408	4,526,797	6,165,151	2,629,455
1864	7,335,688	880,804	603,147	137,147	197,700	4,946,694	6,765,492	570,196
1865	8,899,495	895,369	625,054	64,328	79,090	4,359,810	6,023,651	2,875,844
Totaux	62,512,011	5,210,953	3,252,752	707,146	2,110,292	32,916,900	44,198,043	18,313,968

62,512,011 francs, tel est le chiffre de la consommation du pays en huit années. Il y a lieu toutefois de déduire de cette somme celle de 14,084,796 francs, montant des importations faites pour le compte du Gouvernement et du chiffre des marchandises retirées de la consommation. Il reste donc 48,427,215 fr., chiffre réel de la dette en face de laquelle s'est trouvée la colonie pendant cet intervalle et qu'elle a soldée en retours de diverses natures, comme on le voit dans le tableau ci-dessus, ou bien en numéraire d'or et d'argent, en or natif non déclaré en douane ou en sommes payées par l'Administration pour son compte dans la Métropole. Quelles ont été les ressources propres à la colonie pendant cette période? Dans quelle proportion les denrées dites du cru de la colonie ont-elles contribué au payement de cette dette? dans la proportion d'un peu plus du neuvième, 5,210,953 francs, c'est-à-dire en moyenne, par an, 651,367 francs. Voilà tout ce qu'a produit le pays. C'est à dessein que nous ne comprenons pas dans ce chiffre la production de l'or natif; l'exploitation de ce produit, que nous avons déjà signalée comme ayant été jusqu'ici plus préjudiciable qu'utile à l'agriculture à laquelle elle a retiré des bras, ne sera réellement profitable au pays que lorsqu'elle deviendra l'accessoire obligé de l'exploitation agricole.

Cette situation ne se modifiera pas tant que les produits agricoles exportables n'augmenteront pas dans une forte proportion.

La Banque n'offre par elle-même que très-peu de ressources au commerce local pour opérer ses remises ; ses seules provisions en dehors des traites du trésor proviennent de réalisations d'or natif et d'inscriptions de rentes ou d'une faible somme d'arrérages de rentes à divers qu'elle touche en France par l'intermédiaire de M. l'Agent central des Banques coloniales.

La balance commerciale de la Guyane n'arrive donc à s'équilibrer à peu près que par une large concession de traites du Trésor que l'Administration locale, comme on le voit d'après le tableau ci-dessus, n'a pas marchandées à la colonie, puisqu'elle lui en a délivré près de 33 millions en huit ans.

Au 31 décembre 1864, le chiffre de la dette de la Banque au comptoir d'escompte de Paris était de.......... 574,273 24

Il était au 31 décembre 1865 de.............. 306,290 53

Cette dette s'était donc amoindrie de........ 267,982 71

Le chiffre de 306,290 fr. 53 cent. est bien le solde débiteur de la Banque au moment de l'émission à Cayenne des mandats tirés sur le comptoir, mais ce n'est pas le chiffre de son débit dans la Métropole. Les traites du Trésor et du service marine expédiées en France à titre de provision sont en effet à 20 ou 30 jours de vue, tandis que les mandats de la Banque sont à 40 et 60 jours de vue. Ces derniers, en outre, ne se présentent pas tous au payement à une époque déterminée, mais au fur et à mesure des besoins de leurs porteurs; les traites du Trésor, les réalisations d'inscriptions de rentes et d'or natif s'encaissent, les premières, à leur échéance, les autres presque immédiatement au crédit de la Banque. Il s'ensuit que presque toujours, lorsque cet établissement est débiteur à Cayenne de 300, 400 et même 500,000 francs, il est encore créditeur en France. Depuis l'origine des relations de la Banque avec le comptoir, la balance de son compte courant n'a été que deux fois à Paris en faveur du comptoir.

Jusqu'en 1861, la Banque de France a été l'établissement désigné par le Ministre pour effectuer en France, sur le visa de l'Agent central des Banques coloniales, les encaissements et les payements pour le compte de la Banque de la Guyane. La caisse des dépôts et consignations, avec laquelle un traité avait été passé, recevait les versements provenant de l'encaissement des traites administratives, et, lorsque cette provision était épuisée, fournissait des avances sur engagement des titres constitutifs du capital de la Banque, jusqu'à concurrence de 230,000 francs. Au moyen de mandats de virements, elle faisait passer ces sommes, au fur et à mesure des besoins, à la Banque de France, qui acquittait, sans prélever aucun intérêt ni commission, les lettres de change que la Banque de la Guyane tirait sur elle.

En 1861 ces relations avec la Banque de France prirent fin et un traité passé avec le comptoir d'escompte de Paris, à la date du 30 mars de la même année, en ouvrant à la Banque un crédit de 400,000 francs, indépendant de celui ouvert à la caisse des dépôts, et réalisable au moyen de mandats tirés sur le comptoir, procura à la Banque des ressources nouvelles qui lui fournirent à Cayenne un mouvement de fonds plus important et lui permirent d'étendre encore ses opérations d'escompte. Ce traité a été modifié, renouvelé le 5 juillet 1864, et produit des résultats favorables. Le comptoir, substitué à la caisse des dépôts en ce qui concerne l'engagement des inscriptions constitutives de la Banque, lui fait des avances sur la garantie de ces titres à des conditions avantageuses jusqu'à concurrence des 4/5e de leur valeur, soit 465,000 francs, et ce n'est qu'après avoir épuisé ce crédit que la Banque a recours à l'autre crédit de 400,000 francs.

IV. Valeurs en souffrance.

Le montant des effets en souffrance était au 31 décembre 1864, de..................................	5,807 50
Il était, au 31 décembre 1865, de......... (1)	15,188 65
Le montant des effets protestés avait été en 1864, de..................................	119,086 69
En 1865, le nombre des effets passés en souffrance, par suite de la dépêche ministérielle du 15 mai de la même année, a considérablement augmenté et s'est élevé à la somme de............	181,205 78

Mais presque tous ont été acquittés, soit après protêt ou simple avertissement, soit après la réalisation en France des inscriptions de rente qui leur servaient de garantie.

V. De la caisse.

Le solde en caisse au 31 décembre 1864, était de..................................	727,721ᶠ 75
Il était au 31 décembre 1865, de............	631,066 67
Conséquemment moins fort de..............	95,655 08
En 1864, le montant des billets en circulation s'est tenu en moyenne à.....................	689,262 66
Et en 1865, à.............................	890,531 41
L'encaisse métallique est restée aussi en moyenne en 1864, à..................................	282,629 68
Et en 1865, à.............................	323,678 12
Les remboursements de billets se sont élevés, pendant l'année 1864, à......................	495,050 00
Et pendant l'année 1865, à................	452,400 00

---

(1) Au 30 juin 1866, ce chiffre était redescendu à 8,294 fr. 72 cent.

Et la moyenne de ces remboursements, par journées de remboursement, trois fois par semaine, a été en 1864, de.............................. 3,173 46

Et en 1865, de......................... 2,900 00

On ne doit pas perdre de vue que le nouveau capital n'a commencé à fonctionner qu'à partir du 1ᵉʳ juillet 1864, et que, conséquemment, les mouvements de caisse ont dû être moins importants pendant le 1ᵉʳ semestre 1864. Cela explique en même temps l'élévation des chiffres de l'année 1865.

VI. Dépenses d'administration.

Les dépenses effectuées en 1864 s'étaient élevées au chiffre de... 36,769ᶠ 05

Soit en moyenne par mois............... 3,064 09

Elles ont été en 1865, de................. 43,378 64

Soit en moyenne par mois............... 3,614 89

Cet accroissement des dépenses de l'établissement a été occasionné par l'achat d'une citerne et l'augmentation du traitement du personnel.

VII. Profits et pertes.

DIVIDENDE.

Les bénéfices résultant de la balance du compte de profits et pertes pour l'anné 1865 s'élèvent à............ 118,897ᶠ 25

Les dépenses d'administration à............ 43,378 64

Il restait pour bénéfices nets............... 75,518 61

La répartition faite d'après les prescriptions statutaires a donné les résultats définitifs suivants :

Part des actionnaires........................... 40,420ᶠ 20
soit 24 fr. 40 cent. par action ou 6.88 p. 0/0 du capital.
Fonds de réserve............................. 21,259 84
Personnel................................... 3,814 97
Dépense précomptée.......................... 10,000 00
Reliquat.................................... 23 60

Égal aux bénéfices net................... 75,518 61

FONDS DE RÉSERVE.

Le montant de la réserve, au 31 décembre 1864, était de	14,867f 27
Prélèvement pour la réserve en 1865..................	21,259 84
	36,127 11

On peut reconnaître, d'après cet exposé, que l'importance générale des affaires traitées en 1865 est restée en progrès sur celles des périodes antérieures.

Le taux de l'intérêt prélevé sur les sommes prêtées, ainsi que nous l'avons dit plus haut, n'a pas cessé d'être à 6 p. 0/0, tandis que cet intérêt a été, à la même époque, dans la Métropole et dans les colonies voisines, à 7 et 8 p. 0/0. Les traites du Trésor que l'Administration a mises à la disposition de la Banque ont augmenté sensiblement ses bénéfices(1). Cette prospérité ne peut que s'accroître par l'extension qu'ont prises les exploitations aurifères, que prendront bientôt peut-être aussi les exploitations agricoles, par suite de l'établissement du service des paquebots transatlantiques français et par la prochaine arrivée des convois d'immigrants attendus de l'Inde et de la Chine.

Tout le monde sait les services que la Banque a déjà rendus à la colonie; ses titres à la reconnaissance du pays sont écrits dans le passé : sortie de l'indemnité coloniale, elle a contribué pour une large part à l'achèvement de cette liquidation. Ses capitaux ont formé ce vaste réseau d'entreprises aurifères qui couvre une assez grande partie du sol de la Guyane; ils ont soutenu l'agriculture et les industries qui s'y rattachent en leur fournissant les moyens de payer les frais d'introduction des travailleurs. A partir du jour où elle a été organisée, elle a ranimé dans le pays l'activité commerciale; elle a fait tomber à 6 p. 0/0 le taux de l'argent qui était antérieurement à 12 et au-dessus. Avant sa création, on ignorait ce que c'était qu'une échéance : elle a introduit la régularité dans les transactions et l'exactitude dans l'exécution des obligations.

Commerciale par essence, cette entreprise, sans précédents analogues, n'a pas été une simple spéculation ; c'est par une loi que les indemnitaires se sont trouvés associés entre eux. La Banque de la Guyane a donc à la fois un caractère privé comme société anonyme, et un caractère public par ses rapports obligés

---

(1) La prime des mandats tirés sur France a été réduite à 1/2 p. 0/0 par décision du conseil d'administration en date du 16 août 1866.

avec l'Administration qui la surveille. Le Gouvernement a réglé sa constitution, déterminé les opérations qu'elle peut faire, organisé l'administration qui la dirige et tracé les règles qui président à l'établissement des comptes annuels. C'est là ce qui fait sa force et ce qui sera le gage de sa durée. Elle a jeté des racines profondes dans le pays : elle a été utile ; elle est devenue nécessaire.

Si l'on veut bien suivre avec attention les opérations de la Banque de la Guyane, on sera infailliblement amené à reconnaître que, livrée à ses propres forces, à ses seules ressources, jamais elle n'aurait atteint le degré de développement normal auquel elle est parvenue. C'est à l'aide efficace que lui a prêtée à toutes les époques l'Administration de la colonie, c'est aux conditions protectrices dans lesquelles il lui a été permis de se mouvoir, aux règles sévères qui ont présidé à son fonctionnement, aux limites prudentes dans lesquelles ont été circonscrites ses opérations qu'elle doit sa stabilité, sa force régulière, ses succès passés et qu'elle devra, par continuation, sa prospérité future.

§ 2. — DU CRÉDIT A LA GUYANE.

La crise produite en France par la Révolution de février 1848 ne pouvait manquer de s'étendre aux colonies. Quoique accomplie sans secousse politique à la Guyane française, elle s'y fit sentir commercialement en changeant tout à coup les conditions de la production par la substitution du travail libre au travail esclave.

Le Gouvernement prit immédiatement les mesures les plus sages pour y ranimer les affaires et le crédit fortement ébranlés, aussi bien que pour soutenir et encourager l'agriculture.

L'institution de la Banque, malgré les efforts de certains intérêts privés qui regrettaient l'ancien état de choses et auraient voulu maintenir l'organisation du crédit à la Guyane dans ses conditions vicieuses et à son taux le plus exagéré, eut surtout pour effet, nous venons de le dire tout à l'heure, de faire tomber le prix de l'argent, de vivifier les relations commerciales entre la Métropole et la colonie, et, sinon de relever complètement, du moins de soutenir le travail agricole.

Le but principal du Département de la marine avait été, en effet, d'aider la propriété et de faciliter l'écoulement de ses produits en introduisant dans les statuts de la Banque des dispositions qui autorisaient les prêts sur récoltes futures, sur dépôt de marchandises et sur connaissements. Nous avons vu précédemment que les intentions du Département à cet égard n'ont pu recevoir leur exécution à la Guyane, et nous en avons dit les causes. Les bons effets immédiats produits par la Banque se réduisirent donc, et on reconnaîtra que c'était beaucoup, à mettre, par son papier fiduciaire, surtout par ses coupures de 100 francs et de 25 francs, à la disposition de la colonie, un instrument de circulation qui lui permettait de faire face à ses besoins intérieurs les plus journaliers. Le papier de la Banque ne vint pas se substituer au numéraire; il vint se poser parallèlement à lui, en étendre et en vulgariser l'emploi, fournir aux transactions d'incontestables facilités en complétant la circulation métallique et jeter sur la place, en fin de compte, de 1855 à 1864, 900,000 francs, et, depuis le doublement du capital, plus de 1,200,000 francs qui n'y existaient pas.

Le papier de la Banque fut reçu dans les caisses publiques : leur exemple donna l'impulsion et établit la confiance. Le Trésor colonial et les autres caisses accessoires sont la principale source de la circulation aux colonies. Qu'ils manifestent la moindre défiance à l'égard du papier de la Banque, et personne n'en veut ; qu'ils l'acceptent avec empressement, et toutes les hésitations se dissipent à l'instant.

Prêter au commerce, prêter à l'agriculture, telle est la double mission des Banques coloniales.

Apprécier la solvabilité, la moralité, l'intelligence et les ressources générales des emprunteurs, en un mot le crédit dont ils jouissent sur la place, tel doit être le premier des soins comme le premier des devoirs des conseils d'administration de ces établissements.

La fixation du crédit de chacun doit être l'objet d'une étude sérieuse. « On ne doit, disait en 1851 S. Exc. le Ministre de la marine comte de Chasseloup-Laubat, donner au crédit privé dans les colonies que les facilités compatibles avec la prudence. » Belle et sage maxime qui devrait être écrite en lettres d'or dans la salle des délibérations de tous les conseils d'administration des Banques.

L'exagération des crédits peut être, en effet, un germe de mort pour ces établissements. Si l'une des plus importantes de nos Banques coloniales avait tenu compte des avis réitérés du même Ministre qui, après un intervalle de dix années, se retrouvait à la tête du Département de la marine et des colonies, elle eût agi avec plus de circonspection, n'eût pas donné un développement exagéré à ses affaires en concentrant entre les mains d'un petit nombre de négociants la majeure partie de son capital, et eût évité ces pertes énormes qui ont absorbé tout son fonds de réserve et laissé pendant deux ans ses actionnaires sans dividende.

Les qualités qui peuvent donner à un négociant du crédit sur la place sont la régularité des payements à échéance, l'ordre, l'économie et la persévérance. Le commerçant à qui manque cette dernière qualité, est bientôt perdu dans l'opinion publique. On a dit que le mieux était l'ennemi du bien ; je dirai que le goût du changement est l'ennemi du commerce. A chaque changement on perd la valeur du temps et des sommes qu'on avait consacrées à une première entreprise. Le temps est une richesse : les Anglais disent que c'est de l'argent : *times is money*. Le bon sens populaire a traduit les idées que je viens d'exprimer par ce proverbe aussi vrai à la Guyane que partout : *pierre qui roule n'amasse pas de mousse*.

L'exactitude dans les payements est particulièrement le signe sensible et la pierre de touche de la solvabilité. Un protêt la fait descendre, comme un orage fait descendre le baromètre.

Le crédit est chose bien délicate : il peut être comparé à une fleur. Une parcelle de bonne terre le fait naître, un peu d'air et de lumière le développe, un souffle le fane, un jour d'orage l'anéantit. Il est quelquefois un peu éphémère à la Guyane : il s'altère avec la santé et tombe devant la maladie ; c'est dire qu'il ne tient alors qu'à l'individu.

Son appréciation est facile dans un pays où les familles se succèdent presque sans interruption dans le même commerce, dans les mêmes propriétés et où tout le monde se connaît.

Le crédit des grandes maisons et des grands propriétaires est fondé sur des sûretés, des meubles, des immeubles, de l'argent et des valeurs.

La consistance de ces maisons ou de ces propriétaires repose, en outre, sur leur réputation de probité, de prudence et de solidité ; elle est leur crédit ; elle le leur assure.

Il y a à la Guyane beaucoup de petits propriétaires de grandes habitations auxquelles la Banque ne doit confier des fonds qu'avec la plus extrême réserve. Qu'elle y prenne garde ! leur fortune n'est pas en proportion de l'étendue de leurs domaines, et la gêne est dans les familles qui les possèdent héréditaire avec ces vastes propriétés. L'immigration seule pourra avec le temps leur donner une valeur en augmentant les garanties, si à cet élément indispensable viennent, d'ailleurs, se joindre les qualités qu'on doit rechercher dans les emprunteurs.

La situation des petits commerçants et des habitants qui se livrent à la petite culture est très-difficile à saisir; elle échappe à l'examen; elle varie pour ainsi dire de jour en jour, et l'appréciation du crédit à leur appliquer doit suivre évidemment les modifications de leur position essentiellement précaire.

Ce n'est pas à dire pour cela que la Banque ne doit ouvrir et n'ouvre ses caisses qu'au haut commerce : elle descend dans les valeurs qu'elle escompte jusqu'aux plus petites sommes, et une partie très-considérable de ces valeurs appartient au petit commerce.

Les billets présentés à l'appréciation du conseil d'administration de la Banque de la Guyane ont une cause que connaissent presque toujours les administrateurs et censeurs de cet établissement. Ces derniers ont assez souvent quelque peine à discerner l'intérêt que peut avoir, dans ces affaires, tel ou tel des signataires; mais ils peuvent dire, presque à coup sûr, qu'elle est l'affaire sérieuse que représentent les signatures.

En général, les négociants ou les propriétaires, gros et petits, empruntent des fonds à la Banque pour les faire *travailler*. Rien n'est plus légitime, rien n'est plus statutaire.

On peut, en effet, à la Guyane, réaliser dans le commerce ou l'agriculture un bénéfice de 15 ou 20 p. 0/0; on se le sera procuré en escomptant à la Banque à 6 p. 0/0 les règlements des acheteurs. Il restera donc 14 p. 0/0 de bénéfice, quand les affaires auront, d'ailleurs, été combinées et conduites avec sagesse.

Ceux qui empruntent des fonds pour un autre usage que le commerce ou la culture sont nécessairement obligés d'en assigner le remboursement sur d'autres fonds, sur une rentrée, sur une succession : ils sacrifient ainsi leur capital qui devra supporter un amoindrissement sensible.

Quant à ceux qui empruntent, sachant qu'ils ne pourront rendre, ils commettent une escroquerie, et la Banque, qui a pu y être prise une fois, mais rarement deux, est dupe.

L'intelligence, l'activité, l'esprit d'industrie entrent pour beaucoup dans le succès; le capital à un moment donné y contribue davantage. L'argent attire l'argent; mais comme, en définitive, le capital n'est qu'un instrument, il faut qu'il soit placé entre des mains capables de le rendre productif.

Il n'est pas rigoureusement exact de dire que la Guyane manque de capitaux. On a pu remarquer que j'ai toujours plutôt parlé de l'absence que du manque des capitaux. Ils existent, mais ils se cachent. Je crois que la Guyane manque plutôt des instruments nécessaires pour les faire valoir, c'est-à-dire d'abord de travailleurs et d'hommes capables de diriger les entreprises, et ensuite des moyens de communication faciles pour surveiller les capitaux quand ils sont placés, les routes. Il y a ici une considération qu'il ne m'est pas permis de négliger, mais que je ne ferai que rappeler parce que j'en ai dit quelque chose dans un chapitre précédent : c'est la considération des localités. Les capitalistes n'aiment pas à placer leurs capitaux hors de la portée de leur inspection immédiate. Pourquoi les actions de la Banque de la Guyane sont-elles si recherchées à Cayenne et attirent-elles les capitaux à ce point que lorsque son fonds social a été doublé et qu'on ne savait pas encore que les nouvelles actions seraient réservées aux propriétaires des anciennes, toutes ces nouvelles actions étaient déjà retenues par des actionnaires nouveaux ? C'est que les capitalistes cayennais voient fonctionner la Banque sous leurs yeux, en suivent toutes les opérations au moyen des situations mensuelles que publie la Feuille officielle. Cette publicité est du meilleur effet, et toute grande entreprise, qu'elle soit agricole ou qu'elle soit aurifère, qui ne suivra pas cette marche, semblera vouloir s'entourer de mystère pour déguiser des vices d'administration ou des pertes.

J'en viens où je voulais arriver, à établir que l'éloignement, la dissémination des habitations sur le vaste sol de la Guyane et l'absence de routes pour y conduire sont les principales causes qui ont empêché et empêcheront toujours d'y placer des capitaux. Un capitaliste sera toujours plus disposé à faire des avances s'il peut se transporter facilement dans le lieu où il a l'intention de les placer pour tout examiner par lui-même. S'il s'agit d'exploitations agricoles situées à Oyapock ou à Approuague, il pourra ainsi s'assurer plus aisément de la qualité des terres ; la facilité des communications rapproche les distances, et quand des centres de population assez importants se seront formés dans les quartiers pour permettre à l'Administration de les relier au chef-lieu par un réseau de routes, on peut affirmer que ces quartiers participeront largement aux capitaux que la Banque ou des particuliers n'osent aventurer si loin d'eux.

Je ne crois pas que l'argent ait jamais manqué à la Guyane pour payer les produits, quand il y a eu des produits, quelle que fût leur valeur sur le marché de Cayenne, le roucou, par exemple ; on trouve aujourd'hui des fonds pour le payer 2 fr. 70 cent. le kilogramme, comme on en trouvait lorsqu'il était à 30 centimes le kilogramme.

Mais l'esprit d'aventure y est, il faut le reconnaître, très-peu développé. Qu'une affaire un peu fructueuse se présente : si elle doit se faire dans les circonstances ordinaires, il y aura des concurrents qui se la disputeront avec une âpreté sans égale ; si l'on aperçoit de grands risques à courir, tout le commerce demeurera froid.

La généralité des transactions commerciales avec la France se fait au comptant et au comptant payé d'avance. Le crédit de la Métropole ne s'ouvre, et bien timidement encore, qu'à de petites affaires.

Ainsi, ce ne sont ni les capitaux, ni le crédit local qui manquent à la Guyane : c'est la confiance, ce sont les hommes capables de diriger les entreprises qui réclament des capitaux ou du crédit. Que ces hommes se présentent, se mettent à l'œuvre, et, s'ils inspirent la confiance, ils auront bientôt à leur disposition toutes les ressources qui peuvent amener d'heureux résultats et assurer par suite la prospérité d'un pays.

CHAPITRE XVIII.

ÉTABLISSEMENTS PUBLICS.

Culte, Congrégations religieuses, Instruction publique, Hôpitaux.

Un religieux espagnol nommé Sala est le premier missionnaire qui, au rapport du capitaine anglais Laurent Keymis, ait, vers 1560, pénétré dans l'intérieur de la Guyane française : il fut massacré aussitôt après son débarquement. Ce n'est qu'en 1643 qu'on vit paraître pour la première fois, dans cette partie du continent américain, et y exercer leur ministère, des prêtres et des missionnaires catholiques qui avaient accompagné Poncet de Brétigny, dans le but de porter à ces régions encore sauvages les bienfaits de la lumière évangélique et de la civilisation. On ignore, d'ailleurs, la destinée, le nombre et le nom même de ces courageux capucins qui, les premiers, parvinrent à s'ouvrir et à féconder, peut-être de leur sang, une terre jusque-là fermée à l'influence européenne. (*Mission de Cayenne*, pages 1 à 29.)

Vers 1645, deux autres Pères capucins, envoyés de France à leur secours, furent impitoyablement mis à mort par les indigènes avec seize de leurs compagnons de voyage.

En 1652, il ne restait de la première expédition que deux de ces hommes apostoliques : le supérieur nommé Bernardin du Renouard, *très-homme de bien*, dit Biet, et le R. P. Jean-Baptiste de Dieppe, appelé par d'Aigremont *un bon religieux et un grand prédicateur*. (*Voyage de la France équinoxiale en l'isle de Cayenne*, par Biet, page 79 ; *Relation du voyage des Français au cap Nord*, par le sieur d'Aigremont, page 166.)

Antoine Biet, curé de Sainte-Geneviève de Senlis, accompagne les *douze seigneurs* à la Guyane, est témoin de leurs crimes et de leurs divisions ; découragé, malade, il abandonne, en 1653, avec le R. P. Bernardin, cette malheureuse contrée, se retire à la Barbade avec les débris de la colonie et se fait l'historien d'une expédition dont il n'a pu être le martyr.

Deux ans auparavant, dans une autre partie de la Guyane, un missionnaire de la compagnie de Jésus, le P. Denis Méland, parvient à s'introduire chez les Galibis et est bientôt rejoint par le

P. Pelleprat qui quitte la capitale de la France et la chaire où brillait son talent pour venir enseigner à de pauvres sauvages les vérités de la Foi chrétienne.

Ces deux RR. PP. Jésuites ne firent qu'une courte apparition à la Guyane; mais le P. Pelleprat y utilisa son séjour. Atteint d'une infirmité qui lui interdisait tout voyage chez les peuplades infidèles, il composa une grammaire et un dictionnaire abrégé de la langue des Galibis dont il avait fait une étude approfondie. (*Mission de Cayenne*, page 8.)

A la suite de ces deux Révérends Pères, d'autres missionnaires Jésuites tentèrent aussi d'évangéliser les tribus indigènes de cette partie de l'Amérique. D'anciens catalogues nous ont conservé les noms des PP. Antoine de Bois-le-Vert, Guillaume Hébert, Didier-Valtier, Étienne Lapierre, qui vinrent tour à tour prendre la place des premiers apôtres des Galibis.

Ces Pères entreprirent, avec l'ardeur et le courage particuliers à leur Ordre, l'instruction et la conversion des tribus indiennes, et établirent à leurs frais des missions à toutes les extrémités de la colonie.

De 1665 à 1670, Lefebvre de La Barre, d'abord gouverneur pour la compagnie de la France équinoxiale, puis lieutenant-général au gouvernement des îles et terre ferme de l'Amérique, fondé de procuration de la compagnie des Indes occidentales, appelle les RR. PP. Jésuites pour desservir la colonie renaissante. En 1666 arrivent successivement le P. Morellet avec un frère coadjuteur, nommé Jean de la Vergne, et le P. Jean Grillet qui a été le premier supérieur de la résidence et de la mission de Cayenne.

Dès 1665, les RR. PP. Jésuites avaient donc obtenu de la compagnie des Indes occidentales l'autorisation de s'établir à Cayenne. Des concessions de terrains leur furent faites, et, à partir du 1er janvier 1674, ils furent définitivement chargés du service religieux dans la colonie.

En 1674, le P. Grillet, accompagné du P. Béchamel, fit dans l'intérieur des terres un voyage d'exploration dont nous avons donné une analyse succincte dans notre chapitre IX.

Dans le même temps, les RR. PP. Jésuites fondaient des paroisses à Rémire, dans l'Ile-de-Cayenne et à Roura, dans la rivière d'Oyac, ainsi que des habitations modèles à Rémire, à Kourou et à la Comté.

De 1704 à 1720, le P. Creuilly et le P. Lombard essayèrent d'établir dans la Guyane de grandes missions sur le modèle de celles du Paraguay. Ils rassemblèrent les Indiens et fondèrent les missions de Kourou, de Conamama et la Paroisse de Sinnamary. En 1725, le P. Fauque établit la mission de Saint-Paul sur l'Oyapock et celle de Saint-Pierre au fort Saint-Louis, puis, en 1738, d'autres centres de réunion dans le haut de ce fleuve et jusque sur les bords du Camopi. Le plan des Révérends Pères, mieux combiné que celui des colonisateurs de la Guyane, semblait vouloir relier entre elles les missions évangéliques par une chaîne non interrompue.

Mais, en 1744, un corsaire anglo-américain pénétra dans l'Oyapock à peine protégé par un fort qu'on avait construit à l'embouchure, détruisit une église que le P. Fauque y avait bâtie, et mit en fuite les Indiens rassemblés.

En 1762, la suppression de l'Ordre des Jésuites fut exécutée à la Guyane comme dans la mère-patrie : tous leurs biens furent confisqués ; le fruit du travail d'un siècle entier fut anéanti ; les bons Pères se dispersèrent et nous ne les verrons plus reparaître à la Guyane qu'en 1852.

Mais ils ont accompli une sainte et grande œuvre dans le pays ; ils ont laissé partout des traces ineffaçables de leur passage. A l'habitation *dite* Moulin-à-Vent, près de celle de Beauregard, on voit encore les ruines d'une tour qui témoignent de la solidité des constructions qu'ils ont faites. L'hôtel qu'occupe aujourd'hui le Gouverneur de la Guyane n'est autre qu'un ancien couvent de Jésuites qui, bâti par eux, a longtemps servi de résidence à la congrégation. L'admirable horloge de cet hôtel a été faite par un Père. Leur mémoire est restée en grande vénération dans toute la Guyane, non-seulement parmi les noirs, mais même parmi les blancs. Le souvenir de leur courage et de leur piété est écrit avec leurs noms sur les arbres d'Oyapock et d'Approuague aussi bien que dans le cœur des habitants. Seuls au milieu de vastes tribus d'Indiens, ils ont travaillé avec un courage et une patience à toute épreuve à agrandir le domaine de la foi. Plus braves que des soldats, ils partaient sans espérer d'être récompensés autre part que dans le ciel... Ils partaient résolus à mourir.... Apôtres et martyrs, ils versaient leur sang pour la religion avec la même simplicité qu'ils l'enseignaient, et succombaient au champ d'honneur le crucifix à la main. Mais ils ne sont pas morts tout entiers : leur gloire héréditaire appartient à la congrégation.

Après un siècle d'absence, les RR. PP. Jésuites ont reparu,

en 1852, sur le sol de la Guyane pour y être chargés de la direction spirituelle de la transportation.

Le Gouvernement s'était adressé à des prêtres séculiers et même à quelques supérieurs de congrégations. Les premiers craignirent l'inefficacité d'une action trop isolée, les autres ne se trouvèrent pas en mesure de fournir immédiatement le personnel nécessaire. Les RR. PP. Jésuites, convaincus que cette mission entrait complètement dans le but et dans les devoirs de leur institut, vinrent se présenter eux-mêmes : leurs services furent agréés.

D'après des conventions passées entre le Ministre de la marine et le supérieur de l'Ordre, des PP. Jésuites furent attachés à la colonie pénale et furent chargés de moraliser des criminels au lieu d'administrer les paroisses dont on leur devait la fondation.

Ils se mirent à l'œuvre avec le même courage, la même patience qu'ils avaient montrés autrefois et traversèrent l'épidémie de 1855, consolant, assistant les mourants, se dévouant au service des malades, mourant avec eux et pour eux. Il faut lire dans la *Mission de Cayenne* l'exposition simple et grande à la fois de leurs projets et de leurs travaux, de leurs craintes et de leurs espérances, il faut suivre dans leurs lettres pleines de charme et d'intérêt toutes les péripéties du drame émouvant auquel ils ont assisté, pour se former une idée de leurs joies et de leurs tristesses au milieu des dévouements sublimes et des trépas glorieux des compagnons de leur apostolat, Herviant, Morez, Bigot, Raulin, Alet, Stumpf, Dabbadie, tous morts de la fièvre jaune et heureux de mourir victimes de leur zèle et de la charité.

La mission de Cayenne a été érigée en préfecture apostolique au mois de décembre 1731. Plus d'un siècle s'est écoulé et elle est encore préfecture. Elle n'a pas, en effet, été érigée en diocèse lorsqu'ont été créés, en 1851, les évêchés de la Martinique, de la Guadeloupe et de la Réunion.

Le Préfet apostolique est nommé par décret de l'Empereur et reçoit ses pouvoirs de la cour de Rome. Il a ce qu'on nomme l'autorité de l'ordinaire sur le clergé dont il est le chef, c'est-à-dire qu'il confère à ses membres le pouvoir de remplir leurs fonctions ecclésiastiques.

Les communications entre le Gouverneur et le Préfet apostolique ont lieu par l'intermédiaire du Directeur de l'intérieur.

Les congrégations qui existent dans la colonie sont au nombre de 5 : les RR. PP. Jésuites, dont nous venons de parler, les religieux du Saint-Esprit et de l'immaculé Cœur de Marie, les

Frères de l'institut de Ploërmel, les Sœurs de Saint-Joseph de Cluny et les Sœurs de Saint-Paul de Chartres.

Après la suppression de l'Ordre des Jésuites, le Gouvernement avait vainement tenté de s'arranger avec quelque congrégation religieuse pour le service du culte à la Guyane, d'abord avec les Dominicains, puis avec les Prémontrés. (*Mission de Cayenne*, page 360.) Enfin, dans les derniers mois de l'année 1775, les prêtres du Séminaire du Saint-Esprit furent chargés de tout le spirituel dans la Guyane française, et, depuis 1776, ils ont fourni, comme ils fournissent encore aujourd'hui, le personnel ecclésiastique nécessaire au service du culte à Cayenne et dans les divers quartiers de la colonie.

Ce personnel se compose du Préfet apostolique et de 18 prêtres provenant pour la plupart du Séminaire du Saint-Esprit. Dans ce nombre sont compris quelques membres de la congrégation du Saint-Esprit et de l'immaculé Cœur de Marie, annexés au clergé de la Guyane en 1851, sur la demande du Préfet apostolique.

Ces 18 prêtres desservent les 15 paroisses de la Guyane. L'église de Cayenne, réédifiée en 1832, en compte 4.

Un conseil de fabrique existe dans les paroisses de Cayenne, d'Approuague, de Kaw, de Roura, du Canal-Torcy, de Montsinéry, de Kourou et de Mana.

Un bureau de bienfaisance, présidé par le Préfet apostolique, est chargé de l'administration des biens, revenus, rentes, legs appartenant aux pauvres ou leur étant destinés ; il règle les secours à leur distribuer. Il est composé, outre le président, de 4 autres membres qui sont le Maire de la ville et 3 habitants notables nommés par le Gouverneur.

Il existe, en outre, à Cayenne, une autre institution de bienfaisance désignée sous le nom d'*association des mères de famille* et composée de plusieurs dames patronesses qui se chargent de recueillir et de distribuer des aumônes. Cette institution n'a toutefois aucun caractère officiel.

Les Frères de l'instruction chrétienne (Institut de Ploërmel, Morbihan, fondé par Jean-Marie de La Mennais, frère de l'auteur des *Paroles d'un croyant*) s'établirent à la Guyane le 1er février 1843.

Un arrêté du 3 novembre 1854 a confié aux Frères de l'instruction chrétienne la direction du collège de Cayenne et de l'école communale primaire. Le chef du premier de ces deux établissements porte le titre de directeur. Les fonctions d'aumônier y sont remplies par un membre du clergé de Cayenne. L'institut comptait dans la colonie, au 31 décembre 1865, 17 frères dont 11 étaient attachés au collége et 6 à l'école communale primaire.

Le collége compte, en outre, 4 autres professeurs dont 3 sont laïques : 1° 1 membre du clergé chargé des classes de latin et de grec ; 2° 1 professeur d'anglais et 2 professeurs d'agronomie.

L'enseignement est divisé en six classes :

1° Un cours d'instruction primaire ordinaire, comprenant l'instruction religieuse, la lecture, l'écriture, les éléments de la grammaire française, de l'arithmétique, de la géographie, de la géométrie appliquée au dessin linéaire, et un abrégé de l'histoire sainte et de l'histoire de France ;

2° Un cours primaire supérieur qui comporte le développement des matières du cours primaire, c'est-à-dire l'histoire sainte, la grammaire française, les éléments du style, de la composition et de la littérature, les mathématiques comprenant l'arithmétique théorique et pratique, l'algèbre jusqu'aux équations du second degré inclusivement, la géométrie, la trigonométrie, l'histoire de France, les histoires ancienne, du moyen-âge et moderne avec la géographie appliquée à leurs diverses branches, la mythologie, le dessin linéaire et artistique, la tenue des livres, la physique, la mécanique, la chimie, l'histoire naturelle et la musique instrumentale ;

3° Un cours secondaire qui comprend les matières du cours précédent et, en outre, l'étude du latin et du grec ;

4° Un cours d'anglais ;

5° Un cours d'espagnol ;

6° Un cours d'agronomie. (Voir chapitre XIV.)

Les élèves qui sont tous externes et dont le nombre au 31 décembre dernier était de 192, sont répartis dans les six classes que nous venons d'énumérer.

L'Administration a créé au collége 12 places gratuites en faveur des enfants des fonctionnaires ou employés qui ont rendu le plus de services à l'État ou à la colonie, et aussi en faveur des familles à qui leur fortune ne permet pas de donner à leurs enfants une éducation et une instruction en rapport avec leurs besoins.

Le Gouvernement a, en outre, fondé en faveur des enfants de la colonie 9 bourses, dont 6 pour les colléges et pour les lycées de la Métropole, 2 pour les arts et métiers et 1 pour l'art vétérinaire.

Par cette mesure bienveillante et par le développement considérable donné au programme du collége, le Gouvernement assure aux chefs de famille le moyen de faire commencer à leurs enfants, dans la colonie, sur des bases très-solides, des études qu'ils peuvent ensuite poursuivre et compléter dans la Métropole.

Les frères de la doctrine chrétienne n'ont dans toute la Guyane que ces deux établissements. Qu'il nous soit permis d'émettre le vœu que leur importante mission soit étendue aux principaux quartiers de la colonie et notamment au Maroni. Cette mesure nous semblerait devoir produire ces deux bons effets immédiats : d'abord, d'attacher les enfants et les jeunes gens à leurs parents dans le lieu même de leur naissance qu'ils n'auraient plus aucun motif légitime de quitter, et de créer, ensuite, l'amour de la famille, base fondamentale de toute société.

Je sais que les établissements mixtes d'instruction primaire créés, depuis quelques années, dans certains quartiers et tenus par des institutrices laïques, prospèrent d'une manière sensible ; mais, dans toutes ces écoles, le programme se borne, si je suis bien informé, à la lecture, au calcul et au catéchisme. L'intervention des frères de l'école chrétienne aurait l'avantage de procurer aux enfants une instruction, sinon plus chrétienne, du moins beaucoup plus complète.

Rien ne paraîtrait s'opposer à ce que ces écoles fussent établies sur le modèle de l'école agricole de Mondélice dont nous parlerons ultérieurement.

Les sœurs de Saint-Joseph de Cluny, au nombre de 42, sont chargées de l'instruction primaire à Cayenne et à Mana, de la léproserie à la Montagne-d'Argent et de plusieurs œuvres pieuses telles que l'œuvre de la Sainte-Enfance et l'œuvre de la Propagation de la Foi. Le but de ces deux institutions est de recueillir des aumônes qui sont remises au clergé pour l'œuvre des missions. Sur le nombre total des Sœurs de la congrégation, 23 sont attachées à des services entretenus par le Gouvernement.

La congrégation des Sœurs de Saint-Joseph de Cluny possède à Cayenne une maison principale qui a été établie en 1822 par Mme Javouhey, supérieure générale et fondatrice de cette congrégation. Cette maison comprend un demi-pensionnat et un externat qui se composent de huit classes réparties en seize sections, suivant le degré d'instruction des élèves. Le demi-pensionnat comptait, au 31 décembre 1865, 24 élèves, et l'externat 166. 16 sœurs, y compris la supérieure, sont attachées à cet établissement qui est desservi par un membre du clergé de

Cayenne. Le nombre général des demi-bourses est de 24 attribuées aux élèves, soit demi-pensionnaires, soit externes.

Le programme des études de cet établissement comprend la lecture, l'écriture, la grammaire, la littérature, l'arithmétique, la géographie, des notions de cosmographie, l'histoire et l'instruction religieuse. Les arts d'agrément, la musique et le dessin, y sont enseignés avec succès. On exerce également les élèves à des travaux d'aiguille ou de goût.

Les sœurs font une aussi large part à l'instruction des adultes : elles les réunissent plusieurs fois la semaine, non-seulement pour leur enseigner le catéchisme et tout ce qui concerne les pratiques et les actes de la vie chrétienne, mais encore pour leur donner une certaine instruction élémentaire. Ces réunions d'adultes se composent de plus de 130 personnes, soit jeunes filles, soit femmes âgées.

La maison principale de Cayenne a sous sa dépendance l'établissement de Mana, où 5 sœurs tiennent, comme à Cayenne, une école primaire fréquentée par les enfants des deux sexes. Les garçons consacrent, chaque jour, deux heures en dehors des classes, aux travaux agricoles. L'école des filles comptait, au 31 décembre 1865, 64 enfants, et celle des garçons 54.

Une école semblable, qui s'ouvrira en novembre 1866, va être fondée à Kourou, en remplacement de celle précédemment confiée à un laïque. Elle sera dirigée par 3 sœurs de Saint-Joseph de Cluny, et participera aux avantages de l'externat et du pensionnat, en permettant aux enfants des deux sexes, voisins de l'école, d'y venir tout le jour et de s'en retourner le soir, et à ceux éloignés du bourg d'y demeurer et d'y coucher pendant la semaine, à la charge pour leurs parents de les nourrir, ce qui leur sera facile, puisqu'ils viendront le dimanche à la messe au bourg et pourront ainsi renouveler régulièrement les provisions épuisées.

Le mode d'enseignement adopté dans les divers établissements dirigés par les sœurs de Saint-Joseph, à la Guyane, est la méthode d'enseignement simultané.

Leurs élèves montrent en général une aptitude remarquable pour les différentes études auxquelles on les applique, et excellent dans les travaux à l'aiguille. Depuis longtemps les enfants de toute origine sont confondus aussi bien dans le demi-pensionnat que dans l'externat.

Les sœurs de Saint-Joseph ont aussi organisé des réunions de persévérance pour les jeunes filles, et des catéchismes pour les adultes ; elles visitent, en outre, les malades à domicile pour les soigner et leur distribuer des secours.

Mais c'est surtout à la léproserie de la Montagne-d'Argent que les bonnes sœurs, dignes émules de leur fondatrice, montrent tout ce que leur cœur contient de force et de charité. Aidées dans leur œuvre pieuse par un médecin qui porte le titre de directeur, elles prodiguent leurs soins aux infortunés qui leur sont confiés, les exhortent, les consolent, les soulagent et dirigent leurs travaux. Est-il rien de plus grand sur la terre que le sacrifice que font ces saintes femmes de la beauté, de la jeunesse et souvent de la haute naissance pour soulager ce ramas des misères humaines, dont la vue est si humiliante pour notre orgueil et si révoltante pour notre délicatesse.

Depuis quelques années seulement, nous l'avons dit, on a établi des écoles primaires mixtes, tenues par des institutrices laïques dans les quartiers de Kourou, de Sinnamary, d'Approuague et de Roura.

Les arrêtés locaux qui les ont instituées, contiennent une disposition spéciale très-importante. Ils ont prévu l'affectation des élèves à des travaux de culture, en rapport avec leur âge et leurs forces.

Mais cette partie du programme n'ayant pu, à cette époque, être utilement pratiquée, un arrêté du 25 juin 1864 a prescrit la création d'une école agricole sur l'habitation Mondélice. Elle est confiée aux religieux de la congrégation du Saint-Esprit et de l'immaculé Cœur de Marie. L'établissement reçoit des élèves de neuf à quatorze ans. L'enseignement est gratuit pour tous et comprend, en dehors des travaux agricoles, l'instruction religieuse, la lecture, l'écriture et les éléments du calcul.

Le but le plus pratique et le plus avantageux de cet établissement d'instruction publique et d'agriculture est de fournir aux familles pauvres de la colonie un moyen d'élever chrétiennement leurs enfants, et de les empêcher de se fixer à Cayenne. Mondélice deviendra ainsi avec le temps une pépinière de bons et honnêtes travailleurs qui pourront être placés chez les habitants des divers quartiers.

La maison de correction pour les jeunes détenus de la Guyane a été annexée à l'école de Mondélice, par un arrêté du 25 juin 1864.

Dans les établissements primaires de Cayenne, la gratuité est assurée à tous les enfants indigents dont les parents en font la demande. Dans les établissements ruraux, la gratuité s'étend à tous les élèves.

Tous les établissements d'instruction publique de la colonie sont placés sous l'autorité immédiate du Directeur de l'intérieur.

Ceux de Cayenne sont visités par une commission d'inspection que préside ce haut fonctionnaire et par un comité spécial de surveillance.

Dans les quartiers, la surveillance générale est exercée, comme à Cayenne, par l'administration intérieure; les visites mensuelles sont faites par le commissaire-commandant assisté du curé.

Nous avons cité dans le chapitre XI les différents hôpitaux créés dans les centres de transportation. Il nous reste à parler de l'hôpital militaire de Cayenne, qui existe depuis les premiers temps de la colonie.

Édifié en 1722 par les soins de M. de la Motte-Aigron, lieutenant de vaisseau, major et commandant pour le Roi, il ne consistait d'abord qu'en quelques cases groupées autour du mont Cépérou.

Dès l'origine, il fut desservi par les sœurs de Saint-Paul de Chartres.

La fondation de la congrégation des sœurs hospitalières et institutrices de Saint-Paul de Chartres remonte à 1700. Dès l'année 1722, elles possédaient de nombreux établissements en France, traversaient les mers, s'établissaient à Bourbon et à l'île de France, et 5 d'entre elles se fixèrent à Cayenne pour y être employées au service de l'hôpital.

Elles furent en même temps chargées de la direction d'une école pour l'instruction élémentaire et religieuse des enfants de toute couleur et de tout âge.

A toutes les époques, les sœurs de l'hôpital se sont fait remarquer par leur zèle et leur dévouement, leur piété, leur évangélique douceur et surtout par le calme inaltérable de leur vertu douce et aimable.

Elles traversèrent avec un courage inébranlable les orages de la Révolution.

La supérieure de l'hôpital en 1793, la vénérable sœur Catherine Peynier, déploya une dignité ferme qu'on ne saurait trop admirer. La population se pressait au milieu de la savane autour d'un arbre de la liberté qu'on venait de planter. Les grandes dames de Cayenne elles-mêmes n'avaient pas osé s'abstenir, et rehaussaient par leur présence l'éclat de cette fête républicaine. Quelques exaltés remarquent que les religieuses de Saint-Paul sont absentes. Ils se rendent à l'hôpital, pressent, conjurent, menacent. La supérieure refuse avec calme et dignité, sans doute parce que la manifestation que l'on veut imposer à ses compagnes aussi bien qu'à elle-même est contraire à leur vœu de rester étrangères aux choses de ce monde. On ne sait à quelles extrémités se seraient portés ces forcenés si un officier alsacien, commandant le détachement de chasseurs alors en résidence à Cayenne, n'eut mis un terme à cette scène regrettable en prenant hautement les sœurs sous sa protection et en obligeant les trop zélés patriotes à se retirer.

En 1808, il ne restait que 3 sœurs à l'hôpital. La supérieure mourut : une des sœurs rentra en France et la troisième resta dans la colonie.

Les sœurs de Saint-Paul reviennent à Cayenne en 1817, lors de la reprise de possession de la colonie. Depuis ce temps, chacun de leurs pas est marqué par des bienfaits. En 1822, les religieuses de Saint-Joseph de Cluny arrivèrent à la Guyane et furent chargées spécialement de l'instruction. L'école fut donc enlevée aux sœurs de Saint-Paul de Chartres qui avaient fait d'excellentes élèves, parmi lesquelles les anciens du pays se plaisent à se rappeler et à citer Mme Besse, dont l'honorable vieillesse a fait l'ornement et l'édification de la haute société coloniale.

Depuis 1817, les sœurs qui se succédèrent dans la supériorité de l'hôpital, furent les sœurs Alexandre, Alexandrine, Bérénice, Justine qui déploya un zèle, un courage et une abnégation admirables pendant l'épidémie de variole qui éclata en 1841, Cyprienne, Saint-Félix qui se montra à la hauteur de sa sublime vocation au milieu de la foudroyante épidémie de fièvre jaune de 1850, et reçut, de même que les sœurs Cyprienne, Dominique, Antoinette et Albert, une médaille en récompense de leurs services, récompense qu'elles ne purent partager avec la digne sœur Zacharie, enlevée par le fléau ; enfin, la sœur Macarie qui, d'abord supérieure du camp Saint-Denis, passa à la supériorité de l'hôpital de Cayenne au mois de juillet 1857, et est morte le jour de Pâques, 16 avril 1865, en emportant les regrets et l'estime de tous ceux qui l'ont connue.

13 sœurs de Saint-Paul de Chartres, y compris la supérieure, sont affectées au service de l'hôpital militaire.

La direction de l'hôpital, surtout depuis l'établissement de la transportation, entraîne pour la supérieure un surcroît de préoccupations auxquelles aurait de la peine à résister la tête la mieux organisée : il lui faut déployer, dans ses attributions multiples, autant d'activité que de prudence, autant de travail que d'assiduité. Rien ne doit échapper à sa sollicitude incessante ; elle doit tout voir et tout diriger.

Les journées des religieuses de Saint-Paul sur les pénitenciers sont remplies par des occupations actives et souvent pénibles. Quand les soins à donner aux malades ne les appellent pas au dehors, elles travaillent. Qui travaille, prie.

Les sœurs de Saint-Paul, aussi bien que les sœurs de Saint-Joseph, ont un talent admirable pour confectionner les fleurs artificielles. Elles emploient avec beaucoup de goût le plumage si riche et si varié en couleurs des innombrables oiseaux de la Guyane. Ce sont de petits chefs-d'œuvre pleins de délicatesse, de légèreté et qu'on ne peut se lasser de voir et d'admirer.

Nous devons maintenant considérer l'hôpital au point de vue administratif.

Ce vaste service est tout entier dans les attributions de l'Ordonnateur.

Le service médical et pharmaceutique de l'hôpital est dirigé par 1 médecin en chef de la marine, 2 chirurgiens de 1re classe, 3 de 2e classe et 5 de 3e classe, 1 pharmacien en chef de 1re classe, 1 de 2e classe et 3 de 3e classe.

L'hôpital militaire de Cayenne peut contenir au plus 300 lits. La moyenne des malades en temps ordinaire est de 190.

La police et l'administration de l'établissement sont confiées à un officier du commissariat de la marine ayant au moins le grade de sous-commissaire. Chaque année, il est rendu un compte détaillé des dépenses d'hôpital tant pour l'établissement de Cayenne que pour ceux placés sur les pénitenciers ; ce compte est soumis à l'examen du Gouverneur en conseil privé. Un arrêté rendu après l'apurement de ce compte fixe le prix moyen de la journée de traitement à rembourser par les divers services qui y ont envoyé des malades. Les particuliers peuvent aussi y être admis, lorsqu'ils sont atteints d'affections graves, sur l'autorisation de l'Ordonnateur et d'après une attestation médicale déclarant qu'ils ne trouveraient pas en ville les moyens nécessaires à leur guérison.

On sait que l'hôpital de Cayenne est assis, dans la position la plus pittoresque et la plus salubre, sur le bord de la mer qu'il domine du côté du N.-O. et, du côté opposé, sur la vaste et belle place des Palmistes. Les différents corps de bâtiments sont entretenus dans le meilleur état par les soins constants de l'Administration. Un programme des travaux nécessaires pour la réorganisation et le complètement de l'hôpital est en cours d'exécution, et, d'ici à quelques années, la ville de Cayenne possèdera un des plus beaux établissements de ce genre qui existent aux colonies.

La mortalité à l'hôpital de Cayenne ne dépasse jamais 3 p. 0/0 en temps ordinaire. On peut même citer des périodes où elle a été inférieure à ce chiffre. Ainsi, de 1821 à 1825, le mouvement des malades à l'hôpital a été d'à peu près 7,000, et la mortalité n'a pas dépassé 2 p. 0/0.

Un hospice civil, sous la surveillance du Directeur de l'intérieur, fondé par un arrêté local du 6 décembre 1836, et confié d'abord aux sœurs de Saint-Joseph de Cluny, puis, en 1838, aux sœurs de Saint-Paul de Chartres, est établi au camp Saint-Denis, près de Cayenne; il peut contenir 120 lits. On y reçoit les incurables sans ressources, les malades payants ou indigents, et les orphelins. 1 chirurgien de la marine de 1re classe et 1 de 3e classe, et 8 sœurs de Saint-Paul sont attachés à cet établissement qui est pourvu d'une pharmacie toujours approvisionnée pour trois mois.

Une salle d'asile a été fondée et annexée à l'hospice, pour l'instruction des enfants des deux sexes, par les sœurs de Saint-Paul de Chartres. Cet asile était fréquenté, au 1er janvier 1866, par 7 garçons orphelins et 8 filles orphelines. Ces enfants apprennent à lire, à écrire et reçoivent l'instruction religieuse. Le camp Saint-Denis a une double destination comme salle d'asile et comme orphelinat. De même que dans l'école de Mana, les enfants des deux sexes y sont exercés à des travaux manuels, les garçons particulièrement à la culture, les filles à la couture et aux divers travaux du ménage.

Une ordonnance royale du 4 janvier 1819 a créé, à Cayenne, un comité pour la propagation et la conservation de la vaccine dans la colonie. Ce comité, présidé par le Préfet apostolique, compte parmi ses membres 2 chirurgiens, 1 médecin civil, le Maire de Cayenne et 2 habitants notables.

Indépendamment du corps organisé des officiers de santé du Gouvernement, dirigé par un médecin en chef de la marine, dans les attributions de l'Ordonnateur, on compte à la Guyane plusieurs médecins civils, 3 pharmaciens et 1 sage-femme. Le nombre des sages-femmes va sans doute bientôt augmenter, sous l'influence du cours d'accouchement organisé en 1864.

Il existe à Cayenne deux prisons, l'une appelée *la geôle* pour les hommes, contenant en moyenne 105 individus et pouvant en contenir 210; l'autre, pour les femmes en contenant 10, pouvant en contenir 30 et au besoin un peu plus.

Des ateliers de condamnés sont envoyés chaque jour pour exécuter des travaux publics à l'extérieur. Quant aux détenus qui sont gardés à l'intérieur, ils ont également une occupation d'utilité publique.

Il y a enfin à Cayenne une Imprimerie entretenue aux frais de la colonie, et qui se trouve, comme l'hospice civil et la salle d'asile, comme le comité de vaccine et le cours d'accouchement, comme les prisons, dans les attributions du Directeur de l'intérieur.

En l'absence de tout document officiel sur l'origine de cet établissement, on peut assigner à l'année 1670 l'époque approximative de son installation. Il est, toutefois, permis de supposer que, lors de l'arrivée des premiers gouverneurs, en 1643, il existait au moins quelques caractères typographiques ainsi qu'une presse pour imprimer les arrêtés et documents divers relatifs à la colonie.

En 1800, l'Imprimerie fonctionnait dans une des salles du rez-de-chaussée de l'hôtel du Gouvernement, mais elle n'avait aucune importance sous le rapport du matériel et du personnel, puisqu'un seul chef ouvrier avec un aide arrivait à satisfaire aux demandes d'impressions pour tous les services de la colonie.

Au mois d'août 1819, sous le gouvernement de M. le baron de Laussat, fut créée la *Feuille de la Guyane française*, et, en 1827, sous M. de Freycinet, parut le premier *Bulletin officiel*. C'est depuis cette dernière époque que l'Imprimerie prit de l'extension et que son personnel s'augmenta. Depuis la transportation (1852) il y eut un surcroît assez notable de travaux, ce qui nécessita une nouvelle organisation dans le service de l'Imprimerie. Depuis lors, cet établissement a pris une grande importance et se trouve placé au premier rang de nos imprimeries coloniales.

Indépendamment de la *Feuille de la Guyane française* qui paraît toutes les semaines, du *Bulletin de la Guyane française*, recueil mensuel qui renferme les lois, décrets impériaux, arrêtés du Gouverneur et autres actes intéressant la colonie, de l'*Annuaire de la Guyane française*, publié chaque année, l'Imprimerie du Gouvernement exécute une grande quantité de modèles nécessaires à tous les services de la colonie; elle se charge également de tous travaux d'impression pour le compte des particuliers.

L'Imprimerie du Gouvernement possède une grande variété de caractères typographiques avec lesquels elle obtient des résultats satisfaisants. Cette bonne exécution lui a valu une réputation qui ne peut que s'accroître par le talent des ouvriers et les soins intelligents de leur chef.

Outre les matériaux servant à la composition des travaux journaliers, l'Imprimerie renferme une grande quantité de modèles administratifs conservés. L'Administration locale attache un prix particulier à cette réserve, et se trouverait, si elle n'existait pas, dans l'obligation d'augmenter le personnel et, par suite, le budget de l'Imprimerie. De là, conséquemment, une grande économie.

On utilise également une presse lithographique qui rend bien des services. Les factures, les étiquettes, les plans, les cartes géographiques, les vues de quelques établissements publics de la colonie, etc., s'y impriment en toutes couleurs. Les *transports* typographiques et autographiques sont aussi un moyen très-utile pour accélérer certains travaux, lorsque les presses typographiques ne peuvent suffire.

Quant à la reliure, elle est parfaitement montée, et son fonctionnement ne laisse rien à désirer.

Depuis l'année 1865, une réglure a été installée ; elle fonctionne au fur et à mesure des besoins de l'établissement et procure un bénéfice à l'Administration, puisqu'il n'est plus nécessaire de demander en France des papiers réglés de différents formats, ce qui augmentait la dépense annuelle d'une somme assez importante.

Le personnel de l'Imprimerie se compose ainsi qu'il suit :

1 chef comptable et 1 sous-chef correcteur ;

Pour l'atelier de la composition : 1 maître entretenu, 7 ouvriers compositeurs et 3 apprentis ;

Pour l'atelier des presses : 3 ouvriers imprimeurs et 3 apprentis ;

Pour la lithographie : 1 lithographe (imprimeur-calqueur) ;

Pour la reliure : 1 maître relieur, 2 ouvriers relieurs, 2 apprentis, 1 plieuse et couseuse ; 1 garçon de bureau.

Il nous reste à parler de deux endroits publics aussi peu fréquentés l'un que l'autre, de destination et d'aspect bien différents, mais tous deux placés dans les hauts de la savane, sur la même ligne, en dehors du boulevard Jubelin qui va être prolongé. C'est, d'un côté, près de la mer, le jardin de l'infanterie de la marine et, de l'autre, à l'extrémité de la rue de Choiseul, le cimetière.

Le jardin militaire est un parallélogramme de 250 mètres de longueur sur 50 dans sa plus grande largeur. Sa façade à laquelle on arrive par une allée plantée de jeunes cocotiers, est garnie d'une grille en fer posée sur un mur d'appui d'un mètre de hauteur. Les côtés qui avoisinent l'anse Nadau et le polygone, sont bordés d'un fossé et d'une haie d'arbustes sauvages, espèce de myrtes du pays.

Le jardin de l'infanterie de la marine est plutôt un jardin potager qu'un jardin fleuriste. Les carrés de légumes destinés à l'alimentation des troupes y tiennent plus de place que les massifs de fleurs. Tel qu'il est, cependant, son aspect est agréable, et je ne saurais expliquer la rareté ou mieux l'absence des promeneurs. Ses plates-bandes fleuries et ses allées sablées font diversion à l'herbe symétriquement coupée et à la poussière rouge des rues de Cayenne. Ces deux plates-bandes de fleurs, un peu trop étroites, où l'on ne remarque que quelques fleurs sauvages, des *justicia pectoralis*, de la famille des acanthacées, des *poinciana pulcherrima*, de la famille des légumineuses, l'espèce rouge et sa variété jaune, et l'aloès (*aloë perfoliata*) qui fleurit, dit-on, tous les cent ans, suivent l'allée principale aboutissant à un bâtiment de style mauresque qui sert de logement au poste d'infanterie de la marine. Les allées transversales sont bordées d'*acacia lebbeck* disposés et taillés en haie. Une belle allée de manguiers y existait autrefois : il n'y en a plus qu'un. On n'y voit, d'ailleurs, que très-peu d'arbres et d'arbustes : un cannellier (*laurus cinnamomum*), quelques orangers (*citrus aurantium*), un avocatier (*persea gratissima*), quelques folies des filles (*lagerstræmia indica* Linné), des cocotiers (*cocos nucifera*) au tronc incliné, à la chevelure ressemblant à un panache de plumes, les uns, rangés en allées, et d'autres en bouquets.

Ce jardin réunit l'agrément à l'utilité ; mais il atteindrait la vraie mesure de l'agréable s'il était complété par l'adjonction des terrains placés à sa droite où se trouvent des blocs de rochers qui, dégagés et entourés d'arbres et de fleurs, pourraient lui donner le pittoresque qui lui manque. Dans les intervalles de ces grandes roches, rien ne s'opposerait, par exemple, à ce qu'on élevât une fontaine, puisque le bassin du jardin doit être alimenté par les eaux du Rorota. Cette fontaine ou bien celle qui sera élevée sur la place du Gouvernement, lorsque les eaux auront été amenées dans les réservoirs du mont Cépérou, pourrait porter l'inscription suivante :

> Rorota per montes torquebat inutilis undas.
> Montravel intendit primus deducere rivum ;
> Henniccus jubet : unda ruit. Sic mente manuque
> Ambo suî memores populos fecêre merendo.

Le cimetière qui a 300 mètres de longueur sur une largeur de 200, soit une superficie de 6 hectares, se compose de six carrés assez vastes pour servir aux sépultures d'une ville trois fois plus peuplée que Cayenne. Il est bordé d'une haie de bambous, gigantesques graminées qui ont au moins 20 mètres de hauteur. Dans l'intérieur, les arbres qui restent debout des anciennes plantations sont une allée et quelques bouquets de palmistes (*oreodoxa regia*), quatre ou cinq pieds d'acajou lourd du Sénégal ou caïlcedra (*kahia senegalensis*), quelques pieds de carapa (*carapa guyanensis* Aublet) ; autour des tombes, des liliacées (*yucca gloriosa*) remarquables par leurs bouquets de deux à trois cents fleurs blanches, des agaves vivipares (*agave vivipara*), de la même famille, et dont les graines naissent dans les fleurs ; enfin, des araliacées (*aralia*), petits arbustes qui ont des fleurs d'un blanc verdâtre et qui ne sont apparentes que pour l'œil exercé d'un botaniste.

Ce lieu ne semble pas présenter, par sa situation, toute la solennité qui convient au séjour de la mort. Les tombes, espacées dans les vastes carrés tumulaires élevés de près d'un mètre au-dessus du sol des allées, sont, en général, surmontées d'une simple croix de bois. Quelques pierres sans ornements, à demi-enfoncées dans la terre, dégradées pour la plupart, accusent les habitants d'apporter dans le culte de la mort l'indifférence qui est un peu la plaie de leur vie, et les herbes épaisses et touffues qui recouvrent les tombeaux semblent reprocher aux vivants de ne rien faire pour protéger les morts. Trois ou quatre tombes seules ont un aspect monumental : parmi elles, celle du capitaine de vaisseau Maissin, mort gouverneur de la Guyane française et enlevé par la terrible épidémie de fièvre jaune en janvier 1851, belle carrière interrompue dont une colonne brisée est l'image, celles des deux ordonnateurs de Glatigny, tous deux morts en fonctions, à quinze ans d'intervalle, exposés tous deux dans la même salle de l'intendance ; les autres tombes ne se distinguent que par les noms qu'elles portent, mais cette simplicité semble grandir ces vieux noms coloniaux qui, de toutes leurs richesses, n'ont emporté avec eux que le bien qu'ils ont fait.

Ce cimetière, assis au bout d'une ville riante et pittoresque, m'a souvent rappelé le squelette qui se trouvait au fond de la salle des banquets égyptiens. J'ai toujours trouvé que la ville morte était trop près de la ville vivante ; la vie est, pour ainsi dire, attachée, liée, rivée à la mort : à peine la naissance a-t-elle produit le court moment de l'existence qu'il semble que la mort soit là toute prête à le dévorer. Doit-on accuser le hasard ou l'incurie d'avoir placé le cimetière au centre des promenades, et présenté un lugubre spectacle aux abords d'une ville charmante ? Il est vrai de dire qu'autrefois la vieille ville s'arrêtait à la place de l'Esplanade ; on avait donc cru placer le cimetière bien loin du centre habité. Mais pourquoi l'avoir mis au vent ? N'a-t-on pas craint qu'en remuant cette terre où reposent des corps en décomposition complète, les miasmes putrides, se dégageant dans la saison des pluies, ne répandissent sur la ville des vapeurs nuisibles ? N'a-t-on pas pensé que ces miasmes pourraient produire les plus affreux ravages ? Si on l'avait porté sous le vent, dans les terrains de la Madeleine ou de Leblond où l'épaisseur de la couche de terre est suffisante, les fossoyeurs auraient pu, avec bien moins d'inconvénients, laisser l'eau séjourner dans les fosses et oublier, pour leur profit, d'y mettre de la chaux.

Est-ce tout ? Non. Dans le carnaval, dans ces saturnales des jours gras, dans ces jours de débauches et d'orgies qui ne laissent rien à envier aux bacchanales et aux fêtes de la Bonne Déesse, à deux pas, la population se porte, se presse près du camp Saint-Denis, derrière le cimetière, danse presque sur les ossements de ses pères, et la poussière que soulèvent les *yambels* et les *bamboulas* vient se mêler à la cendre des morts.

CHAPITRE XIX.

POUVOIR LÉGISLATIF ; LÉGISLATION GÉNÉRALE ; GOUVERNEMENT ET ADMINISTRATION ; ADMINISTRATION DE LA JUSTICE ET ORGANISATION JUDICIAIRE.

I. — POUVOIR LÉGISLATIF.

Avant 1830, la législation de la Guyane française, comme celle des autres colonies, avait été tenue en dehors des formes constitutionnelles.

L'article 64 de la Charte de 1830 introduisit une modification importante en disposant, non pas comme l'article 91 de la constitution de l'an VIII, que les colonies seraient régies par des lois *spéciales*, ni comme l'article 73 de la Charte de 1814, qu'elles seraient régies par des *lois et règlements particuliers*, mais qu'elles seraient régies par des lois *particulières*. En supprimant le mot *règlements*, la Charte de 1830 avait eu évidemment pour but de restreindre la part que le gouvernement de la Restauration s'était attribuée dans la législation à faire pour les colonies. La législation métropolitaine ne pouvait, en effet, sans inconvénients, régler toutes les matières coloniales : il en était qu'il y avait avantage à réserver aux législatures locales, en raison de la différence des races, de la production et des conditions du travail.

Tel fut l'objet de la loi du 24 avril 1833, qui détermina les lois que le pouvoir législatif du royaume pouvait faire et les matières que pouvaient régler les législatures coloniales.

Ces législatures étaient, d'après la loi précitée, les conseils coloniaux qu'elle avait substitués aux conseils généraux dans nos quatre grandes colonies.

Ce régime fut appliqué à la Guyane française jusqu'à la Révolution de 1848. A cette époque, un décret du Gouvernement provisoire du 27 avril y ayant supprimé le conseil colonial, comme dans les trois autres colonies, elle rentra sous le régime des lois et ordonnances en vigueur depuis la loi du 24 avril 1833.

Le sénatus-consulte du 3 mai 1854, considérant l'infériorité et la décadence de la Guyane sous le rapport agricole et les nécessités spéciales de l'entreprise de la transportation, n'a pas compris cette colonie dans la catégorie des possessions françaises régies par cet acte organique, et l'a mise, avec le Sénégal et l'Inde, au rang des possessions secondaires susceptibles d'être régies seulement par de simples décrets, sans le concours du Sénat ni du Conseil d'État. La nouvelle organisation donnée aux Antilles et à la Réunion par le sénatus-consulte de 1854 n'ayant pas été appliquée à la Guyane, le conseil général n'y a pas été rétabli comme dans ces dernières colonies. La Guyane a donc été, par suite, et est encore exclue du système général de représentation et n'a pas le droit, puisqu'elle est privée de conseil général, d'envoyer en France un délégué qui, ailleurs, est nommé par cette assemblée. Toutefois, les articles 17 et 18 du même acte disposent que l'un des membres du comité consultatif des colonies est chargé d'y remplir, pour la Guyane française, les fonctions de délégué.

Le même sénatus-consulte contient une disposition applicable à la Guyane comme à nos autres établissements d'outre-mer: c'est la déclaration que l'esclavage ne peut jamais y être rétabli.

Il résulte de cette situation générale que certaines parties du pouvoir législatif, exercées autrefois par le conseil colonial, sauf approbation en France, ont passé entre les mains du Gouverneur. C'est ainsi, comme nous le verrons plus tard, que le décret du 27 décembre 1854 (article 1er) a autorisé le Chef de la colonie à statuer sur la nature et l'assiette des impôts et à en régler la quotité, la perception et l'emploi.

Le décret du 13 février 1852 sur le régime du travail, la police rurale et la répression du vagabondage, régit la Guyane comme les autres colonies. Mais il y a produit des effets beaucoup moins favorables à raison des circonstances de localités, de la facilité qu'ont les noirs de se soustraire, par les distances, à l'action de la police, et enfin, de l'avilissement plus grand du prix des terres résultant de leur immense étendue.

Nous ne croyons pas que le système gouvernemental, qui régit actuellement la Guyane française, soit défavorable à sa régénération. On ne doit pas perdre de vue, d'ailleurs, que par ses établissements pénitentiaires destinés à prendre place dans ses moyens de développement colonial, cette possession est, même comme colonie agricole, une exception parmi toutes nos possessions d'outre-mer.

II. — LÉGISLATION GÉNÉRALE.

Les dispositions législatives obligatoires pour la colonie de la Guyane française, comme pour nos autres possessions d'outre-mer, sont, pour la majeure partie, celles imposées aux habitants de la France.

Le code civil y a été promulgué par un acte local du 1er vendémiaire an XIV (23 septembre 1805). Mais, toutefois, le titre XVIII du livre III, relatif au régime hypothécaire, demeura, quant à son exécution, en suspens jusqu'au 23 février 1821, époque à laquelle intervint une ordonnance coloniale, rendue par le gouverneur baron de Laussat, et dont le but était d'organiser la conservation des hypothèques dans la colonie. Cette ordonnance, sans se préoccuper de l'acte local de promulgation du code civil, introduisit certaines dispositions législatives qui, heurtant de front le code civil lui-même, furent à maintes reprises déclarées sans effet par le pouvoir judiciaire.

Les exceptions stipulées par l'arrêté local de 1805, quant à la mise en vigueur de l'expropriation forcée et du régime hypothécaire, aussi bien que les dispositions de l'ordonnance de 1821, ont été levées par le décret du gouvernement provisoire du 27 avril 1848, lequel a établi pour la Guyane certaines restrictions qui ont été successivement maintenues par deux décrets des 28 mai 1853 et 3 juin 1854, mais levées de nouveau, quant aux délais et formalités de purge des hypothèques dans le cas d'expropriation forcée, par le décret du 7 mars 1863.

Le code de procédure civile a été promulgué à la Guyane par acte local du 25 janvier 1818, modifié par un autre acte du 25 août 1821, et le code de commerce les 1er octobre et 15 novembre 1820 : la loi du 28 avril 1832, modificative de ces deux codes, a été rendue applicable à la Guyane française sous diverses modifications établies par les lois des 22 juin 1835 et 13 décembre 1848.

Le code d'instruction criminelle a été promulgué le 10 mai 1829, et enfin, le code pénal, modifié par la loi des 21, 29 novembre et 7 septembre 1850, le 15 février de la même année.

Aujourd'hui, la législation métropolitaine est en vigueur dans la colonie, avec quelques modifications, et réglementée, comme nous l'avons dit précédemment, par des décrets impériaux, aux termes de l'article 18 du sénatus-consulte du 3 mai 1854, émanation directe de l'article 27 de la constitution du 14 janvier 1852. C'est par suite et en exécution de ce sénatus-consulte qu'ont été notamment promulguées à la Guyane, en partie ou en totalité, la loi du 2 juin 1841, sur les ventes d'immeubles, et la loi du 21 mai 1858, sur la saisie immobilière et l'ordre.

L'enregistrement a été établi à la Guyane, en même temps que la conservation des hypothèques, par une ordonnance royale du 31 décembre 1828. Ces deux services y ont été organisés d'une manière complète par une ordonnance royale du 14 juin 1829 (commune à la Martinique et à la Guadeloupe), modifiée et complétée sur quelques points par deux ordonnances royales des 1er juillet 1831 et 22 septembre 1832.

La loi du 17 avril 1832, relative à la contrainte par corps en matières commerciale, civile, criminelle, correctionnelle et de police, est applicable à la Guyane française, sous les modifications apportées par la loi du 16 décembre 1848, abrogeant le décret du 9 mars de la même année qui avait suspendu l'exercice de la contrainte par corps.

Nous ne citerons ici que pour mémoire les décrets spéciaux à la Guyane française des 8 décembre 1851, 27 mars 1852, 20 août 1853, 22 avril et 30 mai 1854, 21 juin 1858, relatifs à la transportation : nous en avons analysé les principales dispositions dans le chapitre où nous avons traité de la colonie pénale.

Nous devons dire, toutefois, que le décret du 16 août 1854 (articles 21 et 22) consacre deux dispositions d'une autre nature, spéciales à la Guyane : 1° à l'avenir, les vols autres que ceux commis avec violence ou avec des circonstances entraînant la peine des travaux forcés devront être jugés et punis correctionnellement ; 2° à défaut de payement, dans la quinzaine des premières poursuites, les condamnations à l'amende et aux dépens prononcées, soit par les tribunaux de simple police ou de police correctionnelle, soit par la Cour d'assises, sont, de droit, converties en journées de travail, pour le compte et sur les ateliers de la colonie, d'après le taux et les conditions réglés par arrêtés du Gouverneur en conseil. Faute de satisfaire à cette obligation, les condamnés sont contraints à acquitter leurs journées de travail sur les ateliers de discipline.

Le décret du 10 mars 1855 (article 1er) rend exécutoire à la Guyane la loi du 31 mai 1854, portant suppression de la mort civile.

Le régime des douanes à la Guyane française se trouve réglé par un décret impérial du 24 décembre 1864. (Voir commerce et navigation, chapitre XV.)

III. — GOUVERNEMENT ET ADMINISTRATION.

Le Gouvernement de la Guyane française a été d'abord réglé par une ordonnance royale du 17 octobre 1826.

Il l'a été ultérieurement par l'ordonnance organique du 27 août 1828, qui est la véritable organisation gouvernementale de cette colonie. Cette ordonnance a été modifiée depuis par deux autres du 13 octobre 1831 et du 22 août 1833, ainsi que par deux décrets des 27 avril 1848 et 28 mai 1853.

La nouvelle organisation donnée aux Antilles et à la Réunion par le sénatus-consulte du 3 mai 1854 ne s'appliquant pas à la Guyane, cette colonie, comme nous l'avons dit plus haut, n'a pas de conseil général, et une grande partie des attributions de ce conseil sont exercées par le Gouverneur, assisté de son conseil privé.

Par décret du 27 décembre 1854 (article 1er), le Gouverneur de la Guyane française a été, en effet, autorisé à statuer seul sur l'assiette, le tarif, la perception des contributions publiques et les poursuites y relatives, par des arrêtés qui sont exécutoires, sauf l'approbation du Ministre de la marine et des colonies : il n'y a d'exception que pour les tarifs concernant les droits de douane à l'entrée et à la sortie qui sont réglés par des décrets impériaux.

Le Gouverneur représente l'Empereur : il est dépositaire de son autorité.

Les ordres de l'Empereur lui sont transmis par le Ministre de la marine.

Le Gouverneur a le commandement général et la haute administration de la colonie.

Il exerce l'autorité militaire seul et sans partage, l'autorité civile avec ou sans la participation du conseil privé.

Il promulgue les lois, les décrets impériaux et les arrêtés ministériels.

Un conseil privé est placé auprès de sa personne pour éclairer ses décisions ou participer à ses actes dans des cas déterminés. Ce conseil vérifie et arrête les comptes des receveurs, des gardes-magasins et de tous les comptables de la colonie, excepté ceux du trésorier qui sont soumis par le Département des finances à la Cour des comptes ; il statue sur les marchés et adjudications de tous les travaux et approvisionnements et les traités pour fournitures quelconques au-dessus de 1,000 francs, par application du décret du 31 mai 1862 sur la comptabilité publique ; la vente des approvisionnements et des objets inutiles ou impropres au service ; le contentieux en matière de contributions directes et de recensement ; le contentieux du domaine, de l'enregistrement, des douanes et autres impôts indirects, sans préjudice du recours des parties devant les tribunaux ordinaires ; l'ouverture, le redressement et l'élargissement des routes et chemins ; les expropriations pour cause d'utilité publique, sauf l'indemnité préalable en faveur du propriétaire dépossédé ; les autorisations de plaider demandées par l'autorité municipale ; enfin, le conseil privé, au moyen de certaines adjonctions, prononce encore comme juge sur certaines matières, lorsqu'il se constitue en conseil du contentieux administratif ou en commission d'appel.

Le conseil privé se compose du Gouverneur, président, du Commandant militaire, de l'Ordonnateur, du Directeur de l'intérieur, du Chef du service judiciaire, de trois conseillers privés titulaires et de trois suppléants, nommés par l'Empereur : le secrétaire-archiviste tient la plume. Le contrôleur colonial assiste au conseil avec voix représentative dans toutes les discussions. Les officiers chargés de la direction de l'artillerie et du génie, l'ingénieur des ponts et chaussées, le capitaine de port, l'officier d'administration chargé des approvisionnements, les syndics de commerce, le trésorier et les directeurs des administrations financières sont appelés de droit au conseil lorsqu'il y est traité des matières de leurs attributions. Ils n'y ont, d'ailleurs, que voix consultative.

Le conseil délibère à la pluralité des voix ; en cas de partage, celle du Gouverneur est prépondérante. Les voix sont recueillies par le président dans l'ordre inverse des rangs qu'occupent les membres du conseil. Le président vote le dernier.

Les décisions que rend le conseil privé sont susceptibles d'appel au conseil d'État. Il prononce, en outre, sauf recours en cassation, sur l'appel des jugements rendus par le tribunal de première instance, en ce qui touche les contraventions aux lois, ordonnances et règlements sur le commerce étranger et sur le régime des douanes.

L'ordonnance royale du 21 août 1828 a réglé le mode de procéder devant les conseils privés des colonies.

Le conseil privé ne peut correspondre avec aucune autorité.

Chaque année, le Gouverneur en conseil approuve les comptes du Service local et arrête : 1° le budget des recettes et des dépenses de ce service, ainsi que les projets de travaux de toute nature dont la dépense doit être supportée par les fonds coloniaux, sauf approbation du Ministre quand cette dépense excède 10,000 francs ; 2° l'état des dépenses à la charge de l'État, sauf approbation du Ministre quand la dépense proposée excède 5,000 francs.

Le Gouverneur pourvoit, en attendant la sanction du Ministre, à l'exécution du budget du service intérieur, voté par le conseil privé.

Il exerce en conseil privé les pouvoirs extraordinaires suivants : l'exclusion d'un des quartiers de la colonie des individus qui troublent la tranquillité publique, leur mise en surveillance dans un quartier déterminé ou leur exclusion de la colonie à temps ou illimitée.

Il convoque le conseil municipal de Cayenne, fixe la durée de ses sessions et détermine l'objet de ses délibérations dans les sessions extraordinaires et dans les sessions ordinaires dont le nombre est indéterminé. Le conseil municipal peut s'occuper d'office de tous les objets rentrant dans ses attributions et qui peuvent intéresser la commune.

Le Gouverneur adresse annuellement au Ministre les tableaux statistiques de la population, ceux relatifs à l'agriculture, à l'instruction publique, etc., et, tous les trimestres, les états d'importation et d'exportation, avec des rapports motivés de l'Administration.

Il lui adresse aussi, chaque année, un mémoire sur la situation intérieure de la colonie, destiné à servir d'éléments à la situation générale de l'Empire.

En cas d'absence ou d'empêchement du Gouverneur, il est remplacé par le Commandant militaire, et, à défaut de celui-ci, par l'Ordonnateur, ensuite, par le Directeur de l'intérieur, et, enfin, par le Chef du service judiciaire. On en a vu un exemple lorsque l'honorable M. Vidal de Lingendes a été appelé, le 6 janvier 1851, à remplir les fonctions de Gouverneur par intérim. Depuis la suppression des fonctions de Procureur général, le décret impérial du 16 août 1864 a décidé (Article 14) que le Président de la Cour impériale, Chef du service judiciaire, exerçait toutes les fonctions administratives antérieurement conférées au Procureur général.

Si l'un de ces hauts fonctionnaires n'est qu'intérimaire, un titulaire, bien que placé hiérarchiquement au-dessous de lui, remplace le Gouverneur.

Le personnel du Gouvernement colonial se compose :
1° Du Gouverneur ;
2° D'un chef d'état-major ;
3° D'un aide-de-camp ;
4° D'un chef du secrétariat du Gouvernement ;
5° De deux commis au secrétariat ;
6° D'un bibliothécaire.

Le Gouverneur a sous ses ordres pour diriger les différentes parties du service colonial : le Commandant militaire, l'Ordonnateur, le Directeur de l'intérieur, le Chef du service judiciaire, le Contrôleur colonial et le Directeur du service pénitentiaire.

I. — COMMANDANT MILITAIRE.

Le Commandant militaire a le commandement des troupes et est chargé des parties du service militaire que le Gouverneur lui délègue.

Le chiffre total du personnel des services militaires présentait, au 31 décembre 1865, un effectif de 900 hommes dont 36 officiers et 864 sous-officiers et soldats, répartis de la manière suivante :

Infanterie. — Un détachement du 3ᵉ régiment de la marine.

Etat-major	Lieutenant-colonel	1	
	Chefs de bataillon	2	
	Adjudants-majors	2	
	Capitaine-major	1	
	Chirurgiens aides-majors	2	
	Officier payeur	1	
	Officier d'habillement	1	
	Total	10	
Compagnies	Capitaines	7	
	Lieutenants	7	
	Sous-lieutenants	7	
	Sous-officiers et soldats	775	
	Total	796	
	Total de l'infanterie		806

Artillerie de la marine et ouvriers artilleurs.

Capitaine, directeur du service	1	
Lieutenants	2	
Sous-officiers et soldats dont 32 ouvriers artilleurs	89	
Total		92

Génie.

Capitaine, directeur du service	1	
Lieutenant	1	
Total		2
Total général		900

Dans cet effectif ne figurent ni l'état-major du Gouverneur, qui ne fait évidemment pas partie de la garnison, ni la gendarmerie, corps militaire spécial, partie à pied, partie à cheval, établi pour veiller à la sûreté publique et au maintien de l'ordre. (Voir chapitre XII.)

II. — Ordonnateur.

L'Ordonnateur est chargé de l'administration de la marine, de la guerre et de la comptabilité générale pour tous les services. (Ordonnance organique du 27 août 1828, articles 89 à 106.)

Le personnel de son administration comprend :
2 commissaires adjoints ;
6 sous-commissaires ;
19 aides-commissaires ;
12 commis de la marine et un certain nombre d'écrivains.
Ce personnel est réparti dans neuf bureaux :
Un secrétariat ;
Un bureau des revues ;
Un bureau des approvisionnements et des travaux ;
Un bureau de la comptabilité centrale des fonds ;
Un bureau des subsistances ;
Un bureau des hôpitaux ;
Un bureau des armements et de l'inscription maritime ;
Un magasin général du matériel ;
Un magasin des subsistances.

Dans le nombre des officiers et employés cités ci-dessus, sont également compris ceux détachés à la Direction de l'intérieur, à la Direction du service pénitentiaire et sur les pénitenciers.

L'Ordonnateur a en outre, dans ses attributions, le service de santé, le trésor colonial et le service des ports.

I. *Service de santé.* — Le service médical et pharmaceutique de la colonie comprend : 1 médecin en chef de la marine, 5 chirurgiens de 1re classe, 14 chirurgiens de 2e classe dont plusieurs non entretenus, 16 chirurgiens de 3e classe dont plusieurs auxiliaires ; 1 pharmacien de 1re classe, 2 de 2e classe et 5 de 3e classe dont 1 pharmacien comptable à l'hôpital de Cayenne.

II. *Trésor colonial.* — Le Trésorier payeur colonial relève directement du Ministère des finances ; il réunit les fonctions de receveur général et de payeur. (Décret du 26 septembre 1855, qui a déterminé les formes de la comptabilité.)

Le personnel du Trésor, choisi par le Trésorier, ne rentre pas dans le cadre hiérarchique.

Après avoir établi la concordance de ses comptes avec ceux de l'Administration, le Trésorier payeur les adresse, par l'intermédiaire du Département de la marine, au Ministre des finances qui les fait parvenir à la Cour des comptes.

III. *Service des ports.* — Le personnel de ce service comprend : 1 capitaine, 1 lieutenant et 1 maître de port, 1 chef pilote, 4 pilotes, 1 aspirant-pilote, 1 apprenti-pilote et 2 guetteurs.

III. — Directeur de l'intérieur.

Le Directeur de l'intérieur est chargé de l'administration intérieure de la colonie, de la police générale, des services du culte, de l'instruction et de l'assistance publiques, de l'administration des contributions directes et indirectes, de l'enregistrement, des hypothèques et des successions vacantes, des services des douanes, des ponts et chaussées, de l'imprimerie et de la poste.

Le personnel de la Direction de l'intérieur se compose de 3 chefs de bureau, 3 sous-chefs, 4 commis et un certain nombre d'écrivains.

Elle comprend trois bureaux :

I. Le bureau de l'administration et du contentieux dirigé par un commissaire adjoint de la marine.

II. Le bureau de l'agriculture, du commerce, du culte, de l'instruction et de l'assistance publiques, dirigé également par un commissaire adjoint ou, à défaut, par un sous-commissaire de la marine.

III. Le bureau de l'immigration dirigé par le commissaire de l'immigration ayant sous ses ordres le syndic de l'immigration. (Voir chapitre X.)

Les services qui ressortissent à la Direction de l'intérieur sont :

I. Les municipalités, dont l'organisation a été réglée par un décret colonial du 30 juin 1835, modifié par un arrêté du 2 août 1848, quant au mode de nomination des conseillers municipaux; la ville de Cayenne a seule un conseil municipal qui se compose de : 1 maire, 2 adjoints et 9 conseillers municipaux.

Tous ces fonctionnaires sont nommés par le Gouverneur. Dans chacun des autres quartiers de la colonie il y a un commissaire-commandant et un lieutenant-commissaire, également nommés par le Gouverneur, et qui sont investis des mêmes fonctions que les maire et adjoints de Cayenne. Il y a trois classes de quartiers : 5 de 1re classe, Approuague, Roura, Mana, Kourou, Sinnamary ; 2 de 2e classe, Oyapock et Kaw, 6 de 3e classe, Tonnégrande, Montsinéry, Tour-de-l'Ile, Macouria, Ile-de-Cayenne et Iracoubo. Conformément au décret du 16 août 1864, les commissaires-commandants des quartiers d'Oyapock, Approuague, Kaw, Roura, Kourou, Sinnamary et Mana exercent, en outre, les fonctions de juges de paix et de commissaires de police dans leurs circonscriptions respectives. En cette qualité, ils sont tous sous la surveillance du Président de la Cour impériale, Chef du service judiciaire.

II. Le service du culte dont le personnel se compose de 19 ecclésiastiques, savoir : le Préfet apostolique, le curé de Cayenne et 17 prêtres missionnaires répartis en qualité de curés dans les diverses paroisses de la colonie (1) ; le service de l'instruction publique dont le personnel comprend : le directeur du collége et 6 professeurs, le directeur de l'école primaire et 5 frères de l'instruction chrétienne, la directrice des sœurs de la congrégation de Saint-Joseph de Cluny et 12 sœurs institutrices.

III. Le service de l'enregistrement qui est dirigé par 2 receveurs et se divise ainsi : 1er bureau, dont le chef est chargé de l'enregistrement des actes notariés en sa qualité de receveur des actes civils, de la conservation des hypothèques, de la curatelle aux successions vacantes et du domaine ; 2e bureau, dont le chef est chargé de l'enregistrement des actes judiciaires, de la perception des droits d'immigration et de la recette des condamnations pécuniaires de toute nature.

IV. Le service des douanes composé de : 1 sous-inspecteur, chef de service, 2 vérificateurs, 1 brigadier, 5 préposés et 5 canotiers. (Voir chapitre XV.)

V. Le service de la police et des prisons qui comporte pour la ville de Cayenne : 1 commissaire de police, 1 commissaire de police adjoint (2), 1 brigadier, 4 gardes, 1 archer-caporal et 8 archers.

---

(1) Leur nombre en 1866 a été porté à 19.
(2) Supprimé en 1866.

1 brigadier de gendarmerie et 4 gendarmes à pied sont attachés au service de la police urbaine.

La police est faite dans les divers quartiers de la colonie par 57 surveillants.

Il existe une prison et un atelier disciplinaire de femmes à Cayenne, et un atelier disciplinaire dans chacun des quartiers d'Approuague, de l'Ile-de-Cayenne, de Sinnamary et de Kourou. 7 concierges et 8 autres agents sont affectés au service de ces prisons.

VI. Le cadre du service des ponts et chaussées a été fixé comme il suit par un arrêté du 26 février 1864 : 1 directeur, 1 sous-ingénieur colonial, 3 conducteurs, 1 agent-voyer, 1 agent comptable, 1 garde des matières et 6 piqueurs.

VII. L'imprimerie est dirigée par un chef comptable qui a sous ses ordres un sous-chef correcteur. (Voir chapitre XVIII.)

Il existe encore plusieurs agents qui relèvent de la Direction de l'intérieur. Ce sont : les percepteurs des contributions à Cayenne et dans les quartiers, l'agent comptable de la poste (Voir chapitre XV, Service postal), le vérificateur des poids et mesures (Voir chapitre XIV, Poids et mesures) et le géomètre-arpenteur chargé du cadastre.

L'article 15 du décret du 22 décembre 1851 a placé la Banque de la Guyane, sous l'autorité du Gouverneur, dans les attributions du Directeur de l'intérieur. (Voir chapitre XVII.)

IV. — Chef du service judiciaire.

Le Chef du service judiciaire, Président de la Cour, est chargé de préparer et de soumettre au Gouverneur en conseil les projets d'arrêtés locaux et de règlements sur les matières judiciaires, les rapports concernant les conflits, les recours en grâce, les mesures à prendre à l'égard des fonctionnaires attachés à l'ordre judiciaire, enfin toutes les affaires concernant son service qui doivent être portées au conseil privé.

Le personnel administratif de ce service consiste en 1 secrétaire et 1 écrivain.

V. — Contrôleur colonial.

Le Contrôleur colonial veille à la régularité des diverses parties du service et requiert l'exécution des lois, ordonnances et règlements. Il correspond directement avec le Ministre. Toutefois, il ne compte pas au nombre des chefs d'administration.

Le service du contrôle de l'Administration coloniale se compose de : 1 sous-commissaire, de 2 aides-commissaires et 2 commis de marine.

VI. — Directeur des pénitenciers.

Le Directeur des pénitenciers dirige, sous l'autorité immédiate du Gouverneur, les différentes parties du service pénitentiaire. Il a la responsabilité de ses actes. (Pour ses attributions et la composition du personnel de son service, voir le chapitre XI.)

IV. — ADMINISTRATION DE LA JUSTICE ET ORGANISATION JUDICIAIRE.

1re section. — *Dispositions générales.* — L'organisation des tribunaux de la Guyane a été d'abord réglée par un arrêté du 2 novembre 1802.

Un arrêté des Consuls du 25 février 1803 établit un tribunal de première instance et d'appel.

Une ordonnance royale du 21 décembre 1828 régla ensuite l'administration de la justice et l'organisation judiciaire à la Guyane française. Mais ses dispositions furent sur quelques points modifiées par deux ordonnances subséquentes des 11 avril 1830 et 31 octobre 1832.

Aujourd'hui la justice est rendue à la Guyane française : 1° par des tribunaux de paix ; 2° par un tribunal de première instance ; 3° par une Cour impériale ; 4° par une Cour d'assises.

Il y a, en outre, des tribunaux spéciaux, savoir : le Conseil privé, la commission des prises et les conseils de guerre.

Les jugements en dernier ressort et les arrêts peuvent être attaqués par la voie d'annulation ou de cassation dans les cas spécifiés.

Le Procureur impérial près le tribunal de première instance de Cayenne est chargé de remplir les fonctions de commissaire rapporteur près le 1er conseil de guerre constitué en tribunal maritime spécial. (Décret du 23 mars 1853, article 1er.)

Aucune cour prévôtale ne peut être établie dans la Guyane française. (Décret du 16 août 1854, article 20.)

Les conditions d'âge et d'aptitude déterminées par les lois

pour la magistrature continentale sont applicables aux magistrats de la Guyane. (Même décret, article 18.)

Le même décret, dans son article 18, fixe le traitement des magistrats et des membres attachés aux cours et tribunaux. Quant aux émoluments des commandants de quartier, à raison de leurs fonctions de juges paix, ils sont réglés, selon l'importance du siége, par des arrêtés du Gouverneur, soumis à l'approbation du Ministre de la marine.

Enfin, un décret du 17 septembre 1854 règle la parité d'offices entre les magistrats et autres fonctionnaires des cours et tribunaux de la Guyane et ceux des cours et tribunaux de France.

Les dispositions des lois des 28 avril 1816 et 25 juin 1841, sur les offices ministériels, sont applicables à la Guyane. (Loi du 19 mai 1849, article 9.)

2e section. — *Organisation judiciaire.* — Le décret du 16 août 1854 (article 23) a réglé l'organisation judiciaire à la Guyane sur les bases suivantes, en disposant, toutefois, que les lois et ordonnances en vigueur dans la colonie étaient maintenues en tout ce qu'elles n'ont pas de contraire à ses dispositions.

I. La juridiction du tribunal de paix et de simple police établie à Cayenne, comprend la ville de Cayenne, les quartiers de l'Ile-de-Cayenne, du Tour-de-l'Ile, de Montsinéry, de Tonnégrande et de Macouria. (Article 1er.)

Les fonctions du ministère public auprès du tribunal de police de Cayenne sont remplies par le commissaire de police et, en cas d'absence ou d'empêchement, par le maire ou par l'un de ses adjoints. (Article 2.)

Les commissaires commandant les quartiers d'Oyapock, d'Approuague, de Kaw, de Roura, de Kourou, de Sinnamary et de Mana exercent les fonctions de juges de paix et de police dans leurs circonscriptions respectives. La circonscription judiciaire du commandant du quartier de Sinnamary s'étend au quartier d'Iracoubo. (Article 3.)

Le commissaire-commandant du quartier a pour suppléant le lieutenant-commissaire. Le secrétaire de la mairie remplit auprès de lui les fonctions de greffier. (Article 4.)

Les fonctions du ministère public près des commissaires-commandants, jugeant en matières de police, sont remplies par le brigadier commandant la gendarmerie du quartier et, à son défaut, par le premier agent de police. (Article 5.)

La compétence des juges de paix en matière civile est réglée conformément aux dispositions de la loi du 25 mai 1838. Toutefois, il connaissent : 1° en dernier ressort, jusqu'à la valeur de 250 francs et, en premier ressort, jusqu'à la valeur de 500 francs, des actions indiquées dans l'article 1ᵉʳ de cette loi ; 2° en dernier ressort, jusqu'à la valeur de 250 francs, des actions indiquées dans les articles 2, 3, 4 et 5 de ladite loi. Il n'est pas dérogé aux ordonnances des 31 octobre 1832 et 19 mai 1842 qui étendent la compétence des justices de paix de Sinnamary et d'Approuague. (Article 6.)

II. Le tribunal de première instance, siégeant à Cayenne, se compose de : 1 juge impérial, 1 lieutenant de juge, faisant les fonctions de juge d'instruction, 1 juge auditeur, 1 procureur impérial, 2 substituts, 1 greffier et 1 commis assermenté. (Article 7.)

Ce tribunal connaît : 1° de l'appel des jugements rendus en premier ressort par les juges de paix en matière civile et commerciale ; 2° de toutes les actions civiles et commerciales, en premier et dernier ressort, jusqu'à concurrence de 1,000 francs en principal ou de 100 francs de revenu déterminé, et, à charge d'appel, au-dessus de ces sommes. En matière correctionnelle, il connaît de l'appel des jugements de simple police. Ce tribunal connaît, en outre, en premier ressort seulement, des contraventions aux lois sur le commerce étranger, le régime des douanes et les contributions indirectes. Il se conforme aux dispositions de l'article 2 de la loi du 11 avril 1838. (Article 8.)

III. La Cour impériale, siégeant également au chef-lieu, se compose de : 1 président, 2 conseillers, 1 conseiller-auditeur et 1 greffier. Les fonctions de ministère public auprès de la Cour sont remplies par le Procureur impérial du tribunal de première instance ou par l'un des substituts. (Article 9.) Les arrêts sont rendus par trois juges. (Article 10.)

En cas d'absence ou d'empêchement momentané d'un ou de deux des magistrats de la Cour, le Président pourvoit à leur remplacement par l'appel d'un ou de deux fonctionnaires ou anciens fonctionnaires, membres du collége des assesseurs. Si l'empêchement ou l'absence sont de nature à se prolonger, le Gouverneur, sans recourir à la faculté qui lui est donnée par l'article 61, paragraphe 2 de l'ordonnance du 27 août 1828, peut désigner comme suppléants un ou deux de ces fonctionnaires. Ces suppléants ne sont pas assujettis aux conditions d'aptitude exigées par le présent décret. Leurs fonctions sont gratuites. (Article 11.)

La Cour est saisie directement de toutes les affaires correctionnelles par le Procureur impérial. (Article 12.)

Hors le temps des vacations, il y a chaque mois une session civile et correctionnelle qui s'ouvre le premier lundi du mois. Les sessions durent jusqu'à ce que les affaires portées au rôle et en état de recevoir jugement soient expédiées. (Article 13.)

Le Président de la Cour impériale est Chef du service judiciaire dans la colonie.

En cette qualité, il exerce toutes les attributions administratives et de surveillance antérieurement conférées au Procureur général. En cas d'empêchement, il est remplacé par le plus ancien conseiller, sous la réserve de la faculté conférée au Gouverneur par l'article 129 de l'ordonnance du 27 août 1828. (Article 14.)

IV. La juridiction criminelle appartient à une Cour d'assises composée : du Président de la Cour impériale, de deux conseillers qui, en cas d'absence ou d'empêchement, sont remplacés par le conseiller auditeur, et, à défaut, ainsi qu'il est dit dans l'article 11 du présent décret, de quatre assesseurs, du Procureur impérial ou de l'un de ses substituts, du greffier de la Cour impériale. (Article 16.)

La Cour d'assises est saisie directement par le Procureur impérial de toutes les affaires de sa compétence ; à cet effet, les instructions criminelles dirigées par le lieutenant de juge sont transmises au Procureur impérial.

Celui-ci est tenu de mettre l'affaire en état dans les dix jours de sa réception. Pendant ce temps, la partie civile ou le prévenu peuvent fournir les mémoires qu'ils jugent convenables. (Article 15.)

Les juges et les assesseurs délibèrent en commun sur les questions de fait résultant de l'acte d'accusation et des débats. La déclaration de culpabilité est rendue à la simple majorité. Les juges statuent seuls sur la question de compétence, l'application de la peine, les incidents de droit ou de procédure, et les demandes en dommages-intérêts. (Article 17.)

Statistique. — Les justices de paix de la Guyane française ont rendu, en 1865, 377 jugements en matière civile et commerciale, et 920 décisions de simple police.

Dans la même année, le tribunal de première instance de Cayenne a rendu 229 jugements en matière civile et commerciale.

Le nombre des affaires sur lesquelles la Cour impériale a eu à se prononcer en 1865, tant en matière civile et commerciale qu'en matière correctionnelle, a été de 180.

La Cour d'assises, pendant la même année, a eu à juger 20 affaires et 33 accusés.

3ᵉ section. — *Conseil privé.* — Indépendamment des fonctions que le Conseil privé remplit auprès du Gouverneur, il est appelé à réunir les fonctions qui sont attribuées en France aux conseils de préfecture. De plus, il est chargé de remplacer la commission mi-partie administrative et judiciaire qui jugeait autrefois par appel les contraventions aux lois sur les douanes et le commerce étranger.

La compétence du Conseil privé s'étend donc sur des matières appartenant à deux juridictions tout à fait différentes. Les unes se rapportent à la juridiction administrative, et le Conseil privé en connaît comme conseil du contentieux administratif. Les autres de nature purement judiciaire appartiennent à la juridiction correctionnelle, et le Conseil privé en connaît comme commission d'appel.

Lorsque le Conseil privé se constitue en conseil du contentieux administratif ou en commission d'appel, outre les membres dont il est composé, il nomme et s'adjoint deux membres de l'ordre judiciaire. (Ordonnances des 21 août 1825, article 163 paragraphe 1ᵉʳ; 9 février 1827, article 179 paragraphe 1ᵉʳ; 27 août 1828, article 168 paragraphe 1ᵉʳ.) Ces membres sont appelés au commencement de chaque semestre et font le service pendant la durée de ce semestre. (Ordonnance du 31 août 1828, article 207.)

Les fonctions de ministère public sont exercées auprès du Conseil par le contrôleur colonial.

Les membres du Conseil doivent siéger dans le costume qui est attribué aux fonctions qu'ils exercent dans la colonie. (Ordonnance du 31 août 1828, article 212.)

§ 1ᵉʳ. Le Conseil privé connaît comme conseil du contentieux administratif :

1° Des conflits positifs ou négatifs élevés par les chefs d'administration, chacun en ce qui le concerne, et du renvoi devant l'autorité compétente, lorsque l'instance n'est pas de nature à être portée devant le Conseil privé. (Ordonnances des 21 août 1825, article 160; 9 février 1827, article 176; 27 août 1828, article 165 paragraphe 1ᵉʳ);

2° De toutes les contestations qui peuvent s'élever entre l'Administration et les entrepreneurs de fournitures ou de travaux publics ou de tous autres, ayant passé des marchés avec le Gouvernement, concernant le sens ou l'exécution des clauses de ces marchés. (Mêmes ordonnances, mêmes articles, paragraphe 2);

3° Des réclamations des particuliers qui se plaignent de torts et de dommages provenant du fait personnel des entrepreneurs à l'occasion de marchés passés avec le Gouvernement. (Mêmes ordonnances, mêmes articles, paragraphe 3);

4° Des demandes ou contestations concernant les indemnités dues aux particuliers à raison du dommage causé à leurs terrains pour l'extraction ou l'enlèvement des matériaux nécessaires à la confection des chemins, canaux et autres ouvrages publics. (Mêmes articles, paragraphe 4);

5° Des demandes en réunion de terrain au domaine, lorsque les concessionnaires ou leurs ayants droit n'ont pas rempli les clauses des concessions. (Mêmes articles, paragraphe 5);

6° Des demandes concernant les concessions de prises d'eau pour l'établissement des usines, l'irrigation des terres et la manière de jouir de ces eaux, les servitudes et placements de travaux pour la conduite et le passage des eaux, la réparation et l'entretien de ces travaux; l'interprétation des titres de concession, s'il y a lieu, laissant aux tribunaux à statuer sur toute autre contestation qui peut s'élever relativement à l'exercice des droits concédés et à la jouissance des eaux appartenant à des particuliers. (Mêmes articles, paragraphe 6);

7° Des contestations relatives à l'ouverture, la largeur, le redressement et l'entretien des routes impériales, des chemins vicinaux, de ceux qui conduisent à l'eau, des chemins particuliers ou de communication aux villes, routes, chemins, rivières et autres lieux publics, comme aussi des contestations relatives aux servitudes pour l'usage de ces routes et chemins. (Mêmes articles, paragraphe 7);

8° Des contestations relatives à l'établissement des embarcadères, ponts, bacs et passages sur les rivières et sur les bras de mer, à la pêche sur les rivières et étangs appartenant au domaine. (Mêmes articles, paragraphe 8);

9° Des empiètements sur la réserve des cinquante pas géométriques et sur toute autre propriété publique. (Mêmes articles, paragraphe 9);

10° Des demandes formées par des comptables en mainlevée de séquestre ou d'hypothèque établis à la diligence du contrôleur colonial. (Mêmes articles, paragraphe 10);

11° Des contestations élevées sur les demandes formées par le contrôleur colonial, dans les cas de réintégration ou dépôt de pièces aux archives, d'apposition et levée de scellés mis sur les papiers des fonctionnaires décédés ou dont les comptes n'ont pas été apurés, des inventaires dressés lors du remplacement du Gouverneur et des chefs de service. (Mêmes articles, paragraphe 12);

12° Et en général du contentieux administratif.

Les parties peuvent se pourvoir devant le Conseil d'État par la voie du contentieux, contre les décisions rendues par le Conseil privé sur ces différentes matières. Ce recours n'a d'effet suspensif que dans le cas de conflit. (Mêmes lois, article 166.)

§ 2. Commission d'appel :

Le Conseil privé, constitué en commission d'appel, prononce, sauf recours en cassation, sur l'appel des jugements rendus par le tribunal de première instance, relativement aux contraventions aux lois, ordonnances, règlements et décrets impériaux sur le commerce étranger et sur le régime des douanes. (Ordonnances des 9 février 1827, article 178; 27 août 1828, article 167, et 22 août 1833, article 178.)

4ᵉ section. — *Tribunaux exceptionnels.* — Outre les tribunaux ordinaires et le Conseil privé, statuant comme tribunal du contentieux administratif, il existe encore à la Guyane deux tribunaux exceptionnels avec des attributions spéciales. Ce sont :

1° La commission des prises ou tribunal chargé de juger les prises conduites dans les ports ou sur les rades de la colonie. (Ordonnances des 30 septembre 1827, article 2; 24 septembre 1828, article 2; 21 décembre 1828, article 2);

2° Le conseil de guerre ou tribunal chargé de juger les crimes ou délits commis contre la discipline militaire. (Mêmes articles.)

5ᵉ section. — *Officiers ministériels.* — On compte dans la colonie : 3 notaires, 4 avocats, 4 avoués, 5 huissiers et 1 commissaire-priseur.

Les avoués et les avocats exercent indistinctement leurs fonctions auprès de la Cour impériale et du tribunal de première instance.

Un avocat et un huissier sont désignés par le Gouverneur pour suivre en conseil privé les affaires du contentieux administratif.

Un décret du 25 septembre 1853 a statué sur les pouvoirs disciplinaires du Chef du service judiciaire et du Gouverneur à l'égard de ces officiers ministériels.

CHAPITRE XX.

PLANS DE COLONISATION. — CONCLUSION.

I. — PLANS DE COLONISATION.

Ainsi qu'on a pu le constater au commencement de ce travail, les événements qui ont marqué dans l'histoire de la Guyane française n'ont été qu'une série d'essais de colonisation dont aucun n'a réussi.

Nous devons excepter, toutefois, les tentatives faites par Malouet et Guizan pour améliorer la condition agricole de ce pays. Bien que la plupart des grands projets qu'ils avaient proposé d'appliquer, n'aient pu être exécutés qu'en partie, bien que la Révolution de 1848 et la cessation de l'immigration africaine aient donné tort à leur système d'agriculture, il reste et demeure bien constant que l'art de la culture en terre basse pourra réussir à la Guyane, quand cette colonie aura, comme ses deux voisines, des bras assez nombreux, assez forts pour dessécher et défricher ses terres noyées.

Dans le grand nombre de plans conçus pour la colonisation de cet immense territoire, les uns ont été conservés en manuscrits au Dépôt des cartes et plans de la marine, les autres dans des écrits ou mémoires publiés par leurs auteurs.

La première catégorie se compose d'œuvres, en général, incomplètes et dénuées de toute idée pratique, de rêves extravagants, de spéculations hasardeuses.

En 1766, le baron de Bessner (Voir chapitres Ier et IV) assure 40,000 livres de rentes à quiconque versera 12,000 livres une fois payées, parvient à obtenir 800,000 francs de ses actionnaires et 200,000 francs de l'État à titre d'avances, pour introduire dans la colonie 20,000 de ces nègres Bosch qui, de son temps, de tout temps, fuyaient et ont fui notre voisinage.

Un sieur Gautier prétend, en 1791, avoir découvert l'Oyapock et le Ouanari où, depuis plus de cent cinquante ans, les missionnaires Jésuites catéchisaient les indigènes : il n'entend y placer que des *Européens acclimatés pris en France sur la recommandation de leurs districts.*

Blanche, en 1819, n'admet pour la colonisation de la Guyane que deux éléments : des *individus riches* et des *paysans honnêtes.*

Catineau-Laroche, en 1824, veut verser à la Guyane 100,000 hommes en dix ans, et voit, à l'expiration de ce terme, la population doublée et *chaque individu jouissant de plus de* 150,000 *livres de rentes.*

De Caze, en 1826, divise la Guyane en 36,000 lots d'une demi-lieue carrée dont chacun doit être attribué en propriété à tout souscripteur d'une action de 2,000 francs, *en ayant versé, bien entendu, le prix à l'avance.*

D'autres projets mieux étudiés, plus sérieux, recrutent leur immigration européenne dans l'armée ou dans les soldats libérés du service, parmi les agriculteurs ou les ouvriers.

Paul Lefebvre, seigneur d'Albon, arrivé à Cayenne en 1706, avec le titre d'inspecteur de marine, nommé ordonnateur en 1713 et mort en fonctions en 1746, à quatre-vingts ans, installe sur le sol de la Guyane les soldats libérés du service comme les soldats romains sur les territoires conquis.

De Préfontaine, en 1763, expose dans un excellent mémoire des vues saines qui, mal appliquées, aboutissent à la funeste expédition de Kourou.

Rosembourg, en 1780, veut envoyer à la Guyane des travailleurs européens en nombre peu considérable, entre les caps Nord, Cachipour et d'Orange, avec des chefs devant se conduire d'après les principes de l'administration rurale, un bon prêtre, un chirurgien habile, quelques sœurs : tous, vivant en commun sur une vaste habitation qui sera la matrice des autres, s'occuperont des aménagements nécessaires. Des détachements vont ensuite, dans une circonférence tracée hors des limites de la première enceinte, fonder de petites habitations en raison du nombre des familles, y élèvent des cases et commencent de petites plantations en vivres. Tous reviennent, chaque soir, sur l'habitation commune où les femmes leur ont préparé les choses nécessaires à la vie et à la propreté. Ces dispositions faites, un nouvel envoi de France, mais plus nombreux parce que les forces se trouvent doublées, vient prendre la place de l'ancien : on fait alors passer les colons sur les propriétés qu'ils se sont formées, où ils trouvent les bestiaux, les outils et les commodités nécessaires. Le même procédé établit un second centre juxtaposé, etc.

Lescallier, ordonnateur à la Guyane de 1784 à 1788, étudie

toutes les questions relatives à l'agriculture, à l'industrie et au commerce : il propose beaucoup d'améliorations pratiquement réalisables qui faisaient partie d'un plan fortement conçu. Toute son activité ne put parvenir qu'à fonder, dans les savanes d'Ouassa, un parc à bestiaux qui réussit parfaitement, mais qui fut abandonné après le départ pour France de Pomme, son directeur.

Leblond, médecin-naturaliste distingué, correspondant de l'académie des sciences et de l'institut, forme un plan de colonisation qui a été réalisé, comme nous l'avons vu dans le chapitre XI, par le décret du 8 décembre 1851 et la loi du 30 mai 1854, sur la transportation.

Le gouverneur baron de Laussat imagine et réalise, en 1821, à Laussadelphie, sur la Passoura, affluent de la rivière de Kourou, un vaste plan que nous avons exposé à la fin de notre chapitre VII.

Le gouverneur baron Milius fonde, en 1823, sur la Mana, la Nouvelle-Angoulême.

Le mauvais choix des immigrants, leurs excès, leurs désordres, les maladies qui s'ensuivirent, firent échouer ces deux entreprises.

M. Ronmy, commandant du génie, ancien président du conseil colonial de la Guyane française, a laissé un mémoire où il expose les bases de l'établissement d'une ménagerie dans les savanes de Mapa; mais l'abandon de ce poste, en 1836, ne lui permit pas de donner suite à ce projet.

Laboria, capitaine d'artillerie de la marine, dans un livre intitulé : *De la Guyane et de ses colonisations*, publié en 1843, voit favorablement ce pays, mais juge mal de l'emploi de son territoire. Son projet consiste à disséminer dans toute la Guyane un certain nombre de petits groupes isolés qui, plus tard, pourront se rejoindre et constituer une société. C'est prendre à plaisir le point d'arrivée pour point de départ que de vouloir rayonner des extrémités au centre au lieu de rayonner du centre aux extrémités.

M. Jules Itier, inspecteur des douanes, dans un excellent travail inséré dans les annales maritimes et coloniales (avril, mai et juin 1844), détermine les conditions dans lesquelles des cultivateurs blancs peuvent être introduits à la Guyane :

1° S'établir sur des terres desséchées et défrichées depuis quelque temps, situées autant que possible au vent des marécages, multiplier les desséchements ; choisir de préférence les terres hautes de plaines des environs de Cayenne, de Mana, de la côte de Macouria à Kourou, de la Montagne-d'Argent (1) et du lac Mapa, situé sur le territoire contesté ;

2° Former des villages, afin que leurs habitants puissent jouir de tous les avantages physiques et moraux de l'association, l'homme n'étant un être complet qu'en société ;

3° Être pourvu d'habitations, d'instruments de culture et des meubles indispensables à une exploitation, ainsi que d'une avance de dix-huit mois de vivres ;

4° Se borner à la production des plantes vivrières, pour assurer d'abord la subsistance des habitants, et à la culture du cafier, du cacaoyer, du cotonnier, du giroflier, du muscadier, du cannellier, du vanillier et de l'indigofère, pour trouver dans ces précieux produits des moyens d'échange ;

5° Ménager au début les forces des travailleurs en ne consacrant que six à sept heures par jour aux cultures, le matin et le soir ; soumettre sous ce rapport, comme sous celui du régime hygiénique à suivre, les colons à une discipline militaire (comme des élèves dans un lycée),

Et 6° Diriger leur activité vers l'exploitation des immenses forêts de la Guyane, et surtout vers l'élève du bétail, qui, en procurant des engrais, pourrait donner le moyen de cultiver en terre haute le cotonnier et la canne à sucre ; s'occuper dès lors d'améliorer les pâturages naturels et de se procurer des fourrages secs, destinés à être consommés à l'étable.

Le projet le plus vaste a été émis en 1838 par Jules Léchevallier, proposé par MM. Henry Sauvage et Adolphe de Saint-Quentin, membres du conseil colonial de la Guyane française, et soutenu par M. Favard, à cette époque délégué de cette colonie.

Ce plan avait pour caractères essentiels de substituer l'action puissante et régulière d'une compagnie à l'exploitation isolée des particuliers, et, en cas d'émancipation, de remplacer le payement effectif d'une indemnité représentant seulement la valeur des esclaves par la garantie pendant six années d'un minimum de 4 p. 0/0 d'intérêt sur l'ensemble de la valeur des propriétés coloniales.

Le principe de l'opération consistait à conserver un germe

---

(1) Cet essai, nous l'avons vu, n'a pas réussi.

d'établissement dans chacun des quatorze quartiers de la colonie déjà formés et à maintenir chaque culture spéciale dans les quartiers qui lui sont le plus favorables; à transporter les travailleurs des cultures les moins avantageuses aux cultures qui donnent matière au véritable commerce d'exportation.

Le conseil colonial admit le projet d'une compagnie formée par des capitalistes métropolitains et procédant par voie de rachat, à condition que cette compagnie commencerait par désintéresser les propriétaires actuels en leur remboursant, après estimation contradictoire, la valeur de leurs biens en une inscription nominative de rentes inscrite sur le grand-livre de la compagnie.

La compagnie recevrait en outre, de l'État, pour l'émancipation successive des esclaves qu'elle possédait, 400 francs par chaque individu affranchi.

En cas de liquidation, si la compagnie répudiait les résultats de l'émancipation, à l'expiration du terme de six années fixé pour la période de l'expérience, chaque titulaire inscrit sur le grand-livre de la compagnie devait recevoir des inscriptions de rentes sur l'État, équivalant à la somme d'estimation primitive de ses propriétés, et il ne devait être fait aucune retenue pour la portion d'indemnité déjà payée.

On doit comprendre qu'un pareil projet ne pouvait recevoir aucune suite. Il était entaché d'un vice radical. Le propriétaire pouvait négliger son habitation, ne rien produire pendant six années et, au bout de ce temps, se retirer de la compagnie avec une rente représentant la valeur que sa propriété avait eue il y a six ans, mais n'avait plus au moment de la liquidation.

L'exposition de ces divers plans de colonisation ne nous a pas paru inutile. Ceux qui dirigent vers cet objet les aptitudes de leur esprit ont besoin de savoir l'histoire du passé. Ce n'est que par la comparaison du point d'où l'on est parti avec celui où l'on se trouve qu'on peut juger celui où l'on veut arriver.

II. — CONCLUSION.

La France a, par ses voyageurs, ses armées, ses flottes, pénétré dans les régions étrangères les plus éloignées. Elle a planté son drapeau dans les riants archipels de la grande mer Pacifique; elle a surpris à l'Inde ses mystères, ses trois langues sacrées, ses croyances philosophiques ; elle a levé les voiles épais qui couvraient l'intérieur de l'Afrique ; elle lit couramment les tombes égyptiennes, et elle ne peut parvenir à arracher à la Guyane qui lui appartient et qu'elle habite, les secrets et les trésors cachés dans ses sombres profondeurs.

Elle possède de vastes établissements dans toutes les parties du monde. Elle peut aujourd'hui, comme la Grande-Bretagne, donner à ses possessions d'outre-mer le nom d'empire colonial. Elle a l'Algérie, le Sénégal, Gorée, grand et petit Bassam, le Gabon, Mayotte et dépendances ; elle a Madagascar dans un morceau de parchemin ; elle a Pondichéry, Karikal, Chandernagor, Yanaon et Mahé, une partie de la Cochinchine, le protectorat des îles Marquises, la Nouvelle-Calédonie, et c'est à peine si, en Amérique, après la Martinique, la Guadeloupe et Saint-Pierre et Miquelon, on ose citer la Guyane française.

Cette idée affecte d'autant plus douloureusement l'esprit que le génie français a fait ses preuves et qu'il est parvenu à coloniser la Louisiane, le Canada, Saint-Domingue, une partie des grandes et des petites Antilles, l'île de France, presque en un instant et avec une supériorité qui a laissé loin derrière elle tout ce que les autres nations ont entrepris de semblable.

Et cependant, comme nous l'avons dit au début de ce travail, tout est bien loin d'être à créer à la Guyane. Il y a là un vaste établissement tout formé, qui renferme les éléments d'une prospérité n'attendant, pour se développer, que des travailleurs, des hommes capables de les diriger et, par-dessus tout, la volonté et l'action énergiques d'un seul homme : les capitaux sont prêts. A un sol fertile la Guyane réunit un climat dont nous n'avons pas exagéré les avantages ni affaibli les inconvénients. Elle renferme des ressources inépuisables en produits de toute nature, essences de bois, parfums, gommes, résines, plantes médicinales, tous d'une manipulation facile, d'un débouché assuré, qui peuvent être livrés à la consommation dans la colonie et dans la Métropole et qui, faute de recherches, faute d'industrie locale, se trouvent perdus sans utilité pour personne. Elle a d'immenses savanes où les bestiaux peuvent se multiplier à l'infini. La pêche maritime peut y offrir des bénéfices plus considérables que partout ailleurs ; les denrées de luxe, aussi bien que les cultures secondaires, aussi bien que les plantes alimentaires, peuvent s'y développer sur la plus large échelle ; l'or s'extrait de son sol, sur tous les placers appartenant à des entreprises privées, non plus par grammes, mais par lingots et par kilogrammes. L'immigration indienne réussit dans toutes ces exploitations.

Un Gouvernement protecteur soutient la colonie en lui ouvrant un large crédit dans son budget métropolitain pour les dépenses d'administration générale, et lui alloue une forte subvention pour les dépenses locales.

Une Administration, aussi vigilante qu'énergique et sage, ayant l'intelligence complète de la situation, encourage les entreprises sérieuses, étend son action sur tous les services de la colonie, veille à l'entretien des routes, à la conservation des communications par eau, ce luxe de la Guyane, favorise également la grande, la moyenne et la petite propriété, concède avec libéralité des terrains domaniaux, honore la classe de couleur en l'admettant à tous les emplois publics, dans tous les conseils, lui accorde des témoignages éclatants d'estime et des récompenses honorifiques, développe d'une manière remarquable l'instruction publique en établissant des écoles primaires et des salles d'asile dans tous les quartiers, et réduit les dépenses dans les limites de la plus stricte économie. Dans l'état d'infériorité où la placent son manque de population et la faiblesse de l'élément agricole, qu'importent à la Guyane, quant à présent, du moins, des libertés publiques plus complètes, un conseil général, des conseils communaux. Qu'elle arrive au degré de développement qu'ont atteint nos trois grandes colonies des Antilles et de la mer des Indes, et il n'est pas douteux que le Gouvernement ne lui accorde aussi un conseil général et toutes les représentations compatibles avec les mœurs, le degré de développement intellectuel et les conditions de travail des différentes races qui l'habitent. L'Administration elle-même trouverait dans ces concessions, faites au pays en temps opportun, des garanties et des moyens d'action qu'elle est la première à désirer.

Le Gouvernement, nous l'avons dit à la fin de notre chapitre XI, a prodigué à la Guyane, à toutes les époques, les encouragements, les sacrifices, les concessions et les bienfaits. Il poursuit en ce moment, aux deux extrémités de la colonie, deux œuvres qui peuvent devenir fécondes et la faire enfin sortir de son état de langueur et de dépérissement : la colonisation de Mana par la transportation et l'exploitation agricole et aurifère de l'Approuague par une compagnie.

Le Gouvernement suit les progrès de ces deux grandes entreprises avec la même sollicitude.

Dans la première, domine l'élément vigoureux et intelligent venu d'Europe. Or, la race européenne a défriché toutes les colonies américaines avant qu'on songeât à l'immigration. Toutes les fois qu'elle l'a voulu, elle a, avec ses ressources industrielles et son énergie morale, transformé l'Amérique en un monde européen. Il est donc permis de compter sur le succès.

Dans la seconde, entre pour une large part un personnel dirigeant européen ou pris dans les hommes du pays; des immigrants de l'Inde et de la Chine composent ses ateliers et peuvent suffire pour assurer sa complète réussite. La compagnie ne poursuit qu'un but, celui de s'enrichir; le Gouvernement s'en est proposé un plus élevé, celui de coloniser.

Un dernier essai reste à tenter, un dernier sacrifice à faire: préparer sur une grande échelle, diriger sur la Guyane une forte immigration européenne, puissamment aidée par l'immigration étrangère, et y jeter quelques millions. On n'a pas eu encore, en définitive, et l'on doit désirer connaître le dernier mot de tous les essais de colonisation. Quand le Gouvernement aura fait une dernière tentative qu'il aura conduite lui-même, alors seulement, si l'issue n'en est pas heureuse, on pourra dire que *coloniser la Guyane, c'est tenter l'impossible*. Mais ce dernier essai, il n'est pas interdit de l'espérer, s'il est exécuté avec cette sagesse, cette prudence et cet ordre admirables que le Gouvernement de l'Empereur apporte aujourd'hui dans toutes ses entreprises, réhabilitera la Guyane.

Les Latins avaient bien traduit autrefois l'idée de « tenter l'impossible » par cette phrase proverbiale « *isthmum fodere* » et cependant l'isthme de Suez est percé.

Nous sommes fermement convaincu que, sous cette impulsion nouvelle, la Guyane française redeviendrait la *France équinoxiale* de nos pères.

Elle présenterait alors cet admirable spectacle de la colonisation pénale se développant entre Kourou et le Maroni, tandis qu'une immigration européenne, préparée par les soins du Gouvernement, sur les plans bien étudiés du gouverneur baron de Laussat, se déploierait librement du Mahury à l'Oyapock.

Dans ce système, on conserverait les habitations existantes, en les reliant ensemble par des habitations nouvelles, formées avec les terres non cultivées des premières, indemnisées par le budget qui se rembourserait sur les ventes des mêmes terres faites aux nouveaux propriétaires.

Nous avons dit précédemment que le Département de la marine a pris soin d'envoyer à la Guyane des filles transportées parmi lesquelles les condamnés choisissent leurs femmes. L'immigration libre européenne devrait se composer également d'un certain nombre de femmes aussi européennes qui s'uniraient par des mariages à ce nouvel élément composé surtout de cultivateurs et d'ouvriers. Mais il me paraît de toute évidence que le nombre des hommes serait toujours de beaucoup supérieur à celui des femmes. Les deux immigrations libre et pénale seraient donc amenées, par la force des choses et du temps, à se choisir des femmes dans le pays : de là naîtrait un très-grand avantage pour la Guyane, la fusion des races.

Les ouvriers et cultivateurs, gens en général sans aucun préjugé de couleur ou de naissance, les condamnés libérés, arriveraient à s'allier dans le pays à des personnes d'une classe à peu près correspondante à la leur, immigrantes indiennes, chinoises ou femmes d'origine africaine créoles. M. Jules Duval a dit dans sa brillante étude sur les colonies françaises que le mélange des races européenne et noire produit des hommes plus actifs et plus assidus au travail que l'union des Européens entre eux. Il aurait pu ajouter ce que l'observation révèle à tous ceux qui ont habité les colonies, c'est que les individus qui naissent des blancs et des hommes *dits* de couleur se distinguent par une constitution plus saine et plus vigoureuse, par plus d'énergie vitale et par une inclination plus forte vers leur reproduction, que les individus nés sous le même climat d'individus appartenant à la même race. Il est donc permis de penser que, par le moyen des alliances dont nous venons de parler, la Guyane acquerrait avant un demi-siècle une forte et industrieuse population, et qu'elle cesserait, comme le dit encore très-énergiquement M. Jules Duval, de nous être jetée à la face « comme une injure et un défi. »

Je ne forme qu'un vœu, c'est de voir la Guyane française devenir florissante n'importe par qui et comment, et accepter une éclatante prospérité de quelque point de l'horizon qu'elle lui vienne, du Maroni ou de l'Approuague. Alors désormais demeureront ensevelies dans le passé les scènes terribles auxquelles elle a servi de théâtre ; alors la France qui a laissé tant de grands souvenirs dans toutes les parties de l'ancien continent, contemplera dans le nouveau, avec autant de joie que d'orgueil, l'œuvre immense qu'elle aura accomplie, et, si sa politique triomphe d'avoir ajouté un magnifique fleuron à la couronne impériale, la religion se glorifiera, à son tour, d'élever des autels dans ce vaste pays que les RR. PP. Jésuites ont jadis arrosé de leur sang en y prêchant un Dieu qui lui était inconnu.

Je suis arrivé au terme de ma tâche, et je m'estimerai heureux si l'on juge que ce petit travail peut être de quelque utilité.

A ce titre, je demande à M. le général Gouverneur qui a si puissamment facilité toutes mes recherches et qui a bien voulu m'ouvrir les colonnes de la *Feuille de la Guyane française*, la permission de lui offrir ici le témoignage public de ma plus vive reconnaissance.

FIN.

TABLE DES MATIÈRES.

	Pages.
Préface..	V
Chapitre Iᵉʳ. — Essai historique sur la colonisation de la Guyane française...	1
Chapitre II. — Description de la Guyane française............	15
Chapitre III. — Climat de la Guyane; Fertilité de son sol......	33
Chapitre IV. — Géologie; Règne minéral : *Exploitation de l'or, Compagnie de l'Approuague*...................................	43
Chapitre V. — Règne animal................................	55
§ 1ᵉʳ. — Mammifères...................................	55
§ 2. — Oiseaux..	63
§ 3. — Reptiles.......................................	69
§ 4. — Insectes.......................................	73
§ 5. — Poissons......................................	75
Chapitre VI. — Règne végétal : *Productions naturelles*........	79
§ 1ᵉʳ. — Aspect général de la végétation.................	79
§ 2. — Arbres, arbustes et plantes utiles.................	87
Chapitre VII. — Circonscriptions territoriales : *Habitations existantes, leurs cultures; Bestiaux.* — Comparaison de la situation agricole entre les années 1836 et 1865.................	103
Chapitre VIII. — Population : *Mœurs, Caractère, Usage des différentes classes*	129
Chapitre IX. — Tribus indigènes : *Voyages dans l'intérieur*.....	147
Chapitre X. — Immigration................................	167
Chapitre XI. — Transportation.............................	184
Chapitre XII. — Forces militaires...........................	217
Chapitre XIII. — Finances.................................	224
Chapitre XIV. — Industrie.................................	231
Industrie sucrière......................................	232
Industrie forestière....................................	233
Substances exploitables du pays :	
Textiles..	235

	Pages.
Matières tinctoriales et colorantes	237
Baumes, gommes et résines	238
Matières oléagineuses et savonneuses	239
Matières médicinales	241
Farines et fécules	243
Alcools, liqueurs et conserves de fruits	244
Épices, condiments et aromates, tabac	244
Plantes et graines diverses	244
Comité de l'exposition	245
Apiculture	245
Industrie séricicole	246
Briqueteries, tanneries et chaufourneries	247
Pêche maritime	247
Fleurs en plumes d'oiseaux	247
Industrie aurifère	248
CHAPITRE XV. — Commerce et navigation	251
Tableau des importations et exportations de 1790 à 1865	254
Importations en 1865	255
Exportations en 1865	257
Entrepôt	257
Navigation	259
Service postal	261
CHAPITRE XVI. — Monnaies; Poids et mesures	265
CHAPITRE XVII. — Banque locale; Du crédit à la Guyane	275
Historique	275
Capital et actions	277
Fonds de réserve	284
Jurisprudence générale des Banques coloniales	285
Opération de la Banque en 1865	290
Tableau des importations et exportations, au point de vue de la balance commerciale, entre la colonie et la Métropole	297
Du crédit à la Guyane	303
CHAPITRE XVIII. — Établissements publics : *Culte, Congrégations religieuses, Instruction publique, Hôpitaux*	309

	Pages.
Chapitre XIX. — Pouvoir législatif....................	327
Législation générale...............................	329
Gouvernement et administration....................	331
Administration de la justice et organisation judiciaire......	339
Chapitre XX. — Plans de colonisation.....................	347
Conclusion..	354

Fin de la table

www.ingramcontent.com/pod-product-compliance
Lightning Source LLC
Chambersburg PA
CBHW050546170426
43201CB00011B/1585